普通高等教育“十一五”国家级规划教材
天津市高校“十五”规划教材
天津市高校精品课程教材
21世纪经济管理精品教材·工商管理系列

Management

管理学（第五版）

GUANLIXUE DI WU BAN

◎赵涛 李灵 主编

内 容 提 要

本教材结合大数据、互联网、人工智能等时代特征以及新时代的发展理念，以马克思主义和社会主义核心价值观为指导，全面、系统地介绍了管理的基本概念和基本理论，历史演进过程，不同时期管理要解决的主要问题、所取得的成果以及面临的问题。通过学习，读者可以熟悉管理理论与技术，掌握计划与战略、组织与团队、领导与管理沟通、控制与风险管理等知识，掌握管理中的决策理论与方法、组织文化与社会责任的精髓，以及人力资源管理、激励、变革与创新管理。其目的是系统地培养学生的管理思维、创新意识以及分析并解决实际问题的能力。

本教材适用于高等院校各类学科（经济类、管理类、非管理类）以及不同层次（专科、本科、研究生等）的读者，还可以为管理实践者和理论研究者提供参考。

图书在版编目(CIP)数据

管理学 / 赵涛，李灵主编. — 5版. — 天津：天津大学出版社，2019.7

ISBN 978-7-5618-6460-9

Ⅰ.①管… Ⅱ.①赵… ②李… Ⅲ.①管理学-教材 Ⅳ.①C93

中国版本图书馆CIP数据核字(2019)第152373号

出版发行　天津大学出版社
地　　址　天津市卫津路92号天津大学内(邮编:300072)
电　　话　发行部:022-27403647
网　　址　publish.tju.edu.cn
印　　刷　廊坊市海涛印刷有限公司
经　　销　全国各地新华书店
开　　本　185mm×260mm
印　　张　18.75
字　　数　468千
版　　次　2019年7月第1版
印　　次　2019年7月第1次
定　　价　46.00元

前　言

管理学的理论创新与实践应用,将会为社会和经济管理活动提供科学的依据和强有力的支持。美国著名管理学家彼得·德鲁克说:“在人类历史上,还很少有什么事情的发生比管理学的出现和发展更为迅猛,对人类具有更为重大和更为强烈的影响。”随着全球化的推进和互联网、大数据、人工智能的发展,如今的组织处于一种动态的环境变化中,管理者有责任树立社会主义核心价值观,以坚定的信念,引导组织在变化中求得生存与发展。

在编写本教材过程中,我们结合新时代的发展理念,以马克思主义和社会主义核心价值观为指导,将多年的教学成果与典型的管理实践融入其中,不断丰富和发展管理学,创新学习内容、学习方法和学习模式,逐渐形成本书特色。

一、本书特色

1. 学习模式的创新

本书克服了从理论到理论的说教模式,形成了多元化和一体化的学习模式,采用案例式、启发式、体验式等学习方法,使管理理论更加贴近实践,具有生动性、启发性和可操作性,从而系统地培养学者思考和解决实际管理问题的能力,使其从中领悟管理的真谛。

2. 学习内容的创新

(1)先进性。本书将管理学的研究成果和管理领域最新理论以及最佳实践典范等内容充实到教材中,体现了理论联系实际且与时俱进的精神。

(2)适应性。本书既可满足各类学科(经济类、管理类、非管理类)及不同层次(专科、本科、研究生等)读者的需求,也可为管理者和理论研究者提供参考。

(3)贴切性与集成性。本书内容既贴近现实的管理世界,又贴近学习者的需求;同时将理论与实践案例相融合,将知识性与趣味性融为一体。

(4)开放性与系统性。本书既注意吸收新概念、新技术和新方法,又注意传统内容的取舍,以保证学习内容的系统性和完整性。

3. 学习方法的创新

本书各章均设计了学习要点、课前引例、知识点和思考题,以帮助读者更好地把握每章的重点和难点。

学习要点:学完各章后应达到的目标。明确了学习要点可以提高学习效率。

课前引例:陈述管理实践中的问题,启发和引导学生提出问题并寻找解决问题的方法。

知识点:对各章重点内容的提炼和总结。

思考题:综合运用管理学知识和管理经验,检测解决复杂问题的能力,使读者进一步思考管理的真谛。

二、第五版的修订

从2004年出版第一版管理学教材到2019年出版第五版管理学教材,我们始终紧跟时代步伐,秉承“管理学是一门科学”的基本原则,保持谨慎和开放的态度,从传统经典管理理论和新的管理理论中提取精华,并注重管理在中国的应用。因此,在第二版修订中,重点是对管理学的重要性、理论和学科架构深入剖析;在第三版修订中,进一步结合中国情境,增加了“中国企业管理创新”专题,并引入“社会责任”和“管理伦理”的话题;在第四版修订中,将教育部“高等教育面向21世纪教学内容和课程体系改革计划”的研究成果和管理领域最新理论充实到教材中,并进一步深化思考社会责任和伦理内容,体现管理者的社会担当。本次第五版修订更是体现了当前大数据、互联网、人工智能等时代特征,注重培养读者树立社会主义核心价值观,同时加强对风险和变革的认识,使读者从思想、理论到实践等各个方面都能成为建设中国特色社会主义的管理人才。

本次修订的主要内容如下。

第1章,管理与组织环境,增加了组织环境分析,包括组织环境概述、一般环境和任务环境、全球环境与全球化管理等,以便读者能够更好地理解管理环境的变化。

第2章,管理思想与管理理论,强调中国管理思想与西方管理理论的演进。

第3章,新时代的管理理论,增加了新时代管理学的发展和中国管理理论的新发展等内容,突出了管理环境的变化对管理理论发展的影响。

第4章,计划与战略,重点使学者能够清晰地理顺计划和战略之间的区别与联系。

第5章,决策与决策理论,强调了决策在管理实践中的重要性,突出了对决策过程的管理,同时,新增了新时代的决策问题,贴合现实的管理实践和管理需求。

第6章,组织文化与社会责任,强调了在新时代的管理环境下,软性条件对组织发展的重要性,强调了组织文化和社会责任对组织发展的影响,陈述了在组织文化和社会责任管理过程中需要注意的问题。

第7章,组织与团队,进一步提炼群体与团队、团队发展与效能的内涵,突出了团队及团队管理这一重点。

第8章,人力资源管理,将人力资源规划、人员配备和员工培训归纳总结为招聘与培训,并精简了绩效评估、管理多样化的员工和职业生涯规划的内容。

第 9 章，领导与领导理论，突出强调了领导特质理论、领导行为理论和领导权变理论，并讲述了领导理论的前沿发展。

第 10 章，管理沟通，精简了沟通与管理沟通、沟通的方式与有效沟通、组织沟通，以及当代组织中的沟通问题。

第 11 章，激励与激励理论，厘清了激励理论的发展和相互之间的关系，强调了激励的本质、早期激励理论以及当代激励理论。

第 12 章，控制，聚焦于控制概述、控制要素与过程以及控制方法等与控制相关的内容。

第 13 章，风险与危机管理，考虑到管理过程中风险和危机的普遍性和不可避免性，本章新增了风险管理概述、风险识别与管理、危机与危机管理等内容，旨在帮助学者和管理者理解和识别风险、危机，并进行有效的处置。

第 14 章，变革与创新管理，变革和创新管理是应对风险和危机的重要方式，因此，本章新增了变革与创新的内涵、变革管理、创新管理等内容。

三、本书编写人员

本书由赵涛、李灵主编。参编者有陆明远、高举红、刘鹏、陈芳、邱晓禹、王琦。对以上参编人员的辛勤工作表示衷心的感谢！同时对本书引用的文献和案例的作者和单位表示诚挚的谢意！

编　者

2019 年 7 月 2 日于天津

目　录

第 1 章　管理与组织环境

| 学习要点 |

通过学习本章的内容,学生能够掌握:

1. 管理与管理职能;
2. 组织的特征及类型;
3. 管理者的特质及技能;
4. 组织的环境分析。

课前引例

孙寅贵的管理理论

当年在国内叱咤风云的白龙矿泉水壶“壶主”孙寅贵有一次这样批评下属:“真正的管理者,他的职责应该是研究政策,建立制度。然而你们却把大量的精力用在谈客户和酒席桌上,你们应该降职。这不是说你们偷懒,而是说你们享受着高层的待遇,却干着基层的工作,没有做管理者应该做的事。我现在之所以有时间写书,是因为我已经把很多制度制定得差不多了,同时我能够以一个清醒的头脑来审视你们,好告诉你们什么地方做得不对。设想如果我也整天谈客户,累得四脚朝天,我又如何才能监督、评价你们的工作呢? 一个劳动模范式的管理者绝不是一个成功的管理者。”

孙寅贵认为:“越是上层管理者,就越应该弄明白自己到底在干什么。我觉得如果一个热爱自己企业的老板能使自己轻松起来,乃至似乎有些无事可做,那这个企业倒会很有希望。”矿泉水壶项目失败后,孙寅贵掌管着十几个下属企业,并且在青岛投资建立了亚洲最大的塑钢企业,该企业在国内塑钢企业中遥遥领先。“管理企业,第一靠领导人,第二靠领导人,第三还是靠领导人。这个领导人应该有理想、有道德。认真地检讨自己如何做人做事以后,我觉得总经理除了要懂专业、有经验、会管理之外,还得加上很重要的一条——人品好。”

案例来源:《管理学案例与实训》,杨淑萍编著,西南财经大学出版社 2013 年 7 月 1 日出版。

| 思考题 | 什么是管理? 管理者应该干什么? 应该具备哪些特征?

1.1　管理与管理职能

1.1.1　管理的含义与效率和效果

1.1.1.1　管理的起源

人类在适应自然和改造环境的进程中,必然伴随着群体活动次数的增长和社会组织的出现，这种群体活动需要有管理来保障其秩序和有效性。同样，社会组织的产生、存在和发展，都需要有管理来进行组织和协调。可以说，管理是共同劳动和社会组织的产物。由于共同劳动的无所不在，种种社会组织的普遍存在，管理也就成为人类社会中最普遍的行为之一。大到一个国家、一个大的跨国企业集团，小到一个班组、一个小商店，无一不需要进行有效的管理。这种管理的普遍性正是推动管理成为一门科学而发展的原动力。

因此，管理起源于人类的共同劳动，是人们在一定组织环境下所从事的一种智力活动。人们在共同劳动中为有效地实现一定的目标，需要有管理的活动，以组织人们的有效劳动与生存发展。共同劳动的规模越大，技术越复杂，劳动分工越精细，社会化联系越广泛，管理就越重要。

1.1.1.2 管理的含义

什么是管理？从科学的角度给管理下定义，则是见仁见智（图 1-1）。

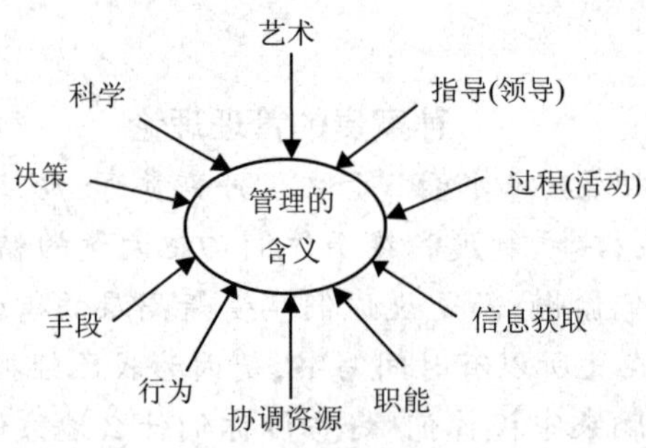

图 1-1 管理究竟是什么

1. 国外学者的定义

玛丽•帕克•福莱特（Mary Parker Follett）：管理是通过其他人来完成工作的艺术。

唐纳利（Donnelly）、吉布森（Gibson）和伊凡塞维奇（Ivancevich）：管理是协调个人和集体的努力来达到群体目标的一个过程。

特里（Terry）：管理是一个易识别的过程，这个过程的目的是通过利用人力资源和其他资源来达到既定目标。

孔茨（Koontz）和奥•唐纳（O' Donell）：管理即在经营组织中创造和保证某种内部环境，在这个内部环境中，以群体形式组织在一起的个人能有效地工作以达到群体的目标。

邓（Dun）、史蒂芬（Stephens）和凯利（Kelly）：管理是一种涉及工作组织中一系列任务、职责和关系的职能。

麦克法兰德（McFarland）：管理即管理人员通过系统的、协调的、合作的人类活动来创造、引导、保持和运作有目标的组织的过程。

赫伯特•西蒙（Herbert Simon）：管理就是决策。

孔茨（Koontz）：管理是在正式组织中，通过他人并同他人一起把事情办妥的艺术。

法约尔（Fayol）：管理就是实行计划、组织、指挥、协调和控制。

布恩（Boone）和克茨（Kurts）：管理就是使用人力资源及其他资源去实现目标。

罗宾斯（Robbins）和库尔塔（Coultar）：管理是与他人一起并且通过他人来切实有效地完成活动的过程。

刘易斯 (Lewis)、古德曼（Goodman）和范特（ Fandt）：管理是切实有效地支配和协调资源，并努力实现组织目标的过程。

普伦基特（Plunkett ）阿特纳（Attner）：管理是一个或多个管理者单独或集体通过行使相关职能（计划、组织、人员配备、领导和控制）和利用各种资源（信息、原材料、货币和人员）来制定并达到目标的活动。

2. 国内学者的定义

徐国华：管理是通过计划、组织、控制、激励和领导等环节来协调人力、物力和财力资源，以期更好地实现组织目标的过程（构成一个有机整体）。

芮明杰：管理是对组织的资源进行有效整合以达成组织既定目标与责任的动态创造性活动。

杨文士：管理是一定组织中的管理者，通过实施计划、组织、领导和控制来协调他人的活动，带领人们既有效果又有效率地实现组织目标的过程。

周三多和陈传明：管理是指组织为了实现个人无法实现的目标，通过各项职能活动，合理分配、协调相关资源的过程。

3. 管理的含义

实际上，使人们利用其他资源去完成特定任务并提供指导和领导权是管理者的责任所在。这些活动不仅对高层管理者适用，而且对诸如清洁团队或营销主管同样适用。因此，本书对管理的界定如下。

所谓管理，就是在特定的环境下，对组织所拥有的资源（人力、财力、物力、时间、技术、信息等）进行有效的计划、组织、领导、控制、决策、激励与创新，以便实现既定的组织目标的过程（图 1-2）。这个定义包含以下四层含义。

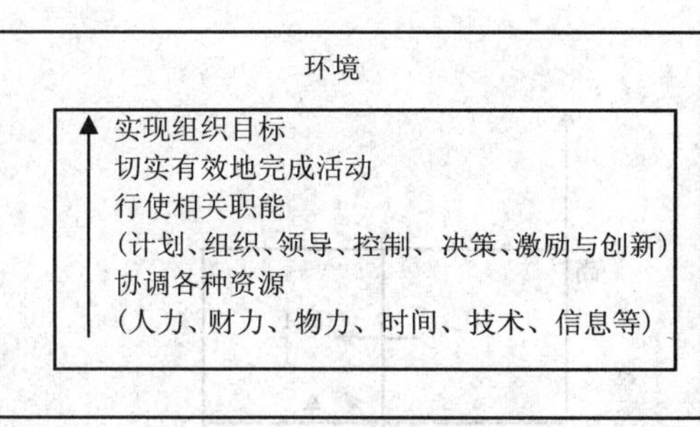

图 1-2　管理的含义

（1）管理是为实现组织目标服务的，是一个有意识、有目的的行为过程。管理是任何组织中必定存在的，但绝不是独立存在的。管理不具有自己的目标，不能为了管理而进行管理，而只能使管理服务于组织目标的实现。

（2）管理的过程是由一系列相互关联、连续进行的活动所构成的。

（3）管理工作要通过综合运用组织中的各种资源来实现组织的目标。也就是说，管理负责把资源转化为成果，将投入转化为产品或服务。管理的成效好坏、有效性如何，集中体现在它是否使组织以最少的资源投入，取得最大的、合乎需要的成果产出。管理的任务就是获取、开发和利用各种资源以确保组织效率和效果双重目标的实现。在这些资源中，人才资源是第一资源。

(4)管理工作是在一定的环境条件下开展的,环境既提供了机会,也构成了威胁。也就是说,管理应将所服务的组织看作一个开放的系统,不断地与外部环境产生相互影响和作用。正视环境的存在,一方面,要求组织为创造优良的社会物质环境和文化环境尽社会责任;另一方面,要求管理的方法和技巧必须因环境、条件不同而随时更换,没有一种在任何情况下都能奏效的、通用的、万能的管理办法。审时度势、因势利导、灵活应变,对管理成功至关重要。

上述定义比较全面地涵盖了“管理”这个概念的内涵和外延,刻画了管理的特征,据此可以辨别管理活动与人类其他活动的不同。

1.1.1.3 管理的效率和效果

效率和效果要回答的是“怎么做”和“做什么”的问题,这个问题是由彼得·德鲁克提出来的。效果是指系统要输出的结果,意味着“做什么事”。管理必须使活动实现预定的目标,即追求活动的效果。管理者实现了组织的目标,就是有效果(effectiveness)。效率(efficiency)是指系统输入与输出的关系,意味着“正确地做事”。对于给定的输入,如能获得更多的输出,就提高了效率;对于较少的输入,能获得同样的输出,同样也提高了效率。因为管理者经营时输入的资源(资金、人员、设备等)是稀缺的,所以他们必须关心这些资源是否得到有效利用。管理就是要使资源利用成本最小化。效率涉及的是活动的方式,而效果涉及的是活动的结果。

效率和效果是互相联系的(图 1-3)。组织可能是有效率的,但却是无效果的,那种要把错事干好的组织就是如此;当然,在更多的情况下,高效率还是与高效果相关联的。管理活动既要追求效果,又要追求效率,即要努力以尽可能低的成本实现组织目标。德鲁克认为,有效果实际上是组织成功的关键。在我们将注意力集中在有效率地做事之前,首先必须确认自己所做的事情是正确的。

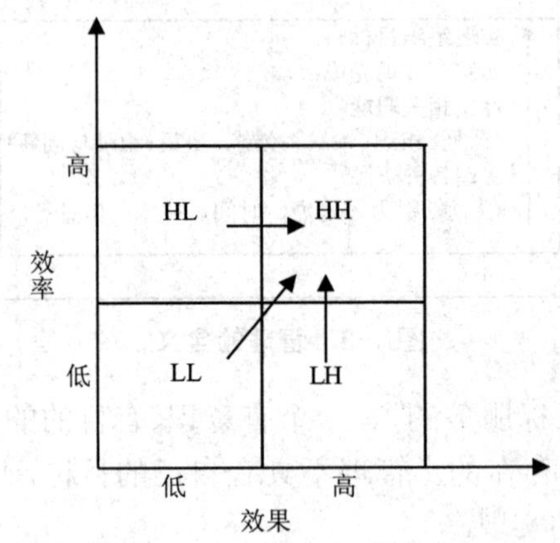

图 1-3 效率和效果关联图

1.1.2　管理的特性

1.1.2.1　科学性和艺术性

管理是一门科学，因为它依据实际情况而行事；管理又是一门艺术，就如同作曲、舞蹈等一样需要灵活运用。

1. 管理是一门科学

管理科学是人类在长期社会生产实践活动中，对管理活动规律的总结。作为一门科学，管理具有系统的理论知识，具有科学的特点，以反映客观规律的管理理论和方法为指导，而且有一套分析问题、解决问题的科学的方法论。比如，战略的分析需要特定的方法，公司组织结构的规划、管理层次的划分、管理幅度的设定都有着特定的方法；管理需要统计来支持预测，管理决策需要综合多种情况，从而最终形成能够使公司获利的决策。所有的这些都证明了管理是一门科学。

2. 管理是一门艺术

艺术的含义是能够熟练地运用知识，并且通过巧妙的技能来达到某种效果。在管理活动中，管理者除了要掌握一定的管理理论和方法外，还要掌握灵活运用这些知识和技能的技巧与诀窍。管理的艺术性主要表现在实践性上。

3. 管理是科学与艺术的统一

管理的科学性和艺术性并不相互排斥，而是相互补充的。不注重管理的科学性而只强调管理的艺术性，管理将表现为随意性；不注重管理的艺术性而只强调管理的科学性，管理科学将会是僵硬的教条。像工程师把物理知识运用到设备的设计上一样，管理人员将管理理论应用到现场管理中时，也需要把原理和实践结合起来。具体来说，如同工程师在进行设备设计时需要考虑设备的重量、尺寸、传动性等因素，管理者在考虑权力分配时要充分思考给予区域经理全权处理该区域问题所带来的好处会超过多头权力可能带来的坏处。但是，如果管理者懂得相应的管理理论，就会理解多头指挥的风险，可以采取措施把这种不利因素降低到最低程度（比如把区域经理的特殊权力向全体工作人员交代清楚）。

1.1.2.2　管理的普遍性和重要性

尽管管理在各行各业、各种组织中都有专业特点，但任何组织都有目标，都有一定的人力、物力、财力等资源，都力求充分利用资源，以尽可能少的消耗来正确地实现组织目标。这些都是共同性，都要运用管理，即通过计划、组织、领导、控制、决策、激励与创新这些管理职能或管理活动才能完成。这些管理的基本活动普遍存在于各类组织中。因此，管理为各种组织所广泛应用。

管理是保证作业活动实现组织目标的手段。可以说，任何组织，小至家庭大至国家都需要管理。管理的重要性伴随着组织规模的扩大和作业活动的复杂化而愈益明显。在当今时代，先进的管理和先进的科学技术一起构成了推动现代社会经济发展的“两个车轮”。就像没有先进的科学技术，作业活动乃至管理活动都无法有效地开展一样，没有高水平的管理相配合，任何先进的科学技术都难以充分发挥作用，而且，科学技术越先进，对管理的要求也就越高。

因而，设计和管理一个组织，特别是大型的复杂组织，必须有系统的高水平管理技术，同时，需要有受过良好管理教育、高素质的管理者队伍，并且要有多种形式的专业管理教育系统为各行业、各社会组织培养不同层次的管理人才，以满足各种社会组织的需要。

1.1.2.3 管理的二重性

管理的二重性是马克思主义关于管理问题的基本观点。马克思主义认为，企业管理具有二重性：一方面，管理与生产力、社会化大生产相联系，具有组织技术属性（自然属性），是生产过程固有的属性；另一方面，管理与生产关系、企业制度相联系，具有社会经济属性（社会属性）。这就是管理的二重性。

1. 管理具有自然属性

自然属性与生产力相联系，体现为合理地组织生产力。管理对象是由多种要素组成的系统。管理效果的好坏很大程度上取决于组织与协调这些要素的科学性与合理性。管理的自然属性告诉我们，企业管理中只要是先进的方法、先进的生产力，就可以学习、引进，无论社会意识形态是否相同，无论是否具有东西方差别。

2. 管理具有社会属性

社会属性与生产关系相联系，体现为维护和完善生产关系。管理的社会属性告诉我们，管理实践处于具体社会、具体环境中。管理或多或少又体现着生产资料所有者指挥劳动、监督劳动的意志，体现着生产资料所有者和多数管理者的基本目的。生产资料所有者对于己无益的事可以不做，对不听使唤的人可以不用。

1.1.3 组织的含义与类型

组织是由两个或两个以上的个人为了实现共同的目标组合而成的有机整体，是一群人的集合，是对完成特定使命的人们的系统性安排，以完成单独个人力量的简单总和所不能完成的各项任务。组织包括企事业单位、国家机关、政治党派、社会团体以及宗教组织等。

组织的特征是：有明确的目标（一个或多个），由人员组成，形成系统化结构（以规范和限制成员的行为），相互分工与合作。

组织存在于日常生活和工作的各个方面。家庭是一个组织，医院、学校、企业和事业单位等也都是组织的具体表现形式。任何一个组织都有基本的目标。例如，医院是为了治病救人，学校是为了培育人才，企业是为了满足用户的需要，等等。

组织的目标说明了组织存在的理由。组织是直接通过业务活动（通称作业活动，如医院中的诊治、学校中的教学、工业企业中的生产等）来达成组织目标的，而业务活动的开展自然离不开人力、物力和财力等资源的运用，否则业务活动就只能成为“无米之炊”。因此，为了完成目标，组织一方面需要开展业务活动，另一方面，为了确保这一基本过程顺利而有效地进行，组织还需要开展管理活动。

组织可分为营利组织（如工商企业）和非营利组织（如学校、医院、公共事业单位、政府机构）。

因为本书大部分内容都围绕营利组织展开，所以这里简单介绍一下非营利组织。

1.1.3.1　非营利组织的兴起

非营利组织的兴起主要是由于政府失灵和市场失灵两项重要因素。

政府失灵主要是指在民主社会中，政府服务之对象，因为排除的成本过高，产生排挤效应，反而使得应该受惠的人被排除在外。另外，人们因收入、宗教、种族背景、教育等的差异性，对政府服务产生差异化的需求，所以政府服务势必无法满足每一个人，因而造成政府失灵。

市场失灵则是指私人机构面对市场竞争却不能够提供市场机能充分运作的法则，而使得私有市场机能的运作受到限制。公共物品和服务具有消费的非竞争性和使用的非排他性特征。公共物品和服务存在严重的"搭便车"现象，不能适用以供求为基础、以价格反映均衡状况的市场机制。因此社会上一些非营利组织承担着部分社会福利功能，这些组织包括各种公益团体、医疗机构、学术研究组织以及各类基金会等。

美国学者萨拉蒙批评市场与政府失灵理论均无法解释非营利组织存在的原因，因此提出第三者政府理论。非营利组织与公共部门的关系十分密切，二者具有相辅相成的互补关系。非营利组织往往可以填补政府与人民之间的差距，进而促使政府以更有效率及民主分权的精神来发展行政。所谓第三者政府，是针对近代政府行动的转变与多样性和在公共服务的输送上必须依赖许多非政府的机构来运作提出的。第三者政府的产生主要缘于调和人民渴望公共服务，但惧怕政府权力持续扩大的心理，即通过第三者政府来增进政府提供福利服务的功能，而不恣意扩张政府的权力。萨拉蒙指出，美国公共部门基本架构的显著转变在于采用赠予、补助、外包、授与经营特许权、发行购买券等技术，更重要的是通过第三者政府来输送公共服务，实现公共目的。

在有些领域，物品或服务的购买者并不是最终消费者，或者该物品或服务过于复杂而使消费者缺乏足够的信息来评价其质量。在这样的情况下，如果物品或者服务由营利性组织提供，它们很可能利用信息不对称中的优势地位欺骗消费者而求得利润最大化。相对而言，由非营利组织提供这样的物品或服务更能取得消费者的信任。

1.1.3.2　非营利组织的定义和特点

关于非营利组织的定义，国际上主要有三种认识。一是从收入来源看，认为非营利组织是大部分收入并非来自按市场价格出售的商品和服务，而是来自组织成员交纳的会费和人们的捐赠的组织。二是从功能看，认为非营利组织是满足公共目的、实现社会公众利益的私人组织。三是从基本结构和运作方式看，认为符合组织性、民间性、非营利性、自治性、志愿性等五个条件的组织就是非营利组织。另外，世界上部分国家对非营利组织有法律上的界定。如美国在联邦国内税法中规定非营利组织是一种所有盈余的分配都受到限制的组织，包括分配给监督或者经营该组织的人。同时，该法还规定非营利组织必须满足三个方面的条件：①运作完全是为了从事慈善性、教育性、宗教性和科学性的事业；②盈余不能用于使私人受惠；③从事的主要活动不是为了影响立法也不干预公开的选举。

一般而言，非营利组织是指以服务社会公众为宗旨，不以营利为目的，独立运作，享有税法优惠，但盈余不进行分配，具有志愿性和自治性的正式组织。非营利组织必须在法律所规范的权利、义务下，运用大众捐款、政府补助款与自我生产所得等，实现其组织成立宗旨所标明的服务，使所服务的民众受益。

非营利组织的特点如下。

（1）服务或劳务是无形的且不能被简单明确地测量，不像工商企业那样能按期以销售量、销售收入、利润率等指标衡量，比如学校的教学水平和学生质量就难以按月、日来衡量。

（2）顾客的影响比较小，缺乏及时促进的力量，如卫生机构往往具有垄断性而缺乏竞争，而顾客的付款又往往不是该单位的主要收入来源。

（3）职工（如医生、教师）往往较多地关心专业成就，而较少地关心整个事业。

（4）非营利组织的财政支持者，如政府或者有名望的资助者，往往可以干涉该单位的内部管理。例如，学校要开设一个专业，政府或资助者不同意，就得不到批准。

（5）由于服务难以计量，按劳分配和奖惩制度不能像工商企业那样得到加强。

（6）领导人的威信、魅力往往对非营利组织的发展起着重要的作用。

1.1.3.3 非营利组织的公共责任和监督

1. 非营利组织的公共责任

利特总结了非营利组织公共责任的四个方面：①财务责任，即对资金正当使用的责任；②过程责任，即正当的作为和工作程序；③项目责任，即对效益负责；④优先项目设置上的责任，即服务对象的相关性和适当性。

但履行组织的公共责任对非营利组织而言是十分困难的，存在多方面的问题，具体如下。

（1）志愿失灵。萨拉蒙概括了志愿失灵的四种表现：慈善不足、慈善活动的狭隘性、慈善组织的家长作风、慈善组织业余性和专业性的冲突。在志愿失灵的情况下，非营利组织工作效果不理想，很难履行固有的公共责任。

（2）契约失灵。其原因主要是产品的质量难以控制、非营利组织的产品没有被最终消费者消费、非营利组织的监控机制存在缺陷等。契约失灵可能使非营利组织在运行时逐渐失去信任基础，从而导致公共责任缺失。

（3）利益相关者的要求并不一致。非营利组织在运行时很难调和所有利益相关者的诉求，因此会面临抉择困境。

（4）公共责任的强化也存在消极影响。过于强化非营利组织的公共责任，可能对组织的运作机制和独立性造成不良的影响，也可能引起文牍主义。

2. 非营利组织的监督

非营利组织监督的核心就是保障非营利组织切实履行公共责任，包括外界对相关主体的监督和相关主体内部的自我约束，即他律和自律。

非营利组织的外部监督力量主要有政府、社会公众以及独立的第三方。政府的监督是最基本的保障，主要措施包括立法以及设定注册登记要求、财务制度要求、投资行为规范和限制不公平竞争等方面的规章等。社会公众的监督主要通过舆论监督、捐赠者监督、顾客监督等方式来实现。随着非营利组织竞争的加剧，激烈的竞争环境对非营利组织的运行也具有一定的约束作用。独立的第三方的监督随着非营利组织的发展越来越受到重视，往往表现出比政府监督更好的效果，并且在淘汰不良组织的同时会促进好的组织的发展。

非营利组织的自律包括同行互律和组织自律两个方面。同行互律一般采用行业认可、行业表彰、行业规范等三种方式。组织自律是非营利组织保持非营利性的最后防线，一般可以通过健全内部治理结构、评估监督组织使命和战略、评估监管运行项目、监控组织运作能力等方式进行。

1.1.3.4 非营利组织的管理

无论何种类型的组织，管理者的工作都具有共性。他们都要作决策、设立目标、构建有效的组织结构、利用和激励员工、从法律上保障组织的生存以及获得内外部的政治支持以实现目标。当然，不同类型的组织，管理者的工作还是存在一些差别的：对于营利组织，衡量绩效的最重要也是最明确的指标是利润；而对于非营利组织，则找不到这种一般性的指标，因而考核学校、博物馆、政府机构、慈善组织的绩效是相当困难的。这些组织中的管理者不是由市场检验他们的绩效。在非营利组织中，往往只有个人对工作成就的满意，才能成为工作的主要动力。

1.1.4 管理职能

管理职能如图 1-4 所示。

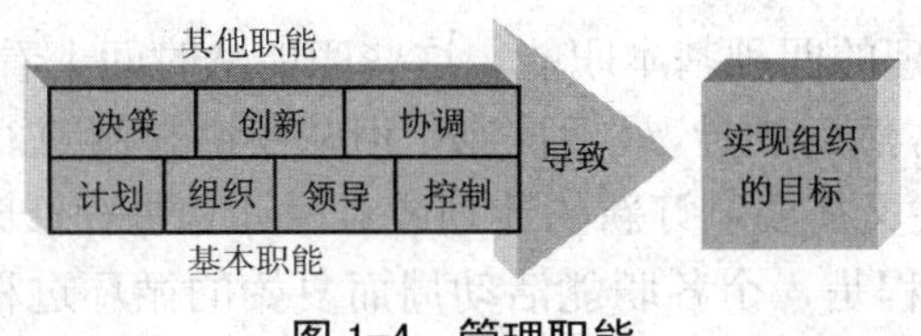

图 1-4 管理职能

1.1.4.1 管理的基本职能

1. 计划

计划是管理的首要职能。计划是指制定目标并确定达成这些目标所必需的行动，是管理者在实际行动之前预先对应当追求的目标和采取的行动方案做出的选择和具体安排。通过计划，可以在目前所处的位置与将来预期达到的目标之间架起一座桥梁，从而有助于将预期的目标转变成现实。虽然计划工作不可能完全准确地预测将来的变化，而难以预见的情况又可能干扰人们制订出最好的计划，但是，如果没有计划，组织活动往往会陷入盲目或者单纯靠碰运气。详尽周密的计划，可以促进和保证管理人员在今后的工作中开展有效的管理。

2. 组织

制订出计划以后，管理工作过程的下一步就是组织必要的人力资源和其他资源去执行既定的计划。组织是指确定所要完成的任务、由谁完成任务以及如何管理和协调这些任务的过程。组织工作的具体内容包括：对达成组织目标必须从事的各项活动进行分类组合，划分出若干部门，然后根据管理幅度原理设定若干管理层次，并把监督每一类活动所必需的职权授予各层次、各部门的主管人员及规定上下左右的协作关系。此外，由于组织的外界环境与自身目标都在发生变化，管理者还要根据组织内外条件的变化，不断地对组织结构做出调整和变革，以确保组织目标的实现。

3. 领导

制订了计划，设置了组织结构，人员各就各位后，管理者才开始进行管理中的领导工作。领导就是要激励和引导组织中的全体成员同心协力地去执行组织的计划，实现组织的目标。下属一般愿意服从和跟随那些善解人意并有较好沟通能力的领导者。所以，领导工作必然包含运用影响力、激励和沟通等手段和方法。

4. 控制

控制是管理工作过程的最后一环。随着组织内各项工作的展开，管理者需要检查下属人员工作的实际进展情况，以便采取措施纠正已经发生或可能发生的各种偏差，保证计划目标的顺利实现。控制职能与计划职能相比较，计划偏重于事先对行动加以引导，控制则偏重于事后对行动加以监督。但这里所说的“事后”并不意味着要等到行动完全结束后才施加控制，那样做就不可能也来不及纠正偏差了。有效的控制要求能在偏离尚处于萌芽状态之时就及时发现并给予妥善处理。

1.1.4.2 管理的新职能

以上简单地介绍了管理的四种基本职能。这些职能从时间上看通常按照一定的先后顺序发生，即先计划，继而组织，然后领导，最后控制。但从不断持续进行的实际管理过程来看，在进行控制工作的同时，往往又需要制订新的计划或对原计划进行修改，并开始进行新一轮的管理活动。这意味着管理过程是一个各职能活动周而复始的循环过程，而且由于管理工作过程的复杂性，实际的管理职能并不一定会按某种固定的模式顺序进行。

随着管理理论研究的深化和客观环境对管理工作要求的变化，人们对管理职能又有了进一步的认识，提出了一些新的管理职能，或者更准确地说，是对上述四种职能的某些方面进行强调和补充，由此衍生出新的职能。

管理的新职能包括决策、创新和协调。

1. 决策

决策职能从20世纪50年代开始受到人们的特别重视。决策是指识别并解决问题以及利用机会的过程。管理就是决策，决策贯穿于管理过程的始终。因为无论计划、组织、领导还是控制，其工作过程说到底都是由决策的制定和决策的执行两大部分活动所组成的。决策渗透于管理的所有职能中，所以管理者在某种程度上也被称为决策者。

2. 创新

管理界对于创新职能的重视始于20世纪60年代。因为当时市场正面临急剧的变化，竞争在日益加剧，许多企业感到不创新就难以生存下去，所以有不少管理学者主张将创新看成是管理的一项新职能。所谓创新，就是使组织的作业工作和管理工作都不断地有所革新、有所变化。创新与维持（使组织按照既定方向及轨迹持续运行）常常是矛盾的。有效的管理工作，就是要在适度的维持与适度的创新之间取得平衡。

3. 协调

协调是指第三方依照法律或合同赋予的权力，依据一定的标准和尺度，对处于冲突环境的个体或组织之间的利益分配和资源分享的不公平状态进行识别、分析、评价和判断，通过沟通和协商，使各方认识到冲突的利害关系和发展趋势，推荐解决冲突的措施方案，使利益分配和资源分享趋于新的公平和稳定状态。可以说，每一项管理职能的开展，都是为了更好地进行协调。有了协调，组织可以获得个人单独活动所不能获得的良好效果，这就是通常所说的 1+1>2 的协同效应。

1.1.4.3 四种基本管理职能的时间分布

所有的管理者，无论他处于哪个层次上，都要制定决策，履行计划、组织、领导和控制职能，只是他们花在每项职能上的时间不同（图 1-5）。例如，高层管理者要考虑整个组织的设计，而基层管理者专注于工作小组和个人的工作设计。

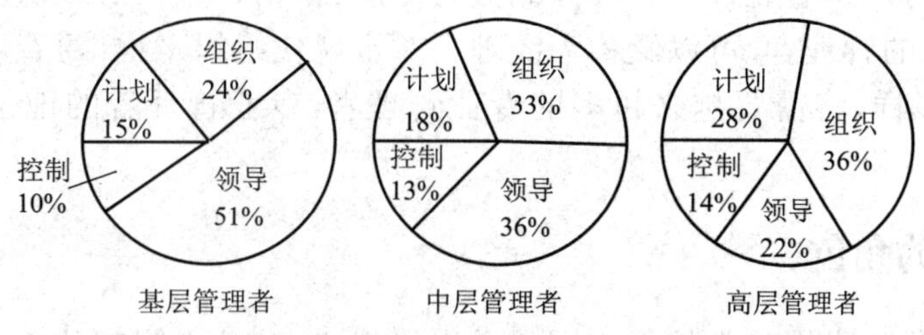

图 1-5 四种基本管理职能的时间分布

1.2 管理者

管理者是指组织中从事管理活动的人员，是管理的主体，是指挥别人活动的人。管理者有各式各样的头衔（厂长、经理、总裁等），可以是各种身材、各种年龄、各种肤色和不同性别的人，他们在各类组织中履行着自己的职责。管理者不仅经营大企业，也经营小企业，还管理政府机构、医院和学校等。成功的管理者没有固定的模式。

1.2.1 管理者的分类与角色

1.2.1.1 管理者的分类

1. 按管理层次分类

管理者按所处的管理层次可分为高层、中层、基层管理者。

高层管理者是指对整个组织的管理负全面责任的人，其主要职责是制定组织的总目标、总战略，掌握组织的大政方针并评价整个组织的绩效。他们在与外界的交往中，往往代表组织以“官方”的身份出现。

中层管理者的主要职责是贯彻执行高层管理者制定的重大决策，并监督和协调基层管理者的工作。与高层管理者相比，中层管理者更注意日常的事务管理。

基层管理者所管辖的仅仅是作业人员，而不涉及其他管理者。他们的主要职责是给下属作业人员分派具体的工作任务，直接指挥和监督现场作业活动，保证各项任务的有效完成。

上述三个不同层次管理者的工作内容和性质存在着很大差别。基层管理者主要关心的是具体工作的完成,他们在处理问题时往往凭借的是丰富的生产、销售或研发工作经验和熟练的技术才能;而高层管理者则对组织总的长远目标和战略计划感兴趣,他们在处理问题时,往往依靠的是丰富的人际关系与战略洞察力。基层管理者所关心的主要是具体的战术性工作,而高层管理者所关心的主要是抽象的战略性工作。

2. 按业务范围分类

管理者按业务范围可分为综合管理者和专业管理者。

综合管理者是指负责整个组织或组织中某个事业部的全部活动的管理者(总裁、总经理等)。专业管理者就是仅仅负责组织中某一类活动(或职能)的管理者。根据所管理的专业领域性质的不同,可以将专业管理者具体划分为生产、营销、人事、财务以及研究开发部门管理者等。这些部门的管理者,可以泛称为经理。对于现代组织来说,随着规模的不断扩大和环境的日益复杂多样,将需要越来越多的专业管理者,专业管理者的地位也将变得越来越重要。

1.2.1.2 管理者的角色

在生活中会发现,我们常常处于不同的关系当中,扮演着不同的角色。而作为一个管理者,也同样需要处理不同的关系。亨利·明茨伯格(Henry Mintzberg)发现,管理者必须处理一件又一件事务、一个又一个危机,这使得他们在工作过程中不断受到打扰,无法长时间集中精力于某项工作中。他在著作《管理工作的本质》(*The Nature of Managerial Work*)中提供了一个分类表,对管理者的角色进行分类。管理者在工作中扮演了十种角色,这十种角色又可以分为三大类,每一种角色都是为了发挥某种作用的。

1. 人际角色

(1)挂名首脑:发挥着作为管理者的首要作用,也就是承担着作为组织领导人须履行的象征性职责,如代表组织接待客人、签署重要的文件等。

(2)领导者:发挥着领导作用,如营造工作氛围,动员下属实现组织目标等。

(3)联络者:发挥着联络作用,对组织中重要的信息来源进行开发和维护,如参加行业协会组织的活动。

2. 信息角色

(1)监听者:发挥着收集信息的作用,特别是那些与组织相关的信息,如通过阅读期刊和报告,获得外部环境和竞争者的信息。

(2)传播者:发挥着把从外部或通过多种途径获得的信息传递给组织内部的成员的作用,如主持企业内部的信息交流会。

(3)发言人:发挥着把内部信息传递给外部组织的作用,包括组织的计划、战略、行动、绩效等,如在危机时向媒体发布信息。

3. 决策角色

(1)企业家角色:发挥着变革组织的作用,通过寻求外部机会和内部优势发起变革,以便组织更好地适应外界环境,如开发新产品。

(2)危机处理者:承担处理一些重大的、意外的事件,负责采取纠正行为,如处理企业的危机事件。

（3）资源分配者：负责组织资源的使用和分配，制定和批准有关的决策，如项目的分配、预算活动等。

（4）谈判者：在谈判中扮演谈判者角色，包括和其他组织以及个人的谈判，如与供应商的谈判。

管理的角色显示了管理者从事的并非都是管理工作。管理者毕竟是人而不是神。在后期研究中，明茨伯格对管理者的行为分析趋向于强调管理活动中软性和人性的一面。他在 20 世纪 90 年代又总结出五项内涵丰富的管理工作内容：①目标设定和回顾；②创造一个有利的工作环境；③质量管理；④联系外界环境；⑤绩效管理。

今天的组织逐渐认识到许多管理者的角色不必局限于传统管理者的范围。因为组织的环境逐渐变得更富有竞争性，公司不得不寻找提高质量的方法。这通常意味着让那些过去一直执行狭隘的、非管理职能的人们扩展他们的活动范围，如让一个普通的操作工人承担某些管理工作。

1.2.2　管理者的特质与技能

1.2.2.1　管理者的特质

管理者的特质归纳如下。

（1）具备对挫折的高度忍耐力，甚至在任何被激怒的时候都不失态。

（2）不断地反省，并乐于认真地自我检查。

（3）了解竞争的规则，并能够冷静地运用这些规则。

（4）能做到胜不骄、败不馁。

（5）能摆脱逆境而不改变个性，并很快就着手实现下一个目标。

（6）能赢得同人的尊敬，有时也能使同人感到畏惧。

（7）能鼓舞和鼓励员工，提高员工的忠诚度。

（8）在经营中施加个人影响。

（9）行动敏捷，能在其他人反应之前就抓住机会。

（10）展示坚强的意志。

（11）通过做自己擅长的事情取得成功。

（12）制定许多大胆的决策，并对这些决策负责。

（13）激励变革与创新。

例如，罗伯特·路易斯-德里弗斯（Robert Louis-Drefus）通过将生产设施转移到生产成本低廉的地区，在市场营销活动中投入更多的资金，以抓住年轻消费者市场，使生产运动鞋的阿迪达斯公司扭亏为盈，变得生机勃勃，正是这些措施给阿迪达斯公司注入了新的生命活力。这类管理者运用他们的直觉，能够敏锐、准确地感知环境变化，抓住市场给予的机会。

1.2.2.2　管理者的技能

卡茨（Katz）指出作为一名管理者应该具备技术技能、人际技能、概念技能这三种基本的技能。处于基层的管理者主要需要技术技能与人际技能；处于中层的管理者需要更多的人际技能与概念技能；而处于高层的管理者，则尤其需要具备较强的概念技能（图 1-6）。

图 1-6　不同层次管理者所需要的技能

1. 技术技能

技术技能是指使用某一专业领域内有关的工作程序、技术和知识完成组织任务的能力。例如，工程师、会计师、广告设计师、推销员等都掌握有各自相应领域的技术技能，所以被称作专业技术人员。对于管理者来说，虽然没有必要使自己成为精通某一领域技能的专家（因为他可以依靠有关专业技术人员解决技术问题），但他还是需要了解并初步掌握与其管理的专业相关的基本技能，否则就很难与他主管的组织内的专业技术人员有效沟通，从而也就无法对他所管辖的业务范围内的各项管理工作进行具体的指导。

毋庸置疑，医院的院长不应该是对医疗过程一窍不通的人，学校的校长也不应该是对科研和教学工作一无所知的人，工厂的生产经理更不应该是对生产工艺毫无了解的人。当然，不同层次的管理者对于技术技能要求的程度是不同的，相对来说，基层管理者需要掌握技术技能的程度要更高一些。

2. 人际技能

人际技能是指与人事关系处理有关的技能，即理解、激励他人并与他人共事的能力。这种能力首先包括领导能力，因为领导者必须学会同下属人员沟通并影响下属人员的行为。但人际技能的内涵远比领导技能广泛，因为管理者除了领导下属人员外，还得与上级领导和同级同事打交道，所以需要学会说服上级领导，学会同其他部门同事紧密合作。可以说，人际关系这项技能对于高、中、基层管理者有效地开展管理工作都是非常重要的，因为各层次的管理者都必须在与上下左右关系进行有效沟通的基础上相互合作，共同完成组织的目标。

3. 概念技能

概念技能是指综观全局、认清为什么要做某事的能力，也就是洞察企业与环境相互影响之复杂性的能力。具体地说，概念技能包括理解事物的关联从而找出关键影响因素的能力、确定和协调各方面关系的能力以及权衡不同方案优劣和内在风险的能力等等。显然，任何管理者都会面临一些混乱而复杂的环境，需要认清各种因素之间的联系，以便抓住问题的实质，根据形势和问题果断地做出正确的决策。因此，管理者所处的层次越高，面临的问题越复杂，越无先例可循，就越需要概念技能。

1.2.3　有效管理者与成功管理者的特征

在组织中提升最快的管理者（成功管理者）与成绩最佳的管理者（有效管理者）从事的是同样的活动吗？他们强调的重点一样吗？人们也许认为，在工作上最有成绩的管理者也会是在组织中提升得最快的人，但是事情似乎并非如此。弗雷德・卢森斯（Fred Luthans）研究了

450 多位管理者，发现这些管理者都从事以下四种活动。

（1）传统管理，即决策、计划和控制。

（2）沟通，即交流例行信息和处理文书工作。

（3）人力资源管理，即激励、惩戒、调解冲突、人员配备和培训。

（4）网络联系，即社交活动、政治活动和与外界交往。

如图 1-7 所示，成功管理者在对各种活动的强调重点上与有效管理者的不同之处在于：网络联系对成功管理者的相对贡献最大；而在有效管理者中，沟通的相对贡献最大，网络联系的相对贡献最小。此项研究对晋升是基于绩效的传统假设提出了挑战，它生动地说明，社交和拓展网络关系对于在组织中获得更快的提升起着重要的作用。

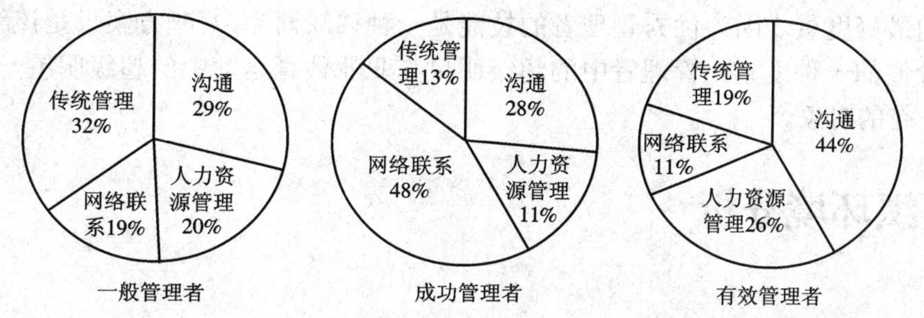

图 1-7 各类管理者每种活动的时间分布

1.2.4 职业管理者

组织的管理者是否已达到职业化的要求？为了回答这一问题，首先要了解以下职业特征。

（1）参与社会分工（职业结构）。

（2）利用专门的知识与技能（内在属性）。

（3）创造物质财富和精神财富（社会属性）。

（4）获取合理报酬（生活来源）。

（5）满足物质生活和精神生活需求。

（6）统一的职业道德标准。

参照以上的特征和标准，可以得出下述结论：研究领域和实践中的管理达到了这些标准，因而可以认为管理是一种职业。与其他的职业人员一样，管理人员地位的取得来自他们的成就或工作的成功，而并非生而有之或依靠其他力量。在近些年中，成立了大量的职业协会（管理协会），用以在职业管理人员中建立起统一的道德标准，以保持和规范职业标准。管理的职业特征如下。

（1）职业管理人员的诞生。

（2）管理教育的专业化。

（3）管理人员报酬的社会公开化。

（4）管理工作的内容、程序、知识技能专业化。

（5）管理人员正确处理利益关系。

在管理职业中，给出一个要从事这一职业所需具备的最低标准是相当困难的。托尔（Towle）认为，对工商业管理程度的掌握应构成进入管理职业领域的最低先决条件。但是，彼得·德鲁克（Peter Drucker）反对这种观点，并认为“通过对证书和执照的要求或是将特殊专业的学术学位作为必需的训练使管理达到职业化是有害的，并且没有什么能比这给社会或经济带来更大的损害了”。在考虑到管理时，不能简单地把受教育水平作为加入这一行业的最低标准，还应该考虑许多其他因素。

优秀的管理者能“变草为金”，低劣的管理者却恰好相反，这个道理对于那些设计组织薪酬体系的人来说是再清楚不过的了。管理者趋向于比操作者挣更多的薪酬。随着管理者职权和责任的扩大，他的薪酬也相应提高，并且许多组织愿意支付极具诱惑力的薪酬，以吸引和留住优秀的管理者。这些组织付给管理者的薪酬大大超过付给非管理者的薪酬，这是对有效管理者技能的最好度量。因为优秀管理者的技能是一种稀缺商品，薪酬方案只是该组织对这种稀缺商品价值的一种度量。管理者中的超级明星与职业体育运动中的超级明星一样，是企业不惜重金争夺的对象。

1.3 组织环境分析

1.3.1 组织环境概述

认识到任何组织都不是独立存在的，这是系统方法对管理的主要贡献。环境中有某些力量在管理者行为的形成过程中起着主要作用。组织外部力量和压力带来的变化直接影响着组织。20 世纪 70 年代，石油价格飞涨，全世界为之震惊，从通用汽车公司到邮局等各类组织不得不做出调整自己的决定，以便把外界事件纳入自己的考虑范围之内。80 年代，亚洲的日本、韩国，欧洲以及其他地区的重量级企业加剧了全球市场的竞争，从而使地区市场到全球市场发生了戏剧性的转变。90 年代，通信和信息处理的新技术（从传真机、笔记本电脑到超级新型计算机）和政治地理的剧变使我们对企业的认识发生了革命性的变化。所有这些因素及其他因素都是管理者必须考虑的组织环境的内容。

1.3.1.1 环境的概念

环境（environment）是指对组织绩效有着潜在影响的外部机构或力量。正如一位作家写道：“从整个宇宙中减去代表组织的那部分，余下的部分就是环境。”组织与其具体环境相互作用、相互依存。

从系统的思想来看，组织是一个开发系统，与外部大系统——环境之间是相互联系、相互作用的。环境向组织输入，组织又向环境输出（财富，包括产品和服务等）。这些输入和输出带来了环境对组织的影响，又带去了组织对环境的作用。一个有生命的组织一定是一个开放的系统。用系统的语言来描述：一个开放的系统是由输入、转换过程和输出三部分组成的。组织的许多输入来自环境，而组织的许多输出又进入了环境。这种组织与环境之间的相互联系和相互作用是极为密切的。因此，组织的管理活动必须考虑其环境问题，并向积极的方向努力。

1.3.1.2　环境的不确定性

并非所有的环境都相同,环境的不同是由于环境的不确定性（environmental uncertainty）程度不同。环境的不确定性表现为两个维度：环境的变化程度和复杂程度。环境的不确定性矩阵见表 1-1。

表 1-1　环境的不确定性矩阵

		变化程度	
		稳态	动态
复杂程度	简单	**方格 1** 稳定的和可预测的环境； 要素少； 要素有某些相似性并基本保持不变； 对要素的复杂知识的要求低	**方格 2** 动态的和不可预测的环境； 要素少； 要素有某些相似性,但处于连续的变化过程中； 对要素的复杂知识的要求低
	复杂	**方格 3** 稳定的和可预测的环境； 要素多； 要素间彼此不相似,但单个要素基本保持不变； 对要素的复杂知识的要求高	**方格 4** 动态的和不可预测的环境； 要素多； 要素间彼此不相似并且处于连续的变化中； 对要素的复杂知识的要求低

构成要素经常改变的组织环境称为动态环境；构成要素变化很小的组织环境称为稳态环境。在稳态环境中或许没有新的竞争者,或许现有竞争对手没有新的技术突破。变化程度指的是不可预见的变化,如果变化能够精确地预测,它就不是管理者必须应付的那种不确定性。

环境复杂性（environmental complexity）程度是指组织环境中的要素数量及组织所拥有的与这些要素相关的知识广度。复杂性还可依据一个组织需要掌握的有关自身环境的知识来衡量。例如：波音公司的管理者如果要保证该公司制造的喷气式飞机没有缺陷,就要尽可能多地了解其供应商的经营活动,以保证供应商提供的部件和材料符合质量要求；而销售商就不需要过多地了解供应商的经营活动。

从表 1-1 中可以发现,管理者受到组织环境不确定性的影响。每个方格表示不同的变化程度和复杂程度。方格 1（稳定简单的环境）代表了不确定性水平最低的环境,方格 4（动态复杂的环境）的不确定性水平最高。显然,方格 1 中的管理者对组织绩效的影响力最大,而位于方格 4 中的管理者对组织绩效的影响力最小。

由于环境的不确定性影响着一个组织的成败,因此管理者应尽力将这种不确定性减至最低程度。如今大多数行业都面临着更为动态的变化,因此,组织所面临的环境就更加不确定了。

1.3.1.3　利益相关者关系管理

利益相关者（stakeholder）是组织环境中受组织决策和行动影响的任何个人或组织群体。他们与组织密切相关,并且受到组织行为的影响；反过来,这些相关者的行为也可能影响组织。

组织可能与之打交道的利益相关者有哪些呢？主要有：雇员、顾客、工会、社会和政治活动团体、股东、竞争者、社区、贸易和行业协会、供应商、政府、媒体等。我们看到,这些利益相关者既包括组织内部的群体，也包括组织外部的群体，因为二者都能影响组织采取的行动策略及运作方式。

为何要关注利益相关者呢？原因之一是，这种关注可以带来其他的组织绩效，如环境变化可预测性的改善、更成功的创新、利益相关者信任度的提高和更强的组织柔性，从而减少变化的冲击。另一个原因是，组织依赖这些群体作为投入的输入端，并作为产出的输出端，而管理者在决策和行动时，应当考虑他们的利益。

区别管理外部利益相关者（本书的其他部分将围绕组织成员说明如何管理）分为以下四个步骤。

（1）确定谁是组织的利益相关者。

（2）确定这些利益相关者可能存在的特殊利益或利害关系是什么。产品质量？财务问题？安全？工作条件？环境保护？等等。

（3）管理者必须确定每一个利益相关者对于组织决策和行动的重要性。

（4）决定通过什么方式管理利益相关者。决策取决于外部利益相关者的关键程度和环境不确定性的程度。表 1-2 描述了管理利益相关者关系的各种方式。

表 1-2　管理利益相关者关系的方式

环境不确定性	利益相关者的重要性	
	重要且关键	重要但不关键
高度的不确定性	利益相关者伙伴关系	跨域管理
低度的不确定性	利益相关者管理	扫描和监控环境

如果利益相关者是重要但不关键的，而且面临的环境不确定性很低，管理者通常采用简单的扫描和监控技术，主要目的是注视可能的变化趋势或力量。管理者只需跟踪了解利益相关者的动向、可能关注的焦点以及这些焦点是否在变化。

如果利益相关者是重要但不关键的，而且环境的不确定性很高，管理者需要投入更多的努力来管理相关者关系。跨域管理（boundary spanning）就是采用更具体的方式与利益相关者互动合作，来收集和传播重要的信息。在跨域管理中，组织成员在组织和外部利益相关者之间自由移动，组织边界具有更强的柔性和可渗透性。

如果利益相关者是重要且关键的，而且环境的不确定性很低，管理者将采用直接管理利益相关者的策略，如开展顾客营销调研、鼓励供应商之间的竞争、设立政府关系部门等。

如果利益相关者是重要且关键的，而其环境的不确定性很高，管理者最好采用伙伴关系（partnership），就是为了追求共同的目标，在组织和利益相关者之间达成非正式协议。这需要合作者之间相互承诺，高度信任，相辅相成。

1.3.2　一般环境和任务环境

1.3.2.1　一般环境

组织的一般环境，也可以说是组织的大环境，包括政治环境、法律环境、经济环境、科技环境、社会文化环境、自然环境和国际环境等。虽然它在日常经营中对组织的影响不甚显著，但是这些起间接作用的环境因素却最终决定着组织的长远发展。

1. 政治环境

政治环境包括一个国家的社会制度、政治制度、执政党的性质、政治性团体、政府的方针和政策等。政治环境的变化，组织一般难以预测，但这种变化会给组织带来何种影响，却是可以分析的。由于政治环境对组织的影响往往是根本性的，组织必须对政治环境的变化给予充分的关注，要及时了解国家鼓励组织做什么，允许组织做什么，禁止组织做什么。只有这样，才能使组织的活动符合国家和社会的利益，才能把握有利的时机，赢得政府的支持和保护。

2. 法律环境

法律环境是指与组织相关的社会法制系统及其运行状态，它包括三大要素，即国家法律规范、国家司法执法机关、社会组织的法律意识。其中，国家法律规范包括宪法、基本法律、行政法规、地方性法规等；国家司法执法机关主要有法院、检察院、公安机关及其他各种执法机关，与企业关系较密切的行政执法机关有工商行政管理机关、税务机关、物价机关、计量管理机关、技术质量监督机关、专利机关、环境保护管理机关、政府审计机关等。

法律环境对组织的影响方式是由法律的强制性决定的。它对组织的影响具有刚性约束的特征。随着我国社会主义法律体系的日益完善，与组织有关的法律会越来越多，组织要增强法制观念，及时了解、熟悉有关法律，保证在法律许可的范围内以法律许可的方式从事活动。

3. 经济环境

经济环境是指影响组织生存和发展的社会经济状况及国家经济政策，它是一个多元的动态的系统，主要由社会经济结构、经济发展水平、经济体制和宏观经济政策四个要素构成。

社会经济结构又称国民经济结构，包括产业结构、分配结构、交换结构、消费结构和技术结构，其中最重要的是产业结构。

经济发展水平是指一个国家经济发展的规模、速度及所达到的水准。衡量一个国家经济发展水平的主要指标有国民生产总值、国民收入、人均国民收入、经济增长速度等。

经济体制是指国家组织经济的形式，它规定了国家与企业、企业与企业、企业与各经济部门的关系，并通过一定的管理手段和方法，调控或影响社会经济活动的范围、内容和方式等。

宏观经济政策是国家或执政党制定的实现一定时期国家经济发展目标的战略与策略，它包括综合性的全国经济发展战略和产业政策、国民收入分配政策、价格政策、物资流通政策、金融货币政策、劳动工资政策、对外贸易政策等。

4. 科技环境

科技环境大体包括四个基本要素：社会科技水平、社会科技力量、国家科技体制以及国家科技政策和科技立法。

社会科技水平是构成科技环境的首要因素，它包括科技研究的领域、科技研究成果门类分布及先进程度和科技成果的推广应用三个方面。社会科技力量是指一个国家或地区的科技研究与开发的实力。国家科技体制是一个国家社会科技系统的结构、运行方式及其与国民经济其他部门的关系状态的总称，主要包括科技事业与科技人员的社会地位、科技机构的设置原则和运行方式、科技管理制度、科技成果推广渠道等。国家的科技政策和科技立法是国家凭借其行政权力和立法权力对科技事业履行管理、指导职能的途径。

另外一个值得关注的是“知识经济”带来的机会与挑战。知识经济（knowledge economy）

是“以知识为基础的经济”，是相对于现在的“以物质为基础的经济”而言的。现行的工业经济和农业经济，虽然也离不开知识，但总的来说，经济的增长取决于能源、原材料和劳动力，即以物质为基础。1996年，世界经济合作与发展组织在《以知识为基础的经济》报告中，将知识经济定义为建立在知识的生产、分配和使用（消费）之上的经济。其中所述的知识，包括人类迄今为止所创造的一切知识，最重要的部分是科学技术、管理及行为科学知识。这份报告显示，人类的发展将更加倚重自己的知识和智能，知识经济将取代工业经济成为时代的主流。

5. 社会文化环境

社会文化环境包括一个国家或地区的社会阶层的形成和变动、人口情况、居民受教育程度和文化水平、社会权力结构、宗教信仰、风俗习惯、审美观念、价值观念等。组织的成员都来自社会。组织的活动离不开社会。社会文化环境主要就是通过作用于组织成员以及其他社会成员而对组织产生影响的。

人类在某种社会生活，久而久之，必然会形成某种特定的文化观念，包括一定的态度和看法、价值观念、道德规范以及世代相传的风俗习惯等。文化是影响人们欲望和行为的一个很重要的因素。例如，我国人民（包括侨居异国的华人）每逢农历新年都要进行大扫除，购买年货，有些家门口贴上春联，有些地区举行庙会，人们互相拜年，欢度春节；西方人每年12月25日前都会大量购买节日用品，包括各种食品、日用品、圣诞树、礼品、圣诞贺卡等，以欢度圣诞节。人们的这种欲望和行为是受其传统文化影响的。

组织一经产生，就按照社会环境的要求进入一定的位置，但组织所处的社会环境并不是一成不变的。组织必须使其经营适应社会环境的变迁，也就是说，组织提供的产品和服务以及其内部政策，必须随社会环境的改变而改变。

6. 自然环境

自然环境包括组织所在地区的地理位置、气候条件、资源状况等。对于企业来说，自然环境是影响其生产经营活动的至关重要的因素。所谓“天时、地利、人和”，其中“地利”所指的主要就是自然环境。

组织所处的地理位置决定了其可能获得的交通运输条件、通信条件、人力资源条件、政策优惠条件等，从而影响组织的生产经营成本或运行成本、人员素质、信息获取、社会负担等。气候条件对那些受气候影响较大的组织如旅游企业、空调生产企业、农牧场等尤其重要：良好的气候条件可以为这些组织提供机会，恶劣的气候条件则可对其产生破坏性的影响。这里所说的资源状况主要是指自然资源，如矿产资源、水资源、林木资源、水生资源等的数量和质量，这是所有组织生存和发展的必要条件。

1.3.2.2 任务环境

一般环境因素对所有相关组织都要产生影响，甚至可能是相同程度的影响。但对于某一具体组织而言，有些环境因素对该组织具有直接的、特殊的和经常性的影响，这些环境因素就是任务环境。

企业的任务环境包括顾客、竞争者、同盟者、供应商、运输部门、中间商与批发商、业务主管部门、税务财政部门以及企业所在社区等要素，其中，最主要的是顾客、供应商、竞争者和同盟者。

1. 顾客

顾客即企业产品或劳务的购买者，包括企业产品或劳务的最终使用者和中间经销商。顾客对企业的影响主要表现在两个方面：①顾客的需求水平决定了企业的市场状况；②顾客的价格谈判能力影响着企业的获利能力。

1）顾客的需求

（1）总需求量，包括总的市场容量以及其中有支付能力的需求量和暂时无支付能力的需求量（潜在需求）。

（2）需求结构，包括需求的类别和构成情况，如顾客的特点、地区分布、年龄分布、职业分布等。

（3）顾客的购买力，包括顾客的购买力水平、购买力的变化趋势、影响购买力的因素及其变化等。

2）顾客的价格谈判能力

用户总是要求产品价格更低廉、质量更好、提供更多更好的售后服务，他们会利用各企业之间的竞争来给企业施加压力。企业的赢利水平与用户的价格谈判能力有直接的关系。

2. 供应商

企业的供应商包括企业维持正常生产经营活动所需各种要素的（人、财、物、信息、技术等）来源单位。企业与供应商的关系的性质基本上和企业与用户的关系的性质相同，只不过双方的地位发生了交换，企业变成了供应者的用户。因而，供应者对企业的影响也表现在两个方面：一是供应者能否按照企业的需求按时、按质、按量地提供各种要素，这决定了企业的生产经营活动能否正常运行；二是供应者的价格谈判能力，这决定了企业的生产经营成本并进一步影响企业的利润水平。

3. 竞争者

竞争者包括所有与本企业争夺市场或资源的企业。从争夺市场来看，竞争者是那些生产相同或相似功能产品的企业（包括生产代用品的企业）；从争夺资源来看，竞争者是那些资源需求相同的企业。在此，将竞争者划分为直接竞争对手、潜在竞争对手、替代品生产者三大类来加以分析。潜在竞争对手和替代品生产者也可合称为间接竞争对手。

1）直接竞争对手

直接竞争对手主要是同行业中现有的企业。多家企业生产相同或相似的产品，必然会想方设法争夺市场，从而形成竞争关系。对直接竞争对手进行研究可以从以下几个方面着手。

（1）基本情况。它包括直接的竞争对手有哪些、地区分布、规模、资金实力、技术实力、经营特色，主要产品、市场占有情况等。在进行基本情况研究时，要注意分析以下三个指标。

第一个指标是销售增长率，即当年销售额与上年相比的增长速度。销售增长率为正，则表明企业的生产经营规模在扩大，一般来说，企业的实力也在增强。但这个指标往往要与行业发展速度和国民经济的发展速度进行对比研究才有意义。如果企业当年销售额比上年有所增加（增长率为正），但增加的速度小于行业或国民经济的发展速度，则表明经济环境是有利的，市场总容量在扩大，但扩大的部分被该企业占领的比重相对减少，大部分新市场被其他企业占领了，因此实际上该企业的竞争力反而下降了。

第二个指标是市场占有率，即企业的产品销售量与市场上同类产品销售量的比率。注意要把这个概念与“市场覆盖率”区别开来，后者指本企业产品投放地区数与整个市场包含的地区总数的比率，其中地区可以以省、市、县等为单位。

市场占有率 =（本企业产品市场销售量 / 市场上同类产品销售量）×100%

市场覆盖率 =（本企业产品投放地区数 / 全市场应销售地区数）×100%

第三个指标是产品获利能力。这是反映企业竞争能力能否持续的支持性指标，可以用销售利润率来表示。所谓销售利润率，即企业利润总额占总销售额的比率。显然，销售利润率越高，产品的获利能力就越强。

上述三个指标可以综合地反映竞争对手的竞争实力。销售增长率是纵向比较指标，市场占有率是横向比较指标。前两个指标是数量指标，第三个指标是质量指标。在具体分析竞争对手时，三个指标必须综合考虑。

（2）主要竞争对手。找出主要竞争对手后，应对其进行更为具体的分析，特别是要分析其之所以能对本企业构成威胁的主要原因，从而据此制定相应的竞争战略和竞争策略。企业不可能也不必要同时对付所有的竞争对手，只要能准确识别和应对主要的竞争对手就足够了。

（3）竞争对手的发展方向。它包括竞争对手的市场发展与产品发展动向，这种动向往往会构成对本企业的威胁，企业若能掌握竞争对手的发展方向，就可捷足先登，抢得主动权。在分析竞争对手的发展方向时，要了解企业所在行业的退出壁垒。

2）潜在竞争对手

潜在竞争对手主要是指那些可能进入本行业的新进入者。所谓新进入者，可以为新成立的企业或是一个采用多角化经营战略的原来从事其他行业的企业。新进入者为进入的行业带来了新的生产能力，并要求取得一定的市场份额，因而会对已有企业带来威胁。一个企业进入新行业的可能性的大小取决于该企业进入新行业需要克服的障碍和付出的代价，即进入壁垒。

3）替代品生产者

替代品是指那些具有相同或相似功能的产品，如洗衣粉可替代肥皂，圆珠笔可部分替代钢笔。因为用户购买商品的目的在于获得其使用价值或者说是实现其功能，所以，那些能满足用户同一需求的产品都具有替代性。当用户购买了某种商品后，他们对那些具有相同或相似功能的商品的需求就会减少，因而，替代品生产者也是企业的竞争者。影响替代品生产者对本企业造成压力的因素主要有三个，具体如下。

（1）替代品的赢利能力。替代品的赢利能力强，其价格优势就较大，本企业的产品定价就会受到制约。

（2）替代品生产者的经营战略和发展趋势。其经营战略越积极，发展越快，对本企业的压力就越大。

（3）用户的转变费用。用户改用替代品的转变费用越小，替代品生产者对本企业的压力就越大。

4. 同盟者

不同组织之间既有竞争关系，又有合作关系，合作往往更容易达成“双赢”的效果，所以，组织在识别和分析竞争者的同时，也要对同盟者进行分析。

从企业经营角度来看，可将同盟者分为基本同盟者（全面合作）与临时同盟者（某时、某事、某方面的合作）、直接同盟者与间接同盟者、现实同盟者与潜在同盟者、长期同盟者与短期同盟者等。同盟者与本企业应具有利害共同性或优劣势的互补性。

应该注意的是，随着内外部环境的变化，企业与同盟者的关系具有可变性和复杂性，即同盟者有可能变成竞争对手，而竞争对手也有可能变为同盟者；本企业的同盟者可能同时也是竞争对手的同盟者。因此，企业对各种类型同盟者的状况、发展趋势及特点均应进行分析。

5. 其他特殊环境因素

具体组织的特殊环境因素包括业务主管部门、金融机构、企业所在社区机构等。组织必须与这些环境因素保持良好的关系，否则就可能因小失大，给企业生产经营活动造成不利影响。

1.3.2.3　内部环境

内部环境主要包括所有者、雇员、组织文化、管理层这几方面。在本书的后半部分对员工有详细的介绍，而对管理层的讨论贯彻全书，可以说本书大部分内容是关于内部环境的。这是因为一般环境、任务环境只有和组织联系在一起才有意义，而且，如何应对外部环境是由组织内部环境的性质决定的。

1.3.3　全球环境与全球化管理

1.3.3.1　全球化发展

“全球化”一词最早是由一个名叫 T. 莱维（Levitt）的学者于 1985 年正式提出的。莱维在其题为《市场的全球化》一文中用“全球化”这个词来形容此前 20 年间国际经济发生的巨大变化，即“商品、服务资本和技术在世界性生产、消费和投资领域中的扩散”。自此，关于“全球化”的研究迅速蔓延到经济、社会、文化、政治等各个领域。

但各国学者对“全球化”作用的褒贬不一。有些经济学家认为，经济全球化是一件好事，它可以使资金、技术、资源、劳动力在全球范围内实现合理的配置，为各国人民提供物美价廉的商品；但是直到今天，仍然还有许多经济学家对“全球化”持有怀疑态度，认为它加速了世界范围内的经济不平衡，加大了贫富差距，使得国际经济形势不稳定。

无论“全球化”是对是错，不容置疑的客观事实是，全球化进程在不断加快，这已经成为当今世界经济发展的主要趋势，而且几乎涉及所有的国家。20 世纪 90 年代以来，随着信息技术、互联网技术的发展，生产要素已经冲破国界的约束，在全世界范围内自由流动；各个国家、地区之间的经济相互影响，相互融合；世界范围内的经济规范被建立起来，逐渐向着全球统一市场的方向发展。

过去的经验表明，无论是大企业的管理者还是小企业的管理者，无论是以营利为目的还是不以营利为目的，都无法忽视全球化的影响。许多企业管理者都发现，组织要想在 21 世纪仍然充满竞争力，就必须有全球化观念。而且，大部分组织都必须成为全球化组织（global organization），不仅要在本国经营，还要参与国际竞争。

一个组织要想在全世界范围经营，需要适应全球环境，它的管理者必须理解要素是如何影响全球环境并带来机会和威胁的。

1.3.3.2　全球一般环境

在全球化过程中，管理的任务没有发生变化，基本管理职能也没有变化，依然是计划、组织、领导和控制。但是，管理者如果不了解国际竞争中的文化差异，就可能遇到麻烦。所以，管理者应该充分了解不同国家的社会文化、法律、政治和经济等特点,即全球环境中的一般环境因素。

1. 社会文化环境

在国际市场上,社会文化要素的影响要比政治和经济要素的影响更为复杂。德鲁克认为,国际企业的经营管理"基本上就是一个把政治上、文化上的多样性结合起来而进行统一管理的问题"。国外管理学家研究表明,在失败的跨国公司案例中,有 70% 的公司是由于文化差异而导致失败的。

民族文化是一个民族共有的价值观、行为规范、知识、信仰、道德标准、法律、习俗,这些价值观塑造了他们的行为及他们看待世界的方式。民族文化通过明确哪些与人交往的方式和行为是恰当的,哪些是不恰当的,以此来塑造个体行为。人们从年幼开始通过与周围的人的交往了解民族文化,这些文化将影响人的一生。

价值观(values)是一个国家对真、善、美以及欲望等的看法。它为个人主义、民主、真理、正义、诚实、忠诚、集体责任等概念提供强有力的支撑。价值观不仅仅是抽象的概念,同时还有许多情感因素在内。虽然价值观在一个国家中根深蒂固,但并不是一成不变的,当条件适当时,它是可以改变的,只不过这种过程是缓慢的,而且带有痛苦的。

行为规范(norms)是不成文的规定和行为方式,规定了人们在特定场合的言谈举止,约束了一些行为。在行为规范中起到重要作用的是社会习俗(folkways)和道德规范(mores),前者对人们的日常生活进行规定,比如正确的用餐方式、特殊场合的着装等;后者是对社会功能的发挥以及对社会生活非常关键的行为进行规范,它比前者具有更大的意义,因为若违背道德规范将带来严重后果。在很多国家中,道德规范已经被列入法律条款。

对于管理者来说,民族文化和组织文化哪个更重要呢?一些研究表明,民族文化对于员工的影响要大于组织文化的影响。

格尔特·霍夫斯泰德(Geert Hofstede)教授对 IBM 在 40 个国家 11.6 万名员工作了调查,他认为,文化是在一个环境中的人们的共同的心理程序,不是一种个体特征,而是具有相同的教育和生活经验的许多人所共有的心理程序。不同的群体、区城或国家的这种程序互有差异。这种文化差异可分为五个维度:权力距离、不确定性规避、个人主义与集体主义、男性气概与女性化、长期导向和短期导向。

1)权力距离

权力距离(power distance),即在一个组织当中,权力的集中程度和领导的独裁程度以及一个社会在多大的程度上可以接受组织当中这种权力分配的不平等。在组织中,可以理解为员工和管理者之间的社会距离。一个权力距离大的社会能够接受组织内权力的巨大差别,员工对权威表示出极大的尊敬;而在权力距离小的社会中,上级仍然拥有权威,但员工并不敬畏老板。

例如,美国是权力距离较小的国家,美国员工倾向于不接受管理特权的观念,下级通常认为上级是"和我一样的人"。所以在美国,员工与管理者之间更平等,关系也更融洽,员工也更善于学习、进步和超越自我,实现个人价值。相对而言,中国是权力距离较大的国家,在这里地位象征非常重要,上级所拥有的特权被认为是理所应当的,这种特权非常有利于上级对下属权力的实施。这些特点显然不利于员工与管理者之间和谐关系的创造和员工在企业中不断地学习和进步。

2）不确定性规避

不确定性规避（uncertainty avoidance）是衡量人们规避风险和接受非传统行为的程度。在任何一个社会中，人们对于不确定的、含糊的、前途未卜的情境都会感到面对的是一种威胁，从而总是试图加以防止。在不确定性规避程度低的社会当中，人们对于无组织、不确定性和不可预见性的容忍程度很高，所以普遍有一种安全感，倾向于放松的生活态度和鼓励冒险。相对而言，在不确定性规避程度高的社会当中，人们对于不确定性和不明确性感到不安，从而要求确定性和一致性的承诺，人们普遍有高度的紧迫感和进取心，因而易形成努力工作的冲动。

例如，日本是不确定性规避程度较高的社会，因而在日本，“全面质量管理”这一员工广泛参与的管理形式取得了极大的成功，“终身应用制”也得到了很好的推行。与此相反，美国是不确定性规避程度低的社会，同样的人本主义政策在美国企业中则不一定行得通，如在日本推行良好的“QC 小组”，在美国却几乎没有成效。中国与日本相似，也属于不确定性规避程度较高的社会，因而在中国也适合推行员工参与管理和增加职业稳定性的人本主义政策。

3）个人主义与集体主义

个人主义（individualism）是指一种结合松散的社会组织结构，其中每个人重视自身的价值与需要，在这一结构中，人们更关心自己和直系亲属的利益。集体主义（collectivism）则是指一种结合紧密的社会组织，在这一结构中，人们相互照顾，组织也千方百计地保护成员的利益。

例如，美国是崇尚个人主义的社会，强调个性自由及个人成就，因而开展员工之间个人竞争，并对个人表现进行奖励，是有效的人本主义激励政策。中国和日本都是崇尚集体主义的社会，员工对组织有一种感情依赖，容易建立员工和管理者之间的和谐关系。

4）男性气概与女性化

男性气概（masculine）意味着对自我价值的追求，英雄主义、坚毅果断、高压力下的工作和追求物质上的成就。而女性化（feminality）则意味着更重视人际关系、相互合作、集体决策和追求生活质量。

例如，美国是男性气概较强的国家，企业当中的重大决策通常由高层做出，员工由于频繁地变换工作，对企业缺乏认同感，因而通常不会积极地参与企业管理。中国是一个女性化的社会，注重和谐和道德伦理，崇尚积极入世的精神。

5）长期导向和短期导向

长期导向（long-term orientation）和短期导向（short-term orientation）体现了一种文化对传统的重视程度。在霍夫斯泰德研究的前后几年，亚洲经济发展极快，尤其是亚洲“四小龙”的腾飞，更是令世界瞩目。霍夫斯泰德发现这四个亚洲地区和国家（中国香港、中国台湾、韩国、新加坡）有一个共同的特点，那就是对传统的重视，而且有凡事都想到未来的倾向，而非只想当前，做一锤子买卖。这种长期导向与国家经济发展速度之间的相关度非常高，也就是说，在他所调查的 20 多个国家中，长期导向这一条解释了经济发展将近 50% 的变异量。

长期导向的文化关注未来，重视节俭和对目标的执着追求。如日本，国家以长远的目光来进行投资，每年的利润并不重要，最重要的是逐年进步以实现一个长期的目标。在短期导向的文化里，价值观是倾向于过去和现在的。尽管人们尊重传统，但此时此地才是最重要的。比如美国，公司更关注季度和年度的利润成果，管理者在每年对员工进行的绩效评估中只关注利润。

对于在中国的管理者而言，可以根据霍夫斯泰德的五个维度找出那些不同于本国的特点，预测出可能产生的文化冲击（culture shock），然后进行适当调整。这里要强调的是，一个国家文化的特点不是靠感觉得出来的，甚至生活在其中的人有时也说不清。有这样一个例子：芝加哥大学的奚恺元教授和哥伦比亚大学的韦伯教授（Hsee &Weber，1999）合作进行调查，同时询问美国学生和中国学生：哪种文化中的人更敢冒险？结果，美国学生说美国人更敢冒险，中国学生也说美国人更敢冒险。随后，他们给了这些学生一些隐含风险的情境，让他们进行选择。结果，他们发现，平均而言，中国学生与美国学生敢冒风险的程度无显著差异，只不过冒险领域不同，中国学生在经济领域中比美国学生更敢冒险，而美国学生在社会领域中比中国学生更敢冒险，体现出强烈的文化差异。

除了社会价值观，社会文化因素还包括语言、宗教信仰、社会组织结构和教育水平、时间观念等。

语言是文化组成的核心要素，是传递信息和思想最基本的工具。值得注意的是，语言不只是一些字符的排列，由于任何国家的语言都有成百上千年的历史传统，因此语言中包含了丰富的情感、知识、态度、价值观，仅仅能够使用另一种语言进行沟通是不够的，还需要理解不同的思维方式和文化内涵。

宗教属于文化中最敏感的要素。世界上主要的宗教有天主教、基督教、犹太教、伊斯兰教、佛教。宗教信仰影响了人们的价值观念、生活方式、消费行为、社交方式、经营风格以及人们对于时间、财富、风险的态度。

社会组织结构包括社会地位体系、血亲关系与家庭、社会习俗和社会阶层流动性。这种结构影响人与人之间的相互关系，影响人们如何组织自己的活动以便和睦相处，影响人们如何把行为准则传授给下一代以及如何管理自己。

教育是技能、思想、态度的传授和专门知识的学习，影响着人们的价值观和行为方式。教育水平代表了一个国家的整体文化程度、合格劳动力的数量，决定了一个民族是否优越。

时间观念受到不同文化的影响存在很大差异。有的文化里面有很强的时间观念；相反有的文化里面时间观念很淡薄。霍尔（Hall）将时间观念分为单一时间观（monochromic time）和多种时间观（polychromic time）两类。前者线性地使用时间，将时间划分为不同的时段：节约时间、浪费时间、花销时间、等待时间等，这类人在一段时间内集中精力做一件事，重视速度，他们常被描述为“总是来去匆匆”。多种时间观的人常常不按时间表行事，同时做多种事情，注重人际交往。这类人常常被描述为“总是姗姗来迟”。当两个不同时间观念的人相遇，就需要彼此迁就，调整时间观念。

2. 法律－政治环境

国际化的进程中，企业必然要面临陌生的政治体制以及更多的政府监督与调控，主要包括政治风险、政治稳定性和政府对外资的态度，法律法规的变动等问题。

政治风险是由于政治因素导致政策改变使东道国的政治环境发生了不利于企业国际化经营的变化，从而对企业的经营造成了某种威胁。政治风险包括以下几个方面。

（1）政局风险。政局风险即总体风险。由于东道国政治制度前景的不确定性，企业很难把握其未来的变化，因而产生的风险就高。它包括政府和政党的变革、政治冲突、政策的连续性、宗教对立、民族主义等。

（2）产权风险。大多数国家通常都会对外资企业产生种种想法，害怕这些企业对本国的经济、政治产生不良影响，因此多数国家都会对外资企业采取一定的限制和干预措施。比如，政府没收、征用、国有化都属于这类风险。

(3)经济风险。多数国家会限制外国企业经营活动，保护国内不成熟产业，增加短缺的外汇储备，增加财政收入或报复不公平的贸易待遇。这些构成了经济风险，主要手段是：外汇管制、当地含量（即产品在国内销售时必须使用一定数量本地生产的部件）、进口限制、税收管制、价格管制等。

各国法律和法规存在巨大的差异，对于国际企业来说，不得不学习并遵守。这些法律法规包括消费者权益保护法、雇佣与安全法、工资法等。企业一方面依据这些法律法规从事经营活动，一方面也要依靠这些法律法规来保护自己的合法权益。

法律 - 政治因素最明显的变动来自国际贸易协定和不断涌现的国际贸易联盟。世贸组织（WTO）、欧盟（European Union，EU）、北美自由贸易区（North America Free Trade Area，NAFTA）和东南亚国家联盟（Association of Southeast Asian Nations，ASEAN）、亚太经济合作组织（Asia-Pacific Economic Cooperation，APEC）的影响作用越来越大。贸易联盟的兴起是国际经济发展中的新趋势，这些贸易联盟的建立，将使得中国人可以吃上便宜的外国水果，中国的产品也能更多地销往世界各国。但是，一些不明确的问题仍然存在，需要企业对这种趋势进行评价。

3. 经济环境

经济环境表明一个国际化企业开展经营活动所在国家的经济状况，它包括经济发展阶段、基础设施、资源和产品市场潜力、汇率、通货膨胀、利率、经济发展速度。

经济发展阶段可分为五个阶段，其相应的发展水平如下。

(1)传统社会。表现为生产力水平低下，知识水平低，基本没有现代化的生产方法，基本处于自给自足的状态。

(2)起飞前夕。开始在经济社会中运用现代科技，基础设施逐渐建立，教育开始普及，出现了贫富悬殊状况。

(3)起飞阶段。具备现代化雏形，工业逐渐发展。

(4)趋于成熟阶段。工业更加现代化，并能主动参与到国际分工中。

(5)高度消费时期。经济发展和社会福利均衡，注重消费和服务。

一般来说，前三个阶段的国家称为发展中国家，后两个阶段的国家称为发达国家。

最令国际企业关注的经济因素是利率、通货膨胀率和税收政策。一国货币的贬值会严重影响一个公司的利润。

不同国家和地区的通货膨胀率差异很大。通货膨胀率影响到原材料、劳动力以及其他资源的支付价格。另外，它也能影响到一个公司产品和服务的价格水平。

税收政策也是让管理者担忧的问题。一些东道国比该组织所在母国的约束更多，有的国家则宽松一些。无论如何，管理者需要准确知道他们经营所在国的各种税收规则，从而将企业的全部税收义务减到最少。

1.3.3.3　全球任务环境

在全球背景下的任务环境也有其特殊之处，下面从顾客、供应商、分销商和竞争者 4 个方面展开讨论。

1. 顾客

在全球性环境中经营，最明显的机会就是有向新顾客销售产品和服务的前景。

我们看到，曾经界限分明的国内市场已逐渐融合为一个全球市场，很多产品可以销往世界各地。这种全球性市场不仅仅发生在消费品领域，同时也出现在工业品领域，并且为管理者提供了很多机会。如今，海尔的产品、华为的服务等都已经被很多国家和地区的消费者广泛接受，就像可口可乐、麦当劳的汉堡一样。这一现象说明，不同国家中消费者的口味和爱好不断趋于一致。

值得注意的是，尽管全球范围内呈现出了这种一致性，但我们仍不能忽略各国的文化和消费者的爱好方面存在很大的差异。正是这些差异使得管理者需要不断调整他们的产品和服务，从而能更好地满足当地消费者的需求。例如，海尔为日本的消费者设计了噪声更低的洗衣机，满足他们夜间洗衣的需求，解决了隔音不好的问题。

2. 供应商

在国际市场上，管理者有机会从国外供应商那里购买产品，或者在海外生产自己所需要的产品。很多大型跨国企业发现，全球供应商网络的发展使他们的成本降低，质量得到了提高。比如波音公司新型的 777 商用飞机上需要的 132 500 种零部件由全球 545 家供应商为其生产和提供。波音公司从外国供应商手里购买零部件的理由是：这些供应商都是世界上生产这些零部件最优秀的企业，购买它们的产品能够帮助波音公司的最终产品保持高质量，从而保证飞机的可靠性和安全性。

另外，即使小企业也必须时刻关注全球中存在的机会。互联网的应用和发展增多了这样的机会。全球采购活动正变得越来越复杂，它们的目标就是寻找成本最低、质量最好的供应商。

3. 分销商

为全球性企业的管理者带来机遇和威胁的另一个因素是一国的销售系统。比如，日本的分销渠道是对外来者非常有效的非关税壁垒，它一方面受到日本法律的支持，另一方面有长期的传统支持。所以，海尔集团选择和三洋公司合作，通过这样的方式进入日本市场。

4. 竞争者

无论是获得能提供物美价廉商品的供应商还是吸引新的顾客，全球化都为管理者带来了巨大的机会。但是，他们不得不面临的另一个问题就是，还必须应对来自全球的竞争对手，包括那些大型企业和当地的小企业，无疑，竞争将会更加激烈。一般会遇到的情况是：那些竞争对手已经十分熟悉当地的市场状况以及消费者需求，并且培育了相当高的品牌忠诚度，所以，很多公司都会发现，无论是进入新的市场还是吸引新的顾客都不容易。

1.3.3.4 全球化管理

1. 组织走向全球化

一个组织一般要经过三个阶段才能发展为全球性的组织。每一个阶段向前发展都要求更多的投资，组织承担更多的风险。

阶段一：进入国际市场的最初方式一般是出口（export）——仅仅将产品出口到其他国家，制造在国内完成。当然，有的企业可以反其道而行之，采用进口（import）的方式——将海外制造的产品购入国内。不论是哪一种方式，牵涉的投资金额和失败风险都比较小，大多数企业都是以这样的方式开始全球业务的，特别是那些中小企业。

阶段二：通过雇用国外的代理商，或是定期派雇员到国外与客户洽谈，销售自己的产品，或是与国外的制造商签订合同，制造自己的产品。这一阶段较前一阶段企业更为主动地进入国际市场。

阶段三：企业通过多种方式建立国际化公司，正式走向国际化。

2. 全球化对管理者提出的挑战

在全球化过程中，那些能够适应新情况、新方法，对不同文化有较强适应性的管理者将获得成功。认为自己的文化非常优异，行为模式也优于他人，这种想法无可厚非，但管理者们应该同时通过学习来消除这些偏见，正确认识并对待其他文化。

最初接触国际环境，一个管理者会经历所谓的文化冲击：面对陌生的语言、生活环境包括饮食、价值观、信仰，乃至完全陌生的行为模式，管理者就更加怀念自己熟悉的那些环境，由此可能会产生挫折感和焦虑，甚至一些非常简单的日常事务，也会让管理者感到有压力。因此，有些公司对那些即将到国际环境工作的管理者提前进行文化熏陶。

3. 跨文化管理

企业的国际化进程充满了风险。管理者应该充分认识母国与东道国在文化、政治－法律、经济上的差异，并能据此发现适合的管理体制、激励措施、控制方法。因此，不断地学习和发展对于企业和管理者而言都是非常重要的。

全球化环境中最重要、最复杂的就是文化环境。所以，一个管理者首先应当对自己国家和组织的文化有深刻的了解，然后才能去了解另外一种文化的内涵。由于文化的不同，在一个国家行之有效的管理方式不一定在另一个国家行得通。通常，管理者是需要根据所在国的具体情况进行改进的，主要是为了适应所在国的文化背景。

1）跨文化管理的含义

跨文化管理又称为“交叉文化管理（cross cultural management）”，即在全球化经营中，对子公司所在国的文化采取包容的管理方法，在跨文化条件下克服任何异质文化的冲突，并据此创造出企业独特的文化，从而形成卓有成效的管理过程。其目的在于在不同形态的文化氛围中设计出切实可行的组织结构和管理机制，在管理过程中寻找超越文化冲突的企业目标，以维系具有不同文化背景的员工共同的行为准则，从而最大限度地控制和利用企业的潜力与价值。全球化经营企业只有进行了成功的跨文化管理，才能使企业的经营得以顺利运转，竞争力得以增强，市场占有率得以扩大。

2）文化冲突

在进行全球发展时，跨国公司由于进入了另一种文化环境，势必会造成文化冲突（cuture conflict）。文化冲突的原因有三个：①不同的国家或民族文化；②不同的企业文化；③各个员工个体不同的文化价值观。在这三个原因中，后面两个在很大程度受到国家或民族文化的影响，因此国家或民族文化是其中最有影响力的原因。

文化冲突主要表现为双方企业员工、管理者的文化摩擦。每个企业在其成长发展过程中都会形成自己独特的文化。一个企业内部也存在相互间具有差别的多种亚文化。企业的跨文化合资经营使原来两个具有不同文化背景的企业进行广泛而深入的资源结构重组。外来文化和本土文化的差异首先表现为双方管理者、员工之间的文化冲突，具体可以表现为种族优越感、不恰当地运用管理习惯、不同的感性认识、沟通误会、文化态度等。假如一位来自发达国家的合资方的经理认为自己的文化价值体系优越，坚持以自我为中心的管理观对待与自己不同文化价值体系的员工，就会招致对方抗拒，结果会致使企业内充满矛盾和帮派，造成内耗，给企业造成巨大的经营损失和整体资源成本的增加。

3）跨文化管理模式

不同类型的跨国企业可以根据它们的具体情况，采取不同的跨文化管理模式。解决文化冲突可以采取以下三种方案。

（1）占领。所谓占领是指将本国的文化凌驾于其他文化之上，而且这种文化在组织中是统治者，组织内的决策及行为均受这种文化影响，其他文化则受到压制。使用这样的方案，可以在组织中很快形成一种“统一”的组织文化，但其缺点是没有顾及其他文化的优势以及其他文化中蕴含的感情，很容易导致组织成员的反感，最终加剧文化冲突。

（2）折中。所谓折中是指面对不同文化无法取舍时，采取妥协与退让的方式，有意忽略文化差异，从而做到求同存异，以实现组织内的和谐与稳定。但这种方案背后往往潜伏着危机，只有当彼此之间的文化差异很小时，才适合采用这种方案。

（3）融合。融合是指不同文化间在承认、重视彼此间差异的基础上相互尊重、相互补充、相互协调，从而形成一种全新的组织文化，这种统一的文化不仅具有较强的稳定性，而且还有可能具备“杂交”优势。

总之，在全球发展的企业进行跨文化管理时，应在充分了解本企业文化和国外文化的基础上，选择自己的跨文化管理模式，从而使不同的文化达到最佳的结合，形成自己的核心竞争力。例如，西方管理中讲“以人为本”，其目的主要是发挥人的积极性和主动性，以便人作为一种资源能够得到充分的利用；而东方管理中也谈到“以人为本”，最终目的是获得人性的解放和改善人的生命质量。显然在东西方文化管理中，“以人为本”这个观念的内涵是不完全一样的。我国学者高津华提出，欧美在中国的企业可以采取“和谐文化”的跨文化管理模式，这是一种创造相应的环境、条件，以自我管理为基础，以组织共同愿景为指导的管理模式。这种模式基于西方管理文化对“人本管理”的回归和东方管理文化对“人本管理”的弘扬，使得欧美在华企业更重视人的全面、自由的发展。

1.3.4 环境分析和反应

1.3.4.1 环境分析

组织的管理者必须理解环境是如何影响组织的，否则无法分辨企业面临的机会和威胁，制订计划和决策就会非常困难。

1. 环境扫描

进行环境扫描是为了理解和预测环境的变化、机会和威胁。一些公司，如孟山都（Monsanto）花费了大量的时间和金钱监测环境中的事件。环境扫描意味着要收集到大多数人不可得的信息，同时能对信息进行分类以解释什么是重要的，什么是不重要的。迈克尔·波特的五种力量模型将可以从五个方面对信息进行收集与分析，帮助管理者预测在不同环境下的竞争情况。

2. 制订假定方案

管理者试图确定环境力量对其组织的影响，他们经常制订假定方案。假定方案代表把各种因素的不同组合加入环境与公司的情境中。例如，随着顾客对环境的关注，更强调节约资源，生产冰箱的企业对以后几年的经济状况将会如何做了若干个假定方案。假定方案的价值不仅在于它的预测功能，更在于它能帮助管理者做出应急计划。

3. 预测

环境扫描的目的是发现重要的环境因素。假定方案则构建了未来可能出现的情况。预测则要求较为准确地描述那些变量未来会发生的变化。例如，企业要对顾客需求进行预测。因为预测是依据过去探索未来，当未来与过去有诸多相似之处时，预测会很精确。当然，在这种情况下，我们不需要复杂的预测。而实际上，当未来完全不同于过去时，组织最需要进行预测。遗憾的是，此时预测不会很精确。形势变化越大，预测的可靠性越低。关于如何提高预测的准确度，专家们提供的经验是：①使用多种预测方法，综合考虑结果；②预测的内容越远，准确度越低；③如果可能，使用简单的预测方法，而不是复杂的；④重大的事件经常是无法预测的，甚至与预测结果相反。

1.3.4.2　对环境的反应

组织管理者应对环境主要有三种反应：适应环境、影响环境和选择新环境。

1. 适应环境，需要不断地改变自己

为了与变化不定的环境相适应，组织经常对它们的结构和工作流程进行调整。在环境的复杂性引起不确定性的情况下，可以认为组织倾向通过分权来适应，例如，如果公司在世界范围的许多市场面临着竞争者增加的局面，而且不同的顾客需要不同的商品，对产品的要求也在不断增加、不断变化，那么作为高层管理者想要了解所有的活动、理解所有的业务运作细节是不可能的。在这些情况下，高层管理者明智的选择是向低层管理者授权，从而做出对公司有益的决定。授权是指与雇主分享权力，强化他们对自己执行工作的能力的自信并使他们相信自己是组织有影响的贡献者。

同时，组织趋向于建立更加灵活的组织结构。如今多数人认识到官僚组织趋向于正规化且非常稳定，但无法保持与变幻莫测的环境相适应。环境稳定时官僚组织是有效和可控的，但是当产品、技术、顾客、竞争者快速变化时，更需要组织结构相对灵活以便适应变化。

组织可以选择在组织与外界的边界处适应变化。从开放系统的观点出发，组织在与环境输入输出的边界上设置了缓冲器。比如，在环境的输入处，企业可以和代理商联系，在劳动力需求难以预测时雇用兼职工和临时工；而在输出处，采用不同的终端存货，以应对顾客大量购物时库存的变化。另外，组织也可以选择在核心处适应变化，例如，建立调整其核心技术的柔性工艺，因为如今的顾客需求越来越多，变化越来越快，柔性技术有助于企业适应这种变化。

2. 影响环境，也就是企业主动地改变环境

企业可以通过自己的活动改变环境，比如通过主动出击，西南航空进入新的市场时，主动降低价格，迫使那些即使效率很低的竞争者也跟着降价。另外，企业也可以通过与其他的组织，包括供应商、顾客、竞争对手组成联盟，共同影响环境。比如当来自日本的汽车制造商威胁到美国汽车公司时，美国汽车公司成功地说服美国政府，为日本制造商设定了进口最高

限额。

一些称作先驱者的公司比其他公司更可能影响环境。进攻性的公司经常不断地通过寻找新的产品和市场、多样化、合并和购买新的公司改变它们的竞争环境。通过这些或其他方法，公司将其竞争者置于防御状态，强迫它们做出反应。

3. 选择新环境

如果企业既不能改变自己使自己适应环境，又无法通过自己的努力影响环境使环境适应自己，那么就只能选择新的环境。

知识点

管理就是在特定的环境下，对组织所拥有的资源（人力、物力、财力、技术、时间、信息等）进行有效的计划、组织、领导、控制、决策、激励与创新，以便达成既定的组织目标的过程。

效果与目标的实现相联系，而效率则涉及使完成活动的资源成本最小化。

促使组织管理日益复杂化的因素主要有：组织规模的不断扩大，科学和技术的加速发展，生活质量要求的提高，竞争的加剧和环境的速变。

组织是对完成特定使命的人们的系统性安排。组织包括企事业单位、国家机关、政治党派、社会团体以及宗教组织等。

无论是营利组织还是非营利组织，管理者的工作都具有共性。他们都要作决策、设立目标、构建有效的组织结构、雇用和激励员工、从法律上保障组织的生存以及获得内外部的政治支持以实现计划目标。当然，还是存在一些显著差别，但二者的共性远超过它们之间的差异。对于营利组织，衡量绩效的最重要也是最明确的指标是利润；而对于非营利组织则找不到这种一般性的指标。

管理具有某些一般的性质，无论在组织的哪一个层次上，所有的管理者都履行着基本职能（即计划、组织、领导与控制）以及派生职能（即决策、协调与创新），区别仅在于对每种职能强调的程度随着管理者在等级结构中的位置而变化。

管理者是组织中指挥他人活动的人。他们拥有各种头衔，如科室主任、院长、部门经理、总裁以及首席执行官等。操作者是非管理人员，他们直接从事某项工作或任务，不具有监督别人工作的责任。

亨利·明茨伯格认为管理者履行三种类型十种角色，分别是：人际角色，包括挂名首脑、领导者和联络者；信息角色，包括监听者、传播者和发言人；决策角色，包括企业家角色、危机处理者、资源分配者、谈判者。

作为一名管理者应该具备技术技能、人际技能、概念技能等三种基本技能。技术技能是指使用某一专业领域内有关的工作程序、技术和知识完成组织任务的能力；人际技能是指与人事关系处理有关的技能，即理解、激励他人并与他人共事的能力；概念技能是指综观全局、认清为什么要做某事的能力，也就是洞察企业与环境相互影响的复杂性的能力。

管理者的特质包括：高度忍耐力、不断地反省、得体地表达敌意、胜不骄、败不馁、能摆脱逆境而不改变个性、能赢得同人的尊敬、能鼓舞和鼓励员工、能在经营中施加个人影响、行动敏捷、能抓住机会展示坚强的意志、能进行激进的革新。

管理的职业特征是：参与社会分工、利用专门的知识与技能获得合理的报酬、满足物质生活和精神生活需求的条件、统一的职业道德标准。

弗雷德·卢森斯发现,成功管理者(那些提升最快的管理者)强调网络关系活动;相反,有效管理者(那些绩效最佳的管理者)则强调沟通。这个结果指出社交和拓展网络关系对于在组织中晋升是重要的。

环境是指对组织绩效有着潜在影响的外部机构或力量。一个组织是与其具体环境相互作用、相互依存的系统。

组织管理者应对环境主要有三种反应:适应环境、影响环境和选择新环境。

思考题

1. 为什么管理对组织的成功起着重要作用?
2. 有效果的组织一定是有效率的吗?
3. 一般环境和具体环境怎样影响组织的管理活动?
4. 你认为计划、组织、领导、控制四项职能有何相似之处?你认为它们是相关的吗?
5. 你会把管理工作看成像律师或会计这样的职业吗?
6. 管理的各种基本职能之间的关系是什么?
7. 根据明茨伯格的研究,管理者应该扮演哪些角色?试举例说明。
8. 组织环境分析意义何在?
9. 假如你是一家国内大型彩电生产企业的总经理,你如何对竞争者进行研究?你如何对企业的一般环境进行研究?

第2章 管理思想与管理理论

|学习要点|

通过学习本章的内容,学生能够掌握:

1. 中国早期管理思想;
2. 外国早期管理思想;
3. 科学管理理论;
4. 组织管理理论;
5. 行为管理理论。

课前引例

诸葛亮的"隆中策"

诸葛亮的"隆中策"是我国最早、最大的成功计划工作案例之一。

隆中策的第一步是确定组织目标:兴汉室,图中原,统一天下。

隆中策的第二步是制订分步实施方案,即确定分步计划的阶段目标:第一,先取荆州为家,形成"三分天下"之势;第二,再取西川建立基业,壮大实力,以成鼎足之状;第三,"待天下有变,命一上将将荆州之兵以向宛、洛,将军身率益州之众以出秦川",这样,"大业可成,汉室可兴矣"。

隆中策的第三步是确定实现目标的指导方针:"北让曹操占天时,南让孙权占地利,将军可占人和。"内修政理,外结孙权,西和诸戎,南抚彝、越,等待良机。

隆中策又进一步对敌、我、友、天、地、人作了极为细致透彻的分析,论证了为什么应当有这样的指导方针。

诸葛亮所作之隆中策并非主观臆断,而是在调查研究和预测的基础上,准确、及时、充分地掌握了信息。诸葛亮的信息来源,一靠交友,二靠云游,这样才能做到知天下事、知天下人。

诸葛亮的隆中策不正是一项完整的计划工作吗?三分天下之后,如果不是后来关羽交恶东吴,丢了荆州;如果不是刘备又在战术上犯了错误,使鼎盛时期的蜀汉大伤元气;如果后主刘禅是明君,诸葛亮也不会功败垂成。蜀汉之所以被魏国灭掉,并非隆中决策之失,而是执行计划有误。

案例来源:https://wenku.baidu.com/view/b4e5171e866fb84ae45c8d9f.html。

|思考题|诸葛亮的隆中策反映了管理思想中的哪些内容?与我国古代哪家的管理思想最接近?

在人类历史上,自从有了有组织的活动,就有了管理活动。管理活动的出现促使人们对来自这种活动的经验加以总结,形成了一些朴素、零散的管理思想。从已有的文字记载中,可以寻觅到中外思想家所提出的丰富的管理思想。但遗憾的是，到了 19 世纪末，管理理论才得以出现，而且出现在西方。管理理论是对管理思想的提炼与概括。

回顾管理思想的起源及其发展过程，可从中得到借鉴，这对提高管理者的认识能力和辨别能力是十分有益的。

2.1　中国早期管理实践与管理思想

中国是世界四大文明古国之一，曾为人类文明的发展做出过重要贡献。长城、京杭大运河、都江堰等伟大工程，都是古代管理实践的典范。中国古代劳动人民在劳动和生活中总结出许多管理经验。这些古代的管理思想散见于一部分代表人物的著作中，有些管理思想是先于西方几千年提出来的，有些管理思想至今还具有借鉴意义。

2.1.1　诸子百家中具有代表性的管理思想

2.1.1.1　儒家的管理思想

儒家的管理思想是从理解人性开始的，孔子认为“性相近也，习相远也”，孟子则认为“人之性善也，犹水之就下也。人无有不善，水无有不下”，荀子则主张完全不同的观点“人之性恶，其善者伪也”。尽管主张有差异，但都认为后天的学习、约束会影响人的善恶。即使是天生的恶人，也可以通过后天的教化成为善人。因此儒家强调管理中“和为贵”，但不是一味追求“和”，正如孔子所主张的“君子和而不同，小人同而不和”，儒家的管理坚持“和而不同”。儒家管理的手段也是配合其思想的，“道之以政，齐之以刑，民免而无耻；道之以德，齐之以礼，有耻且格”，强调了树立道德观、实施礼教的重要性。儒家代表作《论语》中，蕴含了很多儒家思想，古人云“半部《论语》治天下”。被称为“日本企业之父”的泽荣一尊《论语》为第一经营哲学，提出了“《论语》加算盘”的管理模式。值得一提的是，孟子认为：“或劳心，或劳力；劳心者治人，劳力者治于人；治于人者食人，治人者食于人，天子之通义也。”“执中无权，犹执一也。所恶执一者，为其贼道也，举一而废百也”，明显地体现了“分工”和“权变”这些后来广泛应用的管理原则。

2.1.1.2　道家的管理思想

道家管理思想的基础是“守柔”。老子看到了“飘风不终朝，骤雨不终日。孰为此者？天地。天地尚不能久，而况于人乎？”，因而提出“天下之至柔，驰骋天地之至坚。无有入无间，吾是以知无为之有益”，道家的无为强调作为管理者的行为在遵循自然和社会规律的基础上，才能不断发展。在用人方面，同样顺其自然，“圣人常善救人，故无弃人；常善救物，故无弃物”。道家的代表作《老子》，蕴含了丰富的哲学、管理、军事、生态，甚至医疗保健等方面的思想。

2.1.1.3 法家的管理思想

法家的发展基于很多强有力的改革，如齐国的管仲、秦国的商鞅等，他们大多参与国政，通过大刀阔斧的改革为后人留下宝贵的经验。法家主张依法治国，一切都应依法行事，例如，商鞅认为不同时代治国的办法不一样，当战争不断，社会混乱，百姓也失去淳朴时，再使用礼教已经行不通了，应该采用严明的法律。另外，法家思想中很注意人才的选拔，“人各有所长，亦各有所短”“宰相必起于州部，猛将必发于卒伍”。

2.1.1.4 墨家的管理思想

墨家创始人墨子主张兼爱、非攻、尚同、尚贤、节用，在一定程度上符合统治阶级以及小生产者的利益，得到了他们的广泛支持。在当时世风日下的背景下，墨家提出“兼相爱，交互利”的主张，期望能做到“视人之室若视其室，视人之身若视其身，视人之家若视其家，视人之国若视其国”。为了实现这样的管理目标，墨家进一步提出了“尚同、尚贤、节用”的管理措施，像“上之所是，必亦是之。上之所非，必亦非之”的主张，“有能选之，无能去之”的人才选拔，“听言、迹行、察能”的人才评价，“凡天下群百工，轮车、鞼匏、陶、冶、梓匠，使各事其所能”的人才应用，“赏善罚暴”的人才激励。

2.1.1.5 兵家的管理思想

兵家的管理思想自然来自战争中。兵家的管理思想实际是中国古代战略思想的体现，代表作如《六韬》《孙子兵法》《孙膑兵法》《吴子》等，重要的思想表现在：强调师出有名，以应和民心；强调战争的目的是力求通过多种渠道解决问题；战争中理性的成分逐渐增加，比如，强调人的主观能动性，给出选择将帅的标准，提出战术应该灵活应用。《孙子兵法》强调以“全”取胜的目标，“凡用兵之法，全国为上，破国次之；全军为上，破军次之；全旅为上，破旅次之；全卒为上，破卒次之；全伍为上，破伍次之。是故百战百胜，非善之善者也。”为了实现这个目标，又提出一些指导性的方法，如“知己知彼，百战不殆”“经之以五事，校之以计”“奇正相生”“令之以文，齐之以武”“治寡易治众难”等。

2.1.1.6 商家的管理思想

商家学派的代表人物是范蠡和白圭，《史记》中记载“范蠡十九年中三至千金”，而“白圭积著率岁倍”，他们都是在自己实践经验的基础上，提出了一些有特色的管理思想。

(1)重视对时机的把握。白圭的“乐观时变”和范蠡的“与时逐”强调既要重视天时，又要重视经营活动中的自然规律。

(2)强调人在经营活动中的主观能动性。范蠡认为不能任由粮食的价格自由变化，国家应该规定一个浮动的价格，而白圭则强调经营管理者的素质，提出管理者应该具有“通权变，观时变，出奇制胜”“善决断”“能知取予之道”“坚忍不拔”这样一些素质，主张在经营活动中“先予后取，以予为取”。

2.1.2 将中国古代管理思想与现代管理职能结合

2.1.2.1 组织

早在两千多年前的春秋战国时期,杰出的军事家孙武著有《孙子兵法》一书。该书计 13 篇,篇篇闪烁着智慧的光芒。"知己知彼,百战不殆"这句名言就是一例。这种辩证的策略思想在书中比比皆是。孙武的策略思想不仅在军事上而且在管理上都具有指导意义和参考价值。日本和美国的一些大公司甚至把《孙子兵法》作为培训经理的必用书籍。

战国时期周公所著的《周礼》一书,对封建国家的管理体制进行了理想化的设计,内容涉及政治、经济、财政、教育、军事、司法和工程等方面,为周朝制定了一套官僚组织制度,封官定职、层次分明、职责清楚。该书对封建国家的经济管理的论述和设计都达到了相当高的水平。

战国时代,墨翟提出"劳动过程分工的思想"。他说:"譬如筑墙然,能筑者筑,能实壤者实壤,能欣者欣,然后墙成。"

元代董博霄提出"百里一日运粮术"的具体做法,即"每人行十步……三千六百人可行百里,每人负米四升,以夹布囊盛之,用印封识,人不息肩,米不着地,排列成行,日行五百回,计路二十八里,轻行一十四里,日可运米千百石,每运给米十升,可供二万人"。这里讲的"米不着地",可减少不必要的停滞时间。"排列成行""人不息肩"可缩短操作过程,提高工作效率,符合科学管理原则。

2.1.2.2 经营

中国历史上著名的经营理论有范蠡、计然的待乏原则和积著之理。待乏原则提到"水则资车,旱则资舟,夏则资裘,冬则资稀",是指市场上的物资应预测未来的需要,方有利可图。水灾时制作车,因为灾后车将成为短缺急需商品,价格将上涨;天旱经营舟船,夏天贩运皮货,冬天销售葛麻,都是预测将来的需求,道理相同。积著之理是指获取利润的方式。《史记·货殖列传》中记载:"务完物,无息币,以物相贸易,腐败而食之货勿留,无敢居贵。论其有余不足,则知贵贱。贵上极则反贱,贱下极则反贵。贵出如粪土,贱取如珠玉。财币欲其行如流水。"这是指所经营的物品必须质量完好,货币不能停滞不用;对易腐烂的食物,切勿长期存贮、贪图高价。通过商品数量的多寡,预测其价格高低。其商品价格太高必转而下跌,太低则又会回涨。货物和货币要像流水一样经常流动和运行,才能得到经济效益。

2.1.2.3 用人

中国古代,素有"选贤任能""任人唯贤"的主张。据《尧典》记载,尧在选拔贤能委以重任这一问题上与氏族首领进行讨论,主张凡担任职务有功绩的人都可能被委以重任,而品德恶劣、不能采纳善言、违抗命令、残害好人的人都不能重用。《尧典》还记载了人员任用中试用和考绩的制度。对于已经任用的,有"三载考绩"的规定,也就是经过三次考核,昏庸的降职,明智的升职。

2.1.2.4 理财

中国古代曾实行会计制度和审计制度。在会计方面，南宋郑伯谦在《太平经国之书》中提出的会计原则是："出纳移用之权"（主管财务行政官吏的职能）和"纠察钩考之权"（主管会计官吏的职能）要分别由不同的"官司"掌管，就是主张出纳和会计分离。他还主张将司会和司书（掌管簿书图籍）分开，便于实行会计监督。在成本核算方面，清代魏源在他的改革建议中提出：在经营盐务、漕运、造船和外贸等方面要降低成本。在资金流转和利润方面，汉代司马迁在《史记·货殖列传》中指出：一定数量的经营资金可获得一定数量的合理利润，年利润可达20%，若低于此数，则认为没有得到合理利润。在统计分析方面，明代邱浚曾将元朝从至元二十年（公元1283年）到天历二年（公元1329年）共47年的海运、漕运记录逐年按起运实收和损失数量作了详细统计，从而得出了海运损耗较河运为小的结论。

2.1.2.5 管物

古代对财物的保管和收纳支出早有制度，并有专门官员分类管理。钱、账、物必须一致，出入库手续严格。请领物资严格执行预报制度。

2.2 外国早期管理思想与管理实践

2.2.1 外国早期的管理思想

外国早期的管理思想是指19世纪以前产生的管理思想，其管理实践和思想主要体现在指挥军队作战、治国施政和管理教会等活动之中。古巴比伦人、古埃及人和古罗马人在这些方面都有过重要贡献。

据《圣经》记载，摩西的岳父耶特鲁曾批评摩西处理政务事必躬亲的做法，并提出三点建议：首先，制定法令，昭告民众；其次，建立等级，分权而治；再次，最重要的政务由摩西亲自处理。

古巴比伦在汉谟拉比的统治下，建立了强大的中央集权制国家。为了治理国家，从中央到地方设立一系列法庭，设置官吏管辖行政、税收和水利灌溉，国王总揽国家的全部司法、行政和军事权力。在汉谟拉比统治时期，《汉谟拉比法典》的编纂是一件大事。这部法典共282条，较全面地反映了当时的社会情况，并以法律调节全社会的商业交往、个人行为、人际关系、工薪、惩罚以及其他社会问题。在汉谟拉比之后，也出现了许多管理较好的实例，如被誉为古代世界七大奇观之一的"空中花园"和高198.12米（650英尺）的"巴比伦塔"建造过程中的管理。

在古埃及，值得称道的管理实例是金字塔式的管理机构。它们在法老之下设置了各级官吏，最高为宰相，辅助法老处理全国政务，总管王室农庄、司法、国家档案，监督公共工程的兴建。宰相之下设有大臣，分别管理财政、水利建设以及各地方事务。上至宰相，下至书吏、监工，各有专职，形成了以法老为最高统治者的金字塔式的管理机构。为了强化法老专制政权的统治，埃及法老为自己修建了被后世称为世界七大奇观之一的金字塔。其工程之浩大、技术之复杂，至今仍被视为难以想象的奇迹，以致被蒙上许多神秘的色彩。仅从管理角度来看，成千上万人的共同劳动，就需要严密的组织和管理。

在古希腊，当时的思想家对管理有许多精辟的见解。苏格拉底曾提出管理的普遍性，认为管理技能在公共事务和私人事务之间是相通的。亚里士多德不仅指出了管理一个家庭和管理一个国家的相似之处，而且研究了国家制度问题，提出了国家制度的各种形式以及采取各种形式国家制度的原则，描绘了以奴隶制为基础的“理想城邦”的轮廓。

另一著名希腊哲学家色诺芬，专门写了一本《家庭经济》，主要研究家务管理和农业。他对劳动分工也有精辟的论述，认为一个人只做一种最简单的工作就会把工作做得更好。继色诺芬之后，柏拉图对劳动分工原理作了进一步阐述。他认为，产生分工是由于人的需要是多方面的，而人的天赋却是单方面的。他指出，如果一个人不做其他任何工作，只做能发挥自己天赋的一种工作，而且在恰当的时机去做，他就能做得更多、更好，而且更容易。

古罗马在征服了希腊后，逐渐成为一个庞大的帝国。罗马共和时期，在管理体制上已体现了行政、立法和司法的分离。在法律方面，罗马人大约在公元前 450 年，制定了有名的《十二铜表法》。该法在私有财产的保护、债务、奴隶制度、财产继承、刑法和诉讼等方面都进行了规定。古罗马人最有效的管理实例，是当时统治者戴克里先（公元 284 年）对罗马帝国的重组。他重新设计了帝国的组织结构，把军队和政府分为不同的权力层次，对每一层次规定了严明的纪律以保证组织职能的发挥。他把帝国分为 100 个郡，归为 13 个省，进一步把省组成 4 个道，从而建立起专制的组织结构。

在 13 世纪和 14 世纪，意大利的大贸易商号需要一种记录商业交易的方法。为了满足这种需要，帕西奥利在 1494 年最先描述了复式簿记的技术。会计学思想由此产生，并一直沿用至今成为管理学知识重要的一部分。

在欧洲文艺复兴时期也出现了许多管理思想，如 16 世纪托马斯 • 莫尔的《乌托邦》和尼科罗 • 马基雅维利的《君主论》。新的宗教伦理观、市场伦理观和个人自由伦理观的建立有助于管理思想的发展。然而，外国管理实践和思想的革命性发展是在工厂制度产生之后。

18 世纪 60 年代开始的工业革命使西方世界不仅在工业技术上而且在社会关系上出现了巨大的变化，它加速了资本主义生产的发展。小手工业受到大机器生产的排挤，社会的基本生产组织形式迅速从以家庭为单位转向以工厂为单位。在新的社会生产组织形式下，效率和效益问题，协作劳动之间的组织和配合问题，在机器生产条件下人和机、机和机之间的协调运转问题等，使传统的军队式、教会式的管理方式和手段遇到了前所未有的挑战。许多新的管理问题需要人们去回答、去解决。在这种情况下，随着资本主义工厂制度的建立和发展，不少对管理理论的建立和发展具有重大影响的管理实践和思想应运而生。

2.2.2 外国早期的管理实践

1. 理查·阿克莱特的科学管理实践

理查•阿克莱特（Richard Arkwright）是工业革命时期的企业家。他分别于 1769 年和 1771 年建立了英国最早使用机械的两个工厂。为了适应经济的发展，他把棉纺织业需要的各个活动的程序都集中到自己的工厂来做，从厂址的选择，到生产、机器、材料、人员和资本的协调以及工厂纪律、劳动分工等方面都进行了合理的安排，显示了他的组织、协调和计划的才能。在一个雇用了 5 000 名工人的大企业中，能做好组织和协调工作，说明理查·阿克莱特不愧为有效管理的先驱者。

2. 亚当·斯密的劳动分工观点和经济人观点

亚当·斯密（Adam Smith）是英国古典政治经济学家，对管理理论的贡献是他的劳动分工观点。他在 1776 年出版的《国富论》中提出：劳动分工是提高生产率的重要因素。原因是：①分工可以使劳动者专门从事一种单纯的操作，从而提高熟练程度，增进技能；②分工可以减少劳动者的工作转换，节约通常由一种工作转到另一种工作损失的时间；③分工可以使劳动简化，使劳动者的注意力集中在一种特定的对象上，有利于发现比较方便的工作方法，促进工具的改良和机器的发明。斯密的劳动分工观点适应了当时社会对迅速扩大劳动分工以促进工业革命发展的要求，成为资本主义管理的一条基本原理。人们把《国富论》奉为经济学的圣经。

亚当·斯密的另一个贡献是提出了经济人的观点。他认为，经济现象是由具有利己主义的人们的活动产生的。人们在经济行为中，追求的完全是私人利益。“请给我我所要的东西吧，同时，你也可以获得你所要的东西”。换言之，在经济生活中，一切行为的原动力主要是利己心而不是同情心或利他主义。作为经济原动力的利己心，同时也是经济交换的基础。

3. 小瓦特和博尔顿的科学管理制度

小瓦特（Watt）和博尔顿（Boulton）分别是蒸汽机发明者瓦特和其合作者马修·博尔顿的儿子。1800 年，他们接管了一家铸造工厂后，小瓦特就着手改革该厂的组织和管理，建立起许多管理制度，具体如下。

（1）在生产管理和销售方面，根据生产流程的要求配置机器设备，制订生产计划，制定生产作业标准，实行零部件生产标准化，研究市场动态并进行预测。

（2）在会计的成本管理方面，建立起详细的记录和先进的监督制度。

（3）在人事管理方面，制定工人和管理人员的培训和发展规划。

（4）实行工作研究，并按工作研究结果确定工资的支付办法。

（5）实行由职工选举的委员会来管理医疗福利费等其他福利费用。

4. 马萨诸塞车祸与所有权和管理权的分离

1841 年 10 月 15 日，在美国马萨诸塞至纽约的西部铁路上，两列客车迎头相撞，造成近 20 人伤亡。事件发生后，舆论哗然，对铁路公司老板低劣的管理工作进行了猛烈的抨击。为了平息公众的怒气，在马萨诸塞州议会的推动下，这个铁路公司不得不进行管理改革。老板交出了企业管理权，只拿红利，另聘具有管理才能的人员担任企业领导。这是历史上第一次在企业管理中实行所有权和管理权的分离。

这种分离对管理有重要的意义，具体如下。

（1）独立的管理职能和专业的管理人员正式得到承认。管理不仅是一种活动，还是一种职业。

（2）随着所有权和管理权的分离，横向的管理分工开始出现，这不仅提高了管理效率，也为企业组织形式的进一步发展奠定了基础。

（3）具有管理才能的人员掌握了管理权，直接为科学管理理论的产生创造了条件，为管理学的创立和发展准备了前提条件。

5. 欧文的人事管理

罗伯特·欧文（Robert Owen）是 19 世纪初英国著名的空想社会主义者。他曾在自己经营的一家大纺织厂中做过试验。试验主要是针对当时工厂制度下工人劳动条件和生活水平都相当低下的情况进行的,主要包括改善工作条件、缩短工作日、提高工资、改善生活条件、发放抚恤金等。试验的目的是探索对工人和工厂所有者双方都有利的方法和制度。他认为,工厂是由员工组成的,把他们有效地组织起来,相互合作,就能产生最大效果。欧文开了在企业中重视人的地位和作用的先河,后人因此称他为“人事管理之父”。

欧文的哲学思想是:良好的人事管理会给雇主带来收益,因而这是每个主管人员的一项重要工作。欧文对管理学中的贡献是,摒弃过去那种把工人当作工具的做法,改善工人劳动条件,诸如提高童工参加劳动的最低年龄,缩短员工的劳动时间,为员工提供厂内膳食,设立按成本向员工出售生活必需品的模式,从而改善当地整个社会状况。

6. 巴贝奇的作业研究和报酬制度

查尔斯•巴贝奇(Charles Babbage)是英国著名的数学家和机械工程师,出版了《论机器和制造业的经济》一书。他对管理的贡献主要有以下两个方面。

(1)对工作方法的研究。他认为,一个体质较弱的人如果所使用的铲在形状、重量、大小等方面都比较适宜,那么他一定能胜过体质较强的人。因此,要提高工作效率,必须仔细研究工作方法。

(2)对报酬制度的研究。他主张按照对生产率贡献的大小确定工人的报酬。工人的收入应由三部分组成,即按照工作性质所确定的固定工资、按照对生产率的贡献分得的利润和为提高生产率提出建议应得的奖金。

7. 尤尔的工厂秩序和法典

安德鲁•尤尔(Andrew Ure)是英国的化学家和经济学家。1835年,他编写了《工厂哲学,或论大不列颠工厂制度的科学、道德和商业经济》一书。在该书中,他主张建立工厂手工业的秩序和工厂的必要的纪律和法典。他认为,工人由熟练而产生的“不驯服的脾气”给整个工厂手工业造成了巨大的损害,所以必须建立“秩序”,必须建立与机器生产体系的需要和速度相适应的“纪律法典”。他认为,只有有效地实行这种“纪律法典”,才能使工人抛弃无规则的劳动习惯,使他们与整个体系的始终如一的规律性活动协调一致。尤尔可以说是第一个明确提出在工厂中建立规章制度的人。

8. 汤尼的收益分享制度与哈尔西的奖金方案

亨利•汤尼(Henry Tony)是当时美国芝加哥耶鲁制锁公司(Yale Lock Manufacturing Company)的总经理。他在1889年发表了《收益分享》一文,提出对职工的报酬应采取收益分享制度才能克服由利润分享制度带来的不公平。收益分享,实质上是按某一部门的业绩来支付该部门职工的收益。这样就可避免某一部门业绩好而另一部门业绩差时,实行利润分享制度使前者受损产生的不合理现象。他提出的具体办法是:每个职工享有一种“保证工资”,然后每个部门按科学方法制定工作标准,并确定生产成本。该部门超过定额时,由该部门职工和管理阶层各得一半。定额应在3~5年内维持不变,以免降低工资。

此外,弗雷德里克•哈尔西(Frederick Halsey)对管理的贡献也体现在工资制度方面。1891年,他向美国机械工程学会提交一篇题为《劳动报酬的奖金方案》的论文。论文指出了当时普遍使用的三种报酬制度的弊端:①计时制对员工积极性的发挥无刺激作用;②计件制常因雇主不能降低工资率而“宰杀生金蛋的鹅”;③利润分享导致部门间良莠不分,有失公允。他认为:汤尼的收益分享虽有改进,但在同一部门中问题依然存在。因而,他提出了自己的奖金发放方案。该方案是按每个工人来设计的:①给予每个工人每天的保证工资;②以该工人过去的业绩为基础,超额者发给约为正常工资率1/3的奖金。

哈尔西认为他所提出的制度与其他当时所见的工资制度相比有许多优点:①不管工人业绩如何,均可获得一定数额的计日工资,工人增加生产,就可得到奖金,从而消除了因刺激工资而引起的常见的劳资纠纷;②工人奖金仅为超出正常工资部分的1/3,即使工人增产1倍也不致太高,雇主从中获益2/3,因而也不会总想削减工资率;③以工人过去的业绩为基础,旨在鼓励工人比过去进步,工人所要超越的是他本人过去的业绩,而不是根据动作和时间研究制定出来的标准。

从18世纪末到20世纪初这段时间里,管理学基本上处于积累实际经验的阶段。工厂由创业者所统治,企业的业绩主要决定于这些领导者个人的经验和气质,还没有摆脱小生产经营方式的影响,尚未出现专门论述管理原理的著作。因此,这个阶段称为"经验管理阶段"。这一阶段的末期,随着资本主义生产的发展,原有的小生产管理的传统方法已远不能适应资本主义生产进一步发展的需要,而该阶段管理方法及实践的成功又为后来泰勒等人创立科学管理体系打下良好的基础,因而开始了从经验管理向科学管理的过渡。

随着社会的发展和科学技术的进步,一些学者对管理思想加以提炼和概括,找出管理中带有规律性的东西,并将其作为一种假设,结合科学技术的发展,在管理活动中进行检验,继而对检验结果加以分析研究,从中找出属于管理活动普遍原理的东西。这些原理经过抽象和综合就形成了管理理论。这些理论又被应用于管理实践和指导管理实践,同时对这些理论进行实践检验,这就是管理理论的形成过程。从中可以看出,管理实践、管理思想和管理理论这三者之间有这样的关系:管理实践是管理思想的根基,管理思想来自管理实践中的经验;管理理论是管理思想的提炼、概括和升华;管理理论对管理实践有指导意义,同时又要经受管理实践的检验。

2.3 科学管理理论

18—19世纪工业革命后,自动化和计算技术的应用对人类工业生产产生了重大影响,人们称之为"第二次工业革命"。从20世纪初开始,科学管理对工业界产生了深远影响。它是随着资本主义从自由竞争阶段向垄断阶段过渡逐渐形成的。这时资本主义的生产力和生产关系都发生了重大变化,企业规模不断扩大,生产技术更加复杂,竞争空前激烈。资本主义的发展,迫切要求提高企业的管理水平,要求把过去积累起来的管理经验进一步标准化、制度化和科学化,用科学的管理理论代替传统的经验管理。

科学管理理论着重研究如何提高单个工人的生产率。其代表人物主要有弗雷德里克·温斯洛·泰勒(Frederick Winslow Taylor, 1856—1915)、弗兰克·吉尔布雷斯(Frank Gilbreth, 1868—1924)和莉莲·M. 吉尔布雷斯(Lillian M.Gilbreth, 1878—1972)夫妇以及亨利·L. 甘特(Henry L.Gantt, 1861—1919)等。

2.3.1 泰勒的贡献

泰勒被称为"科学管理之父"。他出身于美国费城一个富有的律师家庭,中学毕业后考上哈佛大学法律系，但不幸因眼疾而被迫辍学。1875 年，泰勒进入费城的一家机械厂当徒工，1878 年转入费城的米德维尔钢铁公司当技工，1884 年升任总工程师。1898—1901 年泰勒受雇于宾夕法尼亚的伯利恒钢铁公司。1901 年以后，他把大部分时间用在写作和演讲上。1906 年担任美国机械工程师学会主席职务。泰勒的代表著作有《计件工资制》（1895 年）、《车间管理》（1903 年）、《论成功之道》（1909 年）和《科学管理原理》（1911 年）等。泰勒的科学管理理论主要包括以下几方面。

2.3.1.1　工作定额

制定出有科学依据的工人的"合理的日工作量"，就必须进行时间和动作研究。方法是把工人的操作分解为基本动作，再对尽可能多的工人测定完成这些基本动作所需的时间。同时，选择最适用的工具、机器，确定最适当的操作程序，消除错误的和不必要的动作，得出最有效的操作方法，并以此作为标准。然后，累计完成这些基本动作的时间，加上必要的休息时间和其他延误时间，就可以得到完成这些操作的标准时间，据此制定一个工人的"合理的日工作量"。这就是工作定额原理。

泰勒在伯利恒钢铁公司进行了有名的搬运生铁块试验。该试验是在该公司的产品搬运组大约 75 名工人中进行的。他们每人每天平均搬运 12.5 吨，日工资 1.15 美元。泰勒找了一名工人进行试验，试验搬运的姿势、行走的速度、持握的位置对搬运量的影响以及多长的休息时间为好。经过分析确定装运生铁块的最佳方法和 57% 的时间用于休息，使每个工人的日搬运量达到 47~48 吨，同时使工人的日工资提高到 1.85 美元。

2.3.1.2　标准化

使工人掌握标准化的操作方法，使用标准化的工具、机器和材料，并使作业环境标准化，这就是标准化原理。泰勒在伯利恒钢铁公司做过有名的铁锹试验。当时公司的铲运工人拿着自家的铁锹上班，这些铁锹各式各样、大小不等。堆料场中的物料有铁矿石、煤粉、焦炭等，每个工人的日工作量为 16 吨。泰勒经过观察发现，由于物料的比重不一样，一铁锹的负载大不一样。如果是铁矿石，一铁锹有 38 磅（约 17 千克）；如果是煤粉，一铁锹只有 3.5 磅（约 1.6 千克）。那么，一铁锹到底负载多少才合适呢？经过试验，最后确定一铁锹 21.5 磅（约 10 千克）对于工人是最适合的。根据试验的结果，泰勒针对不同的物料设计不同形状和规格的铁锹。以后工人上班时都不自带铁锹，而是根据物料情况从公司领取特制的标准铁锹，工作效率大大提高。堆料场的工人从 400~600 名降为 140 名，平均每人每天的操作量提高到 59 吨，工人的日工资从 1.15 美元提高到 1.88 美元。

2.3.1.3　能力与工作相适应

为了提高劳动生产率，必须为工作挑选出第一流的工人。第一流的工人是指这样的工人：他的能力最适合做这种工作而且他也愿意去做。要根据人的能力把他们分配到相应的工作岗位上，并进行培训，教会他们科学的工作方法，使他们成为第一流的工人，鼓励他们努力工作。

2.3.1.4 差别计件工资制

泰勒认为，工人磨洋工的一个重要原因是报酬制度不合理。计时工资不能体现劳动的量。计件工资虽能体现劳动的量，但工人担心劳动效率提高后雇主会降低工资率，从而等同于劳动强度加大。针对这些情况，泰勒提出了一种新的报酬制度——差别计件工资制。其内容如下。

（1）通过时间和动作研究来制定有科学依据的工作定额。

（2）实行差别计件工资制来鼓励工人完成或超额完成工作定额。所谓“差别计件工资制”，是指计件工资率随完成定额的程度而上下浮动。如果工人完成或超额完成定额，则定额内的部分连同超额部分都按比正常单价高 25% 计酬；如果工人完不成定额，则按比正常单价低 20% 计酬。

（3）工资支付的对象是工人而不是职位，即根据工人的实际工作表现而不是根据工作类别支付工资。

泰勒认为，实行差别计件工资制度会大大提高工人的积极性，从而也会大大提高劳动生产率。

2.3.1.5 计划职能与执行职能相分离

泰勒认为应该用科学的工作方法取代经验工作方法。所谓经验工作方法，是指每个工人采用什么操作方法、使用什么工具等都根据个人经验决定。所以，工人工作效率的高低取决于他们的操作方法和使用的工具是否合理以及个人的熟练程度和努力程度。所谓科学工作方法，是指每个工人采用什么操作方法、使用什么工具等都根据试验和研究来决定。为了采用科学的工作方法，泰勒主张把计划职能同执行职能分开，由专门的计划部门承担计划职能，由所有的工人和部分工长承担执行职能。计划部门的具体工作包括：①进行时间和动作研究；②制定科学的工作定额和标准化的操作方法，选用标准化的工具；③拟订计划，发布指示和命令；④比较标准和实际的执行情况，进行有效的控制等。

以上 5 条就是科学管理的主要内容。泰勒认为科学管理的关键是工人和雇主都必须进行完全心理革命，要相互协作，努力提高生产效率。泰勒在历史上第一次将管理从经验上升为科学，提出讲求效率的优化思想和调查研究的科学方法。

2.3.2 吉尔布雷斯和甘特的贡献

从科学管理理论开始进入了管理学的创建阶段，泰勒所倡导的科学管理理论是在许多人研究的基础上提出的，后来又被许多人所研究和发展。与泰勒同时代的人，如吉尔布雷斯夫妇和甘特等，也为科学管理做出了贡献。美国工程师弗兰克·吉尔布雷斯及其夫人心理学博士莉莲·吉尔布雷斯在动作研究和工作简化方面做出了突出贡献。他们的研究步骤是：①通过拍摄相片记录工人的操作动作；②分析哪些动作是合理的、应该保留的，哪些工作是多余的、可以省掉的，哪些动作需要加快速度，哪些动作应该改变次序；③制定标准的操作程序。与泰勒相比，吉尔布雷斯夫妇的动作研究更加细致、广泛。他们的研究成果反映在 1911 年出版的《动作研究》一书中。

美国管理学家、机械工程师甘特的最重要贡献是创造了“甘特图”。这是一种用线条表示的计划图表。这种图现在常被用来制订进度计划。甘特的另一贡献是提出了“计件奖励工资制”,即除了支付日工资外,超额完成定额的,超额部分以计件方式发给奖金;完不成定额的,只支付日工资。这种制度与泰勒的“差别计件工资制”相比,可使工人感到收入有保证,劳动积极性因而提高。这说明工资收入有保证也是一种工作动力。甘特的代表著作是《工业的领导》(1916 年)和《工作组织》(1919 年)。

2.3.3　福特的贡献

创办福特汽车公司的亨利•福特(Henry Ford)是“福特制”科学管理方法的创始人,他对提高生产力做出了很大贡献。福特于 1908 年生产出廉价的老型汽车,接着建立起一个世界性的销售组织,销售耐用、可靠、便宜的汽车,但马上出现了持续的供不应求。为了扩大生产能力,福特实行了“生产线制度”,后来称为“福特制”。它代表的是大规模生产方式。它的基本内容和主要特点在于,把科学管理原理应用于生产,在生产标准化即产品标准化、作业标准化的基础上,利用高速传送装置,使生产过程流水线化,使流水线上各道工序的工人的各种作业在时间上协调起来,并由传送装置的速度决定工人每天所完成的作业和产品数量,最大限度地提高工人的劳动强度。这种制度的具体表现为:①把机器和操作人员按详细规划的作业顺序排列;②每个工人被指定只做一种高度专业化的工作。生产线制度的效果立竿见影,制造出一辆车的时间从 1908 年的 12 小时 8 分钟,降到了 1913 年的 2 小时 35 分钟, 1914 年又降到 1 小时 33 分钟。“福特制”对提高生产力起了很大作用。

2.4　组织管理理论

组织管理理论着重研究管理职能和整个组织结构,代表人物主要有亨利・法约尔(Henri Fayol, 1841—1925)、马克斯・韦伯(Max Weber, 1864—1920)、林德尔・厄威克(Lyndall Urwick)和切斯特•Z. 巴纳德(Chester Z.Barnard,1886—1961)等。

2.4.1　法约尔的贡献

法约尔,法国人, 1860 年从圣艾帝安国立矿业学院毕业后进入康门塔里 - 福尔香堡采矿冶金公司,成为一名采矿工程师。不久,他被提升为该公司一个矿井的经理, 1888 年出任该公司总经理。1916 年法国矿业协会的年报发表了他的著作《工业管理与一般管理》。这本著作是他一生管理经验和管理思想的总结。他认为他的管理理论虽以大企业为研究对象,但除了可应用于工商企业外,还可应用于政府、教会、慈善机构、军事组织和其他各种事业单位。所以,法约尔被公认为是第一位概括和阐述一般管理理论的管理学家。

他的理论贡献主要体现在他对管理职能的划分和管理原则的归纳上。

2.4.1.1　企业的六种基本活动和管理的五种职能

法约尔指出,任何企业都存在着六种基本活动。这六种基本活动是:①技术活动,指生产、制造和加工;②商业活动,指采购、销售和交换;③财务活动,指资金的筹措、运用和控制;④安全活动,指设备的维护和人员的保护;⑤会计活动,指货物盘点、成本统计和核算;⑥管理活动,指计划、组织、指挥、协调和控制（管理的五种职能）。法约尔对管理的上述定义便于人们明确管理与经营的关系。法约尔在《工业管理与一般管理》一书中写道："所谓经营，就是努力确保六种固有活动的顺利运转，以便把企业拥有的资源变成最大的成果，从而导致企业实现它的目标。"而管理只是六种活动中的一种。法约尔还认为，管理的五大职能并不是企业经理或领导者个人的责任，它同其他五种企业基本活动一样，是一种赋予领导者与组织成员所能行使的职能。另外法约尔特别强调，不要把管理同领导混为一谈。领导是寻求从企业拥有的资源中获得尽可能大的利益，引导企业达到目标，保证六种基本活动顺利进行的高层次工作。图 2-1 表示经营活动与管理职能之间的关系。

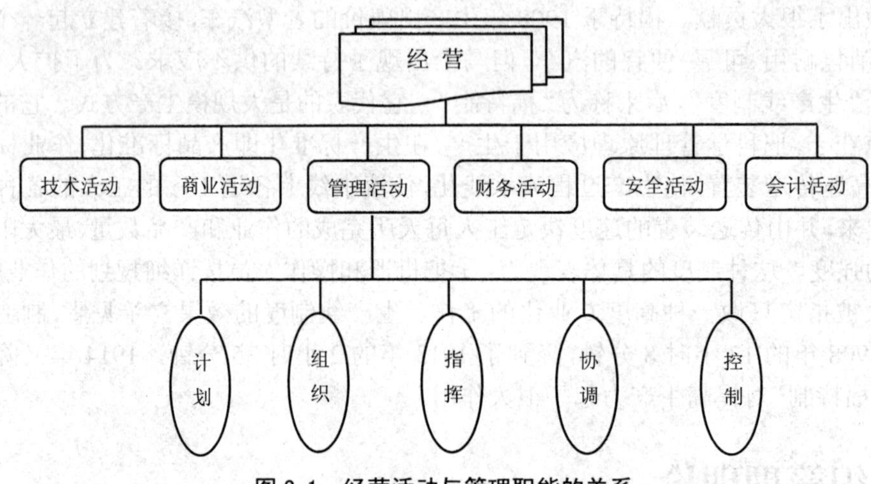

图 2-1　经营活动与管理职能的关系

2.4.1.2　管理的 14 条原则

法约尔在其《工业管理与一般管理》一书中首次提出一般管理的 14 条原则，具体如下。

（1）分工。在技术工作和管理工作中进行专业化分工可以提高效率。

（2）权力与责任。权力是指"指挥他人的权以及促使他人服从的力"。在行使权力的同时，必须承担相应的责任，不能出现有权无责和有责无权的情况。更为重要的是，法约尔区分了管理者的职位权力和个人权力。前者取决于个人的职位高低，后者是由个人的品德、智慧和能力等个人特性形成的。一个优秀的领导人必须两者兼备。

（3）纪律。纪律是企业领导人同下属人员之间在服从、勤勉、积极、举止和尊敬等方面达成的一种协议。组织内所有成员都要通过各方达成的协议对自己在组织内的行为进行控制。

（4）统一指挥。组织内每一个人只能服从一个上级并接受他的命令。

（5）统一领导。凡目标相同的活动，只能有一个领导、一个计划。

（6）个人利益服从集体利益。集体的目标必须包含员工个人的目标，但个人和小集体的利益不能超越组织的利益。当两者之间产生矛盾时，领导人作好榜样可以给员工以感染力，让他们以集体利益为重，另外还要很好地监督、惩罚那些损公肥私的人。

（7）报酬合理。报酬制度应当公平，对工作成绩和工作效率优良者给予奖励，但奖励应有一个限度。法约尔认为，任何优良的报酬制度都无法取代优良的管理。

(8)集权与分权。提高下属重要性的做法是分权,降低这种重要性的做法是集权。要根据企业的性质、条件和环境、人员的素质来恰当地决定集权和分权的程度。当企业的实际情况发生变化时,要适时改变集权和分权的程度。

(9)等级链与跳板。等级链是指"从最高的权威者到最低层管理人员的等级系列"。它表明权力等级的顺序和信息传递的途径。为了保证命令的统一,不能轻易违背等级链,请示要逐级进行,指令也要逐级下达。有时这样做会延误信息传递。鉴于此,法约尔设计了一种"跳板",便于同级之间的横向沟通。但在横向沟通前要征求各自上级的意见,并且事后要立即向各自上级汇报,从而维护了统一指挥的原则。

(10)秩序。秩序是指"有地方放置每件东西,而每件东西都放在该放置的地方;有职位安排每个人,而每个人都安排在应安排的职位上"。

(11)公平。在待人上,管理者必须做到"善意与公道结合"。

(12)人员稳定。把一个人培养成胜任目前的工作,需要花费时间和金钱。所以,人员特别是管理人员的经常变动,对企业很不利。

(13)首创精神。首创精神是创立和推行一项计划的动力。领导者不仅本人要有首创精神,还要鼓励全体成员发挥他们的首创精神。

(14)集体精神。在组织内部要形成团结、和谐和协作的气氛。

法约尔特别强调管理教育的重要性。他认为可以通过教育使人们学会管理,并提高管理水平。

虽然法约尔的管理思想同泰勒的管理思想都是古典管理思想的代表,但法约尔管理思想的系统性和理论性更强,他对管理的五大职能的分析为管理科学提供了一套科学的理论构架。后人根据这种构架建立了管理学并把它引入了课堂。法约尔提出的管理原则,经过多年的研究和实践证明,总的来说仍然是正确的,这些原则曾经给实际管理人员巨大的帮助,现在仍然为许多人所推崇。

2.4.2 韦伯的贡献

马克斯•韦伯是德国著名的社会学家。他对管理理论的主要贡献是在《社会组织与经济组织理论》一书中提出的"理想的行政组织体系"。此体系具有以下一些特点。

(1)把组织内的工作分解,按职业专业化对成员进行分工,明文规定每个成员的权力和责任。

(2)按等级原则对各种公职或职位进行法定安排,形成一个自上而下的指挥链或等级体系,每个下级都处在一个上级的控制和监督下,每个管理者不仅要对自己的决定和行动负责,而且要对下级的决定和行动负责。

(3)根据经过正式考试或教育培训而获得的技术资格选拔员工,并完全根据职务的要求任用。

(4)除个别需要通过选举产生的公职以外,所有担任公职的人都是任命的。

(5)行政管理人员是专职的,领取固定的薪金,有明文规定的升迁制度。

(6)行政管理人员不是他所管辖的那个企业的所有者,只是其中的工作人员。

(7)行政管理人员必须严格遵守组织中规定的规则、纪律和办事程序。

（8）组织中成员之间的关系以理性准则为指导，不受个人情感的影响，组织与外界的关系也是这样。

韦伯认为，这种高度结构化的、正式的、非人格化的理想行政组织体系是强制控制的合理手段，是达到目标、提高效率的最有效形式。这种组织形式在精确性、稳定性、纪律性和可靠性等方面都优于其他形式，能适用于各种行政管理工作及当时日益增多的各种大型组织，如教会、国家机构、军队、政党、经济组织和社会团体。韦伯的这一理论，对泰勒、法约尔的理论是一种补充，对后来的管理学家特别是组织理论家产生了很大影响。

2.4.3 其他人的贡献

巴纳德长期担任美国新泽西州贝尔电话公司总经理职务。他对管理理论的贡献主要体现在 1938 年出版的《经理人员的职能》一书中。巴纳德认为，组织是两个人或更多人经过有意识的协调而形成的活动或力量系统。他认为，在组织中经理人员是最为重要的因素。经理人员的职能主要有：①制定并维持一个信息系统；②使组织中每个人都能做出贡献；③阐明并确定本组织的目标。巴纳德把组织分为正式组织和非正式组织。对正式组织来说，不论级别高低和规模大小，其存在和发展都必须具备明确的目标、协作的意愿和良好的沟通三个条件。在正式组织中还存在着一种因为工作上的联系而形成的有一定看法、习惯和准则的无形的组织，即非正式组织。它的活动对正式组织有双重作用，既有不利影响，也可能对组织的效率有利。巴纳德最早把系统理论和社会学知识应用于管理领域，为后来“社会系统学派”的理论奠定了基础。

英国管理学家厄威克的综合管理理论把科学管理理论和组织管理理论综合为一体。他认为，管理过程由计划、组织（形成等级体系、授权、确定工作任务）和控制（配备人员、选择和安排人员、纪律教育）三个主要职能构成。科学调查和分析是指导管理职能的基本原则。他确定了与三个主要职能相对应的原则，即预测、协调（权力、领导、专业化）和指挥（集权、报酬、公平）；还提出了管理过程中的中间目标是秩序、稳定、首创精神和集体精神。他确信，只要管理人员在履行管理职能时注意遵循相应的原则，这四个目标就都可以实现。他的理论展示了古典管理理论的全貌。

2.5 行为管理理论

行为管理理论始于 20 世纪 20 年代，早期被称为人际关系学说，以后发展为行为科学，即组织行为理论。

2.5.1 三位先驱者

雨果・芒斯特伯格（Hugo Munsterberg，1863—1916）是德国人，工业心理学创始人之一。1892 年，他在哈佛大学创办了一个心理学实验室。通过实验，他发现对经理人员来说，运用心理学去挑选和激励雇员是重要的。他研究的重点是：如何根据个体的素质以及心理特点把他们安置到最适合他们的工作岗位上；在什么样的心理条件下可以让工人发挥最大的干劲和积极性，从而能够从每个工人处得到最大的、最令人满意的产量；怎样的情绪能使工人的工作产生最佳的效果。1913 年他的重要著作《心理学与工业效率》被译成英文。该书包括以下三部分内容。

（1）最适合的人，即研究工作对人们的要求，识别最适合从事某种工作的人应具备什么样的心理特点。将心理学的实验方法应用在人员选拔、职业指导和工作安排方面。

（2）最适合的工作，即研究和设计适合人们工作的方法、手段与环境，以提高工作效率。他发现，学习和训练是最经济的提高工作效率的方法和手段。物理的和社会的因素对工作效率有较强的影响，特别是创造工作中适宜的"心理条件"极为重要。

（3）最理想的效果，即用合理的方法在商业中也同样可以确保资源的合理利用。他研究了对人的需要施加符合组织利益的影响的必要性。他的研究对于我们今天的甄选技术、员工培训、工作设计和激励仍有重要的影响。

玛丽•P. 福莱特（Mary P. Follett，1868—1933）在古典管理理论和行为科学理论之间架起了一座桥梁。她在哈佛大学学习过教育学。她特别注意研究对成年人的教育和业余指导。她的著作中反映出被泰勒忽视的组织中的人性方面。她认为一个组织应该给职工和管理人员以更多的民主。她指出：如果管理者允许员工在日常工作中积极参与并发挥主动性，员工就能够以多种方式对组织做出贡献。"职权应该与知识相结合……无论是在这根链条的顶层还是下端。"换句话说，如果工人具有相关知识，那么，应该由工人而不是管理者来控制工作过程，管理者应该发挥教练和助手的作用。她还认识到，让不同部门的管理者进行直接的交流，对提高决策速度具有重要作用。她提倡自己称之为"跨部门职能"的方法：不同部门的成员在跨部门团队中共同工作，完成项目任务。

莉莲•吉尔布雷斯是"动作研究之父"弗兰克•吉尔布雷斯的妻子，结婚后把学术兴趣转向心理学。在莉莲之前，许多心理学家研究的是群体行为，而她则注重研究个体行为。她的另一重要贡献是把管理风格划分为三种类型，即传统的管理风格、过渡的管理风格和科学的管理风格，并仔细研究了每种类型。凭着心理学家的敏感，莉莲在实践中发现不能单纯地从工作的专业化、方法的标准化、操作的程序化来提高效率，还应该注意研究工人的心理。她认为："在应用科学管理原理时首先必须看到工人，并且了解他们的个性和需要。"从动作研究出发，莉莲最终深入到对个体心理的研究，最后她得出结论："一个人的思想是其效率的控制因素，通过教育，可以使个人充分利用他的能力。"所以，"良好的人际关系和工人训练对科学管理运动至关重要"。在莉莲的管理思想中，"人"一直被置于中心的位置。他们夫妇提出了管理上的三个设想：一是吸引愿意参加本组织的人的必要性；二是保持并恰当安排和提升本组织已有成员的必要性；三是前两种必要性的相互依存。在这一方面，他们的思想已经向以人为本的方向迈进。

2.5.2　梅奥的霍桑试验

埃尔顿•梅奥（Elton Mayo，1880—1949）原籍澳大利亚，后移居美国。作为一位心理学家和管理学家，他领导了 1924—1932 年在芝加哥西方电气公司霍桑工厂进行的试验，即霍桑实验。这个试验分四个阶段。

第一阶段是工作场所照明试验阶段（1924—1927 年）。研究人员选择一批工人，并把他们分成两组。一组是试验组，通过变换工作场所的照明强度，使工人在不同照明强度下工作；另一组是对照组,工人在照明强度保持不变的条件下工作。研究人员希望通过试验得出照明强度对生产率的影响,但试验结果却发现,照明强度的变化对生产率几乎没有什么影响。

第二阶段是继电器装配室实验阶段(1927 年 8 月—1928 年 4 月)。从这一阶段起,梅奥参加了试验。研究人员选择了 5 名女装配工和 1 名画线工在单独的一间工作室内工作(一名观察员被指派加入这个工人小组,以记录室内发生的一切),以便对影响工作效果的因素进行控制。在试验中分期改善工作条件,如改进材料供应方式、增加工间休息时间、供应午餐和茶点、缩短工作时间、实行集体计件工资制等。这些女工们在工作时间可以自由交谈,观察员对她们的态度也很和蔼。这些条件的变化使产量上升。但一年半后,取消了工间休息和供应的午餐和茶点,恢复每周工作 6 天,产量仍维持在高水平上。经过研究,发现其他因素对产量无多大影响,而监督和指导方式的改善能促使工人改变工作态度、增加产量,于是决定进一步研究工人的工作态度和可能影响工人工作态度的其他因素。这成为霍桑试验的一个转折点。

第三阶段是大规模访谈阶段(1928—1931 年)。研究人员在上述试验的基础上进一步在全公司范围内进行访问和调查,达 2 万多人次。结果发现,影响生产力的最重要因素是工作中建立起来的人群关系,而不是待遇和工作环境。每个工人的工作效率的高低不仅取决于他们自身的情况,还与其所在小组中的同事有关。任何一个人的工作效率都要受其同事的影响。

第四阶段是接线板接线工作室试验阶段(1931—1932 年)。该室有 9 名接线工、3 名焊接工和 2 名检查员。在这一阶段有许多重要发现:①大部分成员都自行限制产量,公司规定的工作定额为每天焊接 7 312 个接点,但工人们只完成 6 000~6 600 个接点,原因是担心公司不断提高工作定额,怕因此造成一部分人失业,要保护工作速度较慢的同事;②工人对不同级别的上级持不同态度,把小组长看作小组的成员,对于小组长以上的上级,级别越高,越受工人的尊敬,但对他的顾忌心理也越强;③成员中存在小派系,每个派系都有自己的一套行为规范,谁要加入这个派系,就必须遵守这些规范,派系中的成员如果违反这些规范,就要受到惩罚。

梅奥对其领导的霍桑实验进行了总结,成就了《工业文明中人的问题》一书。该书于 1933 年出版。在书中,梅奥阐述了与古典管理理论不同的观点——人际关系学说,该学说主要有以下一些内容。

1. 工人是社会人,而不只是经济人

科学管理学派认为,金钱是刺激人们工作积极性的唯一动力,应该把人看作经济人。梅奥认为,工人是社会人,除了物质方面的条件外,他们还有社会、心理方面的需求,因此不能忽视社会和心理因素对工作积极性的影响。

2. 企业中存在着非正式组织

在共同工作的过程中,企业成员间必然产生共同的感情、态度和倾向,形成共同的行为准则和惯例,要求个人服从。这就构成一个体系,即“非正式组织”。非正式组织以它独特的感情、规范和倾向左右着成员的行为。古典管理理论仅注重正式组织的作用是很不够的。非正式组织不仅存在,而且与正式组织相互依存,对生产率有重大影响。

3. 生产率的提高主要取决于工人的工作态度以及他和周围人的关系

梅奥认为,提高生产率的主要途径是提高工人的满意度,即工人对社会因素,特别是对人际关系的满意程度。如果满意度高，则工作的积极性、主动性和协作精神就高，即士气高，从而生产率就高。

古典管理理论和行为管理理论从泰勒和梅奥等人开始从事管理的实际试验和理论研究算起，距今已近一个世纪。他们的理论不仅在当时起了重要作用，而且对管理理论的发展也有着深远的影响，其中许多原理和方法至今仍被各国采用。

知识点

我国早期管理思想着重体现在儒家重组织、道家重领导、法家重控制、墨家重目标、兵家重决策。

外国的管理实践和思想主要体现在指挥军队作战、治国施政和管理教会等活动之中。古巴比伦人、古埃及人以及古罗马人在这些方面都有过重要贡献。20 世纪前在管理方面的主要贡献包括阿克莱特的管理实践、亚当 · 斯密的劳动分工论、实行所有权与经营权的分离以及产业革命等。

20 世纪前半期是一个管理思想多样化的时期。科学管理通过寻求从事每项工作的“最佳方法”，追求更高的生产效率；一般行政管理理论寻求应用于整体组织的管理原则；人力资源管理方法集中于人的管理；定量化方法则是采用数学和统计技术改进资源分配的决策。

科学管理理论的代表人物是弗雷德里克•温斯洛•泰勒，他的科学管理理论主要包括：①工作定额；②标准化；③能力与工作相适应；④差别计件工资制；⑤计划职能与执行职能相分离。科学管理使生产率提高 300% 甚至更高成为可能，应用科学管理原则使管理从一种凭感觉的活动，发展成一门系统化的科学学科。

组织管理理论的代表人物之一亨利•法约尔将管理职能定义为计划、组织、指挥、协调和控制。他认为管理是一种涉及所有有关人的协调和控制的共性活动，并提出了管理的 14 项原则。另一代表人物马克斯 · 韦伯将理想的官僚行政组织定义为实行劳动分工、明确规定等级、制定有详细的规则和制度以及具有非人格化关系的组织。

埃尔顿 · 梅奥于 1924—1932 年领导的霍桑试验引起了对组织中人的因素的新的重视，并提供了对有关群体规范和行为的新见解。管理学的研究开始积极地寻求提高员工工作满意度和士气的途径。

20 世纪后半期管理领域非常活跃，出现了一系列管理学派，每一学派都有自己的管理思想和代表人物。如决策理论学派认为决策是管理者的主要任务，其代表人物西蒙提出在理性有限的条件下管理人员应寻求简单的、尚“满意”的结果，而非“最佳方案”；系统管理学派认识到组织内部活动之间以及组织与其外部环境之间的相互依赖；权变管理学派分离出影响组织行为和组织绩效的情境变量。

思考题

1. 简述中国早期的管理实践和管理思想。
2. 亚当·斯密的劳动分工观点是什么？
3. 泰勒的主要贡献是什么？

4. 法约尔的五大管理职能是什么？
5. 简述霍桑试验经验及其成果。
6. 阐述"福特制"的意义。
7. 组织管理理论着重研究什么内容？
8. 决策理论学派有哪些代表人物？
9. 决策理论学派有哪些主要观点？
10. 梅奥人际关系学说的主要思想是什么？

第 3 章　新时代的管理理论

| 学习要点 |

通过学习本章的内容，学生能够掌握：

1. 西方管理学理论发展的背景；
2. 现代管理理论各种学派的观点；
3. 新时代中国管理理论的新发展。

课前引例

A.O. 史密斯公司的和谐管理

A.O. 史密斯（上海）水处理产品有限公司以“四个满意”为指导构建企业和谐劳动关系。在广泛调研和沟通的基础上，通过大幅度提升员工薪资福利待遇留住员工，并让员工参与公司治理改进，增强主人翁自豪感，企业和员工之间的关系得到大幅度改善。自 2013 年 3 月以来，A.O. 史密斯净水机零售额在整体净水设备市场的市场占有率已经达到 25.3%，稳居行业第一位。而在细分的反渗透净水机品类中，A.O. 史密斯零售额占有率更是高达 36.95%，以超过第二名十多个百分点的绝对优势强势领军反渗透净水机市场。A.O. 史密斯之所以能够取得这样的成就，很大程度上与公司重视四个满意的公司价值观，并通过关注员工需求构建的良好的劳动关系氛围密切相关，一个有说服力的数据就是 A.O. 史密斯（上海）水处理产品有限公司员工离职率已经从当初的 55% 降至 6% 左右，员工与企业关系呈现难得的良性互动局面。

| 思考题 | 如果你是一名管理者，你将如何进行和谐管理？

3.1　新时代管理学的发展

3.1.1　西方管理学发展的背景

19 世纪末 20 世纪初，“古典管理理论”开始形成。此时的企业经过两次工业革命不断扩大规模，垄断资本主义开始出现，管理职能和资本所有权相分离。市场不再是“一座城的市场”，而是一个国家的市场，甚至出现了国际市场。市场的扩大带来了更激烈的竞争，旧的管理思想不再适用，这迫使管理思想发生转变。也是在这样的背景下，管理思想发展迅速，形成了管理理论。

“科学管理”的创始人是美国的弗雷德里克·泰勒。在《科学管理原理》一书中，泰勒强调科学管理的最终目的是追求最高工作效率。为达到这个目的，就要用科学的手段使一切科学化、制度化。对此，泰勒提出了以下管理制度：①在工资制度上实行差别计件制；②对工人进行科学培训、选择和提高；③制定科学的工艺规程，以文件形式固定并推广；④管理和劳动分离。

然而，泰勒制有其局限性。他仅仅研究了如何发展生产力，并未涉及组织结构等方面。法国亨利•法约尔，提出有关企业经营的六个职能：技术、财务、经营、安全、会计和管理职能，以及十四条原则。法约尔研究了泰勒不曾涉及的企业管理领域，对组织理论进行了系统阐述。

机械师杰布雷斯和莉莲 • 杰布雷斯两人进行“动作研究”以制定更高效的生产动作，提高生产效率。美国福特创造了第一条流水生产线。以上管理思想概括而言就是用科学的方法提高生产效率。所以，后人称以泰勒为代表的学者形成的学派为科学管理学派。

20 世纪之后，尤其是二战前后，要求和平民主的呼声越来越高，导致了尖锐的劳资矛盾；市场国际化，企业竞争愈演愈烈；科技飞速发展，机器自动化代替了人力，技术工人比例下降，管理人员比重加大；职工文化水平提高，除工资外还追求安全感、归属感和自我价值的实现。这对管理思想提出以下要求：更先进化、更人性化。而科学管理理论不曾涉及经营决策和人本思想，所以无法适应 20 世纪的管理要求。管理思想走向了“现代管理理论”。

以泰勒为代表的科学管理理论着重生产过程、组织控制方面的研究，对人的因素则注意较少。20 世纪 50—70 年代，人本思想在西方不断深化，一些管理学家开始注重研究管理中人的问题，发展出一个新学派——行为科学学派。行为科学是研究人类行为规律的科学，管理学家通过研究行为科学以掌握行为的规律，根据这样的规律来实行管理。埃尔顿 • 梅奥，早期行为科学理论研究者，通过“霍桑试验”提出人群关系论，发现“非正式组织”的存在。埃尔顿认为人是社会人，因此受社会欲望和“非正式组织”中的行为准则所影响。

行为科学理论的主要理论有马斯洛的“需要层次理论”、赫兹伯格的“双因素理论”、麦格雷戈的“X、Y 理论”和威廉的“Z 理论”等。这些理论都以“人”为核心，主张管理应该顺应人的行为规律。

“管理科学”是现代管理理论的另一重要学派。随着 20 世纪科学技术飞速发展，管理学的科学性达到了前所未有的高度。管理科学将最新的科学技术和数学理论运用到管理中，注重系统管理，广泛运用数学模型。如果说行为科学理论偏重研究“感性管理”，那么管理科学偏重“理性管理”，通过系统论、信息论和计算机的使用使生产力得到最合理的组织，以获取最佳经济效益。由于注重科学的运用，管理科学对人的关注较少。

“决策理论”学派以统计学和行为科学作为基础，认为管理就是决策，而决策分为程序性和非程序性决策，随着管理层次的提高，非程序性决策占比增大。该学派的代表人物有美国的赫伯特•西蒙。

20 世纪 80 年代以来，美国管理学界对美国现代管理思想进行了反思，主张从“硬管理”到“软管理”，在完善管理技术的同时，应该更加重视信任和依靠职工和顾客，重视企业文化，使职工感受到企业的人文关怀。

进入 21 世纪，经济全球化、信息网络化等时代特征决定了 21 世纪的管理必然是多元的、不断创新的，包括管理指导思想的创新、管理原则的创新、经营目标的创新、经营战略的创新、生产系统的创新和企业组织的创新。在全球化时代，一切皆有可能，管理思想会如何发展难以断言，但随着企业对人才的重视，人们逐渐认识到管理的本质是对人的管理，人本的管理思想是大势所趋。随着科学技术的发展，跨国公司、外资企业不断涌现，现代企业追求的不仅仅是生产利润，更看重企业的持久性、社会价值和社会责任，因此企业更注重创新管理，创新也必然成为世纪管理的主题。

3.1.2 外部条件对管理学理论发展的影响

（1）在 20 世纪 40 年代，由于工业生产的机械化、自动化水平不断提高以及电子计算机进入工业领域，在工业生产集中化、大型化、标准化的基础上，出现了工业生产多样化、小型化、精密化的趋势。同时，工业生产的专业化、联合化不断发展，工业生产对连续性、均衡性的要求提高，市场竞争日趋激烈，变幻莫测，即社会化大生产要求管理改变孤立的、单因素的、片面的研究方式，而形成全过程、全因素、全方位、全员式的系统化管理。

（2）第二次世界大战期间，交战双方提出了许多亟待解决的问题，如运输问题、机场和港口的调度问题、如何对大量的军火进行迅速检查的问题等都涉及管理的方法。

（3）科学技术发展迅猛，现代科学技术的新成果层出不穷。

（4）资本主义生产关系出现了一些新变化，由于工人运动的发展，赤裸裸的剥削方式逐渐被新的，更隐蔽、更巧妙的剥削方式所掩盖。新的剥削方式着重从人的心理需要、感情等方面着手，形成处理人际关系和人的行为问题的管理。

（5）管理理论的发展越来越借助于多学科交叉作用，经济学、数学、统计学、社会学、人类学、心理学、法学、计算机科学等各学科的研究成果被越来越多地应用于企业管理。

3.1.3 管理科学的发展趋势

3.1.3.1 全球化

当前，管理的范围不再局限于国家的边界内。福特汽车公司（Ford Motor Co.）的“维多利亚皇冠”轿车的零件来自世界各国：墨西哥（座椅、风挡玻璃和油箱），日本（减震器），西班牙（发动机电子控制装置），德国（反锁刹车系统），还有英格兰（关键轴类零件）。这说明世界已成为一个全球市场，从而有效的管理者需要适应不同的文化、不同的制度和不同的技术。

20 世纪 60 年代，加拿大总理在描绘他的国家与美国的接近程度时打过一个比方，说就像和一头大象睡在一起，“你可以感觉到这只动物的每一次颤动”。进入 21 世纪，我们可以把这个比喻推广到整个世界，例如，中国利率的变化立刻会影响到全球各地的管理者和组织。

3.1.3.2 工作人员多样化

今天的组织特征是工作人员多样化（work force diversity），即员工们在性别、民族方面更具有异质性。多样化的含义还包括任何不同性质的人，如残疾者、上年纪者，甚至体重超重者。

直到不久以前，还有用“溶化锅”的方法来处理组织内的差异，即假定不同的人会在某种程度上自动同化。但现在人们认识到，当雇员们参加工作时，他们并没有把他们的文化价值和生活方式搁在一边。因此，管理面临的挑战是，通过处理不同的生活方式、家庭需要和工作风格，使组织更能够包容多样化的人群。

工作人员的多样化已经对管理实践产生了重要影响。管理者们将不得不改变他们的哲学，从同样对待每个人转向承认差别和适应差别，从而确保雇员的忠诚和更高的生产率，而又不发生性别歧视。这样的组织，如莱维 • 斯特劳斯、休列特－帕卡德（Hewlett-Packard）和莲花开发公司（Lotus Development）等向他们的管理者们提供复杂的多样化培训计划，以帮助他们更好地沟通、激励和领导。

3.1.3.3 道德

许多观察者确信我们正经受着道德危机的困扰。曾经被看作应受谴责的行为（撒谎、欺骗、歪曲、掩盖错误），已经在一些人眼里变成可接受的甚至是必要的做法。对于这种明显的道德标准的下降有两个层次的解决办法：①道德教育被广泛地列入学院的教学大纲，例如，现在商业学校的主要评审机构要求他们的成员把道德问题贯穿在工商管理教学大纲中；②组织自身正在建立道德准则，并正在引入伦理学培训计划。

3.1.3.4 激励创新和变革

泰勒、法约尔、韦伯甚至孔茨描述过的有组织的世界已不复存在。管理现在面对的是正在以前所未有的速度发生变革的环境，新的竞争者一夜之间就冒了出来，而老的竞争者通过合并、兼并或由于跟不上市场的变化而消失。在计算机和电子通信技术领域中持续的创新，加上全球化的产品和金融市场，造成了一种混乱状态，其结果是许多过去的指导原则（为相对稳定和可预见的世界建立的原则）已不再适用。未来成功的组织将是灵活的、能够快速反应的、并在新型管理者领导下的组织，这些管理者能够有效地发起大规模的和革命性的变革。

正如你将在本书后面各章中看到的，对创新和变革的需要正要求许多组织重新创造自己。管理者们通过取消不必要的管理层次，削减多余的职能，撤销绩效不佳的经营单位来重构他们的组织。而管理者自己也在改变风格，他们把自己的角色从老板转变为团队领导者。越来越多的管理者发现，当他们不再是吩咐人们应该做什么，而是关注激励、指导和鼓励时，他们的管理工作会变得更有效。

3.1.3.5 全面质量管理

无论工商企业还是公共组织都在发生一场质量革命。描绘这场革命的通用术语是全面质量管理（Total Quality Management，TQM）。这场革命是由一小群质量专家掀起的，其中最突出的是一位名叫 W. 爱德华兹•戴明（W. Edwards Deming）的美国人。

1950 年，戴明去日本向许多日本企业的高层管理者讲授如何改进他们的生产效率，他的管理方法的核心是采用统计方法分析生产过程的变异性。按照戴明的观点，一个管理得好的组织，应当用统计控制并减少变异性，从而产生均匀的和可以预见的产出质量。戴明发展出一套 14 点计划来实现组织的这种转变。

今天，戴明的最初计划已经扩展为 TQM：一种由顾客的需要和期望驱动的管理哲学。TQM 的含义如下。

（1）强烈地关注顾客。顾客的含义不仅包括外部购买组织产品和服务的人，还包括内部顾客（诸如发运和回收应收账款的人员），他们向组织中的其他人提供服务并与之发生相互作用。

（2）坚持不断地改进。TQM 是一种永远不能满足的承诺，“非常好”还不够，质量总能得到改进。

（3）改进组织中每项工作的质量。TQM 采用广义的质量定义。它不仅与最终产品有关，而且与组织如何交货、如何迅速地响应顾客的投诉、如何有礼貌地回复电话等都有关系。

（4）精确地度量。TQM 采用统计技术度量组织作业中的每一个关键变量，然后与标准和基准进行比较以发现问题，追踪问题的根源，消除问题的原因。

（5）向雇员授权。TQM 吸收生产线上的工人加入改进过程，广泛地采用团队形式作为授权的载体，依靠团队发现并解决问题。

TQM 代表了一种与早期管理理论家相反的观点。传统的观点为，低成本是提高生产率的唯一途径。美国汽车工业就是一个典型的例子，它说明当注意力仅仅集中在降低成本上会出什么问题。像通用汽车公司、福特汽车公司，还有克莱斯勒汽车公司生产的汽车，被相当一部分买车的大众所拒绝。并且，如果考虑不合格品的成本、修理成本、退货成本以及质量控制的昂贵费用，则美国制造商的生产率和效益低于许多外国竞争者。日本企业的实践说明，最高质量的制造商，完全可能是最低成本的生产者。直到最近，美国汽车制造商才认识到 TQM 的重要性，开始在管理中加入许多 TQM 的基本要素，如质量控制小组、过程改进、组织工作队、改善与供应商的关系以及倾听顾客的愿望和需要。

TQM 在管理过程中有很多重要的应用。例如，用 TQM 作为一种战略武器，用 TQM 进行基准竞争，用 TQM 更有效地进行组织结构设计，将 TQM 应用到团队中，以及用 TQM 进行质量改进。

3.1.3.6　授权

我们在讨论科学管理时曾提到，弗雷德里克·泰勒主张在管理当局和工人之间明确分工和划分职责，他要管理者从事计划工作和思考工作，要工人只是按管理者的吩咐去做。泰勒的建议在 20 世纪初也许是一个很好的建议，但是今天的工人所受的教育和培训远比那时要好得多。事实上，许多工作的复杂性，使今天的工人通常比他们的管理者更清楚如何把工作做得更好。管理者们认识到，他们可以通过重新设计工作和让工人来决定那些与工作有关的事情，使质量、生产率和雇员的责任感得到改进。我们把这种过程称为向雇员授权（delegation）。

授权的思想最初来自人力资源理论家。多少年来，许多组织压抑住了它们员工的才能，使工作过度专业化，并把员工当作不会思考的机器。近年来，授权于雇员的做法在许多公司中取得了成功。例如，美国电话电报公司、联邦捷运公司、摩托罗拉公司和沃尔玛公司认为，公司的未来在于发挥工人在工作中的作用，而不是实行泰勒的分割责任的方法。

3.1.3.7　网络环境下的管理

随着信息网络化的发展，互联网越来越成为人们生活密不可分的一部分，影响着人们的生活、工作和娱乐方式，也影响着企业的经营方式，给企业的经营管理带来新的挑战和机遇。“互联网 +”代表一种新的经济形态，即充分发挥互联网在生产要素配置中的优化和集成作用，将互联网的创新成果深度融合于经济社会各领域之中，提升实体经济的创新力和生产力，形成更为广泛的以互联网为基础设施和实现工具的经济发展形态。网络技术的发展，刺激并形成了很多互联网情境下的管理创新，例如商户模式、代理模式、信息中转模式、广告模式、会员模式、社区模式与订阅模式等，成为管理科学的新趋势。

3.2 现代管理理论丛林

如果说当初古典管理理论对管理学而言尚处于萌芽状态，那么现在这些萌芽已茁壮成长，并发展成为一片茂密的丛林。尤其是在第二次世界大战之后，许多学者和管理学家提出了各自的理论和学说，并形成各种不同的学派。这些大大小小的理论流派有百余种之多。各种新兴学派的理论倾向，大致上是由两大主流派别延伸而来的：一是从泰勒的科学管理和法约尔的职能管理发展而来的学派，特点是运用了现代自然科学，特别是技术学科的新成就；二是以梅奥的人际关系为基点形成的行为学学派，特点是结合现代社会科学而展开，以“人”为主要研究对象。

美国著名管理学教授哈罗德·孔茨（Harold Koontz，1908—1984）在20世纪60年代和80年代对现代管理理论中的各种学派加以分类，先后发表了《管理理论的丛林》和《再论管理理论丛林》两篇论文。他把当时管理思想的不同观点以及这些观点对管理的性质和内容所作的不同解释，概括成11个有代表性的学派。

3.2.1 经验管理学派

经验管理学派的代表人物有美国的彼得·F. 德鲁克（Peter F. Drucker）和欧内斯特·戴尔（E. Dale）等人。德鲁克的代表作有《管理、任务、责任和实践》《管理实践》《有效的管理者》等，戴尔的代表作有《伟大的组织者》《企业管理的理论与实践》等。

经验管理学派认为，古典管理理论和行为科学都不能完全适应企业管理的实际需要，有关企业管理的科学应该从企业管理的实际出发，以大企业的管理经验为主要研究对象，并加以概括和理论化，向企业管理人员提供实际的建议。他们主张通过案例研究经验，不必企图去确定一些原则，只要通过研究分析一些经理人员的各种成功与失败的管理案例和他们解决特殊问题的方法，就能理解管理问题，就可以在情况相仿的条件下进行有效的管理。

但是，未来肯定不同于过去，过去的具体经验未必能解决未来的问题。对过去经验的研究，如果不是从根本上搞清楚事物的起因，那就不可靠，甚至是危险的。因此，只有以探求基本规律为目的去总结经验，才有助于某些管理原则的提出和论证。

3.2.2 人际关系学派

人际关系学派认为，既然管理就是通过他人来完成某些事情，那么研究管理必须注重人际关系。这个学派把社会科学中的许多理论、方法和技术应用于研究管理中人际及个人的各种现象，其中多数学者受过心理方面的训练。他们强调职工是由不同的个人组成的。个人是群体中的一分子，有各种需要应由组织来满足。他们把人的动机看成是一种社会心理学现象。甚至有人强调，处理人际关系是管理者应掌握的一种技巧。但研究与实践也证明只有人际关系，远不足以建立一种完整的管理学科。

3.2.3 行为科学学派

所谓行为科学，就是对员工在工作中的行为以及这些行为产生的原因进行分析研究，以便调节企业中的人际关系，提高生产率。它在早期被称为人际关系学说，1949 年由美国芝加哥大学的一些教授商议改称为行为科学。

梅奥等人奠定了行为科学的基础以后，西方从事这方面研究的人大量出现。行为科学在后来的发展主要集中在四个领域：①有关人的需要、动机和激励的问题；②有关“人性”假设的问题；③组织中的群体行为问题，包括群体的文化、行为方式和行为特点等；④企业管理中的领导行为问题。

3.2.4 社会协作系统学派

社会协作系统学派的主要代表人物是美国的巴纳德（C.L.Barnard），其代表作为《经理的职能》，主要观点如下：社会的各级组织都是一个由有意识进行相互协调的各个个人组成的协作系统，正式组织的协作基础是成员相互协作的意愿、共同的目标和相对稳定的信息联系。一个组织中不仅有正式组织，也有非正式组织。非正式组织同正式组织相互创造条件，在某些方面和某些时刻能对正式组织的目标产生积极影响。经理人员是协作系统因素中的关键因素，经理在系统中的作用就是对协作进行有效的协调，以便协作系统能够维持运转。组织作为一个社会的协作系统，其存在取决于：①协作效果，即组织目标的达成；②协作效率，即在实现目标的过程中协作的成员损失最小而心理满足程度较高；③组织目标应和环境相适应。显然此学派研究的领域很宽，有的已超出了管理范围。

3.2.5 社会技术系统学派

社会技术系统学派的创立归功于英国的特里司特（E. L. Trist）。他通过对长臂采煤法的研究认为，在管理中只分析社会系统是不够的，还需研究技术系统对人的影响，必须把社会系统和技术系统结合起来考虑。而管理者的一项主要任务就是要确保这两个系统相互协调。此学派的大部分著作集中于对生产和办公室工作等的研究上，分析技术系统与人或者与人的工作的紧密联系，因而它也特别注意工业工程中有关人机系统问题的研究。

3.2.6 决策理论学派

决策理论学派的代表人物是著名的诺贝尔经济学奖获得者美国教授赫伯特·A. 西蒙（Herbert A. Simon）。该学派认为，决策是管理者的主要任务，因而应集中研究决策问题。尤其是西蒙提出的行为决策观对现代管理理论做出了卓越的贡献。他的主要观点如下。

（1）管理人员存在“有限的理性”和“满意准则”，即认为管理者的理性是有局限性的，因为在实际中情况非常复杂，而管理者的判断力又受各种主客观条件的限制，所以管理者不可能认识在给定的情形下所有备择方案的各种可能结果。因此，管理人员应寻求简单的、尚“满意”的结果，而非“最佳方案”。

（2）决策要科学化，即决策时要以充足的事实为依据，采取严密的逻辑思维方式，按照事物的内在联系对大量的资料和数据进行系统分析和计算，遵循科学程序，做出正确决策。同时，该理论所使用的先进工具——电子计算机和管理信息系统也为决策科学化提供了可能和依据。

许多学者和理论家认为，管理是以决策为特征的，因而管理理论应围绕决策这个核心来建立。可是，管理的内容要比决策丰富得多，而且只要具备一定的条件，决策对管理者而言，就会是一件相当容易的事情。这些条件是：①目标明确；②对决策环境能较准确地预测；③能获得充分的信息；④组织结构能使决策者职责分明；⑤拥有胜任决策的人员；⑥进行有效管理的其他必要条件。

3.2.7 系统管理学派

一般系统理论建立之后，有些学者把它应用于工商企业的管理，因而形成了系统管理学派，其代表人物有约翰逊（Richard Johnson）、卡斯特（Fremont Kast）等人。系统管理理论认为，一个组织的管理人员必须理解构成整个系统的每个子系统。所谓系统，即由相互联系或相互依存的一组事物组成，其各部分在运作时像一个整体一样，达成特定的目标，或按计划与设计发挥功能。组织也有子系统，执行着生存所必需的各项相互关联的任务。要理解一个系统是如何工作的，首先要懂得各子系统是如何发挥作用的以及每一个子系统对整个系统的贡献。当任何一个子系统发生变化时，通常会对其他子系统产生影响。对于管理者，尤其是工商组织中的管理者而言，务必要有系统观念，当他们决定改变某子系统时，应该想到这将会对其他子系统乃至整个系统产生怎样的影响。组织中整体的或部门的运作要防止因局部的优化而造成对其他领域产生负面影响。

系统在特定的环境中生存，与环境进行物质、能量和信息的交换，如图 3-1 所示。从这种意义上讲，系统是开放的。系统从环境输入资源，通过转换过程把资源转换为产出物，一部分产出物为维持系统而消耗，其余部分则输出到环境中。系统在“输入—转换—输出”的过程中不断进行自我调节，以获得自身的发展。运用系统观点来考察管理的基本职能，可以提高组织的整体效率，使管理人员不至于只重视某些与自己有关的特殊职能而忽视了大目标，也不至于忽视自己在组织中的地位和作用。

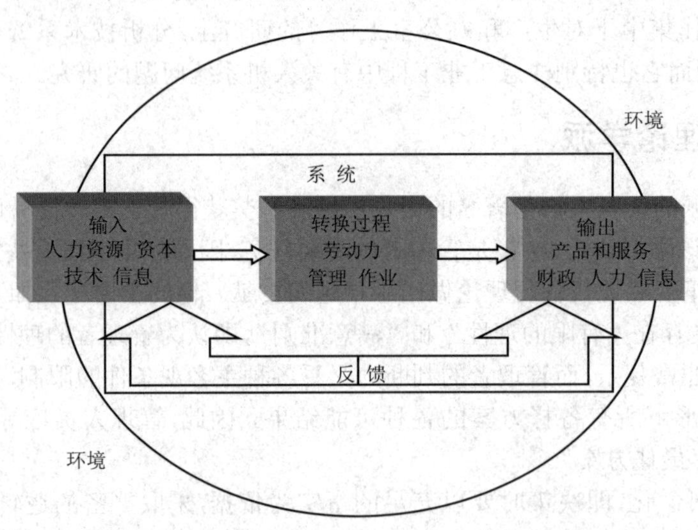

图 3-1 系统分析方法

系统管理和系统分析在自然科学中早就被应用并形成了很值得重视的系统知识体系。系统分析这一概念最初由美国兰德公司于 1949 年提出。该公司运用科学和数学的方法对系统中的事件进行研究和分析。其特点是：解决管理问题时要从全局出发进行分析和研究，以制定出正确的决策。

系统理论同样也适用于管理理论与管理科学。一些精明老练的管理人员和有实际经验的管理学家，都习惯于把他们的问题和业务看成是一个由相互联系的因素构成的网络。该网络每日每时都在与组织的内外环境互相作用。对系统的自觉研究和强调，的确提高了管理人员和学者们对影响管理理论与实践的各种相关因素的洞察力。

3.2.8　管理科学学派

管理科学学派是第二次世界大战时兴起的，将数学引入管理领域，运用科学的计量方法来研究和解决管理问题，使管理问题的研究由定性分析发展为定量分析的管理学派。当时，英美军队为了解决战争中的一些问题，建立了由各种专家组成的运筹研究小组，取得了巨大的成功。例如，英国通过数学家建立的资源最优分配模型，有效地解决了如何以有限的皇家空军力量来抵抗庞大的德国空军的问题。定量研究所取得的成效，在第二次世界大战后引起了企业界的关注，特别是第二次世界大战后运筹研究专家纷纷到公司工作，定量研究方法便逐步在企业管理中推广应用。在第二次世界大战期间，为了调动巨大的资源进行战争，保证战争后勤工作的秩序和合理性，英国首先建立了由各种专家组成的第一批“运筹学小组”，以便把他们的知识用于解决雷达系统防空射击、反潜艇战以及民防事务等问题上。美国也十分重视运筹学的潜力。美国陆军成立了一个运筹处，海军成立了一个运筹评价小组，而空军则成立了运筹分析科。

第二次世界大战后，大规模的经济增长使工业组织也开始认识到运筹学可用于非军事的问题，因而很快将运筹学应用于生产管理领域。在这个领域中存在着较为固定的问题，如保障恰当水平的库存、安排生产日程、按经济批量进行生产、质量控制、资金筹集等。

生产或运筹管理的新语言带有浓厚的统计学和数学味道，其基础是解决问题的数学方法，主体是把各种变量和关系进行数量化的专门技术，顶点则是代表各种变量及其关系，以便预测和控制的模型概念。统计学、规划论、排队论、对策论、决策论、模拟技术等就是这种新语言的重要组成部分。统计学和概率论有助于取样，以便进行质量控制和其他应用；规划论及其特殊技术有利于在给定的约束条件下选择满意的方案；排队论可用于平衡设备和其他服务设施的成本和服务；对策论有助于最好地理解竞争性的战略；模拟技术可以通过电子计算机和概率论来模拟……除了提供分析技术以外，运筹学这一工具使经济学中的一些重要概念同更现代的数学工具结合起来。把数学和电子计算机技术结合起来，使今后对一个企业、一个城市、一种经济和其他系统的整个作业及其相互关系进行模拟成为可能。

运筹学发展极快，且界限难以确定，因为它的应用不断地突破先前所想象的范围，并且涉及包括国防系统、外层空间和管理在内的大量问题。“管理科学”是近年来才出现的名词，是“科学管理”一词的倒置。它是探求管理的科学，并努力把科学应用于管理之中。这两个名词往往可以互换使用，但是，运筹学比较侧重于一般理论方面，而管理科学则侧重于管理的应用问题。管理科学的代表人物是布莱克特（P. M. S. Blackett）、丹齐克（George Dantzig）、丘奇曼（C. West Churchman）、阿考夫（Russeu L. Ackoff）、贝尔曼（Richard Beuman）、伯法（E. S. Buffa）等人，主要代表作有布莱克特的《运筹学方法论上的某些方面》、康托洛维奇的《生产组织与计划中的数学方法》、爱德华和鲍曼合著的《生产管理分析》、里奇蒙的《用于管理决策的运筹学》、伯法的《生产管理基础》等。

管理科学学派把过多的注意力放在建立某些问题的数学模型及精致地进行模拟和求解上。许多批评者认为，只狭隘地注重数学，够不上一个完整的真正的管理学派。任何关心科学的人都承认数学模型和数学分析的巨大作用，但正如数学不能成为化学、物理学和生物学中的一个独立学派一样，也很难把数学看成一个管理学派。数学和数学模型只是管理者从事分析的一种工具而已。同时也应当注意到，数量方法从来没有达到像人力资源方法对管理实践的那种影响程度。这无疑是由多种因素造成的：①许多管理者不熟悉数量工具；②行为问题涉及面太广又很直观；③绝大多数管理者可以直接了解组织中现实的、每天发生的人的问题，诸如激励下级和减少冲突等，而无须借助建立定量模型这种更抽象的活动。

3.2.9 权变管理学派

权变管理理论是20世纪70年代在美国形成的一种管理理论。这一理论的核心是力图研究组织的各子系统内部和各子系统之间的相互联系以及组织和其所处的环境之间的联系，并确定各种变数的关系类型和结构类型。它强调在管理中要根据组织所处的内外部环境随机应变，针对不同的具体条件寻求不同的最合适的管理模式、方案或方法。

美国尼布拉加斯大学教授卢桑斯（F. Luthans）在1976年出版的《管理导论：一种权变学》一书中系统地概括了权变管理理论。他认为，过去的管理理论没有把管理和环境很好地联系起来，造成管理观念和技术与实际的脱节，不能使管理有效地进行。而权变管理理论则把环境对管理的作用具体化，并使管理理论与管理实践紧密地联系起来。权变理论家们广泛地应用了古典理论、管理科学和系统观念来分析、解决问题。有人甚至认为真正的权变学派是一个综合各家理论的学派，有的情形中需要“人治”（由人来寻求答案），换一种情形则可能需要“法治”（按逻辑程序解决问题）。他们既吸取在某种情境中行为学家的经验，也学习在另一种形式下数量学派所用的知识。

权变管理理论着重考察环境的变数与相应的管理观念和技术之间的关系，以使采用的管理观念和技术有效地达到目标。通常情况下，环境是自变量，而管理观念和技术是因变量。这就是说，组织所处的环境决定着何种管理观念和技术更适合于组织。例如，在经济衰退时期，由于企业面临的市场环境是供大于求，集权的组织结构可能更为适合；在经济繁荣时期，由于企业面临的市场环境是供不应求，分权的组织结构可能更为适合。环境变量与管理变量之间的函数关系就是权变关系，这是权变管理理论的核心内容。

以下描述了4种一般性的权变变量。这当然不是全部，如果全部列出来则不下100个变量。这4个权变变量有助于了解权变理论的含义。

（1）组织规模。组织的人员数量对管理者的工作有着重要影响。当组织规模扩展时，协调的问题也随之增多。例如，适合于5万名雇员的组织结构类型，对只有50名雇员的组织来说可能是低效率的。

（2）任务技术的例常性。组织为了实现自己的目标，需要采用技术，将输入转化为输出。例常性技术所要求的组织结构、领导风格和控制系统不同于用户定制化和非例常化技术的要求。

（3）环境的不确定性。由于政治、技术、社会文化和经济变化的不确定性程度会影响管理过程，在稳定的和可预见的环境下做得很好的工作，也许完全不适合变化迅速的和不可预见的环境。

（4）个人差异。在成长、自主、承受的模糊性方面，个人的愿望是不同的，还有其他一些个人差异对管理者选择激励方法、领导风格和工作设计尤其重要。

3.2.10 管理角色学派

20 世纪 60 年代末期，亨利·明茨伯格对 5 位总经理的工作进行了仔细的研究。他所观察的经理们陷入大量变化的、无一定模式的和短期的活动中。他们几乎没有时间静下心来思考，因为他们的工作经常被打断。有半数的管理者活动持续时间少于 9 分钟。在大量观察的基础上，明茨伯格的结论是，管理者扮演着 10 种不同的却是高度相关的角色（第 1 章 1.2.1 中有详细介绍）。管理者角色（management roles）这个术语指的是特定的管理行为范畴。这 10 种角色可以进一步组合成 3 个方面，即人际关系、信息传递和决策制定。

3.2.11 经营管理学派

经营管理学派亦称管理过程学派。经营管理学派这个术语是从 P. W. 布里曼（Bridgman）的著作里借用来的。这个学派想通过与管理者职能相联系的办法把有关管理的知识汇集起来，力图把用于管理实践的概念、原则、理论和方法集成到一起，以形成管理学科。此外，也从其他学科汲取有关的知识，如对管理活动、问题和方案的实证研究，系统工程理论，决策理论，有关激励和领导问题的调研结果和理论，个人及群体行为理论，数学模型及数学方法的应用等。所有这些知识在一定程度上也适用于其他学科领域，但他们只是关心那些对管理最有用、关系最为密切的内容。因此，在一定程度上它是一种兼收并蓄的科学理论。

与为管理知识做出合适的分类相比，管理者每天做什么和怎么做是次要的。要提出有效的管理理论和科学，首先必须具备有关管理的知识，这样才能把用于管理的科学和方法与那些用于营销、会计、制造和工程等非管理活动的科学和方法区别开来，使人们有可能去注意那些普遍存在于各种组织和文化中的基本管理问题。可以将划分管理职能作为对管理知识分类的第一步，就每个职能提出一些基本问题作为组织管理知识的第二步。这样做的目的，就是要提出和确定一种能在管理实践中应用的科学理论的范围，使它不包罗万象，把同管理工作关系很疏远的知识也包括进来。像管理这样一个复杂的领域，绝不可能同它的物理的、技术的、生物的或文化的环境割裂开来。但要在管理知识的概括和分类上取得进展，就必须把它们同其他科学知识区别开来，并给它们划定界限。当然，就像在系统分析中给系统划定界限时那样，千万不要忘记，完全封闭的系统是没有的，任何系统都要受到许多环境变量的冲击和影响。

3.3 新时代中国管理理论的新发展

自 20 世纪 90 年代以来，随着中国市场化、工业化、国际化和信息化进程的加快，中国的企业管理理论和实践取得了极大的发展。当前，中国特色企业管理学进入了一个“创新发展”的新阶段。这个新阶段的核心任务就是以习近平总书记讲话精神为指导：要按照“立足中国、借鉴国外，挖掘历史、把握当代，关怀人类、面向未来”的思路，着力构建中国特色哲学社会科学，体现“继承性、民族性、原创性、时代性、系统性、专业性”的要求，在不断创新中加快构建中国特色企业管理学，形成具有中国特色、中国风格、中国气派的管理理论模式和完善的学科体系。

中国现代管理理论是“发展新理念”的理论体现与现实愿景，也是关于经济社会发展的逻辑要求与理论归结。

为了全面、及时反映中国管理学的发展，中国社会科学院工业经济研究所、中国企业管理研究会决定自2016年启动编写出版《中国管理学年鉴》的工作。《中国管理学年鉴》是《中国社会科学年鉴》系列的学科年鉴之一。

3.3.1 中国管理理论与中国实际情境的结合

以中国为背景的理论模型或框架不断出现并丰富了国际主流管理体系，特别是这些体系在发展中国家的应用。其主要特征是现有理论与中国实践的结合，在西方理论基础上进行修正、补充和拓展。这一模式出现在管理领域的各个学科上（如战略、组织行为、人力资源、国际商务、创业、技术与创新等）。例如，中国特色的COPYCAT发展模型、中国企业的竞争优势模型、中国企业的竞合关系模型、中国特色的政企关系模型等在战略管理学界得到认可和重视。

3.3.2 中国特色的管理理论与模式

一些中国古典哲学思想和管理思维开始引入国际主流管理学界。如中庸思想、文化双融、阴阳哲理、儒家式领导、“家”文化等。这些具有悠久历史和深厚文化积淀的管理哲学思想结合丰富和变革中的中国管理实践、市场特征及制度环境，为中国管理理论的拓展与推向世界增添了新的路径。随着本土化管理理论研究的不断深入，部分学者从中国古代的管理哲学、思想以及传统文化出发并结合当代中国企业管理实践，在创建管理的中国理论方面已经做出了有益的探索。

1. 苏东水的“东方管理学”

以“学”“为”“治”“行”“和”为主线展开，深刻阐述了“三为”核心思想，“四治”外延构架，“五行”实践体系以及“和”的宗旨，提出了东方管理学的目标是构建社会的“和贵、和合、和谐”。它不仅有力地促进了东方管理学的自身发展，对世界管理学发展而言也是重要的贡献，弥补了管理学框架内容体系，改变了西方管理学的中心定义，更推动了东方管理学走向了世界。

2. 成中英的“C理论”

把周易用到管理方面，融艺术、管理、哲学科学为一体，提出“中国管理科学化，科学管理中国化”，创建了以易经哲学为主体的C理论架构。安就是定位；和就是调和上下、左右、阴阳等；乐就是安稳、快乐；利就是发挥全体之大用。C理论是一种中国的管理理论。所谓C，是指中国（China）的《易经》（*Change*）的创造性（Creativity）。而Centrality（居中自我修养，而能兼善天下）——Control（王者之道的统治）——Contingency（权变——Creativity（生生不已，创造不懈）——Coordination（协调、包容）形成了一个循环。这就是C理论的循环。

3. 齐善鸿的“道本管理”

道本管理，是将中国传统哲学思想“道”的思维引入现代管理的尝试，其主体思想是以道为本，呼应“科学发展观”，呼吁社会在思考任何问题时把注意力集中在事物本身的客观规律上，落实在管理中就是要以人为核心，以人心规律为核心，而不是以管理者意志为核心，注重“用规律代替人的主观意志”“用无我心态对待众生”“用积极的激励塑造健康的精神”“用造就别人来实现管理的目标”“用中华‘道’的思想创新管理的思想体系”“用中华优秀思想和发展的实践振兴中华文化”“用新的理论思想提升国家软实力”。道本管理是在中国文化振兴的大势面前，从管理学科角度振兴中国特色管理的一个探索，也是运用中国改革开放三十年有益实践和管理所取得巨大成效，在理论上进行总结和提升的一种努力。

4. 席酉民的“和谐管理理论”

和谐管理理论是和谐理论在管理学领域的发展和应用。其基本思想是如何在各个子系统中形成一种和谐状态，从而达到整体和谐的目的。和谐管理的要旨是组织为了达到其目标，在变动的环境中，围绕和谐主题的分辨，以优化和不确定性消减为手段提供问题解决方案的实践活动。其中和谐主题是指：“在特定的环境中，在人与物要素的互动过程中所产生的核心组织问题。”和谐理论给出了管理研究的总体方向，强调系统的整体和谐性，强调组织内外部的和谐统一，也追求管理的“完美”（和谐态），并认为和谐是可以测度的，这打破了目前管理学研究的“适度论”或“理性论”的束缚，为管理研究的深化和管理创新实践提供了良好的思路，并且为管理理论的整合奠定了理论基础。

毋庸置疑，中国应当成为全球管理学与组织学理论研究的重要组成部分。这既包含主流管理理论的区域延伸（即主流理论的中国化），又有新创的中国自身的管理理论（即中国理论的原创化、国际化）。

3.3.3　中国管理学的发展思路

借鉴和应用西方管理知识应答中国管理问题，促进中国化管理理论的构建，首先需要明确中国的管理问题及其特定性程度，以及西方理论知识的普适性或情景化程度，借此实现对西方管理理论的科学运用。由此也形成了中国管理学的三种主要发展思路：“照着讲”“学着讲”与“接着讲”。

“照着讲”是忠实于传统哲学的本来意义，“学着讲”强调在传统哲学的本来意义上有自己的理解和体会，而“接着讲”着眼于哲学的发展和新的创造，具有明显的时代性，时代性就意味着新的东西的产生。“接着讲”被用来描绘中国管理学未来的发展思路，中国管理学要接着中国传统文化讲、接着西方管理学讲、接着中国近现代管理实践讲。在“接着讲”的这三项内容中，接着中国传统文化讲受到许多国内学者的关注和青睐。研究者普遍认为，挖掘传统文化中蕴含的智慧能够为新时期的管理问题提供有效的解决之道，并将产生深远的影响。毋庸置疑，应对现实中本土化的管理问题，需要立足中国自身的传统文化，但是一定需要实现传统文化的“创造性转化”或现代性诠释，而不能直接用古代思想家或先贤志士的古代语言，或是跳跃式的名言警句来讲述当代中国管理、解释管理现象、解决现实管理问题。具体而言，就是要将现实问题与传统文化相连接，让传统文化“活在”现实的管理问题之中，并在回应现实问题中创造性地演变、丰富和发展。

知识点

19 世纪末 20 世纪初，“古典管理理论”开始形成。此时的企业经过两次工业革命不断扩大规模，垄断资本主义开始出现，管理职能和资本所有权相分离。市场的扩大带来了更激烈的竞争，旧的管理思想不再适用，这迫使管理思想发生转变。也是在这样的背景下，管理思想发展迅速，形成了管理理论。

“科学管理”的创始人是美国的弗雷德里克·泰勒。20 世纪之后，尤其是二战前后，许多现实因素对管理思想提出以下要求：更先进化、更人性化。而科学管理理论不曾涉及经营决策和人本思想，所以无法适应 20 世纪的管理要求。管理思想走向了“现代管理理论”。

以泰勒为代表的科学管理理论着重生产过程、组织控制方面的研究，对人的因素则注意较少。20 世纪 50 年代到 70 年代，人本思想在西方不断深化，一些管理学家开始注重研究管理中人的问题，发展出一个新学派——行为科学学派。

“管理科学”是现代管理理论的另一重要学派。随着 20 世纪科学技术飞速发展，管理学的科学性达到了前所未有的高度。管理科学将最新的科学技术和数学理论运用到管理中，注重系统管理，广泛运用数学模型。如果说行为科学理论偏重研究“感性管理”，那么管理科学偏重“理性管理”。通过系统论、信息论和计算机的使用使生产力得到最合理的组织，以获取最佳经济效益。由于注重科学的运用，管理科学对人的关注较少。

“决策理论”学派以统计学和行为科学作为基础，认为管理就是决策，而决策分为程序性和非程序性决策。随着管理层次的提高，非程序性决策占比越大。该学派代表人物有美国的赫伯特 西蒙。

进入 21 世纪，经济全球化、信息网络化等时代特征决定了 21 世纪的管理必然是多元的、不断创新的，包括管理指导思想的创新、管理原则创新、经营目标创新、经营战略创新、生产系统创新和企业组织创新。管理学的发展受到全球化、员工多样化、道德、激励创新和变革、全面质量管理、授权网络环境下的管理等新趋势影响，形成了企业流程再造、学习型组织、精益生产和战略管理等新理论。

思考题

1. 简述二战以来，西方管理学发展对当代管理科学发展的影响。
2. 如何理解管理科学全球化的发展趋势？
3.“现代管理丛林”中代表性的学派有哪些？
4. 简述现代管理思想和理论的形成和发展的原因。
5. 人际关系学派有哪些主要观点？
6. 决策理论学派有哪些主要观点？
7. 权变管理学派有哪些主要观点？
8. 简述中国特色的管理理论与模式。
9. 简述新时代中国管理理论的新发展。

第4章 计划与战略

| 学习要点 |

通过学习本章的内容,学生能够掌握:

1. 计划与战略的概述;
2. 制订计划的过程;
3. 战略管理的过程;
4. 战略分析方法。

课前引例

华为和联想的战略路线选择

从最初的创业来看,联想与华为有很多共同点。联想成立于1984年,华为成立于1987年。两位创始人(柳传志和任正非)的年龄非常相似。

联想以"技工贸"起家(即以技术研究和开发的成果来推动生产和贸易,工厂的生产环节和贸易的市场环节都是为了推广技术研发成果,技术第一),当年的汉卡、程控交换机、微机名噪一时。1994年联想主张发挥"中国制造"的成本优势,加大自主品牌产品的打造,走"贸工技"路线(即生产根据市场流行和需求来定,技术研发的方向以市场需求来驱动,市场第一)。

华为与联想的选择截然相反。华为在早年以"贸工技"起家,当时的战略是"引进产品,国内推广",做程控交换机的销售代理。然后开始选择走"技工贸"路线,在1994年开发出中国最早的程控交换机之一。至今,华为一直坚持自主研究,加大科技研发投入。

|思考题| 你认为案例中两个企业不同战略选择如何影响它们的后续发展?

4.1 计划

4.1.1 计划概述

计划过程是决策的组织落实过程。决策是计划的前提,计划是决策的逻辑延续。计划通过将组织在一定时期内的活动任务分解给组织的每个部门、环节和个人,从而不仅为这些部门、环节和个人在该时期的工作提供具体的依据,而且为决策目标的实现提供保证。

计划的内容都包括"5W1H",即计划必须清楚地确定和描述下述内容:

What——做什么?目标与内容

Why——为什么做?原因

Who——谁去做?人员

Where——何地做?地点

When——何时做?时间

How——怎样做?达到目标的方式、手段

计划是为实现组织目标服务的，组织的各种计划及各项计划工作都必须有助于完成组织的目标。计划是组织、领导和控制等管理活动的基础。计划具有普遍性和秩序性，所有管理人员，从最高管理人员到第一线的基层管理人员都要订计划，做计划工作。计划工作的普遍性中蕴含着一定的秩序。这种秩序随着组织的性质不同而有所不同。可以用计划对组织目标的贡献衡量计划工作的效率。贡献是指扣除制订和实施这个计划所需要的费用和其他因素后得到的剩余。

以依据时间和空间、计划的明确程度以及计划的程序化程度对计划进行分类。

1. 长期计划和短期计划

长期计划描述了组织在较长时期（通常为 5 年以上）的发展方向和方针，规定了组织的各个部门在较长时期内从事某种活动应达到的目标和要求，绘制了组织长期发展的蓝图。短期计划具体地规定了组织的各个部门从目前到未来的较短时期内，特别是最近的时段中，应该从事何种活动，从事该种活动应达到何种要求，从而为各组织成员在近期内的行动提供依据。

2. 业务计划、财务计划和人事计划

从职能空间分类，可以将计划分为业务计划、财务计划及人事计划。组织是通过从事一定业务活动立身于社会的。业务计划是组织的主要计划。通常用“人、财、物、供、产、销”六个字来描述一个企业所需的要素和企业的主要活动。业务计划的内容涉及“物、供、产、销”。财务计划的内容涉及“财”。人事计划的内容涉及“人”。财务计划与人事计划是为业务计划服务的，围绕业务计划而展开。财务计划研究如何从资本的提供和利用上促进业务活动的有效进行。人事计划则为维持和扩大人力资源提供保证。

3. 战略性计划与战术性计划

根据涉及时间长短及范围广狭的综合性程度，可以将计划分为战略性计划与战术性计划。战略性计划是指应用于整体组织的、为组织未来较长时期（通常为 5 年以上）设立总体目标和寻求组织在环境中的地位的计划。战术性计划是指实现总体目标的具体计划，其需要解决的是组织的具体职能部门在未来各个较短时期内的行动方向。

4. 具体性计划与指导性计划

根据计划内容的明确程序，可以将计划分为具体性计划和指导性计划。具体性计划具有明确规定的目标，不存在模棱两可现象。指导性计划只规定某些一般的方针和行动原则，给予行动者较大自由处置权。它指出重点但不把行动者限定在具体的目标上或特定的行动方案上。

5. 程序性计划与非程序性计划

西蒙把组织活动分为两类。一类是例行活动，指一些重复出现的工作，如订货、材料的出入库等。有关这类活动的决策是经常反复的，而且具有一定的结构，因此可以建立一定的决策程序。每当出现这类工作或问题时，就利用既定的程序解决，而不需要重新研究。这类决策叫程序化决策，与此对应的计划是程序性计划。另一类活动是非例行活动，不重复出现，处理这类问题没有一成不变的方法和程序。

4.1.2 战略与战略管理

4.1.2.1 战略

战略管理最早是在 20 世纪 50 年代提出的,它的发展很大程度上受到商业实际需要的推动,而不是理论发展的结果。在 20 世纪 60 年代中期到 70 年代中期被广泛使用。在管理发展史中,不乏成功的公司,但多数公司的成功不过是昙花一现,即使是那些曾经被作为榜样的公司。最典型的是,1982 年出版的《追求卓越》,选出了当时优秀的 43 家企业,从中提炼出"美国管理最佳公司的经验",随后被冠以"世界最畅销的工商管理书籍""美国优秀企业的管理圣经"这些光环。但也仅仅在几年后,43 家公司中很多公司相继陷入困境,其中有 32 家更是出现了严重的财务危机,如王安电脑(Wang Labs)、凯马特(Kmart)、通用汽车(General Motors)、IBM(International Business Machines)。它们的失败是由于公司缺乏适应环境变化的能力,它们被那些在战略、技术以及组织上更能实现顾客价值的新的竞争对手超越。

由于很多公司认识到环境变化的影响,那些处于市场领先地位的公司从多年前已经开始改变它们的计划系统了,见表 4-1。最早的计划系统是财务性质的,以年度预算周期为基础,管理目标是控制成本,使其符合预算。随着环境的变化加速,公司更多关注外部变化,开始关心变化发展的趋势并预测可能产生的机会,这就是远期计划时代。到了 20 世纪 70 年代,能源危机的出现触发了新的危机,对公司来说,环境的变化更加不可预测,于是战略计划关注对新环境的理解,以便预见新的可能趋势和做出相应的反应。这三种计划方法是不断提升的,通常是基于年度计划被整合到一起。战略管理不同于上面的计划方法,主要差异表现在两个方面:一是战略管理更直接关注公司的市场机会,并且通过确定和探索新的范式寻求变革;第二,它认识到变革只能发生在正常的计划之外,强调积极应对环境的变化,充分利用公司的优势。

表 4-1 战略和管理体系的演变

特点	财务计划	远期计划	战略计划	战略管理
管理重点	预算和控制	预期市场增长	回应环境变化	利用战略窗口
流行时期	一直到 20 世纪末	20 世纪 60 年代	20 世纪 70 年代	20 世纪 80 年代后
假定前提	长期稳定	过去的趋势将会延续	新趋势和非连续性变化可以预测	很多变化是突发的和不可预测的
目标	符合预算	预测未来	战略性思考	通过变革创造机会
计划过程	1 年	5 年,每年修订	每年修订	实时

(注:战略窗口,指的是环境突然发生变化,市场中可能出现的一些重大发展。如 Ever Ready 长期主宰小电池市场,直到 Duracel 用锂电池替代了传统的电池,由于锂电池使用寿命延长了 2~3 倍,Ever Ready 的市场占有率迅速下降。)

学者们对于"战略"有不同的理解,有的关注最终的任务、使命,有的关注实现的方法。纵观战略管理的发展史,战略管理的学派林立,对战略的理解不同。波特认为,战略是形成一套独具特色的运营活动,去创建一个价值独特的定位。加拿大麦吉尔大学教授亨利·明茨伯格(Henry Mintzberg)在所其著的《战略历程》一书中,形象地比喻战略管理是一头大象,而各个学派对战略管理的认识则如瞎子摸象一样。他将过去至今的战略理论进行整理,分为十类:①设计学派认为战略形成是一个概念作用过程;②计划学派认为战略形成是一个正式程序化过程；③定位学派认为战略形成是一个定位过程；④企业家学派认为战略形成是一个预测过程；⑤认知学派认为战略形成是一个心理过程；⑥学习学派认为战略形成是一个应急过程；⑦权力学派认为战略形成是一个协商过程；⑧文化学派认为战略形成是一个集体思维过程；⑨环境学派认为战略形成是一个适应性过程；⑩结构学派认为战略形成是一个变革过程。

所以，明兹伯格提出战略的研究应该关注它的整体，而不是其中某一个部分，他在20世纪80年代提出的战略的概念就是通过全面、复合的方式，从不同的角度对“战略”赋予不同的内涵，即计划（plan）、计策（ploy）、模式（pattern）、定位（position）和观念（perspective），称为企业战略的“5P”。

（1）战略是一种计划（plan）。这种定义认为，企业战略在本质上是一种计划，具体表现为两个特点：①战略是企业在具体的经营活动之前制定的，因此，战略要先于行动；②战略是有意识、有目的地开发和制订的计划。与其他计划不同的是，战略是关于企业长远发展方向和范围的计划。

（2）战略是一种计策（ploy）。这种定义认为，战略本质上是一种计策，并且是有准备和意图的计策，主要目的是在竞争中赢得竞争对手，或者让竞争对手处于不利的地位。因此，战略可以在特定的环境下成为行动过程中的手段和策略，一种在竞争博弈中威胁和战胜竞争对手的工具。譬如有时候战略制定具有威慑作用，可以达到“不战而屈人之兵”的目的。

（3）战略是一种模式（pattern）。这种定义认为，战略是一系列行动的模式或行为模式，或者是与企业的行为相一致的模式。这里，战略表现为具体行动和现实结果，而不仅仅是行动前的计划或手段，即无论企业是否事先制定了战略，只要有具体的经营行为，就有事实上的战略。该定义强调，无论企业是否有明确的、事先的战略计划，只要有具体行为就有战略。明茨伯格认为，战略作为计划或模式的两种定义是相互独立的。实践中，计划往往没有实施，而模式却可能在事先并未计划的情况下形成。因此，战略可能是人类行为的结果，而不是设计的结果；定义为“计划”的战略是设计的战略，而定义为“模式”的战略是已实现的战略，战略实际上是一种从计划向实现流动的结果。

（4）战略是一种定位（position）。这种定义认为，战略本质上是一种定位，涉及企业如何适应所处环境的问题。“定位”是指确定企业在市场中的位置，其含义很广，包括生产和销售什么产品、用什么方式生产、面向什么顾客和市场、承担什么社会责任、追求什么样的自身利益等。“战略定位”关系到企业全局的定位。战略的定位观点认为，一个事物是否属于战略，取决于它所处的时间和情况。今天的战术问题，明天就可能成为战略问题。在细节可以决定成败的时候，细节就成为战略问题。把战略看成一种定位就是要通过正确地配置企业资源，形成有力的竞争优势。

（5）战略是一种观念（perspective）。这种定义认为，战略在本质上是一种观念，是人们对客观世界固有的认识方式。战略是一种抽象的概念，存在于人们的头脑中。战略观念通过组织成员个人的期望和行为而形成共享，演变成组织共同的期望和行为。组织采用不同的战略是因为它们的观念不同。战略转变开始于观念的转变。战略的有效性取决于战略观念的共享程度以及这种观念转化为共同行动的程度。因此，战略是主观的而不是客观的产物。

4.1.2.2　战略管理

战略管理（strategic management）这个概念，是安索夫在其 1976 年出版的《从战略规划到战略管理》一书中提到的。战略管理是一组管理决策和行动，它包含计划、组织、领导、控制这几个过程，是企业根据外部营销环境和内部资源条件而制定的涉及企业管理各方面（包括生产管理、营销管理、财务管理、人力资源管理等）的带有全局性的重大计划，是为实现较长一段时期内各种发展目标的全局性的行动纲领或方案。它的核心是使企业目标与市场机会相匹配，使企业的营销活动与环境的变化相协调。

一个公司的战略层次如图 4-1 所示。

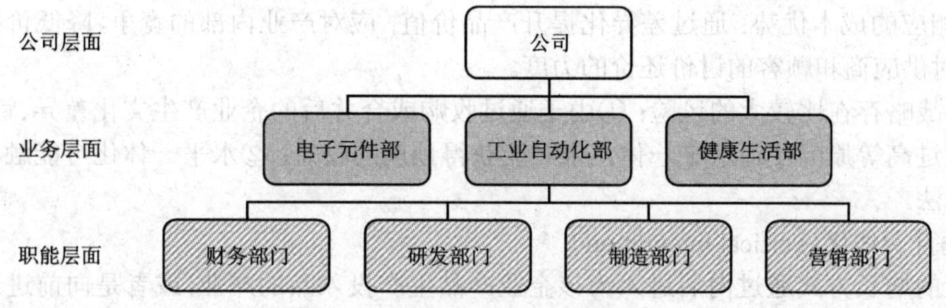

图 4-1　战略的三个层面的示意

企业中的战略可以分为以下三个层次。

1. 公司层面的战略

公司层面的战略（corporate-level strategy）又称总体战略，是由公司高层管理者制定的，其目的是处理企业的利益关系和确定运作方式，主要关心的问题是识别出企业应当参与的业务、在这些业务中它应当完成的价值创造活动，以及在不同的业务领域中扩张或订立合约的最佳手段，包括合并、收购和拆分等，适用于公司整体以及构成公司实体的全部业务部门和产品线。正如美国哈佛大学商学院安德鲁斯教授在其《企业战略概念》一书中所指出的那样，总体战略决定和揭示了企业的目的和目标，确定企业的重大方针与计划、企业经营业务类型和人文组织类型以及企业应对职工、顾客和社会做出的贡献。

一般来说，公司层面的战略有三类：稳定性战略（stability strategy）、增长性战略（growth strategy）、紧缩性战略（retrenchment strategy）。稳定性战略的主要特征是企业基本没有进行较大的变革，通常，采用同样的产品和服务，保持同样的市场份额，维持公司的投资回报率。在目前竞争激烈的全球环境下，一个企业选择稳定性战略并不容易执行，市场份额的减少、顾客的流失、新技术的出现等因素通常会迫使企业不得不转向增长性战略。而紧缩性战略是当组织处在非常不利的环境中实行的，通过减少成本，甚至出售部分业务单元等方式使得企业摆脱劣势，趋于稳定经营，主要包含三种战略：①收缩（retrenchment）战略，指的是企业通过减少成本和资产对企业进行重组，从而达到扭转销售额和利润下滑的局面，增强企业基本竞争力；②剥离（divestiture）战略，指的是企业通过出售部分业务来摆脱不赢利的业务或者需要太多资金的业务或是与公司其他活动不匹配的业务，目的是致力于自己的核心优势，降低多元化程度；③清算（liquidation）战略，指的是企业难以继续维持，只能将全部或部分资产出售以便获得现金流。

在三类战略中，增长性战略最具有吸引力，也最为常见，下面将重点介绍，而紧缩性战略是不得已采取的方式。增长性战略最重要的目标是追求企业的增长，主要是通过一些定量指标，如销售收入、雇员人数、市场份额等。增长性的战略主要有以下几种形式。

1）水平一体化（horizontal integration）

它通过收购产业内竞争对手或者采取与竞争对手合并的方式，取得对竞争对手的所有权或控制力，目的是通过大规模和大范围获得竞争优势。收购是一家企业使用其资本资源股票、债券或现金购买另外一家企业。合并是对等双方协议共同投入它们的营运来创立一个新的实体。十年前，合并和收购达到一个高潮，众多的合并收购事件中，大多数是水平一体化，这也证实了水平一体化一直是增长性战略中应用最多的战略。通过水平一体化，可以实现规模经济，获得相应的成本优势；通过差异化提升产品价值；应对产业内部的竞争，降低价格战的风险；增加对供应商和顾客的讨价还价的力度。

这种战略存在比较大的风险：①由于通过收购或合并后的企业产生文化差异、管理问题、收购成本过高等原因使得水平一体化未必能获得预期的收益；②水平一体化可能触犯当地的反托拉斯法。

2）垂直一体化（vertical integration）

企业的增长方式通过向后进入为该企业产品生产投入品的产业，或者是向前进入使用和分销该企业产品的产业，或者同时进入前后两个产业。在一种产品生产链上的某个企业，后向一体化（backward integration）意味着向零部件制造和原材料生产发展，前向一体化（forward integration）意味着向分销发展。一个产业链每个阶段可能都是一个或多个独立的产业，通过垂直一体化，企业获得了选择权，可以选择在从原材料到客户的整个生产链中与哪些产业进行竞争。企业实施垂直一体化战略的动机是因为可以通过如下方式获得竞争优势：①构筑防止对手进入的壁垒；②促进专用资产的投资；③保护产品的品质；④改善作业调度。

垂直一体化的缺点主要包括以下方面。

（1）成本增加，特别是当企业自有供应商的运营成本高于独立供应商的运营成本时。

（2）面对技术迅速变革的威胁，企业不愿意轻易放弃手中掌握的技术，有可能忽视新技术的迅速发展。

（3）顾客需求的稳定更容易协调垂直一体化的各个部门，但需求出现不可预测时，协调变得很困难。

这样看来，垂直一体化的效益并不总是如原先预计的那样重大，甚至可能削弱赢利能力。

3）战略外包（outsourcing）

战略外包指的是把企业的某项业务的一些价值链活动分离出来，由企业选择的专业企业来完成。与上面的一体化战略不同的是，外包缩小了企业的边界，使其集中于较少的价值活动。这种战略已经得到广泛的应用，像耐克公司不生产鞋子，只执行设计和营销两项职能。外包战略的应用可能获得以下收益：①降低企业的成本；②有助于在市场上实现更多的产品差异化；③实现管理者注意力的集中。

战略外包存在的主要风险如下。

（1）受到挟制。如果企业过分依赖于外包服务商，可能会被挟制，比如要求提高价格。

（2）信息不灵。企业可能无法了解顾客需求的信息，可能失去对某些活动的控制。

4）多元化（diversification）

多元化是增加新业务单元的过程，有两种形式，即相关多元化（related diversification）和非相关多元化（non-related diversification）。它在 20 世纪 60 年代和 70 年代非常流行，主要是为了避免企业过度依赖于一项业务。随着多元化的进行，管理者们发现同时管理多种业务变得越来越困难，所以从 20 世纪 80 年代起，多元化战略不断降温。但仍然有一些企业乐衷于此，例如德事隆集团（Textron）通过多元化战略，成为一家生产和销售飞机（Cessna）、直升飞机（Bell）、除草机、高尔夫球车（E-Z-GO）、交换机，并提供消费者信贷和望远镜的公司。多元化战略的应用可能会提高以下能力：①转移企业竞争力；②创建新的业务；③贡献资源；④展开多点竞争；⑤利用基本组织竞争力增加多元化企业内部所有业务单位的绩效。

许多学者的研究表明，激烈的多元化会降低而不是提高企业的赢利能力。例如，波特对 33 家美国企业 35 年来的多元化进程进行了研究，他发现这些企业多元化的业绩表现不佳。波特发现，绝大多数企业收购了太多的、超出自身消化能力的企业。所以，他感慨地说："管理部门发现他们无法管理野兽。"他和其他学者得出的结论是多元化战略导致了价值破坏而不是价值创造。一般认为，导致多元化失效的原因可能是官僚主义和选错了多元化方向。

2. 业务层面的战略

业务层面战略（business-unit strategy）的核心内容是建立一种企业专有的商业模式，能够帮助它在同对手的竞争中获得竞争优势。业务层面的战略主要围绕着某一个事业单位的利益和运作，关注"我们如何竞争"这样的问题。相对于企业总体战略而言，竞争战略主要着眼于整体内的某个单位。根据阿贝尔（Abell）的观点，定义业务时需要考虑三方面：①顾客需求，或公司打算满足的内容；②顾客群体，或公司打算满足哪些人；③独特的竞争力，或如何满足顾客。这三个方面是选择业务层战略的基础。

在确定业务层战略时，管理者需要做出的选择是：①如何差异化产品和如何定价；②何时和如何进行市场细分以实现需求最大化；③如何投资和向哪里投资以开发独特的企业竞争力，在价值创造最大化的同时保持成本结构的可行性（保持价格的竞争性）。上述三项决定不仅描述了企业所追求的战略，而且决定了创造差异化、价值和成本结构所需要的职能层战略。因此，业务层战略是企业商业模式的主导因素。

迈克尔·波特提出了关于管理者如何选择业务层次战略的理论。根据波特的说法，管理者必须在两种基本的产品价值增值方法中进行选择：差异化战略和低成本战略。波特还提出，管理者必须决定是服务于整个市场，还是服务于某个细分市场。因此，管理者有 4 种战略可以选择：总成本领先战略、差异化战略、成本集聚战略、差异集聚战略。见图 4-2。

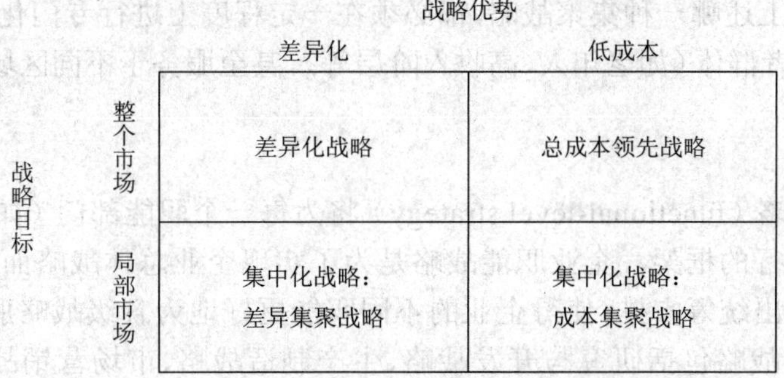

图 4-2　波特的基本战略

1）总成本领先战略（overall cost leadership）

总成本领先战略是企业努力成为某种产品的最低成本生产者或是某种服务的最低成本提供者，其收取的价格略低于行业内平均价格。管理者希望通过集中公司所有部门的努力，使得公司的成本低于竞争对手的成本，从而获得竞争优势。根据波特的观点，采取这种战略的组织能够以比竞争对手更低的价格销售产品仍然能够获得利润，原因就是该组织具有更低的成本。

成本领先战略一般要求一个企业就是成本领先者，而不是争夺这个位置的若干企业中的一员。当渴望成为成本领先者的企业不只一家时，它们之间的竞争通常很激烈，因为每一个百分点的市场占有率都被认为是至关重要的。除非一个企业能够在成本上领先，并“说服”其他企业放弃这种战略，否则，对赢利能力以及长期产业结构所产生的后果是灾难性的。所以，除非重大的技术变革使一个企业得以彻底改变其成本地位，否则小成本领先就要特别依赖于先发制人的策略了。

总成本领先战略非常吸引人。一旦公司赢得了这样的地位，所获得的较高的边际利润又可以重新对新设备、现代设施进行投资以维护成本上的领先地位，而这种再投资往往是保持低成本状态的先决条件。

2）差异化战略（differentiation strategy）

这一战略是为了使企业的产品、服务或其他方面与竞争对手有明显的区别，以获得竞争优势而采取的战略。管理者希望通过所有部门的努力，对企业产品或服务在一个或几个维度上与竞争对手区别开来。这些维度可以是产品的质量、设计、售后服务等。

实现产品差异化有时会与争取占领更大的市场份额相矛盾，也就是说，这一战略与提高市场份额两者不可兼顾。较为普遍的情况是：如果建立差异化的活动总是成本高昂（如：广泛的研究、产品设计、高质量的材料或周到的顾客服务等），那么实现产品差异化将意味着以成本地位为代价。但是，即便全产业范围内的顾客都了解公司的独特优点，也并不是所有顾客都愿意或有能力支付公司所要求的较高价格。

3）成本集聚战略或差异集聚战略（focus）

总成本领先和差异化战略都旨在服务于绝大部分市场。波特又提出两种旨在服务于少数细分顾客的战略，一个是成本集聚战略（focused low-cost strategy），一个是差异集聚战略（focused differentiation strategy）。前者是公司服务于整个市场中的一个或几个细分市场，目标是成为这些细分市场的成本最低的公司，而后者则是服务于整个市场中的一个或几个细分市场，目标是成为服务该细分市场的最独具特色的公司。

不论组织采取上述哪一种集聚战略，都必须在一定程度上进行专门化——集中其资源满足一种特定的消费者群体（如老年人、高收入阶层等），甚至服务于不同区域（华北或华东地区等）的需要。

3. 职能战略

职能层面的战略（functional-level strategy）将为每一个职能部门（如生产部门）的管理者提供一个战略执行的框架。企业职能战略是为了实现企业总体战略而对企业内部的各项关键的职能活动做出统筹安排，使得企业的不同职能更好地为各级战略服务，从而提高组织的效率。企业职能战略包括研究与开发战略、生产制造战略、市场营销战略、人力资源战略和财务战略等。这些部门的管理者采用与业务层面战略协同一致的战略，以实现公司的战略目标。

公司的每一个部门都在降低成本、增加产品价值方面扮演着重要的角色。生产部门能够找出降低生产成本、提高产品质量以提高产品价值的方法。销售部门以及售后服务部门能通过建立品牌忠诚度找到吸引消费者的更佳方法。人力资源管理部门能够通过招聘、培训一支高效的员工队伍，降低创造价值的成本。类似的，研发部门通过开发出新的或改进的产品，也能够增加产品的价值。

为了增加价值或降低增加价值的成本，所有的职能部门管理者都应该关注以下 4 个目标。

（1）高效率。效率是衡量为了生产一定数量的产出而需要多少投入的一个尺度。生产给定数量产出所需要的投入越少，效率就越高，成本就越低。

（2）高质量。提供高质量的产品能够为企业的产品建立良好的品牌声誉，反过来，良好的品牌声誉又能够使企业对其产品收取更多溢价。

（3）高创新。所有新的组织运营方式或不同于以往的产品及服务都是创新的结果。创新能够使产品种类得到增加，生产过程得到改进，管理系统得到升级，组织结构得到优化。成功的创新能够使企业获得某种其竞争对手没有的特色或优势，从而使企业有别于竞争对手。

（4）高顾客响应度。注重顾客响应的企业会极力试图满足消费者的需求，给予他们所需要的东西。能够比竞争对手更好地为消费者提供服务的企业就能因其产品而向消费者收取溢价。

通过对职能层战略的选择，管理者们可以建立起强化独特企业竞争力的资源与能力。同时，企业实现卓越的效率、质量、创新和客户响应度的能力决定着它的产品是否具备差异化和低成本优势。独特的企业竞争力、职能层战略的选择、差异化、低成本、赢利能力之间的关系如图 4-3 所示。

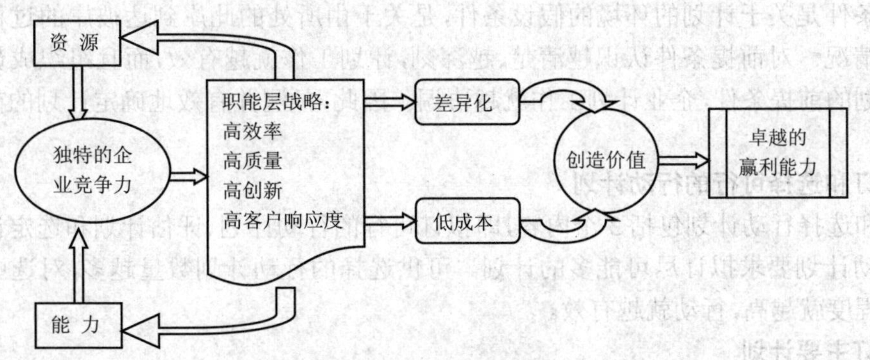

图 4-3　竞争优势的基础

4.1.3　编制计划的步骤

制订计划本身也是一个过程。为了保证制订的计划合理，能实现组织决策的落实，制订计划必须采用科学的方法。计划编制的过程如图 4-4 所示。

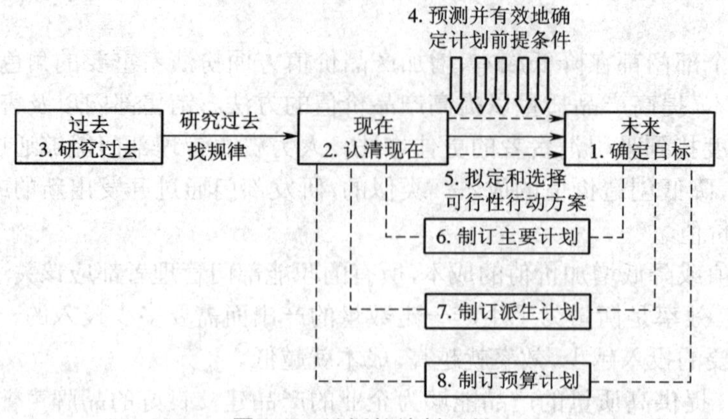

图 4-4 计划的编制过程

1. 确定目标

目标是指期望的成果。目标为组织整体、各部门和各成员指明了方向，描绘了组织未来的状况，并且作为标准可用来衡量实际的绩效。

2. 认清现在

目标指明了组织要到达的彼岸。因此，制订计划的第二步是认清组织所处的此岸，即认清现在。认识现在的目的在于寻求合理有效的通向彼岸的路径，即实现目标的途径。

3. 研究过去

研究过去不仅是从过去发生的事件中得到启示和借鉴，更重要的是探讨过去通向现在的一些规律。从过去发生的事件中探求事物发展的一般规律有两种基本方法，即演绎法和归纳法。

4. 预测并有效地确定计划的重要前提条件

前提条件是关于计划的环境的假设条件，是关于由所处的此岸到达彼岸的过程中所有可能的假设情况。对前提条件认识越清楚、越深刻，计划工作就越有效，而且组织成员越能彻底地理解计划的前提条件，企业计划工作就越协调。因此，预测并有效地确定计划的前提条件有重要意义。

5. 拟订和选择可行的行动计划

拟订和选择行动计划包括 3 个内容，即拟订可行的行动计划、评估计划和选定计划。拟订可行的行动计划要求拟订尽可能多的计划。可供选择的行动计划数量越多，对选中的计划的相对满意程度就越高，行动就越有效。

6. 制订主要计划

制订主要计划就是将所选择的计划用文字形式正式表达出来，作为管理文件。计划要清楚地确定和描述 5W1H 的内容。

7. 制订派生计划

基本计划还需要派生计划的支持。例如，一家公司年初制订了“当年销售额比上年增长 15%”的销售计划，与这一计划相连的有许多计划，如生产计划、促销计划等。

8. 制定预算，用预算使计划数字化

在做出决策和确定计划后，最后一步就是把计划转变成预算，使计划数字化。制定预算，一方面是为了计划的指标体系更加明确，另一方面是使企业更易于对计划执行进行控制。定性的计划往往在可比性、可控性和进行奖惩方面表现较差，而定量的计划则具有较强的约束力。

4.1.4 影响计划的因素

在有些情况下，长期计划更重要，而在其他情况下可能正相反。类似地，在有些情况下指导性计划比具体计划更有效，而换一种情况就未必如此。那么决定不同类型计划有效性的都是些什么因素呢？下面是几种影响计划有效性的因素。

4.1.4.1 组织的层次

图 4-5 表明了组织的管理层次与计划类型之间的一般关系。在大多数情况下，基层管理者的计划活动主要是制订作业计划。当管理者在组织中的等级上升时，他的计划角色就更具战略导向。而对于大型组织的高层管理者，他的计划任务基本上都是战略性的。当然，在小企业中，所有者或管理者的计划角色兼有这两方面的性质。

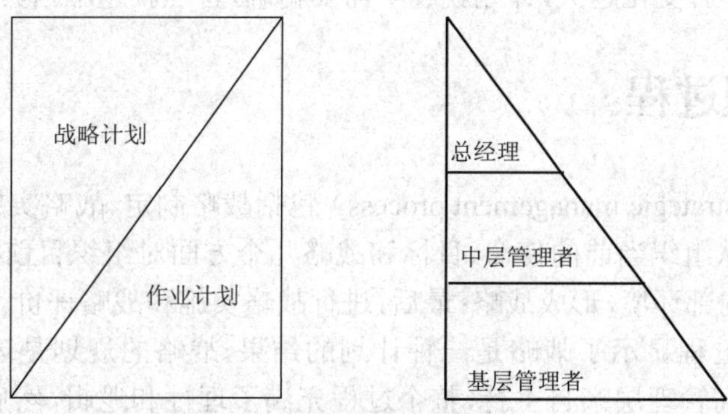

图 4-5 组织的层次

4.1.4.2 组织的生命周期

组织都要经历一个生命周期，开始于形成阶段，然后是成长、成熟，最后是衰退。在组织生命周期的各个阶段上，计划的类型并非都具有相同的性质，正如图 4-6 所描绘的。计划的时间长度和明确性应当在不同的阶段上作相应调整。

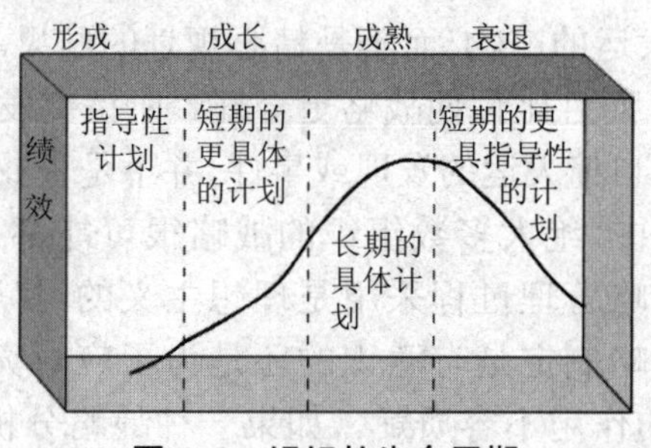

图 4-6 组织的生命周期

当组织进入成熟期时，可预见性最大，从而也最适用于具体计划。而在组织的形成期，管理者应当更多地依赖指导性计划，因为处于这一阶段要求组织具有很高的灵活性。在这个阶段上，目标是尝试性的，资源的获取具有很大的不确定性，辨认谁是顾客很难，而指导性计划使管理者可以随时按需要调整。在成长阶段，随着目标更确定、资源更容易获取和顾客忠诚度的提高，计划也更具有明确性。当组织从成熟期进入衰退期，计划也从具体性转入指导性，这时目标要重新考虑，资源要重新分配。

计划的期限也应当与组织的生命周期联系在一起。短期计划具有最大的灵活性，故应更多地用于组织的形成期和衰退期。成熟期是一个相对稳定的时期，因此更适合制订长期计划。

4.1.4.3 环境的不确定性程度

环境的不确定性越大，计划就越应当是指导性的，计划期限也应更短。如果正在发生着迅速的和重要的技术、社会、经济、法律或其他变化，精确规定的计划实施路线，反而会成为组织取得绩效的障碍。例如，20 世纪 80 年代末期，当航空公司之间在主要的国际航线上展开价格战时，在定价、给各航线分配飞机数量和容量以及制定经营预算等方面，航空公司应当采用更带有指导性的计划，而且变化越大，计划就越不需要精确，管理就越应当具有灵活性。

4.2 战略管理过程

战略管理过程（strategic management process）包括战略制定、战略实施和战略评价 3 个环节。首先，管理人员从组织当前的使命、目标和战略几个方面对组织目前的情况进行评价；其次，评价组织外部和内部环境，形成战略；最后，进行战略实施和战略评价。

显然，战略管理过程显示了战略是一种计划的结果，战略的规划是理性的和高度结构化的，整个过程应由最高管理层亲自主持，整个过程充满了理性和逻辑，然后自上向下逐级传达以实施战略。然而，最近几位学者对这种规范模式提出了批评，主要理由有 3 个，具体如下。

（1）真实世界是不可预知的。我们所生活的世界是不确定、复杂的，很多小的、偶然的事件可能导致巨大的和不可预知的结果。即使非常仔细编制的战略计划在这样的环境下也可能会无效。所以，相比精心的计划，能够对环境做出快速反应并及时调整战略显得更为重要。

（2）低层经理也在战略规划过程中发挥作用。随着环境不确定性越来越高，高层集权制定战略的情况已经在改变，特别在那些高科技公司（例如，英特尔公司），许多重要的战略正是由忠诚的员工发起并执行的。

（3）许多成功战略是撞大运的产物，而不是精心规划的结果。明兹伯格认为，紧急或突发时的应对战略常常能够成功，而且比预期战略更合理。所谓突发时应对战略是对没有预见的变化的无规则的反应，常常来自撞大运的发现或事件，并不是企业预先设计好的。

在企业实际的经营过程中，绝大多数组织的战略很可能都是预期的战略和突现应对战略的结合。本书中介绍的战略管理过程采用是理想主义的，尽管从事实中看到战略离不开直觉、经验和激情，但不论战略制定是有意识的还是为了应对突发情况，进行系统而理性的分析是重要的部分，这部分的作用不容质疑。如果一种战略分析方法不考虑以往的经验，那它就称不上是一种好的分析方法。同样，战略制定过程也不能离开直觉、反思及思想与行动的互相作用。作为管理层，不仅要掌握战略分析过程，还要能够鼓励直觉的发展，能够促进创新，能极大地促进战略实施，能提供一个可广为接受的框架，便于人们对各种备选方案进行理性讨论。

4.2.1　战略制定

一般来说，战略制定包括两类活动，一类是战略分析活动，另一类是战略评估和选择。

战略分析就是要了解企业所处的环境正在发生哪些变化，这些变化将给企业带来哪些影响：是给企业带来更多的发展机会，还是带来更多的威胁。对于企业来讲，外部环境可以包括经济因素，社会、文化、人口和环境因素，政治、政府和法律因素，技术因素以及竞争因素等。企业的内部条件与能力包括企业的人、财、物、研发、信息技术以及管理水平等。通常使用 PEST 分析法以及波特的 5 种力量模型来研究组织所在的环境，然后应用 SWOT 分析法来确定组织的优势、劣势、机会、威胁。环境分析对每个组织都非常重要，因为组织环境很大程度决定了管理者的选择范围。成功的战略应该是与环境和谐一致的。详细战略分析方法请见 4.3。通过战略分析，管理人员对企业所处的外部环境和行业结构、企业自身的资源状况和能力等已经有了比较清楚的了解，接下来就是要为企业选择一个合适的战略。

战略选择是一个很复杂的过程，涉及很多因素，如产品的类型、售后服务方案的制定、市场定位、市场进入方式等。因此，在决策时，管理人员应列出所有可能实现企业使命和目标的战略方案，不能只考虑那些比较明显的选择。在战略选择过程中，通过多角度的思考，形成较为全面的战略备选方案是一个非常重要的环节，它是战略评估的基础和前提。在形成多个备选战略方案以后，企业管理者要根据股东、高层决策者以及其他相关利益者的价值观与期望目标，确定战略方案的评价标准，对各方案进行评估，以决定哪种方案最有助于实现企业的目标，并将此方案作为企业正式的战略方案。为了增强战略的适应性，还可以选择一个或者多个方案作为替代的战略方案。

4.2.2　战略实施

企业战略实施是一个通过提出具体实施措施、编制经费预算、建立运作程序，将企业战略方案转化为实际行动并取得成果的过程。企业战略的实施一般通过中层管理者、基层管理者及其下属来共同完成。高层管理者主要对实施结果的过程进行控制和评价。

图 4-7 显示了在战略实施过程中重要的要素：组织结构、战略控制系统和组织文化。

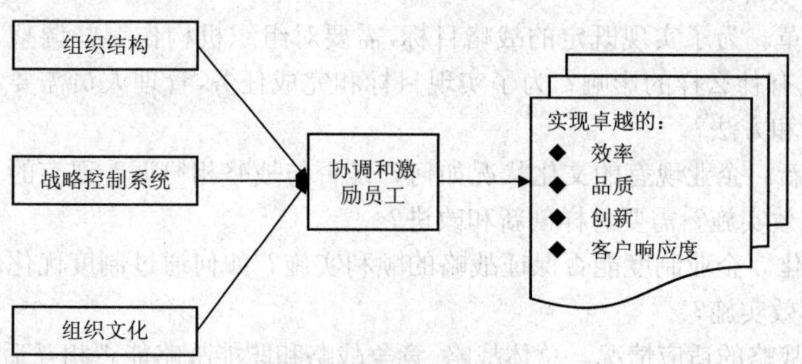

图 4-7　战略实施中的要素

1. 组织结构

实施战略依赖于员工,因此战略执行得好坏很大程度上取决于员工的能力、竞争力的强弱和组织本身的有效性。建立一个适当的组织结构是首先需要考虑的问题。战略的变化常常需要组织结构发生相应的变化,因为一方面组织结构在很大程度上决定着目标和政策的建立,另一方面,组织结构决定着企业资源的分配。组织结构需要向员工说明职责并指派具体的任务,还要说明这些任务和职责将如何来提高组织竞争优势——从效率、品质、创新以及客户响应几个方面。组织结构需要协调和整合公司的、业务的和职能的各层面,实现企业初期确定的具体战略。

2. 战略控制系统

控制系统的职能是向经理们提供:一套激励措施来推动员工朝着增加效率、品质、创新以及客户响应的目标工作;有关组织及其成员们的业绩,以及运行情况的具体反馈,使经理们能够持续地采取行动来加强公司的商业模式。因此,战略控制系统不仅需要掌握组织及其成员目前的绩效,或者监控该企业利用现有资源的情况,它还应关注如何去建立激励机制来激发员工的积极性,关注组织在未来可能面临的重大问题,以便他们协同工作去寻找有助于组织不断提高绩效的办法。

战略控制系统是规范的目标设定、测量以及反馈系统,使管理层能够评价公司是否实现卓越的效率、品质、创新和客户响应,是否在成功地实施公司的战略。有效的控制系统应当具有 3 个特点:①它应当非常灵活,使管理层能够对突发事件做出必要的反应;②它应当提供精确的信息,给出组织绩效的真实描述;③它应当向经理们提供及时的信息,以便有效制定决策。

3. 组织文化

组织文化是组织内人员和群体共有的价值观、规范、信仰和态度的特殊集合,控制着他们之间的相互交流,以及与组织外相关者的交流。大量研究表明,新战略常常是市场驱动型的,受到竞争力的支配。所以,改变组织文化适应新战略比改变战略适应当前文化更为有效,这是因为一个企业若要生存,必须适应环境,适应顾客需求的变化,如果忽视这些,企业面临的可能是需求不断下降,市场份额不断减少的风险。

对于企业来说,战略实施主要涉及以下一些问题。

(1)资源配置。如何在企业内部各部门和各层次间分配和使用现有资源?为了实现企业既定的目标,还需要获得哪些外部资源以及如何使用这些资源?是在各部门之间平均分配还是重点支持某些项目?

(2)组织变革。为了实现既定的战略目标,需要对组织机构作哪些调整?这种调整对各部门和相关人员有什么样的影响?为了实现目标和完成任务,管理人员需要掌握怎样的管理组织变革的技术和方法?

(3)文化创新。企业现有的文化状况如何?是否与战略相协调?现有的企业文化能否促进企业战略的有效实施?需要怎样创新和改进?

(4)制度优化。企业制度能否保证战略的顺利实施?如何通过制度优化保证员工的积极行为和战略的有效实施?

(5)各层次战略的适应情况。总体战略、竞争战略和职能战略能否相互适应、相互匹配?

4.2.3　战略评价

战略控制和评价是对战略制定、实施的过程及结果进行适当的评价与监控，以确保所制定的企业战略能有效地执行并取得预期成果。它是战略管理过程的最后阶段。由于外部及内部因素处于不断变化之中，所有战略都将面临不断的调整与修改。

战略评价对于所有类型和规模的企业来说都是必要的，战略评价需要做到：①从管理的角度对预期和假设提出问题，引发对目标和价值观的审视；②激发建立变通战略和判定评价标准的创造性；③评价活动应当连续地进行，而不只是在特定时期末或是在问题发生后才进行。其关注的主要问题是：企业资产是否增值？企业盈利是否增加？销售额是否增加？生产效率是否提高？利润率、投资效率是否提高？

基本的战略评价活动包括以下内容。

（1）重新审视外部与内部环境因素；关注外部环境提供的机会和威胁方面发生的变化，以及企业内部在管理、营销、财务、会计、生产运作、研发、信息系统等方面的优势和劣势发生的变化。

（2）度量业绩。它包括将实际结果与预期结果相比较，考察在目标实现过程中取得的成绩和差距。因此，战略评价标准应该是可衡量和容易证实的。常常用财务比率进行三种定量的比较：①比较公司在不同经营时期的绩效；②比较公司与竞争对手之间的绩效；③比较公司的绩效与产业平均水平。但仅仅定量指标，特别是以财务数据主导的指标并不能完全描述企业战略实施情况，需要定性的方法进行补充。

（3）采取纠正措施。如果企业的长期目标和年度目标工作都没有达成，那就意味着要采取纠正措施了，它要求企业通过变革为未来进行更有竞争力的重新定位。因为采取纠正措施带来的变革可能导致员工和管理者处于焦虑之中，因此，有必要营造员工参与其中的良好氛围，给予充分的解释说明，让人们能够充分理解变革，以此克服变革的阻力。

战略管理过程是一个动态和连续的过程，任何一个要素的变化都会导致某些要素，甚至所有要素的变化。因此，每隔一段时间重新确认企业的机会与威胁、优势和劣势、任务、战略、目的、政策和业绩，并重新评价企业战略，对企业的发展来说是很重要的。

4.3　战略分析方法

4.3.1　PEST 分析法

PEST 分析是对关键外部环境因素分析的基本工具，用于分析企业所处宏观环境对战略的影响。PEST 分析法的具体含义如下。

1.P(political)——政治和法律因素分析

政治和法律环境因素泛指一个国家的社会制度、执政党的性质、政府的方针政策以及国家制定的有关法令、法规等。这些因素常常制约、影响企业的经营行为，尤其是影响企业较长期的投资行为。

2.E(economic)——经济因素分析

所谓经济环境因素这里主要指经济发展速度、人均国内生产总值、消费水平和趋势、金融状况以及经济运行的平稳性和周期性波动等。与其他环境因素相比，经济环境对企业的经营活动有更广泛而直接的影响。

3.S(social and cultural)——社会和文化因素分析

社会和文化环境包括一个国家或地区的社会性质、人们共享的价值观及人口状况、教育程度、风俗习惯、宗教信仰等各个方面。从影响企业战略制定的角度来看，社会和文化环境可分解为文化、人口两个方面。

人口因素对企业战略的制定有重大影响。例如，人口总数直接影响着社会生产总规模；人口的地理分布影响着企业的厂址选择；人口的性别比例和年龄结构在一定程度上决定了社会需求结构，进而影响社会供给结构和企业生产；人口的教育文化水平直接影响着企业的人力资源状况；家庭户数及其结构的变化与耐用消费品的需求和变化趋势密切相关，因而也就影响到耐用消费品的生产规模等。

文化环境对企业的影响是间接的、潜在的和持久的。文化的基本要素包括哲学、宗教、语言与文字、文学艺术等，它们共同构成文化系统，对企业文化有重大的影响。

4.T(technological)——技术创新的影响分析

与经济环境相同，技术环境变化对企业的生产和销售活动有直接而重大的影响，尤其是在原料、能源严重短缺的今天，技术往往成为决定人类命运和社会进步的关键所在。

对于企业来讲，分析技术环境变化有助于企业明确市场对新技术和产品的需要，并采取积极措施限制技术发明所带来的副作用，从而提高企业的经济效益。

应该指出的是，尽管影响企业的环境因素非常多，但对某一行业或某一特定企业来说，试图分析所有因素及其影响程度是不必要的，也是不现实的，重要的是认清关键因素，并以此为基础去寻找战略性对策。

4.3.2 波特五种力量模型

哈佛商学院波特（Michael E. Porter）教授提出波特 5 种竞争力量模型，用于行业竞争环境分析。波特认为：企业的获利能力很大程度上取决于企业所在行业的竞争强度，而竞争强度取决于市场上所存在的 5 种基本的竞争力量：潜在进入者的威胁、替代品的威胁、购买者的讨价还价能力、供应商的讨价还价能力以及现有企业之间的竞争（如图 4-8 所示）。

5 种竞争力量的状况及其综合强度共同决定行业竞争的激烈程度和获利能力。因此，在竞争激烈的行业中，通常不会出现某一企业获得惊人收益的情况。因为一旦拥有较强竞争地位的企业提高其产品或服务的价格，就有可能遭到高质量、低成本的替代品的威胁，或者会有潜在的进入者在短期内进入市场，这都会影响企业的收益。从战略形成的角度看，不同的行业或某一行业各种力量的作用是不同的，常常是某一种力量或某几种力量处于支配地位并起决定性作用。

应该说明的是，尽管行业结构对行业的竞争强度和获利能力具有决定性的影响，但企业也不是完全无能为力，他们可以通过制定适当的战略来谋求相对优势的地位，从而获得较高的利润。

为此,企业要在市场上取得竞争优势,首先必须对这 5 种基本的竞争力量进行分析。

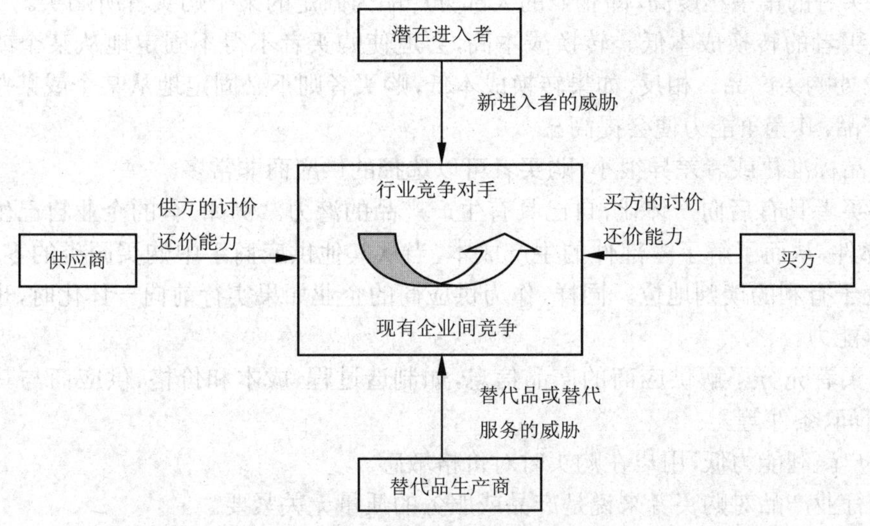

图 4-8　驱动行业竞争的 5 种力量

1. 潜在进入者的威胁

所谓潜在进入者,可能是一个新办的企业,也可能是一个采用多元化经营战略的原从事其他行业的企业。潜在进入者威胁有两种形式:行业中增加新的企业和行业中已有企业扩大生产规模新增生产能力。对于一个行业来说,潜在进入者会带来新的生产能力,带来新的物质资源,从而对已有的市场格局提出重新分配的要求。结果可能造成价格暴跌或行业内部企业费用的增长,由此减小了获利能力,更严重的甚至还会危及企业的生存。潜在进入者对本行业的威胁程度取决于本行业的进入壁垒以及进入新行业后原有企业反应的强烈程度。

2. 替代品的威胁

所谓替代品是指那些与本行业产品或服务具有相同或相似功能的产品或服务。根据波特的说法,"替代品的存在限制了一个产品的潜在回报,因为替代品产业为该产业产品能够索取的价格设定了上限"。替代品企业的威胁主要有三方面:①替代品相对于现有企业产品对顾客而言的价值;②顾客转向替代品的转换成本;③替代品企业采取的竞争战略,如果替代品生产者采取积极扩张策略就会给现有企业带来较大的威胁。

为了抵制替代品带来的威胁,企业可以采取集体反击、降低成本、改进产品、提高顾客转换成本、改善市场营销、提高产品利用率等手段。但是需要注意的是,有些替代品是新技术的产物,符合社会需求,在这种情况下,寻求与替代品的共存与联合可能是更明智的策略。例如,在安全警卫行业,电子报警系统是具有强大竞争力的替代品,它将变得越来越重要,对于这一行业的最佳策略就是将人工警卫与电子报警系统相结合。因此,企业在研究与替代品的竞争关系时,一定要考虑双方的寿命周期阶段与总的发展方向,不能盲目地竞争。

3. 购买者的讨价还价能力

对于行业中的企业来讲,购买者是一个不可忽视的竞争力量。购买者主要通过压低价格,要求较高的产品质量或更多的服务,甚至迫使作为供应商的企业互相竞争等来影响产业。所有这些都会降低企业的获利能力。

一般来说，出现以下情况，购买者一般具有较强的讨价还价能力。

（1）购买者的集中程度高，即企业的大部分产品为固定的某个购买者所购买。

（2）购买者的转换成本低。转换成本高，会迫使购买者不得不固定地从某个或某些特定的销售企业处购买产品。相反，如果转换成本低，购买者则不必固定地从某个或某些特定的企业处购买产品，其竞争能力便会提高。

（3）产品标准化或者差异很小，购买者可以选择的供应商非常多。

（4）购买者具有后向一体化，自己具有生产产品的潜力。例如，有的企业自己生产所需的一部分零部件，从而了解了零部件的生产成本，当从其他供应商手中购买同类的零部件时，该企业就会处于有利的谈判地位。同样，作为供应商的企业如果实行前向一体化时，也会削弱购买者的竞争能力。

（5）购买者充分了解供应商的产品信息，如制造过程、成本和价格、供应商与其他竞争对手交易的时间、条件等。

（6）用户赢利能力低，用户在购买时对价格敏感。

（7）本行业产品对购买者来说是产品或服务的质量无关紧要。

4. 供应商的讨价还价能力

供应商是指向特定企业及其竞争对手提供产品或服务的企业。供应商的讨价还价能力是指供应商通过抬高产品价格或降低出售产品服务的质量等手段对作为购买者的企业所产生威胁的大小。前述那些可以使购买者具有强大竞争能力的条件，基本上也适用于供应商。

一般来说，出现以下情况，供应商具有较强的讨价还价能力。

（1）供应商由少数几家企业所控制，供应商的集中程度高于购买者的集中程度，例如石油产业。

（2）难以找到替代品，购买者只能接受供应商的价格和其他条件，以维持其生产经营，例如电力。

（3）作为购买者的企业不是供应商的主要顾客，购买者所购数量只占供应商很小的销售百分比，此时，供应商便具有较强的竞争能力。

（4）供应商的产品对购买者的生产经营活动有重要影响。

（5）供应商提供的产品与众不同或者转换成本很高。

（6）供应商集团实行前向一体化。这样，供应商集团便具有较强的竞争能力，购买者很难在购买条件上与之进行讨价还价。

针对上述情况，企业可以采取相应的措施来维持自己的竞争力。例如：企业可以积极地寻找替代品供应商而减弱供应商的讨价还价能力；企业可以向供应商表明自身有能力实行后向一体化，有潜力成为供应商的竞争者，而不仅仅是一般的顾客；选择一些较小的供应商，使企业的购买成为供应商收入的一个重要部分，增加其对企业的依赖性。

5. 现有企业之间的竞争

现有企业之间的竞争往往是5种竞争力量中最重要的一种。这种竞争之所以会发生，是因为同行业中的现有企业面对的是具有相同或相似需求的顾客群，各企业为了获得一定的收益，必然会发生冲突与对抗的现象。现有企业之间的竞争可以通过价格战、广告战、提高服务质量等形式展开，这些策略往往会招致竞争对手的对抗或报复行动。例如，戴尔（Dell）采用邮购方式进入以前由IBM、康柏等主导的个人计算机市场后，使得产业竞争程度大大增强，只要其中任何一家公司率先降低价格或推出新产品，其他竞争者就会迅速跟进。

根据波特的观点，行业内各企业的竞争激烈程度主要取决于以下因素：①竞争者的多少及力量对比；②市场增长率；③固定成本的多少；④产品特色与用户的转换成本；⑤行业的生产能力；⑥退出壁垒。

4.3.3 SWOT 分析法

SWOT 四个英文字母分别代表优势（strengths）、劣势（weaknesses）、机会（opportunities）、威胁（threats）。SWOT 分析法又称为自我诊断方法，是一种能够较客观而准确地分析和研究一个企业的现实情况的方法。利用 SWOT 方法可以找出对企业有利的因素和不利的因素，发现存在的问题，为企业管理者提供一个框架，以分析企业在某一特定时期在同行业中所占的地位，判定出各种不同的战略经营方案。

进行 SWOT 分析时应考虑的基本问题如表 4-2 所示。需要强调的是，企业仅仅能够识别自身存在哪些优劣势以及知道环境带来哪些机会和威胁还不够，必须对它们做出迅速反应和果断决策。常用的方法是对所列出的因素逐项打分，然后按因素的重要程度加权并求和，以判断其中的内部优劣势以及外部环境的机会和威胁，在此基础上，选择所要从事的战略。

表 4-2　SWOT 分析问题列表

	企业的外部威胁（T）与机会（O）
外部环境	市场增长势头如何？ 同行业竞争者实力变化情况，是否对本企业有弊（利）？ 行业中是否有新的竞争者进入？ 产业政策的变化是否对企业有弊（利）？ 是否受到不利的商业循环周期影响？ 是否有新型替代产品出现？ 是否可以进入新的市场或开拓潜在市场？ 是否可以纵向或横向联合？ 顾客、供应商讨价还价能力如何？ 其他外部环境是否发生了有利于本企业的重大变化？
	企业的内部优势（S）与劣势（W）
内部环境	企业的竞争能力如何？ 顾客对企业及其产品的看法如何？ 企业的各种职能是否得力和有效率？ 企业的产品成本优势如何？ 企业的新产品开发能力如何？ 企业的生产设备状况如何？ 企业管理状况和管理人员水平如何？ 企业人才状况及人员结构如何？ 企业营销能力如何？ 其他优劣势如何？

SWOT 分析提供了 4 种战略，即 SO 战略、WO 战略、ST 战略和 WT 战略。

SO 战略就是发挥企业内部优势而去利用企业外部机会的战略。例如，一个资源雄厚（内在优势)的企业发现某一国际市场尚未饱和(外在机会),那么它就应该采取 SO 战略去开拓这一国际市场。

WO 战略的目标是通过利用外部机会来弥补内部弱点。适用于这一战略的基本情况是:存在一些外部机会,但企业有一些内部的弱点妨碍着它利用这些外部机会。例如,一个面对计算机服务需求增长的企业(外在机会),却十分缺乏技术专家(内在劣势),那么就应该采用 WO 战略培养或者聘用技术专家,或购入一个高技术的计算机公司。

ST 战略就是利用企业的优势,去避免或减轻外部威胁的影响。例如,德州仪器公司靠一个出色的法律顾问部门(一种优势),挽回了由于九家日本及韩国公司侵害本公司半导体芯片专利权(威胁)而造成的近七亿美元的损失。

WT 战略是一种旨在减少内部弱点同时回避外部环境威胁的战略。例如,一个商品质量差(内在劣势)、供应渠道不可靠(外在威胁)的企业应该采取 WT 战略,强化企业管理,提高产品质量,稳定供应渠道,或走联合、合并之路以谋生存和发展。

综上,SWOT 矩阵如表 4-3 所示。

表 4-3　SWOT 分析矩阵

	内部优势(S) ①…… ②…… ③……	内部劣势(W) ①…… ②…… ③……
外部机会(O) ②…… ②…… ④……	SO 战略 依靠内部优势 利用外部机会	WO 战略 利用外部机会 克服内部劣势
外部威胁(T) ②…… ②…… ⑤……	ST 战略 依靠内部优势 回避外部威胁	WT 战略 减少内部劣势 回避外部威胁

4.3.4　BCG 矩阵

波士顿咨询集团矩阵(Boston consulting group matrix,简称 BCG 矩阵)是流行于欧美大型企业的一种战略分析与决策技术。该矩阵因其发明者美国波士顿咨询集团而得名。其目的在于分析企业内各业务分部在市场竞争与产业发展中的相对优势,据此制定企业各分部的结构性经营与发展战略。BCG 矩阵的分析前提是,认为企业的相对竞争地位(以相对市场份额指标表示)和业务增长率(以市场增长率指标表示)能够决定企业业务组合中的某特定业务应当采取何种战略。企业的相对竞争地位越强,其获利能力越高,该项业务能够为企业产生的现金流越大;而市场增长率越高,则表明企业获取更多市场份额的机会越大,企业获取利润和现金投入的需求也越大。

BCG 矩阵的 X 轴代表相对市场份额,是指企业某项业务的市场份额与这个市场中最大的竞争对手的市场份额之比。X 轴的中位值一般设为 0.50,表示企业的市场份额为本产业领先企业的一半;一端为 0 值,表示本公司的市场份额很低,与本产业领先公司相比微乎其微,近乎于 0；另一端为 1，这表示本公司的市场份额在本产业中处于领先水平，在市场份额排名中名列第一。Y 轴表示销售增长率，其取值范围为 -20%~20%，中位值为 0。以上数值为常用的 X 轴和 Y 轴数值范围，必要时也可以根据企业的具体情况确定其他数值范围，例如将 X 轴的取值范围规定为 0~100%，Y 轴的取值范围规定为 0~4，等等。

根据上述思想，BCG 矩阵被划分为 4 个象限，如图 4-9 所示。该矩阵图被划分为四个象限，每个象限中的圆圈代表一个独立的分公司（或产品），圆圈的大小表示该分公司（或产品）的业务收入占企业总业务收入的比例，圈中黑色部分代表该分公司（或产品）所创利润占企业总利润的比重。

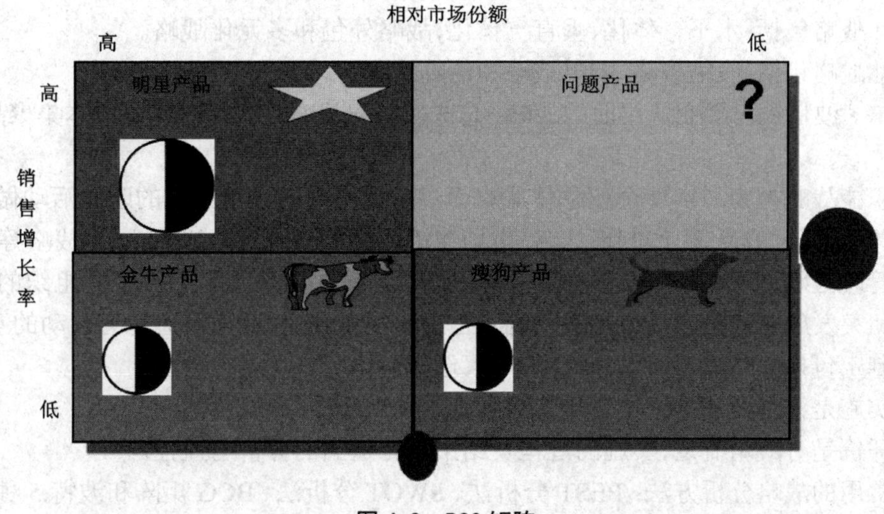

图 4-9 BCG 矩阵

（1）位于第 I 象限的业务被称为“问题（产品）”。位于这一象限的产品销售增长率高，但仅拥有较低的市场份额。一般企业的大多数产品都要经过这个阶段，即企业力图进入一个高速成长的市场，但是其中已有一个市场领先者。如果企业想提高市场占有率，就要投入大量现金以增加厂房、设备和人员等。因此，在确定这类产品的发展策略时应该采取谨慎的态度。

（2）位于第Ⅱ象限的业务被称为“明星（产品）”。位于这一象限的产品的销售增长率和相对市场份额都很高。这类产品有发展潜力，是公司长期增长和获利的机会所在（故称之为“明星”），理应得到大量投资以保持或加强其主导地位。这类业务部门应采用进取型战略，包括：前向、后向或横向一体化，市场渗透、市场或产品开发以及合资经营等。

（3）位于第Ⅲ象限的业务被称为“金牛（产品）”。位于这一象限的产品有较高的相对市场份额，但销售增长率低，这类产品之所以被称为“金牛”，是因为它为企业带来了大量的现金收入。这类产品虽然能为企业带来高额利润，但其已没有很大的增长潜力，企业不必大量投资，而应设法维持或稳定其生产，以便获得尽可能多的利润。对于这类产品一般可采取相应的保守型支持战略，而对于处在衰退型市场的业务部门，则可采取收缩型战略。

（4）位于第Ⅳ象限的业务被称为“瘦狗（产品）”。位于这一象限的产品，相对市场份额和销售增长率都低。此类产品既无市场潜力，又缺少竞争力，可能处于衰退期或因其他问题难以进入成长期，对于这类产品最好采取“紧缩”或“淘汰”策略。

知识点

战略起源很早,现代企业战略从军事战略中获得很多经验。战略的目的就是为了保持竞争优势,培养协力优势,创造价值。

战略管理是一系列决策和行动的组合,它是为了达到组织目标,使组织与其所在环境高度协调而确定和实施的。

战略在企业组织中可以分为3个层次:公司层面的战略、业务层面的战略、职能层面的战略。

公司层面的战略包括:稳定性战略、增长性战略、紧缩性战略。

增长性战略包括:水平一体化、垂直一体化、战略外包和多元化战略。

紧缩性战略包括:收缩战略、剥离战略和清算战略。

迈克尔·波特提出了业务层面的战略:总成本领先战略、差异化战略、成本集聚战略、差异集聚战略。

企业职能战略是为了实现企业总体战略而对企业内部的各项关键的职能活动做出统筹安排,包括研究与开发战略、生产制造战略、市场营销战略、人力资源战略和财务战略等。

战略管理过程包括战略制定、战略实施和战略评价3个环节。绝大多数组织的战略都是预期战略和突发应对战略的结合。战略制定过程离不开直觉、反思及思想与行动的互相作用。

战略制定包括战略分析活动和战略评价、选择。

战略实施是将企业战略方案转化为实际行动并取得成果的过程。

战略评价是对战略制定、实施的过程及结果进行适当的评价与监控。

几种常用的战略分析方法:PEST分析法、SWOT分析法、BCG矩阵和波特5种竞争力量模型。PEST分析是对战略外部环境的基本分析工具,用于分析企业所处宏观环境对于战略的影响;SWOT提供了一个框架,清晰地看到企业内部优势与劣势,以及企业外部机会与威胁;BCG矩阵分析企业内各业务分部在市场竞争与产业发展中的相对优势;波特5种竞争力量模型则用于分析行业竞争环境。

思考题

1. 简述计划对于企业的意义。
2. 计划怎么影响组织的绩效?怎么消除变化的冲击?如果计划被证明是不正确的,这些效果是否正相反?
3. 你如何理解战略和战略管理?
4. 持续的竞争优势可能来源于哪些方面?
5. 阐述战略管理的过程。
6. 为什么战略的制定离不开直觉?
7. 企业应当把什么样的价值创造活动外包给供应商?涉及这些外包活动的风险是什么?
8. 业务层面如何选择战略?
9. 多元化战略有什么风险?
10. 为什么战略评价对今天的企业如此重要?

11. 举例说明如何应用 PEST 分析法。
12. 以某一行业的发展为例说明 SWOT 分析法的应用。
13. 谈谈 BCG 矩阵的基本思想。
14. 找一个你熟悉的行业，应用波特的 5 种力量模型，分析其竞争程度。

第 5 章　决策与决策理论

| 学习要点 |

通过学习本章的内容，学生能够掌握：

1. 决策的概念及决策情景；
2. 管理决策理论和方法；
3. 新时代的决策问题。

课前引例

厂长的困惑

某工具厂从 1990 年以后一直经营生产 A 产品，虽然产品品种单一，但是市场销路一直很好。后来由于经济政策的暂时调整及客观条件的变化，A 产品完全滞销，企业职工连续半年只能拿 50% 的工资，更谈不上奖金，企业职工怨声载道，积极性受到极大影响。

新厂长上任后，决心一年改变工厂的面貌。他发现该厂与其他部门合作的环保产品 B 产品是成功的，于是决定下马 A 产品，改产 B 产品。一年过去，企业总算没有亏损，但工厂日子仍然不十分好过。

后来市场形势发生了巨大的变化。原来的 A 产品市场脱销，用户纷纷来函来电希望该厂能尽快恢复 A 产品的生产。与此同时，B 产品销路不好。在这种情况下，厂长又回过头来抓 A 产品，但一时又无法搞上去，无论数量和质量都不能恢复到原来的水平。为此，集团公司领导对该厂厂长很不满意，甚至认为改产是错误的决策，厂长感到很委屈，总是想不通。

| 思考题 | 你认为该厂长的决策是否有错误？如果你是该厂厂长，你在决策过程中应如何去做？

5.1　决策的内涵

5.1.1　决策的含义

按照 R.A.Howard 和 H.A.Simon 的观点，决策是对稀有资源的备选分配方案进行排序的过程。决策是对一个已知目标和方案的排序和选择过程。通俗地说，就是已经知道“做什么”，要解决的问题是“怎样去做”或“怎样更好地去做”。它与通常人们理解的决策概念是有差别的，通常人们理解的决策侧重于“做什么”，实际上在决策分析研究中，总是事先给定决策目标和决策准则的。

决策是决策者为达到某种预定目标，运用科学的理论、方法和手段，制定出若干行动方案，对此做出一种具有判断性的选择，予以实施，直到目标实现。

决策的简单定义就是从两个以上的备选方案中选择一个的过程。决策的主体是管理者；决策的本质是一个过程，这一过程由多个步骤组成；决策的目的是解决问题或利用机会。

决策中重要的是决策者的判断性和对方案的选择。判断性是指决策者的领导艺术、经验、智慧和对科学方法的运用；领导艺术是指组织才能、判断才能和创造才能；经验是从实践中积累起来的；智慧是指对科学知识的理解和发挥；科学方法的运用是指现代管理理论、方法和手段的综合。

选择通常不是“是”与“非”的决断，而是一种“满意”的优化决断。

5.1.2　决策的特征

决策有如下特征。

（1）决策是为了达到一个预定的目标。

（2）决策是在某种条件下寻求优化目标和优化达到目标的手段。

（3）决策是在若干个有价值的方案中选择一个作为行动方案。

（4）准备实施的决策方案可能出现的几种后果是可以预测或估计的。

决策是管理的核心。管理功能实质上是决策方案实施过程的体现。因此，决策贯穿于管理过程的始终，也是组织各级、各类管理人员的主要工作，只是决策的重要程度或影响范围不同而已。

5.1.3　决策的分类

5.1.3.1　按决策的层次划分

1. 战略性决策

这是指与发展方向和远景规划等有关的高层次决策，通常包括组织目标、方针的确定，组织机构的调整，企业产品的更新换代、技术改造等。这些决策牵涉组织的方方面面，具有长期性和方向性。它的特点是：①影响的时间长、范围广；②较多地注意外部环境的影响，如国家有关的政策法令、科学技术的发展规划、物资供应及市场销售条件等。

2. 管理性决策

这是在组织内贯彻的决策，属于战略决策执行过程中的具体决策。管理性决策旨在实现组织中各环节的高度协调和资源的合理使用，如企业生产计划和销售计划的制订、设备的更新、新产品的定价以及资金的筹措等都属于管理性决策的范畴。它是执行战略性决策时，在组织和管理上合理选择和使用人力、物力、财力等方面的决策。管理性决策是执行性的决策，它影响的时间短、范围小，较多地注意内部环境各因素间关系，如生产流程的优化、设备的合理配置、劳动力的平衡、资源和能源的合理使用等。

3. 业务性决策

业务性决策也称作业决策，是日常工作中为提高生产效率、工作效率而做出的决策，牵涉范围较窄，只对组织产生局部影响。属于业务决策范畴的主要有工作任务的日常分配和检查、工作日程（生产进度）的安排和监督、岗位责任制的制定和执行、库存的控制以及材料的采购等。

战略性决策属于计划性决策，是主导性决策；管理性决策和业务性决策则属于执行性决策，也可称为战术性决策。

5.1.3.2 按决策涉及的问题划分

从决策涉及的问题看，可把决策分为程序化决策与非程序化决策。

组织中的问题可分为两类：一类是例行问题，另一类是例外问题。例行问题是指那些重复出现的、日常的管理问题，如管理者日常遇到的产品质量、设备故障、现金短缺、供货单位未按时履行合同等问题。例外问题则是指那些偶然发生的、新颖的、性质和结构不明的、具有重大影响的问题，如组织结构变化、重大投资、开发新产品或开拓新市场、长期存在的产品质量隐患、重要的人事任免以及重大政策的制定等问题。

程序化决策涉及的是例行问题，而非程序化决策涉及的是例外问题。

5.1.3.3 按决策的性质划分

1. 确定型决策

这是指在稳定（可控）条件下进行的决策。在确定型决策中，决策者确切知道决策结果的发生，每个方案只有一个确定的结果，最终选择哪个方案取决于对各个方案结果的直接比较。然而，大部分管理决策并非确定型决策。

2. 风险型决策

风险型决策也称随机决策。在这类决策中，结果不止一种。决策者需要根据个人经验或者二手信息等历史数据，估计各种结果的发生概率和严重程度，从而选择风险较低的备选方案。

3. 不确定型决策

这是指在不稳定条件下进行的决策。在不确定型决策中，决策者可能不知道有多少种结果，即便知道，也不可能知道每种结果发生的概率。在这种情境下，决策会受可获取信息的数量和决策者心理倾向影响。

5.1.3.4 按参与决策的人数划分

1. 个人决策

个人决策是指决策过程中，最终方案的选择仅仅由一人决定，即决策的主体是一个人，也称作独裁决策。在独裁决策中，常常要运用直觉决策，即从经验中提取精华的无意识过程。在独裁决策中，管理者运用专业知识和过去已习得的与情境相关的经验，在信息非常有限的条件下迅速做出选择。

管理者最有可能使用独裁决策的方法有以下 7 种情况：①时间有限，但又有压力要做出决策时；②不确定性水平很高时；③几乎没有先例存在时；④难以科学地预测变量时；⑤事实有限，不足以明确指明前进道路时；⑥分析性资料用途不大时；⑦当需要从几个可行方案中选择一个，而每一个方案的评价都不错时。

2. 群体决策

1）群体决策的优点

群体决策的优点有以下几点。

(1)提供更完整的信息。“两人的智慧胜于一人”是一句常用的格言。

(2)产生更多的方案。因为群体拥有更多数量和种类的信息,他们能比个人制定出更多的方案。当群体成员来自不同专业领域时这一点就更为明显。

(3)增加接受性。群体成员不愿违背他们自己参与制定的决策,并更可能鼓励他人也接受这一决策。

(4)提高权威性。群体决策制定过程是与民主思想相一致的,因此人们觉得群体制定的决策比个人制定的决策更权威。

2)群体决策的缺点

群体决策的缺点有以下几点。

(1)消耗时间。组成一个群体显然要花时间。此外,一旦群体形成,成员之间的相互影响常导致低效,结果造成群体决策总要比个人决策花更多的时间。

(2)少数人统治。一个群体的成员永远不会是完全平等的。他们可能会因组织职位、经验、有关问题的知识、易受他人影响的程度、语言技巧、自信心等因素而不同,这就为单个或少数成员创造了发挥优势及驾驭群体中其他人的机会。支配群体的少数人经常对最终的决策有重要的影响。

(3)屈从压力。屈从压力削弱了群体中的批判精神,损害了最后决策的质量。

(4)责任不清。群体成员分担责任,但实际上谁对最后的结果负责却不清楚。在个人决策中,谁负责任是明确具体的。

5.2 管理决策理论和过程

5.2.1 决策理论

1. 古典决策理论

古典决策理论是基于“经济人”的假设提出来的。古典决策理论认为,应该从经济的角度看待决策问题,即决策的目的在于为组织获取最大的经济利益。古典决策理论的主要内容如下。

(1)决策者必须全面掌握有关决策环境的信息。

(2)决策者要充分了解有关备选方案的情况。

(3)决策者应建立一个合理的自上而下的执行命令的组织体系。

(4)决策者进行决策的目的始终都是使本组织获取最大的经济利益。

古典决策理论假设:作为决策者的管理者是完全理性的,决策环境条件的稳定与否是可以被改变的。古典模型的价值在于它促使管理者在制定决策时具有理性。在决策者充分了解有关信息情报的情况下,是完全可以做出完成组织目标的最佳决策的。古典决策理论忽视了非经济因素在决策中的作用。

2. 行为决策理论

行为决策理论认为影响决策者进行决策的不仅有经济因素,还有其个人的行为表现,如态度、情感、经验和动机等。行为决策理论的主要内容如下。

（1）人的理性介于完全理性和非理性之间，即人是有限理性的，这是因为在高度不确定和极其复杂的现实决策环境中，人的知识、想象力和计算力是有限的。

（2）决策者在识别和发现问题时容易受知觉上偏差的影响，而在对未来的状况做出判断时，直觉的运用往往多于逻辑分析方法的运用。所谓知觉上的偏差是指由于认知能力的有限，决策者仅把问题的部分信息当作认知对象。

（3）由于受到决策时间和可利用资源的限制，决策者即使充分了解和掌握有关决策环境的信息情报，也只能做到尽量地了解各种备选方案的情况，而不可能做到全部了解，决策者选择的理性是相对的。

（4）在风险型决策中，与对经济利益的考虑相比，决策者对待风险的态度起着非常重要的作用。决策者往往厌恶风险，倾向于接受风险较小的方案，尽管风险较大的方案可能带来更大的经济收益。

（5）决策者在决策中往往只求满意的结果，而不愿费力寻求最佳方案。导致这一现象的原因有多种：①决策者不注意和别人继续进行研究，只满足于在现有的可行方案中进行选择；②决策者本身缺乏能力，在有些情况下，决策者出于对个人某些因素的考虑而做出自己的选择；评估所有的方案并选择其中的最佳方案，需要花费大量的时间和金钱，这可能得不偿失。

行为决策理论抨击了把决策视为定量方法和固定步骤的片面性，主张把决策视为一种文化现象。

3. 当代决策理论

当代决策理论的核心内容是：决策贯穿于整个管理过程，决策程序就是整个管理过程。组织是由决策者及其下属、同事组成的系统。整个决策过程从研究组织的内外环境开始，继而确定组织目标，设计可实现该目标的各种可行方案，比较和评估这些方案进而进行方案选择（即做出择优决策），最后实施决策方案，并进行追踪检查和控制，以确保预定目标的实现。这种决策理论对决策的过程、决策的原则、程序化决策和非程序化决策、组织机构的建立与决策过程的联系等作了精辟的论述。

对当今的决策者来说，在决策过程中应广泛应用现代化的手段和规范化的程序，应以系统理论、运筹学和计算机为工具，并辅之以行为科学的有关理论。这就是说，当代决策理论把古典决策理论和行为决策理论有机地结合起来。它所概括的一套科学行为准则和工作程序，既重视科学的理论、方法和手段的应用，又重视人的积极作用。

当代决策理论包括的主要类型有智能管理、质量管理、组织管理等。

4. 直觉决策

管理者最有可能使用直觉决策方法有以下 8 种情况：①存在高不确定性时；②极少有先例存在时；③变化难以科学地预测时；④事实有限时；⑤事实不足以明确指明前进道路时；⑥分析性数据用途不大时；⑦当需要从现存的几个可行方案中选择一个，而每一个的评价都良好时；⑧时间有限并且存在提出正确决策的压力时。

据调查，直觉经常运用在决策过程的两个时间段里，即决策过程之初或是决策过程结尾。

在决策开始时使用直觉，决策者努力避免系统地分析问题。他让直觉自由发挥，努力产生不寻常的可能事件，形成从过去资料分析和传统行事方式中一般产生不出的新方案。而决策过程结尾的直觉运用，有赖于确定决策标准及其权重的理论分析以及制定和评价方案的理性分析。但这一切做完后，决策者便停止了这一过程，目的是筛选和消化信息，一两天后再做出最后的选择，这种方法被形象地描述为“睡眠决策”。

5.2.2 决策的原则

1. 满意原则

决策遵循的是满意原则，而不是最优原则。

对决策者来说，要想使决策达到最优必须做到：①容易获得与决策有关的全部信息；②真实了解全部信息的价值所在，并据此制定所有可能的方案；③准确预期到每个方案在未来的执行结果。

但在现实中，上述这些条件往往得不到满足。具体来说：①组织内外存在对组织的现在和未来都会直接或间接地产生某种程度影响的因素，但决策者很难收集到反映这一切情况的信息；②对于收集到的有限信息，决策者的利用能力也是有限的，从而决策者只能制定数量有限的方案；③任何方案都是在未来实施，而人们对未来的认识是不全面的，对未来的影响也是有限的，从而决策时所预测的未来状况可能与实际的未来状况有出入。现实中的上述状况决定了决策者难以做出最优决策，只能做出相对满意的决策。

2. 系统原则

决策时采用系统决策技术是科学决策的重要特点，也是科学决策的重要保证。系统决策技术是指把决策对象看作一个系统，并以此系统的整体目标为核心，追求整体优化目的的决策。任何系统都具有以下三个特征。

（1）集合性。系统均由若干子系统组成。

（2）相关性。各子系统按一定结合方式组成系统。

（3）目的性。系统具有特定的功能和目标。

各子系统的特征并不完全一致，但系统原则强调，决策时应将各子系统的特性放到系统的整体中去权衡，用整体系统的特征和总目标去协调各子系统的目标，形成整体优化。所以，决策者要从战略的高度去决策。

3. 信息原则

1）信息是决策的基础

因为在科学决策中必须掌握大量信息，才能系统地对信息进行归纳、整理、比较、选择和加工，才能去伪存真、由表及里地对各种资料进行分析，为决策提供准确、全面、系统、可靠的信息。

2）管理者在决策时离不开信息

信息的数量和质量直接影响决策水平。这要求管理者在决策之前以及决策过程中尽可能地通过多种渠道收集信息，作为决策的依据。但这并不是说管理者要不计成本地收集各方面的信息。管理者在决定收集什么样的信息、收集多少信息以及从何处收集信息等问题时，要进行成本—收益分析。只有在收集的信息所带来的收益（因决策水平提高而给组织带来的利益）超过因此而付出的成本时，才应该收集信息。所以说，适量的信息是决策的依据，信息量过大固然有助于决策水平的提高，但对组织而言可能不经济，而信息量过少则使管理者无从决策或导致决策收不到应有的效果。

4. 预测原则

预测是根据过去和现在估计未来、根据已知推测未知的活动。决策的正确与否取决于对未来后果所作判断的正确程度,不了解未来的实施后果,常常会造成决策失误。预测原则是指通过科学的预测,对未来事件的发展趋势和状况进行描述和分析,做出有根据的假设和判断,为决策提供科学依据和准则。

5. 比较优选原则

比较是指经过系统分析和综合,确定多个达到预定目标方案的过程。优选是指从多个备选方案中选择满意方案的决断过程。由于任何决策的后果均有利弊,故决策者只能在利弊之间合理选择。

6. 反馈原则

由于事物的发展和客观条件的变化,或因原来决策考虑不周,实施结果可能会与预定目标存在差异。反馈原则是指根据变化情况和实践结果,对初始决策做出相应的调整或改变,使决策趋于合理的原则。反馈原则是实现动态平衡、提高决策质量及实现决策科学化的保证。

5.3 影响决策的因素

到目前为止,已经讨论过一些影响管理者决策的因素。这里,再作一些整理和补充,这些因素有助于企业管理者改善决策水平。

5.3.1 决策的模式

除了决策问题的性质影响决策水平,管理者做出决策时应用的模式也因人而异,因事而异。通常采用的模式有:理性、有限理性和直觉决策。

1. 理性决策

理性(rational)决策隐含的假设是,管理者是完全客观并合乎逻辑性的,他会仔细审视要决策的问题,会清楚地界定目标,而最终,理性的决策者将会毫不犹豫地选择那些最可能实现目标最大化的方案。理性的决策者使用的是古典决策模式,显然,这种决策只能是一种理想化,现实管理世界中的问题绝大多数不属于这样的情况。

2. 有限理性决策

有限理性(bounded rationality)决策假设制定决策时,尽管无法做出理性的选择,但管理者仍然期望按照理性的思路制定决策。他们会尽量简化决策变量,表现出某种程度的理性。当然,这种简化是因为个人不可能具有分析所有方案的信息而不得不采取的措施。所以说,他们制定的决策只能是满意的(satisfied),而不太可能达到最优的目标。管理者只能认为他们的最终的决策已经足够好了,因为他们无法搜索到所有信息。

3. 直觉决策

直觉决策(intuitive decision making)是一种潜意识的决策过程,它是基于决策者的实践经验和亲身经历来判断的,并不是非理性的。一个有丰富经验的管理者遇到问题时,通常会迅速做出决策,表面上看他获得的信息也不充足,但他可能会运用自己的经验来制定决策。一项调查表明,几乎三分之一的管理者及员工承认,他们在制定决策时下意识的感觉比依靠认知能力的办法要正确。

研究者还对管理者运用直觉决策进行了调查，发现有以下 5 种不同的直觉决策方式。

（1）基于经验的决策，即管理者根据他过去的经验来制定决策。

（2）基于价值观或伦理的决策，即管理者根据他的价值观或认可的文化来制定决策。

（3）基于认知的决策，即管理者根据自己的技能、知识以及受到培训的结果来制定决策。

（4）潜意识的心理过程，即决策是在潜意识情况下做出的。

（5）基于当时状况的决策，即管理者根据自己的感觉或是情绪做出决策。

一般来说，在稳定的环境中，理性和有限理性的决策模式更适用，而直觉在不稳定的环境中可能更有效率，因为需要快速做出决策。

5.3.2　决策者个人的风格

尽管上述因素都会影响管理者的决策水平，但研究还发现，不同的管理者，即使面对同样的问题，他们的决策仍然可能不一样，因为每个人都有不同的思维模式。其中有些人具有理性的思维方式，他们会按照有逻辑的观点看待信息，而有些人则更倾向于通过直觉作决策，还有些人则热衷于创造性思维。

这里可以用个人决策风格（personal decision style）来说明这些差异。个人决策风格使用两个维度：一个是思维方式，一个是对模糊的承受能力。模糊（ambiguity）是指这样一种情况，决策者并不清楚决策的目标，或者对要解决的问题不明确，找到选择方案非常困难，而且与结果有关的信息也无法得到。通过这两个维度，我们得到 4 种不同的决策风格，如图 5-1 所示。

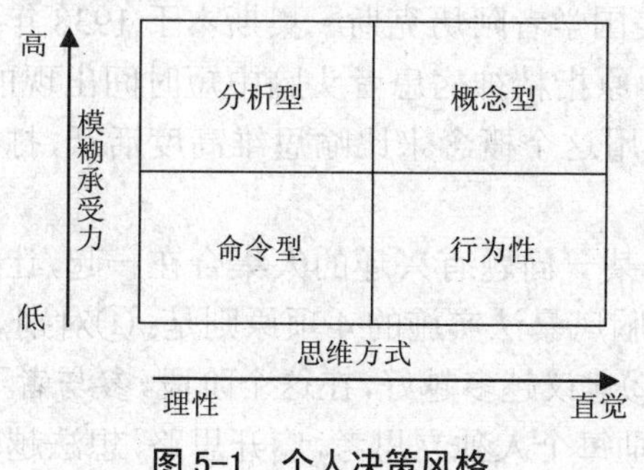

图 5-1　个人决策风格

1. 命令型（directive style）

具有命令型风格的人有较低的模糊承受力，他们的思维方式是理性的，追求效率和逻辑性，倾向于采取简单、清晰的解决方法来进行决策。他们追求决策的速度和效率，通常只考虑少量信息，希望通过现有的程序做出决策。

2. 分析型（analytical style）

具有分析型风格的人与具有命令型风格的人正好相反，他们对模糊有较大的承受力，因此，他们会试图收集更多的信息，考察更多的方案，通过这些信息客观、理性地做出决策。他们的个性特征是谨慎的，具有适应某些特殊情况的能力。

3. 概念型（conceptual style）

具有概念型风格的人同样喜欢收集大量信息，这一点类似于具有分析型风格的人。与具有分析型风格的人不同的是,他们更关注决策的长期结果,而非短期结果。他们会将决策问题与可能的方案同其他人讨论,也会制定较多的备选方案,依赖系统和人两方面提供的信息,更愿意寻求解决问题的创造性方案。

4. 行为型(behavioral style)

具有行为型风格的人一般更关心别人,他们愿意与下级或其他人进行沟通,了解他们对问题的看法以及做出某种决策会对这些人产生哪些影响。

虽然这四种决策风格差别显著,但多数管理者通常具有一种以上的决策风格。他们在日常碰到问题需要做出决策时,通常会采取不同的决策风格。至于采用哪种决策风格,还要依据他们面临的决策问题。

5.3.3 决策的参与度与创造力

5.3.3.1 提高员工的决策参与度

员工的积极参与有利于提高决策的质量,特别是在如今变化迅速的环境下,要求组织能够对变化做出快速响应。所以,许多组织积极鼓励员工参与决策,同时,信息技术和互联网的发展使得信息能够被更为广泛地分享,使分散决策变得更为现实。

管理者既要提升决策的参与程度,又要避免群体决策带来的弊病。组织中常用以下几种方法改善群体决策的参与程度。

1. 头脑风暴法

现代创造学的创始人、美国学者阿历克斯·奥斯本于 1938 年首次提出头脑风暴法（brainstorming）。“Brainstorming”原指精神病患者头脑中短时间出现的思维紊乱现象,病人会产生大量的胡思乱想。奥斯本借用这个概念来比喻思维高度活跃,打破常规的思维方式从而产生大量创造力设想的状况。

头脑风暴法是将对解决某一问题有兴趣的人集合在一起,让他们在完全不受约束的条件下,敞开思路,畅所欲言。头脑风暴法实施的 4 项原则是:①对别人的建议不作任何评价,将相互讨论限制在最低限度内;②建议越多越好,在这个阶段,参与者不要考虑自己建议的质量,想到什么就应该说出来;③鼓励每个人独立思考,广开思路,想法越新颖、奇特越好;④可以补充和完善已有的建议,以使它更具说服力。

头脑风暴法的目的在于创造一种畅所欲言、独立思考的氛围,诱发创造力思维的共振和连锁反应,产生更多的创造性思维。这种方法的时间安排应在 1~2 小时,参加者以 5~6 人为宜。

2. 名义小组技术

名义小组技术（nominal group technique）是管理决策中的一种定性分析方法。在群体决策中,如对问题的性质不完全了解且意见分歧严重,则可采用名义小组技术。在这种技术下,小组的成员互不通气,也不在一起讨论、协商,从而小组只是名义上的。这种名义上的小组可以有效地激发个人的创造力和想象力。

在这种技术下,管理者先召集一些有知识的人,把要解决问题的关键内容告诉他们,并请他们独立思考,要求每个人尽可能地把自己的备选方案和意见写下来。然后再按次序让他们一个接一个地陈述自己的方案和意见。在此基础上,由小组成员对提出的全部备选方案进行投票。根据投票结果，赞成人数最多的备选方案即为所要的方案。当然，管理者最后仍有权决定是接受还是拒绝这一方案。

3. 德尔菲法

德尔菲法（delphi method）是在 20 世纪 40 年代由赫尔默（Helmer）和戈登（Gordon）首创的。1946 年，美国兰德公司为避免集体讨论存在的屈从于权威或盲目服从多数的缺陷，首次用这种方法来进行定性预测。20 世纪中期，当美国政府要发动朝鲜战争的时候，兰德公司又提交了一份预测报告，预告这场战争必败。美国政府根本没有采纳，结果一败涂地。从此以后，德尔菲法得到广泛认可。

例如，当管理者面临着一个有关用煤发电的重大技术问题时，运用这种方法的第一步是要设法取得有关专家（包括大学教授、研究人员以及能源方面有经验的管理者）的合作，然后，把要解决的关键问题（如把煤变成电能的重大技术问题）分别告诉专家，请他们单独发表自己的意见并对实现新技术突破所需的时间做出估计。在此基础上，管理者收集并综合各位专家的意见，再把综合后的意见反馈给各位专家，让他们再次进行分析并发表意见。在此过程中，如遇到差别很大的意见，则把提供这些意见的专家集中起来进行讨论并综合。如此反复多次，最终形成代表专家组意见的方案。

运用该技术的关键如下。

（1）选择好专家，这主要取决于决策所涉及的问题或机会的性质。

（2）决定适当的专家人数，一般 10~50 人较好。

（3）拟订好意见征询表，因为它的质量直接关系到决策的有效性。

4. 电子会议

电子会议（electronic meetings）是群体预测与计算机技术相结合的方法。在使用这种方法时，先将群体成员集中起来，每人面前有一个与中心计算机相连接的终端。群体成员将自己有关解决政策问题的方案输入计算机终端，然后再将它投影在大型屏幕上。

电子会议的主要优点是匿名、诚实和快速。决策参与者能不透露姓名地发出自己所要表达的任何信息，一敲键盘即显示在计算机屏幕上，使所有人都能看到。它还使人们充分表达他们的想法而不会受到惩罚；它消除了闲聊和讨论偏题，且不必担心打断别人的“讲话”。

电子会议比传统的面对面会议节省一半以上时间。但是电子会议也有缺点：那些打字快的人使得那些口才虽好但打字慢的人相形见绌；再有，这一过程中传递的信息不如面对面口头交流丰富。

5.3.3.2 激发员工的创造力

创造力是指提出新颖且实用的思想的能力。创造力对决策制定非常重要，它使决策人员更全面地理解和评价问题，包括那些别人看不见的问题。创造力对决策最大的价值在于帮助决策人员识别所有可能的备选方案。尤其是在头脑风暴法、名义小组技术、德尔菲法、电子会议等方法中，员工的创造力能够发挥重要的作用。

然而，与生俱来的创造力因人而异。不到 1% 的人具有超常的创造力；10% 人具有很强的创造力；大约 60% 的人具有一定的创造力。因此，如果学会挖掘，大多数人都拥有创造潜力，但是为了发掘这种潜力，他们需要摆脱心理定式，学会如何以不同的方式思考问题。

激发员工的创造力是管理的一部分。通常用三要素模型刻画创造力。该模型认为,个体创造力本质上是专业知识、创造力思维技能和内在的任务动机。任一要素的水平越高,则创造力越强。

第一个要素是专业知识（expertise）。它是所有创造性工作的基础。达芬奇对艺术的理解和爱因斯坦的物理知识是他们在专业领域做出创造性贡献的必要条件。不能指望毫无专业技能的人能够成为有创造力的人才。当个体提高其领域内的能力、知识、熟练程度和相关专业技能时,其提高了创造潜力。

第二个要素是创造性思维能力（creative-thinking skills）。它包括与创造相关的个性特征、使用类推的能力和从不同角度观察事物的能力。以下个性特征与创意正相关：智力、独立、自信、愿意承担风险、内在控制、容忍模糊和意志力。有效使用类推可使决策将创意从一个地方运用到其他地方。

第三个要素是内在的任务动机（intrinsic task motivation）。它是对从事有趣的、让人着迷的、令人兴奋的、使人满足的或者具有挑战性工作的渴望。它是将创造潜力转化为实际创意的要素。它决定人们充分利用专业知识和创造性思维能力的程度。

个体工作环境和组织文化对内在动机有显著影响。此外,下列五类组织因素对创造力有负面影响：预期评估,焦点在于评价你的工作；监督,在监督下工作；外部刺激,强调外在的、物质的报酬；竞争,与同事一起面对得失；约束,限制你的工作方式。

5.3.4　决策过程

决策制定过程如图 5-2 所示。

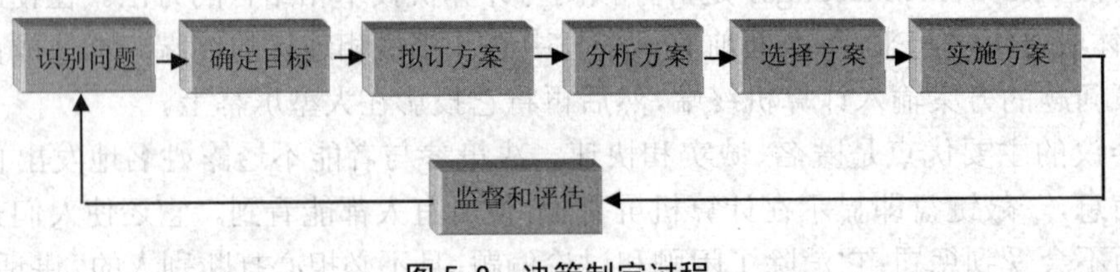

图 5-2　决策制定过程

1. 识别机会或诊断问题

管理者通常密切关注与其责任范围有关的数据,这些数据包括外部的信息和组织内的信息。实际状况与所期望状况的偏差提醒管理者潜在机会或问题的存在。识别机会和问题要考虑组织中人的行为。有些时候,问题可能根植于个人过去的经验、组织的复杂结构或个人和组织因素的某种混合。因此,管理者要尽可能精确地识别机会和问题。

问题识别是主观的,比如“销售额下降了 5%”是问题吗？同一个结果在一个经理看来是问题,而在另一个经理看来是满意的。

评估机会和问题的精确程度有赖于信息的精确程度,所以管理者要尽力获取精确的、可信赖的信息。低质量的或不精确的信息会使时间白白浪费掉,并使管理者无从发现导致某种情况出现的潜在原因。

即使收集到的信息是高质量的,在解释的过程中,也可能发生扭曲。有时,随着信息持续地被误解或有问题的事件一直未被发现,信息的扭曲程度会加重。大多数重大灾难或事故都有一个较长的潜伏期。在这一时期，管理者对有关征兆错误理解或不重视，因而未能及时采取行动，从而导致发生灾难或事故。

更糟的是，即使管理者拥有精确的信息并正确地解释它，处在他们控制之外的因素也会对机会和问题的识别产生影响。但是，管理者只要坚持获取高质量的信息并正确地解释它，就会提高做出正确决策的可能性。

2. 确定目标

目标体现的是组织想要获得的结果，结果的数量和质量都应明确下来，因为目标的这两个方面都最终指导决策者选择合适的行动路线。

目标的衡量方法有很多种，如通常用货币单位来衡量利润或成本目标，用每人每小时的产出数量来衡量生产率目标，用次品率或废品率来衡量质量目标。

根据时间的长短，可把目标分为长期目标、中期目标和短期目标。长期目标通常用来指导组织的战略决策；中期目标通常用来指导组织的战术决策；短期目标通常用来指导组织的业务决策。无论时间的长短，目标总指导着决策过程。

3. 拟订方案

一旦机会或问题被正确地识别出来，管理者就要提出实现目标和解决问题的各种方案。这一步骤需要创造力和想象力。在提出备选方案时，管理者必须把试图实现的目标牢记在心，而且要提出尽可能多的方案。

管理者常常借助个人经验、经历和对有关情况的把握来提出方案。为了提出更多、更好的方案，需要从多种角度审视问题，这意味着管理者要善于征询他人的意见。

备选方案可以是有标准的，也可以是独特的和富有创造性的。标准方案通常是指组织以前采用过的方案。通过头脑风暴法、名义小组技术和德尔菲法等，可以提出富有创造性的方案。

4. 分析方案

决策过程的第四步是确定所拟订的各种方案的价值和是否恰当，即确定最优的方案。为此，管理者起码要具备评价每种方案的价值或相对优（劣）势的能力。在评估过程中，要考虑预定的决策标准（如想要的质量）以及每种方案的预期成本、收益、不确定性和风险。最后对各种方案进行排序。例如，管理者会提出以下问题：该方案会有助于质量目标的实现吗？该方案的预期成本是多少？与该方案有关的不确定性和风险有多大？

5. 选择方案

在决策过程中，管理者通常要做出最后选择。但做出决定仅是决策过程中的一个步骤。尽管选择一个方案看起来简单——只需考虑全部可行方案并从中挑选一个最好的方案，但实际上，做出选择是很困难的。由于最好的决定通常建立在仔细判断的基础上，所以管理者要想做出一个好的决定，必须仔细考察全部事实，确定是否可以获取足够的信息并最终选择最优方案。

6. 实施方案

方案的实施是决策过程中至关重要的一步。在方案选定以后，管理者就要制定实施方案的具体措施和步骤。实施过程中通常要注意做好以下工作。

（1）制定相应的具体措施，保证方案的正确实施。

（2）确保与方案有关的各种指令能被所有有关人员充分接受和彻底了解。

(3)应用目标管理方法把决策目标层层分解,落实到每一个执行单位和个人。

(4)建立重要的工作报告制度,以便及时了解方案进展情况,及时进行调整。

7. 监督和评估

一个方案的实施可能涉及较长的时间。在这段时间,形势可能发生变化,而初步分析建立在对问题或机会的初步估计上。因此,管理者要不断对方案进行修改和完善,以适应变化了的形势。同时,连续性活动因涉及多阶段控制而需要定期分析。

由于组织内部条件和外部环境的不断变化,管理者要不断修正方案来减少或消除不确定性,定义新的情况,建立新的分析程序。具体来说,职能部门应对各层次、各岗位履行职责情况进行检查和监督,及时掌握执行进度,检查有无偏离目标,及时将信息反馈给决策者。决策者则根据职能部门反馈的信息,及时追踪方案实施情况,对与既定目标发生部分偏离的,应采取有效措施,以确保既定目标的顺利实现;对客观情况发生重大变化、原先目标确实无法实现的,则要重新寻找问题或机会,确定新的目标,重新拟定可行的方案,并进行评估、选择和实施。

需要说明的是,管理者在以上各个步骤中都要受到个性、态度、行为、伦理和价值观以及文化等诸多因素的影响。

5.3.5 跨文化管理

"出海"成为中国企业的重要战略方向。大批中国企业努力进行国际化布局。然而,中西方存在巨大的文化差异。打破文化差异壁垒,是企业出海需要考虑的问题。心理和行为研究表明,国家文化差异对决策产生一定程度的影响。国外管理学家的经验显示,以失败而告终的跨国公司有 70% 是由于文化差异导致失败。

5.3.5.1 文化差异维度

格尔特·霍夫斯泰德(Geert Hofstede)对 IBM 在 40 个国家 11.6 万员工作了调查,他认为文化是在一个环境中的人们的共同的心理程序,不是一种个体特征,而是具有相同的教育和生活经验的许多人所共有的心理程序。不同的群体、区域或国家的这种程序互有差异。这种文化差异可分为 5 个维度:权力距离、不确定性规避、个人主义与集体主义以及男性气概与女性化、长期导向和短期导向。霍夫斯泰德从其调查数据的分析中,得出了以下描述各种文化差异的指标。

1. 权力距离

权力距离(power distance),即在一个组织当中,权力的集中程度和领导的独裁程度以及一个社会在多大的程度上可以接受组织当中这种权力分配的不平等。在组织中,可以理解为员工和管理者之间的社会距离。一个权力差距大的社会能够接受组织内权力的巨大差别,员工对权威表示出极大的尊敬。而在权力差距小的社会中,上级仍然拥有权威,但员工并不敬畏老板。

例如,美国是权力距离较小的国家,美国员工倾向于不接受管理特权的观念,下级通常认为上级是"和我一样的人"。所以在美国,员工与管理者之间更平等,关系也更融洽,员工也更善于学习、进步和超越自我,实现个人价值。相对而言,我国是权力距离较大的国家,在我国,地位象征非常重要,上级所拥有的特权被认为是理所应当的,这种特权非常有利于上级对下属权力的实施。这些特点显然不利于员工与管理者之间和谐关系的创造和员工在企业中不断地学习和进步。

2. 不确定性规避

不确定性规避（uncertainty avoidance）是衡量人们规避风险和接受非传统行为的程度。任何一个社会中，人们对于不确定的、含糊的、前途未卜的情境，都会感到面对的是一种威胁，从而总是试图加以防止。在不确定性规避程度低的社会当中，人们对于无组织、不确定性和不可预见性的容忍程度很高，所以普遍有一种安全感，倾向于放松的生活态度和鼓励冒险的倾向。相对而言，在不确定性规避程度高的社会当中，人们对于不确定性和不明确性感到不安，从而要求确定性和一致性的承诺，普遍有一种高度的紧迫感和进取心，因而易形成一种努力工作的内心冲动。

例如，日本是不确定性规避程度较高的社会，因而在日本，“全面质量管理” 这一员工广泛参与的管理形式取得了极大的成功，“终身雇佣制” 也得到了很好的推行。与此相反，美国是不确定性规避程度低的社会，同样的人本主义政策在美国企业中则不一定行得通，比如在日本推行良好的“QC 小组”，在美国却几乎没有成效。我国与日本相似，也属于不确定性规避程度较高的社会，因而在我国也适合推行员工参与管理和增加职业稳定性的人本主义政策。

3. 个人主义与集体主义

个人主义（individualism）是指一种结合松散的社会组织结构，其中每个人重视自身的价值与需要，在这一结构中，人们只关心自己的和直系亲属的利益。集体主义（collectivism）则指一种结合紧密的社会组织，在这一结构中，人们相互照顾，组织也千方百计地保护成员的利益。

例如，美国是崇尚个人主义的社会，强调个性自由及个人的成就，因而开展员工之间的个人竞争，并对个人表现进行奖励，这是有效的人本主义激励政策。我国和日本都是崇尚集体主义的社会，员工对组织有一种感情依赖，容易建立员工和管理者之间和谐的关系。

4. 男性气概与女性化

男性气概（masculine）意味着自我价值的追求，英雄主义、坚毅果断、高压力下的工作和追求物质上的成就。而女性化（feminality）则意味着更重视人际关系、相互合作、集体决策和追求生活质量。

例如，美国是男性气概较强的国家，企业当中重大决策通常由高层做出，员工由于频繁地变换工作，对企业缺乏认同感，因而员工通常不会积极地参与管理。我国是一个女性化的社会，注重和谐和道德伦理，崇尚积极入世的精神。

5. 长期导向和短期导向

长期导向（long-term orientation）和短期导向（short-term orientation）体现了一种文化对传统的重视程度。在霍夫斯泰德研究的前后几年，亚洲经济发展极快，尤其是亚洲四小龙的腾飞，更是令世人瞩目。霍夫斯泰德发现这 4 个亚洲国家和地区（香港、台湾、韩国、新加坡）有一个共同的特点，那就是对传统的重视，而且有凡事都想到未来的倾向，而非只想当前，做一锤子买卖。这种长期导向与国家经济发展速度之间的相关系数非常高，也就是说，在他所调查的二十几个国家中，长期导向这一条解释了经济发展将近 50% 的变异量！

长期导向的文化关注未来、重视节俭和对目标的执着追求。如日本，国家以长远的目光来进行投资，每年的利润并不重要，最重要的是逐年进步以达到一个长期的目标。在短期导向的文化里，价值观是倾向过去和现在的。尽管人们尊重传统，但此时此地才是最重要的。比如美国，公司更关注季度和年度的利润成果，管理者在每年对员工进行的绩效评估中只关注利润。

对于在我国的管理者而言，可以根据霍夫斯泰德的5个维度找出那些不同于本国的特点，预测出可能产生的文化冲击（culture shock），然后进行适当调整。这里要强调的是，一个国家文化的特点不是靠感觉得出来的，甚至生活在其中的人有时也说不清。有这样一个例子：芝加哥大学的奚恺元教授和哥伦比亚大学的韦伯教授合作（Hsee & Weber，1999）进行调查，同时询问美国学生和中国学生：哪种文化中的人更敢冒风险？结果，美国学生说美国人更敢冒险，中国学生也说美国人更敢冒险。随后，他们给了这些学生一些隐含风险的情境，让他们进行选择。结果，他们发现平均而言，中国学生与美国学生敢冒风险的程度无显著差异，只不过冒险领域不同，中国学生在经济领域中比美国学生更敢冒险，而美国学生在社会领域中比中国学生更敢冒险，这体现出强烈的文化差异。

国家文化差异影响决策人员的决策方式（无论是由团队、团队成员还是管理者个人决定）和决策人员对风险程度的忍受程度。因此，国家文化会影响企业文化。例如，在印度，权力距离和不确定性规避程度高，因此只有高层管理人员才能作决策，而且倾向于作保守的决策。与之相反，在瑞典，权力距离和不确定性规避程度较低，因此瑞典管理人员敢于作风险较大的决策，同时管理高层也会将决策权下放给下属，鼓励中下层管理者及其所属员工积极参与与自身相关的决策。

日本注重集体主义。因此相对于美国，在日本的决策更具有群体导向。日本民族看重一致性和合作关系。在制定决策之前，日本高层通常会收集大量信息，用于制定一致性决策。由于日本公司员工的工作稳定性很高，因此其管理决策通常更加注重公司的长期愿景，而非短期利益。

高层管理的决策风格通常与其国家文化相一致。例如在法国，专制决策经常发生，管理者的风险厌恶程度高，倾向于规避风险。德国公司的管理风格反映德国文化对结构和秩序的重视程度。因此，德国公司一般遵从大量的规则和条例，管理者责任清晰，决策只有通过正式的渠道才能被接受。

霍夫斯塔德认为，从企业角度来看，只有理解文化的含义，才能理解领导、战略和人力资源。面对来自不同文化和国家的员工时，管理者必须事先了解员工的共同点和可接受的行文。管理者需要能够适应不同的决策理念和程序，并掌握不同文化背景员工提供的观点和相关优势。在一个国际化的商业世界，如果不了解文化异同，就无法了解其他人和团队，难以施展有效的领导力或进行人力资源的管理。

除了社会价值观，社会文化因素还包括语言、宗教信仰、社会组织结构和教育水平、时间观念等。时间观念受到不同文化的影响存在很大差异。有的文化里面有很强的时间观念，相反，有的文化里面时间观念很淡薄。霍尔（Edward T. Hall）将时间观念分为单一时间观（monochromic time，M-time）和多种时间观（polychromic time，P-time）两类。前者线性地使用时间，将时间划分为不同的时段：节约时间、浪费时间、花销时间、等待时间等，一段时间集中精力做一件事，重视速度。这类人常常被描述为“他们总是来去匆匆”。多种时间观的人常常不按时间表行事，同时做多种事情，注重人际交往。这类人常常被描述为“他们总是姗姗来迟”。当具有不同时间观的两个人遇到一起，就需要彼此调整时间观。

5.3.5.2　跨文化管理

企业的国际化进程充满着风险。管理者应该充分认识母国与东道国文化、政治－法律、经济上的差异，并能据此发现适合的管理体制、激励措施、控制方法。因此，不断地学习和发展对于企业和管理者而言都是非常重要的。

全球化环境中最重要、最复杂的就是文化环境。所以，一个管理者首先应当对自己国家和组织的文化有深刻的了解，然后才能去了解另外一种文化的内涵。由于文化的不同，在一个国家行之有效的管理方式不一定在另一个国家行得通。通常，管理者是需要根据所在国的具体情况进行改进的，主要为了适应所在国的文化背景。

1. 跨文化管理的含义

跨文化管理又称为“交叉文化管理（cross cultural management）”，即在全球化经营中，对子公司所在国的文化采取包容的管理方法，在跨文化条件下克服任何异质文化的冲突，并据此创造出企业独特的文化，从而形成卓有成效的管理过程。其目的是在不同形态的文化氛围中设计出切实可行的组织结构和管理机制，在管理过程中寻找超越文化冲突的企业目标，以建立具有不同文化背景的员工共同的行为准则，从而最大限度地控制和利用企业的潜力与价值。全球化经营企业只有进行了成功的跨文化管理，才能使企业的经营得以顺利运转，竞争力得以增强，市场占有率得以扩大。

2. 文化冲突

在进行全球发展时，跨国公司由于加入了另一种文化的观念，势必会造成文化冲突（culture conflict）。文化冲突的原因有 3 个：①不同的国家或民族文化；②不同的企业文化；③各个员工个体不同的文化价值观。在这 3 个原因中，后面两个很大程度受到国家或民族文化的影响，因此国家或民族文化是其中最有影响力的原因。

跨文化冲突主要表现为双方企业员工、管理者的文化摩擦。每个企业在其成长发展过程中都会形成自己独特的文化，一个企业内部也存在相互间具有差别的多种亚文化。企业的跨文化合资经营使原来两个不同文化的企业进行广泛而深入的资源结构重组。外来文化和本土文化的差异首先表现为双方管理者、员工之间的文化冲突，具体可以表现为种族优越感、不恰当地运用管理习惯、不同的感性认识、沟通误会、文化态度等等。假如，如果一位来自发达国家的合资方的经理自认为自己的文化价值体系优越，坚持以自我为中心的管理观对待文化价值体系与自己不同的员工，就会招致对方抗拒，结果会致使企业内充满矛盾和帮派，造成内耗，给企业造成巨大的经营损失和整体资源成本的增加。

3. 跨文化管理模式

不同类型的跨国企业可以根据它们的具体情况，采取不同的跨文化管理模式。解决文化冲突可以采取以下 3 种方案。

1）占领

所谓占领是指将自己本国的文化凌驾于其他文化之上，而且这种文化在组织中是统治者，组织内的决策及行为均受这种文化影响，其他文化则受到压制。使用这样的方案，可以在组织中很快形成一种“统一”的组织文化，但其缺点是没有顾及其他文化的优势以及其他文化中蕴含的感情，很容易导致组织成员的反感，最终加剧文化冲突。

2）折中

所谓折中是指面对不同文化，无法取舍，采取妥协与退让的方式，有意忽略文化差异，从而做到求同存异，以实现组织内的和谐与稳定。但这种方案背后往往潜伏着危机，只有当彼此之间的文化差异很小时，才适合采用这种方案。

3）融合

融合是指不同文化间在承认、重视彼此间差异的基础上相互尊重、相互补充、相互协调，从而形成一种全新的组织文化。这种统一的文化不仅具有较强的稳定性，而且还有可能具备“杂交”优势。

总之，在全球发展的企业进行跨文化管理时，应在充分了解本企业文化和国外文化的基础上，选择自己的跨文化管理模式，从而使不同的文化达到最佳的结合，形成自己的核心竞争力。例如，西方管理中讲“以人为本”，其目的主要是发挥人的积极性和主动性，以便人作为一种资源能够得到充分的利用；而东方管理中也谈到“以人为本”，最终目的是要获得人性的解放和改善人的生命质量和意义。显然在东西方文化管理中，“以人为本”这个观念的内涵是不完全一样的。我国学者高津华提出，欧美在中国的企业可以采取“和谐文化”的跨文化管理模式，这是一种创造相应的环境、条件，以自我管理为基础，以组织共同愿景为指导的管理模式。这种模式基于西方管理文化对“人本管理”的回归和东方管理文化对“人本管理”的弘扬，使得欧美在华企业更重视人的全面、自在的发展。

知识点

决策是决策者为达到某种预定目标，运用科学的理论、方法和手段，制定出若干行动方案，对此做出一种具有判断性的选择，予以实施，直到目标实现。决策的简单定义就是从两个以上的备选方案中选择一个的过程。决策的主体是管理者；决策的本质是一个过程，这一过程由多个步骤组成；决策的目的是解决问题或利用机会。

决策的层次划分包括战略性决策、管理性决策、业务性决策。按决策的性质划分，决策包括确定型决策、风险型决策、不确定型决策。按参与决策的人数划分，决策包括个人决策和群体决策。

行为决策理论认为影响决策者进行决策的不仅有经济因素，还有其个人的行为表现，如态度、情感、经验和动机等。

当代决策理论的核心内容是：决策贯穿于整个管理过程，决策程序就是整个管理过程。组织是由决策者及其下属、同事组成的系统。

管理者最有可能使用直觉决策的方法有以下 8 种情况：①存在高不确定性时；②极少有先例存在时；③变化难以科学地预测时；④事实有限时；⑤事实不足以明确指明前进道路时；⑥分析性数据用途不大时；⑦当需要从现存的几个可行方案中选择一个，而每一个的评价都良好时；⑧时间有限并且存在提出正确决策的压力时。

影响管理者决策的因素有：决策的类型、决策的模式、决策者个人的风格、决策的参与度与创造力，以及跨文化管理。

思考题

1.“预测是在浪费管理者的时间，因为没有人能准确地预测未来”，你是否同意这种说法？说明你的观点。

2. 解释决策的满意原则。为什么许多组织的管理者不寻求最优方案呢？

3. 解释当代决策理论，它与古典决策理论和行为决策理论的主要区别是什么？

4. 什么情况下建议采用群体决策？

5. 你认为在决策制定过程中哪一步最重要？说明理由。

6. 你认为自己的思维方式属于理性的还是直觉的？这两种情况对于决策意味着什么？

7. 你觉得可以采取哪些措施来提高管理者的决策水平？

第 6 章　组织文化与社会责任

学习要点

通过学习本章的内容,学生能够掌握:

1. 组织文化的含义、形式及作用;
2. 企业的社会责任;
3. 基本管理伦理的原则及影响因素。

课前引例

华为的跨文化管理

成立于 1987 年的华为是全球领先的 ICT(信息与通信)基础设施和智能终端提供商,在通信网络、IT、智能终端和云服务等领域为客户提供有竞争力的的产品、解决方案与服务,目前有 18 万员工,业务遍及 170 多个国家和地区。在国际化过程中,解决文化差异导致的冲突与矛盾,实现跨文化管理是华为首先要解决的问题。华为通过多种策略进行跨文化管理。第一,本土化策略。如在印度,华为要求中方员工取印度名,任命印度本土高管,推动企业融入印度文化。第二,文化相容策略。如华为会要求国外代表处员工经常参加本地员工婚礼,去当地城市旅游,观看当地舞剧,了解当地文化、风土人情。第三,跨文化培训策略。华为员工在出国之前都会在接受培训部门的相关培训(如文化差异)。知识培训有助于员工在与不同文化背景的人打交道时,能够站在对方角度考虑问题,减少文化冲突。第四,充分利用异国资源,将文化差异打造成企业竞争力。如华为加强对东道国文化的理解,更快地获取和选择信息,增强市场的介入能力。

思考题 你认为案例中华为的跨文化管理对中国企业出海有何启示?

6.1　组织文化

6.1.1　组织文化概述

组织文化(organizational culture)是指组织成员共有的价值观体系,这些共有的价值观在很大程度上,决定了雇员对周围世界的反应及看法。组织文化是一种群体文化,是企业或组织成员所共同拥有的总的行为方式、共同的信仰和价值观。它是通过企业长期经营与培育而形成的一种有别于其他企业的、能反映本企业特有经营管理风格的、被企业成员所共同认可和自觉遵守的价值观念与群体行为规范。企业文化的实质是团队精神。

组织文化的特征表现在以下方面。

（1）成员的同一性，是指雇员与作为一个整体的组织保持一致的程度，而不是只体现出他们的工作类型或专业领域的特征。

（2）团体的重要性，是指工作活动围绕团队组织而不是围绕个人组织的程度。

（3）对人的关注，是指管理决策要考虑结果对组织中的人的影响程度。

（4）单位的一体化，是指鼓励组织中各单位以协作或相互依存的方式运作的程度。

（5）控制，是指用于监督和控制雇员行为的规章、制度及直接监督的程度。

（6）风险承受度，是指鼓励雇员进取、革新及冒险的程度。

（7）报酬标准，是指同资历、偏爱或其他非绩效因素相比，依雇员绩效决定工资增长和晋升等报酬的程度。

（8）冲突的宽容度，是指鼓励雇员自由争辩及公开批评的程度。

（9）手段—结果倾向性，是指管理更注意结果或成果，而不是取得这些成果的技术和过程的程度。

（10）系统的开放性，是指组织掌握外界环境变化并及时对这些变化做出反应的程度。

以上所列的特征是相对稳定和持久的，就像个性的相对稳定与持久一样，组织文化也是如此。通用汽车公司被普遍描绘成冷静的、正规的、不愿意冒险的公司。20 世纪 30 年代，它是如此，现在基本上还是这样。相反，休利特—帕卡德公司是一个非正规的、结构松散的、很有人情味的公司。尽管两家公司的文化不同，但他们在过去都获得了实质性的成功。

组织文化以多种形式传递给员工，最常用的有故事、仪式、物质象征和语言。

1. 故事

许多组织中都流传着这样的小故事，它们的内容多半是与组织创建者、违犯组织制度、从乞丐到富翁的发迹史、裁减劳动力、员工重新安置、反省过去的错误以及组织应急事件等有关的一些小故事。这些小故事能够起到借古喻今的作用，还可以为目前的组织政策提供解释和支持。

诺斯拉姆公司的员工喜欢谈论这样一个故事，它与公司的顾客退货政策密切相关。当这个零售连锁店初创时，有一天一个顾客来到商店想退掉一副汽车轮胎，售货员不很清楚自己应该怎样处理这个问题。就在顾客与售货员交谈时，诺斯拉姆先生路过此处，并听到了谈话内容。他立刻走过去，问顾客花多少钱买下的这副轮胎，然后让售货员收回轮胎，把钱全数退给顾客。顾客拿着钱离开后，这位售货员困惑地看着老板说："诺斯拉姆先生，我们没有卖过轮胎呀！""我知道，"他的老板说，"但无论如何我们要让顾客满意。我说过，顾客退货时，我们不提任何问题，这是我们的退货政策，必须做到这一点。"然后，诺斯拉姆先生就打电话给一个在汽车配件厂的朋友，问他愿意花多少钱拿走那副轮胎。

2. 仪式

仪式是一系列活动的重复，这些活动能够表达并强化组织的核心价值观以及什么目标是最重要的，哪些人是重要的，哪些人无足轻重。

最出名的公司仪式是玛丽•凯化妆品公司的年终奖大会。年终奖大会既像是马戏团表演，又像是美国小姐大选。大会在一个大礼堂的舞台上举行，一般持续几天。台下是一大群欢呼雀跃的人，与会者都身着漂亮的晚礼服。达到销售指标的女售货员得到一些美妙的奖品，如金饰针、钻石饰针、狐皮披肩等等。这种年会公开地奖励销售业绩突出的员工，从而起到了激励员工的作用。另外，这种仪式强化了玛丽 • 凯个人的坚强意志与乐观精神，而这两点正是她克服个人困难，创立自己的公司，获得巨大物质财富的能量来源。玛丽 • 凯通过年会这种形式告诉她的员工，实现他们的销售指标很重要，通过努力工作和足够的勇气，他们也能获得成功。

3. 物质象征

坦德姆计算机公司（Tandem Computer）总部在加利福尼亚州的卡普蒂诺市，看起来不像人们通常想象中的总部。这儿有跑道，有篮球场，有舞厅和瑜伽教室，还有一个大游泳池，这些都是供员工享用的。每个星期五下午4点30分，员工就可以参加公司出资举行的啤酒豪饮会。这种非正式的公司总部组织形式告诉员工，公司重视的是公开性与平等性。

公司总部的布局，公司提供给高级管理人员的车型，公司是否给他们提供私人飞机，这些都是物质象征的例子。物质象征物还包括办公室的大小和摆设，装饰物的档次，高级管理人员的额外津贴、衣着等等。这些物质象征物告诉员工，谁是重要人物，高级管理人员希望平等的程度、恰当的行为类型，例如冒险、保守、独裁、参与、个人主义、社会导向等。

4. 语言

许多组织以及组织内的许多单位都用语言作为识别组织文化或亚文化的标志。通过学会这种语言，组织成员可确保他们已经接受了这种文化，这样又有助于员工坚持这种文化的价值观。

戴劳公司是一家以加利福尼亚为基地的数据分发公司。公司员工使用即位数目（分配数据库中每个个体记录的数字）、KWIC（文章中的关键词）、关系操作员（在数据库中按一定顺序搜索人名或关键词的人）等词语。图书馆管理学专家所用的术语，大部分是外行人所不了解的。他们在谈话中会不时地使用一些缩略语，如ARL（图书馆研究协会）、OCLC（提供合作目录的俄亥俄中心）、OPAC（上机用户专用目录）等等。

随着时间的推移，组织往往就形成了自己特有的名词，用来描绘与业务有关的设备、办公室、关键人物、供应商、顾客、公司产品等。一般来说，新员工经过6个月的工作之后，那些最初让他们困惑不已的新名词，就成为他们语言的一部分了。这些术语一旦为员工所掌握，就成了共同特征，把特定文化或亚文化中的成员联系在一起。

如何判断一个组织的文化是否优秀呢？哈佛商学院的研究人员提出了“企业文化力量指数”的概念，这个指数的大小与对以下一些问题的肯定回答存在密切联系。

(1)公司的经理是否经常谈论自己公司的“模式”或行事方法？

(2)公司是否将自己的价值观通过准则、口号等公之于众，并且大力教育和鼓励自己公司的职员恪守遵循？

(3)公司是按照本身的长期经营策略和经营行为方式进行运作，还是根据现任企业领导者的经营策略和行为方式进行工作？

6.1.2 组织文化的意义和作用

1. 有效的管理机制

一种优秀的企业组织文化能够成为影响组织成员行为的有效管理机制，从而协助组织成员共同为实现组织目标而努力工作。在这样一种文化氛围内，组织成员愿意自觉地遵守由组织文化所形成的价值准则和行为规范，这将比任何其他控制手段都更理想、更有效。因为靠强制命令虽然也能迫使组织成员改变其行为，但因为这不是自觉的行为，工作效率必然很低。

2. 良好的组织气氛

在具有良好文化环境的组织里工作，可以使人心情舒畅、精神振奋、充满生气、积极进取、畅所欲言、有较强的满足感和自我实现意识。在这样的环境中，人力资源的潜力可以得到充分的发挥和利用，组织成员愿意为组织的发展贡献其创造力。

3. 强大的推动作用

建立优秀的组织文化，将会对企业的经营业绩产生强大的推动作用，原因在于以下三方面。

（1）组织文化能够带动员工树立明确的目标，并在为此目标而奋斗的过程中保持一致的步调。在今天企业化生产程度很高、分工复杂的世界中，做到这一点极为困难。

（2）组织文化能够在员工中营造出非同寻常的积极性，因为企业成员共享的价值观和行为方式使得他们愿意为企业出力。

（3）组织文化还提供了必要的企业组织结构和管理机制，从而产生了一种合适的鼓励积极创造的压力水平。

4. 生存和发展壮大的灵魂

目前，许多著名的成功企业，他们的组织文化价值观逐步由原来的“物本主义”转向“人本主义”，由注重企业的资本增值而转向注重人力资源的合理开发和利用以及组织文化的建设。摩托罗拉如此，诺基亚也如此。诺基亚就提出“科技以人为本”的战略发展目标，并取得良好的成效。所以，21 世纪的企业家就要从关心人、爱护人、以人为本的企业价值观念出发，注重企业的科学技术人才和优秀管理人才的培养和使用，创造一个能使他们充分发挥积极性、创造性的文化和工作环境，这是组织文化的重要内容。组织文化是企业生存和发展壮大的灵魂所在，它规范和指导着企业的一切商业活动。

组织文化是企业在市场经济中处理各种关系的准则。优秀的组织文化应在处理以下关系中发挥积极的作用。

（1）与消费者的关系：做到顾客完全满意。

（2）与政府部门的关系：做到诚信不渝、遵纪守法。

（3）与其他企业的关系：做到公平竞争、互惠互利、互相尊重。

（4）与企业员工的关系：做到肯定个人尊严、保障员工合法权益。

但文化，特别是强文化，对组织的有效性存在着负面作用，表现在对变革的障碍、对多样化的障碍以及对兼并和收购的障碍。

企业的组织结构是其有效运转的实体框架，企业的制度和规范是保证其机体正常有序、沿既定方针目标运行的基础。企业制度化所约束和管理的对象是人，它既包括管理者，也包括普通员工。制度化只是约束人们的行为，只起到预防和警示作用，不会对人们产生激励和聚合作用。人是精神与肉体的结合物，人的心理认识支配着人们的主观能动作用，人们在得到一定层次的心理满足之后，会产生巨大的外在行为驱动力。而这一满足是通过企业内在的文化氛围的影响，企业与员工之间的相互诚信和企业对员工需求最周到、最全面的满足来实现的。企业中这些人性化措施的集中体现就是组织文化。

6.1.3　组织文化创新

新兴的知识经济将改变工业社会企业文化的基础。组织文化应相应地在以下四个方面进行调整。

1. 组织文化应成为知识经济条件下企业管理的重要甚至是主要手段

文化手段重要性的这种变化是与层级结构的网络化改造相关的。在层级结构中，管理中枢利用严格的等级制度统一指挥和控制着整个企业的活动，而在实行分权化管理的网络化层级结构中，各工作单元也是决策中心。管理中枢主要通过提供信息去影响、引导和协调这些单元的决策以及决策的组织实施。在这种情况下，用被企业员工广泛认同的价值观和行为准则去影响各工作单元在不同时空的行为方向、内容及方式就变得至关重要了。文化将成为保证和促进网络化层级结构条件下企业组织活动一体化的黏合剂。

2. 组织文化应是人们自觉创造的结果，而不是企业生产经营中的副产品

文化一旦成为企业管理重要甚至主要手段，共同认可的价值观一旦成为协调和统一人们行为的主要工具，人们便不能再消极地等待，让文化在经过漫长的岁月流逝后再缓慢形成。实际上，在网络化的层级结构中，当管理中枢无须直接利用权力去分配和协调下属单位的活动后，重要的工作内容就不仅是组织信息的收集、处理与传播，而是要通过基本政策的制定，借助各种沟通渠道去倡导某种适合企业特点的文化，大张旗鼓地宣传这种文化，总结和介绍这种文化影响下成功工作单元的事例，以促进这种文化所包含的价值观和行为准则被各工作单元迅速普遍地接受，并使之成为影响他们行为选择的基本规范。

3. 作为人们自觉行为结果的组织文化不仅应是记忆型的，而且应是学习型的，或者更准确地说，主要不应是记忆型的，而应是学习型的

传统工业社会的企业文化体现的主要是企业的“组织记忆”。这种记忆记录了企业过去成功的经验。假使环境参数不发生重大变化，人们依据昨天的经验和惯例还可以应付未来的变化。然而，知识经济条件下的市场环境是急剧变化的，过去成功的经验在今天崭新的现实面前往往显得无力。知识经济条件下的企业在客观上需要行为准则和行为方式的不断创新。这种创新要求组织文化必须是学习型的。

4. 组织文化将在强调主导价值观与行为准则的同时，允许异质价值观和行为准则的存在

学习型的组织文化必然是多元的。实际上，一定时期的主导价值观主要体现了组织的记忆。如果没有对不断出现的异质价值观的容忍，就不可能有组织文化的创新。此外，网络化层级组织的文化多元化的特点以及企业需要满足的个性化消费需求的特点也是相一致的。与等级明确的层级结构不同，网络化层级结构不可能要求企业以整齐划一的方式行事，具有决策权的自主工作单元必然会在企业经营中表现出各具特色的个性化行为方式。与此同时，个性化需求的满足也使得企业不能像传统方式下那样以单一的规则和一致的标准去约束自主工作单元的行为。

文化的多元化必然会促进企业文化的不断创新，从而必然不断促进知识经济条件下的企业走向繁荣。

6.2 社会责任

20 世纪之前，企业只关注盈利。但今天的社会，由于不同群体之间的相互依赖性增强了，一个组织在进行经营时，必须考虑其他群体的利益，也就是说，管理工作的社会责任增加了。为什么企业要有社会责任呢？可以看看近几年发生的事件，从安然（Enron）、世界通信（World-

Com)、环球电讯(Global Crossing)的财务诈骗,到联合利华超标排污被我国环保总局罚款,再到三鹿奶粉事件,我们可以看到,缺乏社会责任的公司,会造成在公众中的负面影响,从而损害公司股价和股东利益,也失去了员工的信任。相反,具有社会责任的公司对员工、顾客、股东和社区都会产生显著的积极效应。事实上,有一些管理学家坚持认为,企业对其员工的所作所为将在很大程度上决定着一个社会的价值观、社会准则和公民的道德意识。

如今,管理者常常面对需要考虑社会责任的问题,如员工关系、慈善事业、定价问题、资源保护、产品质量和安全等,这些都是非常明显的社会责任问题。管理者应该如何决策呢?

6.2.1　社会责任概述

社会责任并不是一个新的概念。早在 20 世纪上半叶,人们就开始研究这个问题。1899 年,美国钢铁集团(US Steel)的创始者安德鲁・卡内基(Andrew Carnegie)出版了《财富福音》(*The Gospel of Wealth*),提出了这个经典的词语:公司社会责任(corporate social responsibility)。但近年来对于社会责任的热烈讨论则是受到霍华德•伯文(Howard Bowen)写的《商人的社会责任》(*Social Responsibility of the Businessman*)一书的极大影响。在该书中,作者认为,企业在进行决策时必须考虑由此带来的社会效益。

对于什么是社会责任,迄今没有统一的认识。我们认为,社会责任就是当管理者做出培训、保护、提高、促进利益相关者乃至全社会福利的决策时,所承担的义务和责任。简单地说,社会责任应该认真考虑公司的一举一动对社会的影响。

但是,在战略决策的过程中,每个与企业利害相关团体的利益可能是相互矛盾的,不太可能形成一个能使各方都满意的战略。因此,管理者要区分各个团体利益的重要程度。

有关社会责任,存在两种相反观点。

一种是古典的或纯粹的经济学的观点,认为管理者的唯一的社会责任就是追求利润最大化。这一观点的最直率的支持者是经济学家和诺贝尔殊荣的获得者米尔顿・弗里德曼(Milton Friedman)。他认为“工商企业有且只有一个社会责任:把资源和能源用以增加盈利为目的的活动中,只要它不违反游戏规则……并且从事公开、自由的竞争,不搞欺骗欺诈。”他还认为,不管何时,当管理者自作主张将组织资源用于“社会利益”时,都是在增加经营成本。这些成本要么通过高价转给消费者,要么通过降低股息回报由股东吸收。值得注意的是,弗里德曼并不是说组织不应当承担社会责任,他支持组织承担社会责任,只不过这种责任仅限于实现组织利润最大化,至于解决社会问题的责任应该留给相关的个人和政府机构。

反对企业承担社会责任的支持者有以下理由。

(1)企业的首要任务是严格地集中精力从事经济活动以实现利润最大化,企业的社会化可能降低经济效益。

(2)归根到底,社会必须因企业的社会参与付出很高的代价,社会参与可能会使企业负担过量的成本,从而使企业在调配资源时遇到困难。

(3)企业参与社会活动可能会造成国际收支疲惫的状态,不利于企业在国际市场竞争。

(4)企业拥有足够的权力,而额外的社会参与会进一步加强其权力与影响。

(5)企业界人士缺乏处理社会问题的本领,他们所接受的培训和经验是与经济事务有关的。

(6)不存在企业对社会所承担的会计责任,然而,除非可以确定会计责任,否则企业不会卷入社会问题。

(7)缺乏对参与社会活动的全力支持,因而,不同观点的集团之间的分歧就会造成相互摩擦。

另一种观点是社会经济学观点（social economic）,认为组织的社会责任不只是创造利润,还包括保护和增进社会福利。这种观点基于社会对企业的期望已经发生了变化这样的事实:企业并非只是对股东负责,它们还要对社会负责,社会通过各种法律法规承认企业的建立,并通过购买产品和服务支持它们。

赞成企业承担社会责任的支持者有以下理由。

(1)公众的需要有了变化,这导致期望的变化,根据建议,企业受到社会的许可,因此不得不对社会的需要有所反应。

(2)创造更好的社会环境,有利于社会与企业双方:社会因良好的相互关系和就业机会而获益;企业则从一个良好的社区而获益,这是因为社区就是企业劳动力的来源,又是其产品和服务的顾客来源。

(3)企业参与社会抑制了额外的政府法规管理和干预,其结果使企业决策有了更多的自由和灵活性。

(4)企业拥有大量的权力,根据推理,企业也应当承担相当程度的责任。

(5)现代化社会是一个相互依存的社会,企事业单位的内部活动对外部环境是有影响的。

(6)企业承担社会责任可能有助于提高股东们的利益。

(7)问题有可能转化为利润,那些一度被看成废物的东西(比如软饮料包装、罐头盒)可以得到有效的再利用。

(8)企业参与社会活动创造了一个受人们欢迎的公众形象,从而使企业能吸引顾客、员工和投资者。

(9)企业应该设法去解决其他机构未能解决的问题,企业终究有伴随新思路一起成长的历史。

(10)企业拥有各种资源,特别是企业应该运用其有才干的经理和专家,以及它的资金去解决一些社会问题。

(11)通过企业的参与来防止社会问题的发生,比有了问题再治理更好。对长期失业需要救济的人进行帮助,这比对付社会骚乱更容易。

此外,有人认为“社会反应”这个概念比“社会责任”更有价值,也更实际,不像社会责任显得有点空谈。社会反应（social responsiveness）指的是一个企业适应变化的社会状况的能力。社会反应强调管理者针对其所从事的社会行为做出实际的决策。社会反应是由社会规范（social norms）引导的,它与社会责任是有区别的。比如一家生产汽车的企业,它宣传要生产安全性能高的产品,这表明它要对社会承担相应的责任。因此,每当该公司生产出不安全的汽车,都会立即从市场召回,这是它的社会反应。问题是,当这家公司接二连三地召回不合格的汽车后,消费者还能认为它是一家具有社会责任感的公司吗?即使该公司宣称它对于生产安全的汽车负有责任,但此前连续生产不安全的汽车会被认为是没有社会责任感。但是,该公司迅速从市场上召回了不安全的汽车,它具备了社会反应能力。具有社会反应能力的企业不是从长远考虑什么对社会有益,而是积极识别主流的社会规范,从而对变化的社会状况做出反应。

6.2.2　社会绩效的评价

图 6-1 列出一个评价企业社会绩效的模型。这个模型表明，所有企业的社会责任可以划分为四个部分，即经济责任、法律责任、伦理责任和自觉责任。这些责任是管理者根据其重要性和出现的频率由低到高排列的。

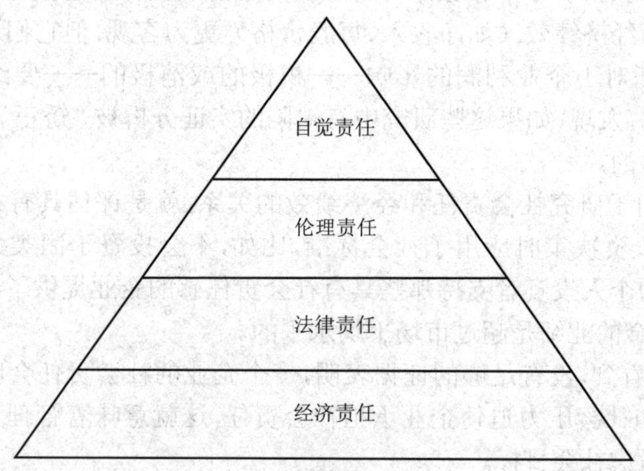

图 6-1　企业社会绩效的评价体系

1. 经济责任(economic responsibility)

尽管利润最大化的观点可能会给企业带来麻烦，因为那意味着经济利益是企业唯一的社会责任，但是作为一个企业，它的首要责任应该是经济责任，也就是向社会提供受欢迎的产品和服务，同时最大限度地为股东赚取利润。

2. 法律责任(legal responsibility)

企业必须遵守社会为其制定的一系列程序、法律、法规。法律责任是企业的行为应当与社会所倡导的和重视的那些内容保持一致，企业应当在法律允许的范畴内实现自己的经济目标。在这个范围内，故意违反法律是拙劣的，有意制造有缺陷的产品或没有服务却向顾客收费都是违法的。

3. 伦理责任(ethical responsibility)

伦理责任包括法律条款中没有规定的以及与企业直接经济利益并不相关的行为。遵从伦理意味着管理者必须遵循平等、公正和全面的原则，尊重个人的权利，并且只有在按照组织目标和任务要求的情况下，才能对个体采取区别对待的方式。当决策以个人或企业，以其他人乃至全社会为代价来获得好处时，就会出现不道德的行为。

4. 自觉责任(discretionary responsibility)

这种责任是非强制性的，而且不受法律、经济、道德因素的约束，纯粹是自愿的，由企业要为社会做贡献的愿望所支配。这包括不求回报的慈善行为。这种自觉责任是社会责任的最高标准，因为它超越社会的预期而对社会做出贡献。

6.2.3 社会责任与经济绩效的关系

尽管很多管理者认为企业需要尽更多的社会责任，但仍然有一种担心：体现社会责任的活动会不会降低企业的经济绩效？

多数研究表明，社会参与和经济绩效之间是正相关的。但是，关于这种结论最大的质疑点是它的研究方法。大多数方法采用的是“年度报表”分析，引证企业文档中关于社会活动的描述，或者采用公众感觉的“声誉”指数来评价企业的经济绩效。而这些标准不能真实地反映企业的社会责任。尽管经济绩效（如净收入、每股价格）更为客观，但它们通常用于评价短期的经济绩效。社会责任对于企业利润的影响——积极的或消极的——要经过许多年才能看得出。实际上，一项研究发现，如果这些研究中有缺陷的实证分析被“矫正”了，社会责任对于企业绩效的影响是中性的。

还有一种方法用于研究社会责任和经济绩效的关系，就是评估具有社会意识的共同证券基金。这些基金在投资决策时应用了社会标准，比如，不会投资于酒类、赌博、武器有关的公司。这些共同基金为个人投资者支持那些具有社会责任感的企业提供了一个途径。研究的结果发现，多数共同基金的业绩是超过市场平均水平的。

因此，我们可以看到，没有足够的证据表明，一个企业的社会责任会明显降低其长期的经济绩效。如果政治和社会压力迫使企业承担社会责任，这就意味着管理者在实施计划、组织、领导和控制时必须考虑社会目标。

6.3 管理伦理

管理伦理（management ethics）很难定义，一般来说，伦理是指一个人或组织在判断是非时所依据的道德和价值观准则。人或组织的行为、决策取向取决于伦理标准，它同时也是企业内部文化之一。当个体或组织行为有可能伤害或有益于他人或其他组织，伦理问题就显露出来了。

6.3.1 四种伦理原则

管理者时常面对棘手的伦理问题，比如，一家企业生产过程可能有安全隐患，但这家企业员工很多，为该地区解决了就业问题，那么这家企业是否应该受到指责？解决伦理问题的方法是建立在价值观基础之上的伦理准则。与管理相关的有四种伦理准则如下。

1. 功利主义原则(utilitarian view)

功利主义原则指的是完全按照结果或后果制定伦理准则。按照这种观点，决策者进行决策时，应该考虑不同决策方案可能产生的后果，应该选择向绝大多数人提供最大利益的那种方案。但在实际决策的过程中，这种方案筛选过程可能是非常复杂的。比如，一个管理者认为，在经济危机时解雇 15% 的员工是合理的，因为这将使得企业成本降低，利润增加，使得剩余的 85% 的员工工作有保障。但是它可能导致资源的不合理配置，尤其当那些受影响的人缺少代表或没有发言权时更是如此。所以，这种功利观点并不能达到最优，只能是较优或是恰当，另外，在决策过程中还有可能忽略那些间接受到影响的人。

2. 个人主义原则(individualism view)

个人主义原则指的是对个体具有长期利益最大化的行为是道德的。该原则认为个人行为导向是至高无上的,任何外部的限制个人导向的因素都应当予以严格的制约。个体将自己长期的利益作为决策依据,其利己性的趋利避害行为会通过比较找到恰当的方案。从理论上来说,人人都追求自我价值,但通过个体追求自我完善和个体之间相互适应的过程,整个社会都会受益。从长期的角度说,个人主义的效用最好,因为它可能使个体趋于诚实和完善,因为要在长期的交易中获得成功,人们只能以诚相待。但在那些组织高度集中和团队精神很强的组织中,个人主义原则并不受欢迎。

3. 道德－权利原则(ethics-right view)

道德－权利原则指的是尊重和保护个人自由和特权的观点,它认为人类拥有基本的权利和自由,这些不能被任何的决策剥夺。基于此,伦理决策应该是最大限度地保护与决策相关之人的权利。这些权利包括隐私权、言论自由、思想自由、生命与安全、获得信息权等。权利原则的积极一面是保护了个人的基本权利,消极的一面是过于关注个人权利,有可能妨碍组织的生产力和效率提高。

4. 公正主义原则(justice view)

公正主义原则指的是决策必须建立在公平和公正的基础上,并遵守所有的法律法规。这种原则没有功利主义原则那么烦琐的决策过程,也没有个人主义原则那么强调个人的利益。但管理者必须对各种因素进行界定,以确保对每个个体的公平。人力资源管理的大多数原则都是建立在这种理论基础之上的。遵循公正主义原则有失有得,它保护了那些缺乏代表或没有发言权的利益相关者的利益,但也助长了一种使员工降低风险承诺、创新的意识。

6.3.2　管理伦理的影响因素

一个管理者的行为是否合乎伦理,是管理者道德发展阶段、个人特征、组织结构设计、组织文化和道德问题强度这些变量复杂的相互作用的结果。一个缺乏道德的管理者身处反对非道德行为的环境中,那么做出违背伦理的事情的可能性就小得多。相反,一个很有道德的人,在一种伦理观念浅薄的环境中,很可能受这种环境影响而做出不合乎伦理的决策。

1. 道德发展阶段

一些研究表明,道德发展存在三个水平,每个水平又包括两个阶段。随着阶段不断上升,个人道德判断越来越不依赖于外界的影响。这种发展阶段如图 6-2 所示。

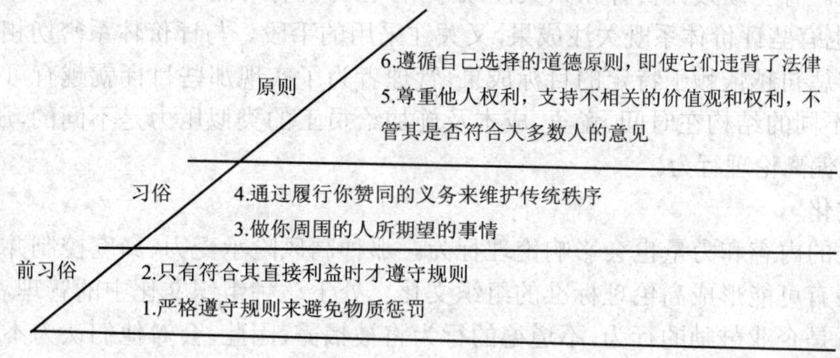

图 6-2　道德发展阶段

第一种水平称为前习俗(preconventional)。这个水平中,一个人的是非选择建立在物质惩罚、报酬或互相帮助的基础上。当发展到习俗(conventional)阶段时,一个人的伦理价值存在于维护传统秩序和不辜负他人期望之中。而到了原则(principled)阶段,一个人的伦理原则已经不受他所属的群体或一般社会的影响,有了属于自己的伦理原则。

通过对道德发展阶段的研究,人们发现:①人们会依次通过这六个阶段,他们逐渐顺着阶梯向上发展;②道德并不一定会持续发展,一个人的道德发展可能会停留在任何一个阶段;③大部分成年人处于第四阶段以上,他们局限于遵守社会准则和法律。

2. 个人特征

每个人早年就从父母、老师、朋友或其他人那里发展了价值观——关于什么是正确、什么是错误的基本信条,当进入一个组织时这些价值观已经存在了,而且是相对稳定的。所以一个组织中的管理者经常会有不同的价值观。价值观与道德发展阶段是不一样的,价值观的范围与道德相比更为宽广,覆盖的问题也更宽。

研究表明,有两种个性变量影响着人们的行为,它们分别是自我强度和控制中心。

自我强度(ego strength)是衡量一个人自信心的一种个性尺度。自我强度高的人往往能克制冲动行为,坚持自己的信条。也就是说,自我强度高的人更有可能坚持做他们认为正确的事情。可以预测,自我强度高的管理者比自我强度低的管理者在伦理判断和伦理行为之间表现出更强的一致性。

控制中心(locus of control)是衡量人们相信自己掌握命运程度的个性特征。那些内控的人,认为他们自己能够控制自己的命运,相反,外控的人则认为他们的命运是由运气或机遇来决定的。外控的人不太可能对他们行为的后果负责任,他们更愿意依赖外部的力量。而内控的人则更有可能对自己的后果承担责任,并依据自己的内在是非标准来指导自己的行为。内控的管理者比外控的管理者在伦理判断和伦理行为之间表现出更强的一致性。

3. 结构变量

组织结构的设计有助于管理者伦理行为的形成。一些组织结构的设计使模糊性和不确定性降到最小,并不断提醒管理者关注伦理,这样的结构就提供了强有力的指导,更可能促进管理者的合乎伦理行为。

正式的规章制度可以减少模糊性。职务说明书和明文规定的伦理准则这类正式的指导可以促进行为的一致性。不断有研究显示,上级的行为对个人在合乎伦理或不合乎伦理行为的抉择上具有最强烈的影响力。人们注视着管理层在做什么,并以此作为可接受的和期望他们做什么的标准。有些绩效评价体系只关注成果,管理者就有可能迫于压力而不择手段地追求成果指标,但也有些评价体系既关注成果,又关注采用的手段。与评价体系密切相关的是报酬体系。奖赏和惩罚越依赖于特定的目标成果,管理者为了实现那些目标就越有可能偏离伦理行为。另外,不同的结构在时间、竞争、成本及施加给员工的类似压力是不同的,压力越大,管理者越有可能偏离伦理行为。

4. 组织文化

组织文化的内容和力量也会影响伦理行为。那种高风险承受力、高度控制并对冲突高度宽容的文化最有可能形成高伦理标准的组织文化。处于这种组织文化中的管理者,意识到积极进取和创新是企业鼓励的行为,不道德的行为将被揭露,因此,会对他们认为不现实或不理想的期望自由地提出公开挑战。

5. 问题强度

影响管理者伦理行为的最后一个因素就是伦理问题本身的强度，它取决于以下 6 个因素。

（1）危害的严重性，即这个决策会有多少人受到伤害。

（2）对不合乎伦理的舆论，即有多少人认为这种行为是不可取的。

（3）危害的可能性，即这种行为将会造成的危害的可能性有多大。

（4）后果的直接性，即人们能否直接感觉到危害。

（5）与受害者的接近程度，即潜在的受害者与这种行为的距离有多远。

（6）影响的集中性，即这种行为造成的危害是否会集中爆发。

强文化（strong cultures）比弱文化（weak cultures）对管理者的影响更大。所谓的强文化就是强烈拥有并广泛共享基本价值观的文化。员工对组织的基本价值观接受程度和承诺程度越大，文化就越强。反之，有些组织分不清哪些是重要的，哪些是不重要的，这种不清晰是弱文化的重要特征。如果组织文化的力量很强，同时支持伦理行为，它就会对管理者在合乎伦理和不合乎伦理行为之间的决策产生非常强烈和积极的影响。而在弱文化的组织中，管理者更有可能依赖于工作群体和部门准则作为行动指南。

6.3.3　组织中的伦理行为

一些人认为，个体人格的完善将会促进决策者选择比较合理的方案。但在组织中，这句话只说到了一半，因为组织中的道德或非道德行为的出现，直接反映了这个组织的价值观、态度、信仰和组织文化的模式。所以，在组织中，伦理问题既是一个个人问题，也是一个组织问题。下面的一些因素有助于组织改善伦理行为。

1. 员工的选拔

因为每个人处于不同的道德发展阶段，而且拥有相对稳定的个人价值观，所以一个组织在员工招聘时，应该从招聘的过程（如简历筛选、面试、测验）中去掉那些与组织伦理准则不相符的求职者。可以说，员工甄选是一个重要的了解个人道德发展阶段、个人的价值观、自我强度和控制中心的机会，尽管这不是件容易的事。

2. 建立伦理准则和决策规则

如果员工对于“什么做法合乎伦理”这样的问题不清楚，将不利于组织推广合乎伦理的行为。所以，伦理准则（code of ethics）是组织中的正式文件，表明了组织期望员工遵守的基本价值观和道德规范。建立伦理准则是减少员工迷惑的通用办法。一般来说，伦理准则要以书面文件的形式向员工表明他们应该以什么样的精神投入工作中，另一方面，伦理准则要有一定的宽松度，允许员工有判断的自由。

尽管伦理准则并不总是能有效地防止组织中出现不合乎伦理的行为，但它的建立仍然有意义。只不过，还要建议管理者从以下几个方面采取行动来加强伦理准则的作用：①要不断地向员工传达组织的道德期望和提示，而不是完全依赖已经建立的伦理准则；②各级的管理者应当支持并不断重申伦理准则的重要性，而且采取坚决的行动惩罚那些违反规则的员工；③伦理准则可以参考表 6-1 进行设计，这个表来自纳什（L.L. Nash）1981 年发表在《哈佛商业评论》上的一篇文章《Ethics without the Sermon》，作者提出了 12 个问题来检验决策的伦理。

表 6-1　检验企业决策道德的 12 个问题

1. 你确定问题准确无误吗？
2. 如果你站在对方的立场上，你又将如何确定这个问题？
3. 是什么首先引起这种情况发生的呢？
4. 作为一个人和企业中的一员，你对谁对什么事表现忠诚？
5. 在制定这项决策时，你的意图是什么？
6. 这项决策的意图和可能的结果比起来怎么样？
7. 你的决策或行动伤害到谁？
8. 在你做出决策前，你和受影响方讨论过该问题吗？
9. 你确信你的位置经过很长一段时间后还和现在一样有效吗？
10. 你能将自己的决策或行动问心无愧地透露给你的上司、CEO、董事会、家庭或整个社会吗？
11. 如果你的行动能被理解，它的潜力象征着什么？如果被误解，又将是什么？
12. 在什么情况下，从你的立场出发会允许例外？

3. 高层管理者的领导

企业建立的伦理准则要求高层管理者要做出表率。这是因为企业文化的基调是高层管理者建立的，他们应该保持言行一致，因为员工可能更关注他们所做的而不是所说的。另外，高层管理者还通过他们的奖惩行为来建立文化基调。晋升的标准以及奖励的标准将向员工传递比伦理准则上写的更为有力的信息。员工们能从这些事上看到，哪些行为是被鼓励的，哪些不合伦理的行为是可取的。

那些希望强调组织伦理行为的管理者必须惩罚违反伦理准则的人，并且要公布事实真相，让组织中的每个人看到处理结果，这就向所有人传递了这样的信息：做错事就要付出代价，员工的利益不能来自那些不合伦理的行为。

4. 工作目标和绩效评估

员工应该有明确的目标，如果组织对员工的要求是不现实的，即使有明确的目标也会引发违背伦理的行为。在不切实际的目标压力下，员工，即使是崇尚伦理的员工也会“不择手段”。当工作目标是清楚而且现实的，员工就会减少迷惑，受到鼓励。

绩效评估的一个重要问题是员工是否能实现其工作目标。前面讲过，如果绩效评价体系只关注结果，那么手段显得不重要，可能会引发不合乎伦理的行为。如果组织希望在行业中树立一个道德标准很高的形象，那么，在其绩效评估体系中就不要只关注结果，还要关注手段的评估，比如，员工的行为是否符合组织的伦理准则。

5. 伦理教育

有很多组织设立了研讨会等类似项目使员工的行为合乎组织伦理。但也有人质疑，一个人的伦理是否能够通过教育而提升，他们的理由是一个人在年轻时已经形成了价值体系，后来的教育意义不大。而支持者却指出，有一些研究表明价值观可以通过童年后的学习获得。另外，即使这种教育真的没有任何结果，但是关于伦理的培训也会提高员工的道德意识。

伦理教育的会议可以带来很多好处，它们可以灌输组织的行为标准；它们可以提供一个有力的工具，帮助员工在制定政策时考虑伦理问题；它们可以说明哪些行为是可以接受的，哪些行为是不可以接受的。最后，员工在讨论他们共同关心的问题时，可以发现并不止是自己遇到了伦理问题，这可以增强他们的自信。

6. 独立的社会审计

不合乎伦理行为是害怕被抓住的，因此，社会审计就基于这样的心理，按照组织的伦理准则进行社会审计将提高发现不合乎伦理行为的可能性。这种审计可以是一种常规性的评价，或者是毫无先兆的随机检查。一个有效的评价计划最好同时包括这两种方式。为了保证审计的真实可靠，避免打击报复，审计员直接对公司的董事会负责，并直接将审计结果交给董事会。

7. 正式的保护机制

组织最好能建立正式的机制，来保护那些处于道德困境中的员工能够按照自己的判断行事而不必担心受到惩罚。组织可以设立伦理咨询员，当员工遇到伦理困境时，可以向他们寻求指导。组织也可以任命专门伦理管理者，让他们设计、指导和修改组织所需要的伦理计划。组织还可以设计一个专门的申诉程序，让员工可以通过程序提出伦理问题，或者是对践踏伦理准则的人鸣笛示警。

一项对员工的调查表明，工作压力正使得越来越多的员工在工作中考虑不合法或者不合乎伦理的行为。比如，员工在质量控制中投机取巧；掩盖事故、滥用或骗取假期、利用他人的工作或主意获得奖励等。

因此，现在或者将来，这些不正常的伦理行为对管理有深刻影响，完全合乎伦理的管理行为往往是非常困难的。

知识点

组织文化（organizational culture）是指组织成员共有的价值观体系，这些共有的价值观在很大程度上，决定了雇员对周围世界的反应及看法。

组织文化以多种形式传递给员工，最常用的有故事、仪式、物质象征和语言。

建立优秀的组织文化具有如下意义和作用：①有效的管理机制；②良好的组织氛围；③强大的推动作用；④生存和发展壮大的灵魂。

社会责任就是当管理者做出培训、保护、提高、促进利益相关者乃至全社会福利的决策时，所承担的义务和责任。简单地说，社会责任应该认真考虑公司的一举一动对社会的影响。

管理伦理（management ethics）很难定义，一般来说，伦理是指一个人或组织在判断是非时所依据的道德和价值观准则。

管理伦理的原则包括：功利主义原则、个人主义原则、道德－权利原则、公平正义原则。

一个管理者的行为是否合乎伦理，是管理者道德发展阶段、个人特征、组织结构设计、组织文化和伦理问题强度这些变量复杂的相互作用的结果。

思考题

1. 什么是组织文化？组织文化有哪些特征？
2. 举例说明组织文化的常见形式。
3. 阐述建立组织文化的意义。
4. 对你个人而言，社会责任意味着什么？你认为企业应当承担社会责任吗？
5. 消费者正在努力，希望能制定一部法律来确保食品的安全，使那些缺乏责任的企业最终受到惩罚。你是否认为这是促使相关行业提高伦理意识的最好方法？

6. 试比较功利主义和道德－权利主义在伦理决策中的异同点。你认为哪种方法对于管理者更好？

第 7 章　组织与团队

学习要点

通过学习本章的内容，学生能够掌握：

1. 组织结构与组织设计；
2. 组织的结构形式；
3. 对比群体与团队；
4. 团队的管理技巧。

课前引例

P 公司的组织机构调整

P 公司是目前中国最大的移动通信产品分销商之一，主要从事移动通信产品的销售和服务。“互联网 +”的快速发展，带来了前所未有的商机和激烈的行业竞争，行业布局快速变化，P 公司的战略目标转向“以客户为中心”。公司战略的变化意味着组织机构调整的必要性。公司组织架构如下。

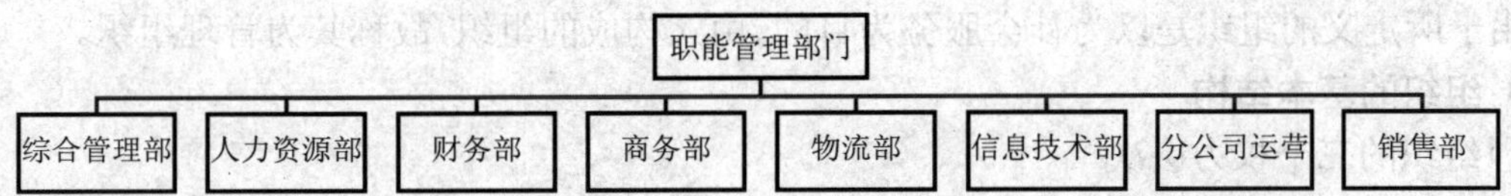

据查，P 公司的财务、商务，人力、物流、销售等五部门经理对企业的薪资制度颇有不满。公司管理层内部人际关系紧张，各部门相互排斥且推诿责任。部门之间的不和谐极不利于公司的业务开展和长远发展。

于是，人力资源部门采用一种更加高效可靠的定薪方式，寻求 M 咨询公司，通过确定各个部门的岗位价值，制定统一的薪资标准。评估结果：销售部门 > 财务部门 > 人力部门 > 商务部门 = 物流部门。至此，各个经理们互相也不再指责他人，专注本部门的价值提升，公司的“内斗”现象也减少了很多。

思考题 如果你是一名人力资源部的管理者，基于组织工作职能，会做些什么？

7.1 组织与组织设计

7.1.1 组织与组织结构

1. 组织的含义

组织的含义可以这样描述：

(1)有确定的目标；

(2)有精心设计的结构和协调的活动系统；

(3)是社会实体；

(4)与外部环境相联系。

在以上四点基础上给出的组织的定义是：组织是为了完成特定目标而设置的人的职务及其关系的结构。

2. 组织的基本要素

在组织定义中有三个基本要素。

一是特定目标，这是设置组织的前提和必要性。人们的行动都是有目的的，设置组织是为了完成既定的目标任务。没有目标就不可能设置组织，没有目标的组织也不存在。

二是人的职务，这是实现组织目标的基本职能。职务表示人在组织中的地位、权力和专业特长。

三是人的职务之间的关系，这是联结人的地位、权力和专业特长的纽带和框架。它使组织中人与人之间形成上下级(纵向)关系、并列(横向)关系和职能(交叉)关系。

由于所定义的组织是以为社会服务为目的、由人构成的组织，故称其为管理组织。

3. 组织的基本结构

1)组织的三个权力层次

不论组织目标如何，组织具有三个基本层次，自上而下依次为：决策层、管理层和操作层，如图 7-1 所示。

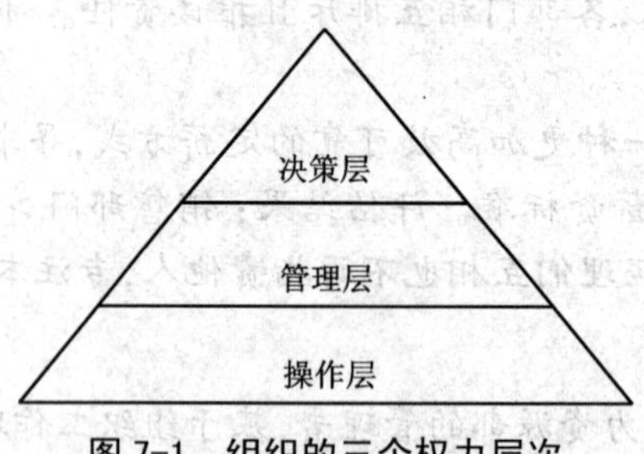

图 7-1　组织的三个权力层次

决策层是组织的最高管理者，具有组织的最高决策权。

管理层是组织的中层管理者，接受决策层的命令并向下执行。

操作层是组织的最基层管理者，接受管理层的命令，并操纵人力资源、物质资源等生产要素从事生产活动。

2)组织的五种人员

不论目标如何，任何管理组织都是由五种人员组成，即总经理、部门经理、研发部主任、后勤部主任和现场管理人员，如图 7-2 所示。

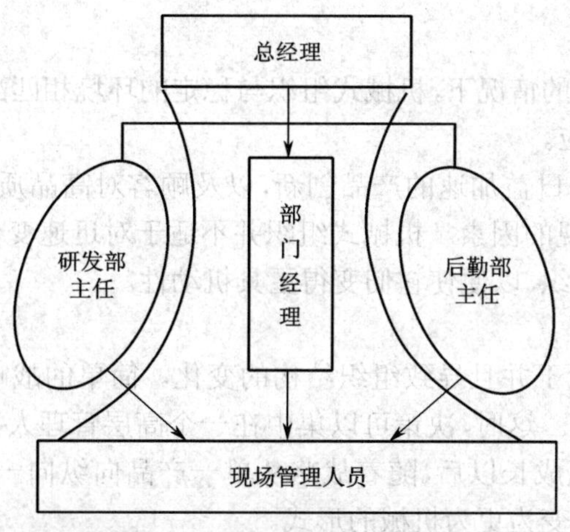

图 7-2　管理组织的五种人员

组织结构的权力层次与人员的结合和匹配，能够构造出各式各样的组织设计。

4. 组织结构的分类

组织结构可分为机械式组织与有机式组织。机械式组织是综合使用传统设计原则的产物，具有高复杂性、高正规化和集权化的特点。有机式组织具有低复杂性、低正规化和分权化的特点，是一种松散、灵活的具有高度适应性的组织。机械式组织与有机式组织的对比如表 7-1 所示。

表 7-1　机械式组织与有机式组织的对比

组织结构分类	机械式组织	有机式组织
结构形式	职权层级链	松散
监督力度	强	弱
工作性质	简单、常规化、标准化	非标准化、职业化
管理方法	部门化	任务化
高层管理	加强监督，制定管理规则	低程度集权

5. 组织结构的度量

组织结构是描述组织的框架体系。组织结构用组织的复杂性、正规化和集权化程度来度量。

复杂性指的是组织分化的程度。一个组织的劳动分工越细致、纵向等级层次越多、组织单位的地理分布越广泛，则协调人员及其活动就越困难。

正规化指的是组织依靠规则和程序引导员工行为的程度。一个组织使用的规章制度条例越多，组织结构就越正规化。

集权化指的是决策权力的分布。在一些组织中，决策中的高度集中的问题自下而上传递给高级经理人员，由他们选择合适的行动方案；反之叫作分权化，即决策制定权力授予下属人员。

7.1.2 影响组织设计的因素

1. 组织结构与环境

在所有其他条件相同的情况下，机械式组织与稳定的环境相匹配；而有机式的组织则与动态的、不确定的环境相适应。

由所有竞争者推动的日益加速的产品创新，以及顾客对高品质和快速交货的越来越高的要求，都是环境动态性表现的因素。机械式组织并不适于对迅速变化的环境做出反应。因此，管理者们要改造他们的组织，以便使它们变得更具机动性。

2. 组织结构与战略

公司战略的变化先行于并且导致组织结构的变化。简单的战略只要求一种简单、松散的结构形式来执行这一战略。这时，决策可以集中在一个高层管理人员手中，组织的复杂性和正规化程度都很低。当组织成长以后，随着战略从单一产品向纵向一体化、多样化经营转变，管理者会将组织从有机式转变为更为机械的形式。

3. 组织结构与规模

与小型组织相比，大型组织具有更高程度的专业化和横向及纵向的分化，规则条例也更多。但是，这种关系并不是线性的，而是规模对结构的影响强度在逐渐减弱，即随着组织的扩大，规模的影响已不甚重要。例如，一个拥有 2 000 名左右员工的组织，已经是相当机械式的了，再增加 500 名员工不会对它产生多大影响。相比之下，一个只有 300 个成员的组织，如果增加 500 名员工，就很可能使它的结构变得更加机械式。

4. 组织结构与技术

在所有其他条件相同的情况下，技术越是常规化的，组织也应当越是机械式的；相反，技术越是非常规化的，结构就应当越是有机式的。见表 7-2 和图 7-3。

表 7-2 琼·伍德沃德对技术、结构和效能的研究

	单位生产	大量生产	连续生产
结构特征	低度的纵向分化 低度的横向分化 低度的正规化	中度的纵向分化 高度的横向分化 高度的正规化	高度的纵向分化 低度的横向分化 低度的正规化
最有效的结构	有机式	机械式	有机式

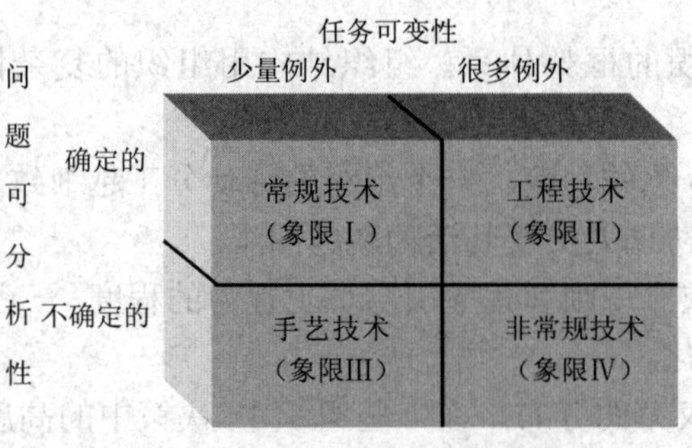

图 7-3 查尔斯·佩罗的技术分类

常规技术只有少量的例外，问题易于分析。用来生产钢铁和汽车或者提炼石油的大量生

产过程，就属于这一类。工程技术有大量的例外，但可以以一种理性的、系统的分析方法进行处理。例如，桥梁建造属于这一类。手艺技术处理的是相对复杂、少量例外的问题。例如，制鞋和家具修理属于这一类。最后，非常规技术以诸多例外和问题难以分析为特征。许多航天业务即属于这种技术。

控制和协调方法必须因技术类型而异。越是常规的技术，越需要高度结构化的组织；反之，非常规的技术，要求结构更加灵活。这样，常规技术可以通过标准化的协调和控制来实现；非常规的技术要求具有灵活性。

7.1.3　组织设计程序

管理者在设计组织结构时，往往要遵循一定的原则和程序，才能使得组织设计工作顺利进行。组织设计程序如图 7-4 所示。

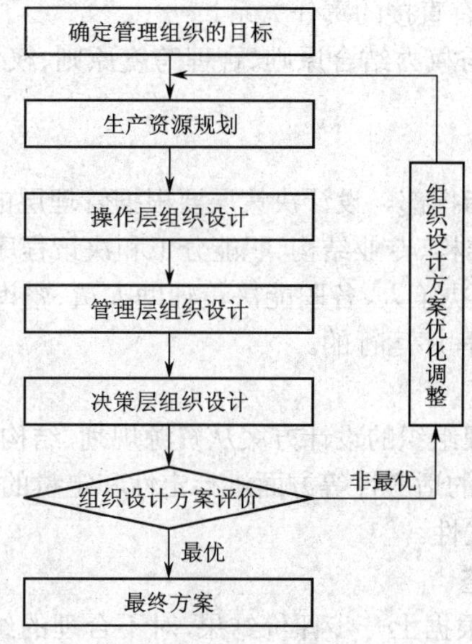

图 7-4　组织设计程序

1. 确定管理组织的目标

管理组织是为了目标而存在，因此在设计组织之前首先要确定管理组织服务的目标是什么。管理组织的目标来自市场需求。一种是潜在需求，需要组织设计人员进行市场调查和预测目标，即寻求市场需求什么产品或服务、需求量有多大；另一种是现实需求，对于这一需求，不用进行市场调查和预测，只需组织设计人员去投标，争取中标。不论哪种需要，组织目标是通过契约来确定的。对于潜在需求，在调研和预测的基础上进行市场调查；对于现实需求，在投标、中标和谈判的基础上与业主签订承包合同。

2. 生产资源规划

生产资源是指物质资源、人力资源、资金、技术等生产要素。它是管理组织实现目标的物质基础。生产资源规划是管理组织为了完善既定目标、确定生产资源的来源方案和生产资源的使用计划。

管理组织的目标一旦确定，就必须为其完成目标准备物质基础。这需要组织设计人员对物质资源市场、人力资源市场、金融市场、技术市场进行调研与预测，确定各生产要素的来源和数量，进而根据生产流程制订生产资源使用计划。

3. 操作层的组织设计

操作层是管理组织完成目标的工作前线，因而操作层的设计是管理组织设计的基础工作。操作层的设计是根据已确定的管理组织的目标和生产资源的规划设计生产流程，建立生产单元，指派工作人员，选择班组管理人员。

设计操作层要坚持劳动专门化与合作原则。

4. 管理层的组织设计

管理组织的管理层部门有两种。第一种是直接指挥部门，它和操作层是命令直接传递关系以及责任直接负责与承担关系，因此，操作层的有关班组是管理层直接指挥部门的下属单位，而管理层的直接指挥部门是操作层所辖班组的直接上级。第二种是职能辅助部门，它和操作层是命令间接传递关系，没有直接的责任关系。

设计管理层要坚持专业与权力结合原则、合理跨度原则、权力分散原则、职能分工与关联原则、责任不可下推原则等。

5. 决策层的组织设计

决策层是管理组织的总指挥部。设计决策层要根据管理层的职能种类、部门跨度、组织规模和性质确立决策层的权力结构、专业结构、职能分工和决策程序等。

在决策层，需要选择最高决策人、各职能决策辅助人员、咨询人员等。决策层的工作是根据权力层次、职能分工和决策程序运行的。

6. 组织设计方案评价

组织设计的评价是对管理组织的设计方案从资源规划、结构职能、运行效果、运行费用、组织结构与职能的可靠性、组织的适应性等方面进行定性和定量的测评，以判断在保证完成目标的前提下组织设计方案的最优性。

7. 组织设计方案优化调整

组织设计的优化调整是根据上一步评价结果，对不合理的结构、职能、权力、专业、跨度等进行局部调整，使各项评价指标值得到改善，使总体评价指标达到最优。组织设计的优化调整工作需要从操作层的优化调整开始，接着对管理层进行优化调整，最后对决策层进行优化调整，再进行组织设计方案评价。这样的调整和评价工作可以不断进行，要求每次的调整方案的评价指标的最优性必须得到提高，最终使整体组织设计方案最优。

8. 组织设计方案最优决策

组织设计方案决策就是选择优化调整和评价的最终设计方案，这是建立管理组织的实施蓝图。

7.2 组织结构

7.2.1 一般组织结构

组织结构的一般形式是在组织的三个权力层次和五种人员的基础上设置的，由部门结点和各部门结点之间的关系构成。在每个权力层次都有权力部门及各部门之间的关系。在不同层次都有权力部门的隶属关系和命令关系。在每个权力部门也有各自的组织结构。组织结构的一般形式如图 7-5 所示。

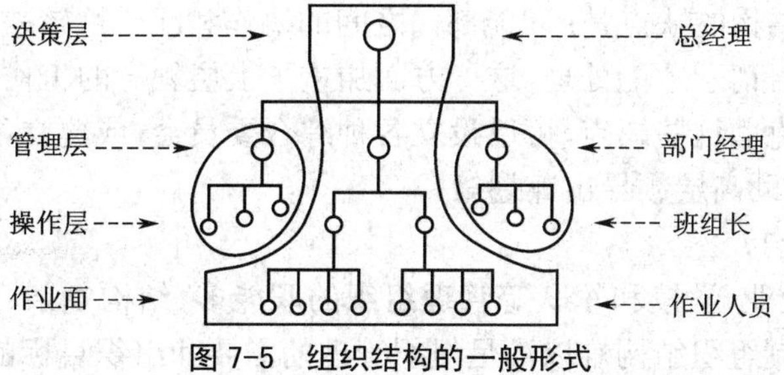

图 7-5 组织结构的一般形式

1. 直线职能制组织结构

直线职能制组织结构也叫生产区域制组织结构，或直线参谋制组织结构。它是在直线制组织结构和职能制组织结构的基础上取长补短而建立起来的。

直线制组织结构起源于中国，是古代国家政权家庭世袭的结果。我国的家谱是世界上独一无二的，是我国传统文化的重要组成部分。家谱记载子孙后代的生育遗传关系，从第一代开始记载，依次为子代、孙子代……一代一代地以树形结构延续下去，每代只记载男性，不记载女性，每个家族的家谱以姓（如刘姓）为标识。如果某代没有男性，富贵人家则借男孩子接续香火，并改姓为该家族的姓（如果不同的话）；贫穷人家则面临着“断子绝孙”。在古代，我国的政权就是家族统治，权力地位以树形展开；在根部地位最高，权力最大，每降低一层，地位权力降低一级；每个层次、每个结点以政权为主。家族结构还拓展到军队，如军长、师长、旅长、团长……层层展开，层次递降，权力地位递降；每个层次、每个结点以统兵指挥作战为主。我国古代的原始企业、作坊就是家族企业。

职能制组织结构主要是以专业职能约束下级层次及同级层次部门的业务活动，有时对上级层次部门也有约束作用，但不是权力指挥和控制。这种组织结构一般出现于社会团体和组织内部，如国家各行业部门，各种协会、企业，学校内部的人事、财务等职能部门，联合国也属于这种组织结构。

目前，很多企业都采用直线职能制组织结构形式。这种组织结构形式是把企业管理机构和人员分为两大类：一类是直线领导机构和人员，按命令统一原则对组织各级行使指挥权；另一类是职能机构和人员，按专业化原则从事组织的各项职能管理工作。直线领导机构和人员在自己的职责范围内有一定的决定权和对所属下级的指挥权，并对自己部门的工作负全部责任。而职能机构和人员，则是直线指挥人员的参谋，不能直接对部门发号施令，只能进行业务指导。直线职能制组织结构如图 7-6 所示。

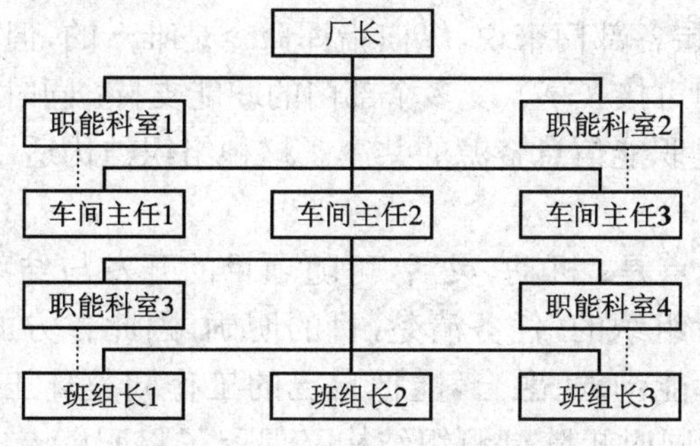

图 7-6 直线职能制组织结构

直线职能制组织结构的优点是：既保证了企业管理体系的集中统一，又可以在各级行政负责人的领导下，充分发挥各专业管理机构的作用。

直线职能制组织结构的缺点是：职能部门之间的协作和配合性较差，职能部门的许多工作要直接向上层领导报告请示才能处理，这一方面加重了上层领导的工作负担，另一方面也造成了办事效率低。为了克服这些缺点，可以设立各种综合委员会，或建立各种会议制度，以协调、沟通各方面的工作，帮助高层领导出谋划策。

2. 矩阵制组织结构

国家政府、现代企业、学校和军队等管理组织的职能多、结构复杂、关联性强，单独使用直线制组织结构和职能制组织结构难以满足组织管理的需要和组织目标的实现。现代组织管理不仅需要直线制组织结构的直接命令式管理职能，还需要强大而齐全的职能制组织结构作为辅助。在此基础上，信息和集成管理也是现代组织管理提高效率、达成目标的基本保证。因此，矩阵制组织结构应运而生。它是直线制组织结构和职能制组织结构的纵横叠合的矩形阵列。某公司的矩阵制组织结构如图 7-7 所示。

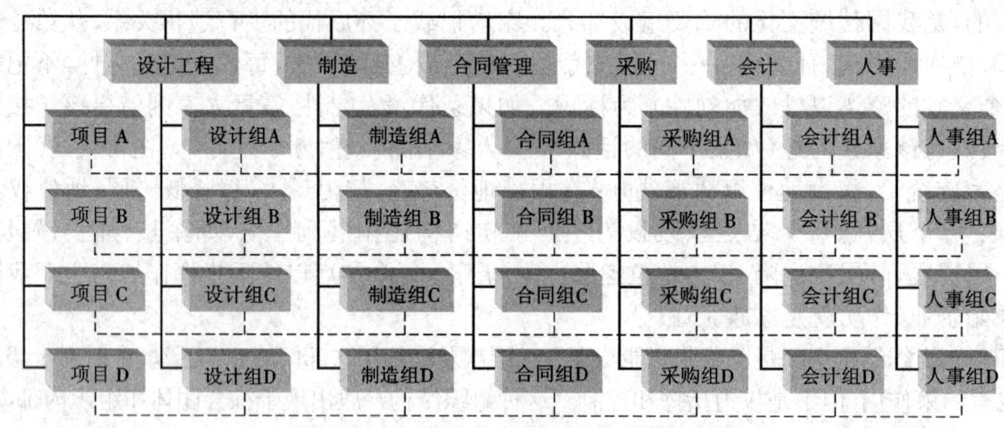

图 7-7　某公司的矩阵制组织结构

矩阵制组织结构是在决策层的最高管理机构的直接领导下，以纵向直线制组织结构为主的领导与指挥系统，和以横向职能制组织结构为辅助的支持与服务系统构成的，既具有命令指挥功能又有职能支持功能的组织管理系统。在这样的组织结构中，虽然纵向指挥命令和横向信息共同作用于操作层的每个部门，但由于纵向命令和横向信息（命令）的性质与作用不同，一般不会发生命令的矛盾。尽管如此，在这种组织结构中应以纵向指挥命令为主导，以横向职能信息为辅助。对于操作层各部门来说，纵向指挥命令是唯一的，但横向职能信息来自多个职能部门，所以每个下层部门可接（享）受多个部门的职能支持；同时每个职能部门的信息可支持操作层的多个部门，这是职能信息资源的共享。这种组织结构适用于国家政府、企业、学校、军队等各种现代管理组织。

矩阵制组织结构的优点是：机动、灵活，可随项目的开发与结束进行组织或解散。由于这种结构是根据项目进行组织的，任务清楚，目的明确，因此各方面有专长的人都是有备而来的，在新的工作小组里，能沟通、融合，能把自己的工作同整体工作联系在一起，为攻克难关、解决问题而献计献策，同时矩阵制组织结构又保留了将职能专家组合在一起所具有的经济性。

矩阵制组织结构的缺点是：由于项目组成员来自各个职能部门，当任务完成以后仍要回原单位，因而容易产生临时观念，这对工作有一定的影响。而项目负责人的责任大于权力，因为项目组成员来自不同部门，隶属关系仍在原单位，只是为“会战”而来，所以项目负责人管理他们存在困难，没有足够的激励手段与惩治手段。人员的双重管理是矩阵制的先天缺陷。

矩阵制组织结构非常适用于横向协作和重大攻关项目，特别适用于以开发与实验项目为主的单位。企业可用来完成涉及面广的、临时性的、复杂的重大工程项目或管理改革任务。

3. 事业部制、超事业部制

1）事业部制

事业部制又称分权组织，最早是由美国通用汽车公司总裁斯隆于 1924 年提出的。事业部制是在公司统一领导下，按产品地区或市场（顾客）划分的统一进行产品设计、采购、生产和销售活动的半独立经营单位。

事业部是一种分权制的组织形式，实行相对的独立经营、单独核算，拥有一定的经营自主权，并设有相应的职能部门。它在总公司控制下设利润中心，具有利润生产、利润计算和利润管理的职能，同时又是产品责任单位或市场责任单位，有自己的产品和独立的市场。按照“集中政策，分散经营”的管理原则，公司最高管理机构握有人事决策、财务控制、规定价格幅度、监督等大权，并利用利润等指标对事业部进行控制。事业部经理根据总公司总裁或总经理的指示进行工作，统一领导事业部和研发、技术等辅助部门。这种组织形式适用于规模巨大、产品种类较多、市场分布面较广的企业。图 7-8 所示的神州数码控股有限公司的组织机构即为事业部制。

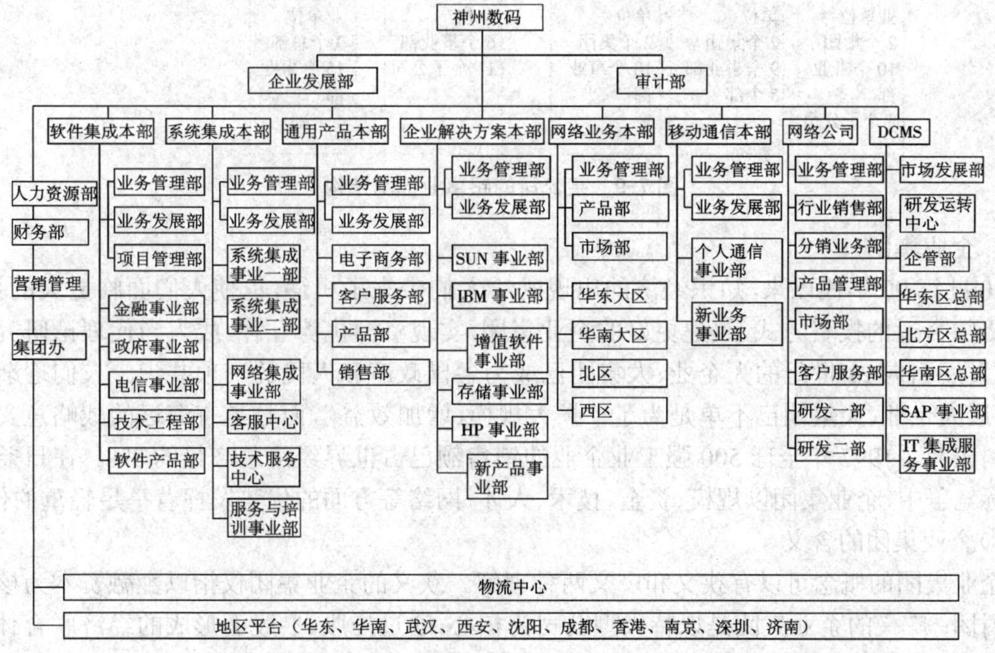

图 7-8　神州数码控股有限公司组织结构（2002 年）

事业部制的主要优点是：①提高了管理的灵活性和适应性；②总公司摆脱了具体管理事务，有利于集中精力作好战略决策和长远规划；③事业部适于进行产品专业化。

设置事业部必须具备以下条件：①事业部必须是分权化的单位，具有相对独立的经营自主权，如采购、生产、销售权等；②事业部必须是利润责任单位，具有利润生产、利润核算、利润管理三种职能；③事业部必须是产品（或市场）责任单位，有着自己的产品和独立的市场。事业部制的这三大条件是缺一不可的，即事业部是三位一体的组织。

2）超事业部制

超事业部制又叫作"执行部制"。这是20世纪70年代美国和日本的一些大公司出现的一种新的组织形式。超事业部制就是在事业部制的基础上，在企业最高领导和各个事业部之间增加的一级管理机构，负责统辖和协调所属各个事业部的活动，使管理体制在分权的基础上又适当集中。这样做的好处是：可以利用几个事业部的力量开发新产品，可以更好地协调各事业部的活动，增强企业生产经营的灵活性。某公司的超事业部制结构如图7-9所示。

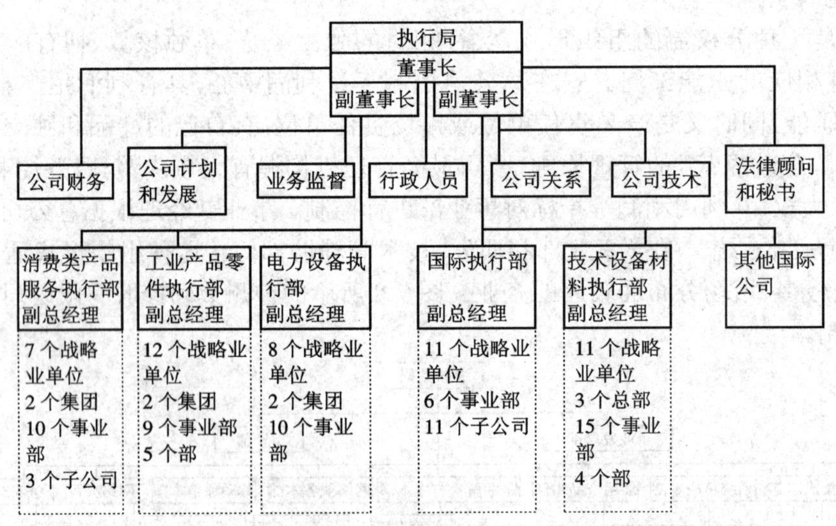

图7-9 某公司的超事业部制结构

4. 企业集团

20世纪90年代以来，知识经济的出现既给人们带来了机遇，也使人们面临更大的挑战。选择更加合适的投资方式，组建更好的企业集团，实现资源优势互补，成为当代理论研究的热点，而发展面向21世纪的大企业、大集团已成为各国政府和人民的一项共识。人们逐渐认识到，发展大企业、大集团已不单是为了"扩大规模、增加效益"，而且具有深远的战略意义。统计资料表明，1997年全球500强工业企业的销售额已占世界经济总产量的3%。在日益激烈的国际竞争中，企业集团以规模、资金、技术、人才、网络等方面的优势发挥着举足轻重的作用。

1）企业集团的含义

企业集团的概念可以有狭义和广义两种理解。狭义的企业集团仅指以金融资本为核心的垄断财团；广义的企业集团是以特大型公司为核心，通过控股、参股而形成的经济联合体。特大型公司既是母公司又是控股公司。它通过控股、参股，操纵为数众多的子公司、孙公司、关联公司，并影响着大批企业。在此基础上形成的经济组织基本上都属于企业集团。

2）企业集团的特征

企业集团的主要基本特征如下。

（1）多个法人。企业集团由多个法人组织组成，企业集团作为一个整体并不具有法人资格。

（2）多种联系纽带。企业集团的各成员企业之间主要是由持股、控股所产生的产权关系这一纽带相联系，除此之外，还可以具有生产、销售、技术等多方面的联系纽带。

（3）多层次的组织。无论是纵向持股形成的企业集团，还是企业横向持股所形成的企业集团，从持股关系和比例来分，可分为核心层、紧密层、半紧密层和松散层等。

（4）多样化经营。企业集团一般不是从事单一产品的生产和经营，为了降低风险、增强抵御风险的能力，企业集团往往进行多样化生产和经营。

（5）多职能。企业集团不仅具有生产经营职能，往往还具有社会职能、文化职能和政治职能等。

（6）多国化。发达的市场经济国家的企业集团通常是跨国集团，活动的地域不仅仅局限于国内。

3）企业集团的类型

企业集团是公司制度发展的延续，如果从企业集团的持股关系看，企业集团的组织形态可分为两大类：一类是纵向持股企业集团，即母公司持有子公司的股份，如图 7-10 所示；另一类是横向持股的企业集团，即几个公司之间相互持股，如图 7-11 所示。

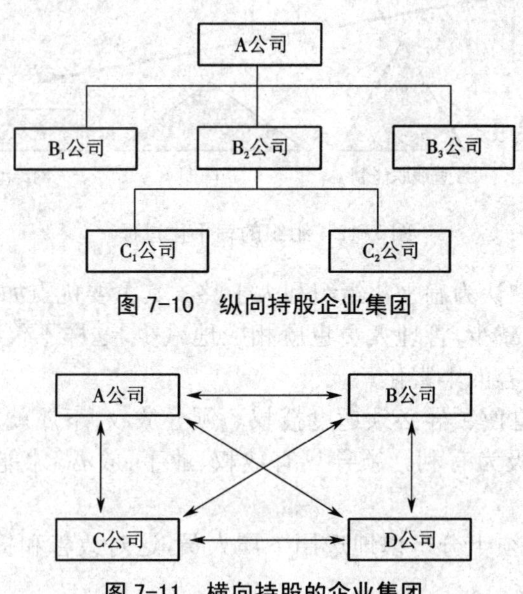

图 7-10　纵向持股企业集团

图 7-11　横向持股的企业集团

7.2.2　新型组织结构

传统企业组织结构在 20 世纪 80 年代受到很多挑战，由此出现了一系列具有创新性质的组织结构形式，包括团队型组织、扁平型组织、网络型组织、学习型组织、知识型组织等等。这些新型组织结构形式的一个共同特点是通过企业的组织重构简化内部组织结构，尤其是正式组织结构，弱化等级制度，促进组织内部信息的交流、知识的分享和每位成员参与决策过程，使得企业组织对外部环境的变化更敏感、更具灵活性和竞争实力。

1. 团队型组织

团队即是一种为了实现某种目标而由相互协作的个体组成的工作群体。具体而言，团队是一群人以任务为中心，互相合作，每个人都把自己的智慧、能力和力量贡献给正在从事的工作。团队体现出一种团结、合作的特征。

20 世纪 80 年代以来，基于团队的组织发展形式是一种全新的尝试。

团队具有巨大的潜力。有资料显示，大约 40% 的组织利用并发展了工作团队的组织形式。以团队为基础的工作方式已取得了比任何人所预言的都要显著的经济效果。在通用电气公司、美国电话电报公司、惠普公司等国际知名企业中，团队已成为主要的运作组织形式。事实表明，如果某种工作任务的完成需要多种技能和经验，那么团队通常比个人的效果更好。团队是组织提高运行效率的可行方式，它有助于组织更好地发挥雇员的才能。在多变的环境中，团队比传统的部门结构或其他形式的稳定性群体更灵活、反应更迅速。

2. 扁平型组织

所谓扁平化，就是压缩组织的纵向结构，减少中间层次，增大管理幅度，促进信息的传递与沟通。实际上，从直线制组织结构到直线职能制组织结构再到矩阵制组织结构，以及网络化结构的演变，就体现了组织的扁平化过程，如图 7-12 所示。

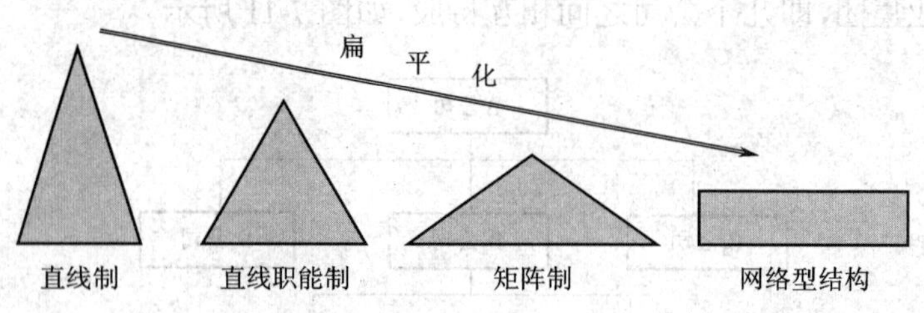

图 7-12　组织的扁平化过程

经过权衡比较后，人们认为扁平化组织利大于弊。其主要优点如下。

（1）由于管理层次的减少，管理人员也就相应地减少，这样不仅可以大大降低人工费用，同时还有助于实现工作内容的丰富化。

（2）管理跨度加大，迫使领导必须适度授权。领导放权，下属就能自主，这对开发员工潜能和发挥员工的创造性极为有利。领导只有放权、放手、放心，才能换来下属的尽职、尽责、尽力。

（3）领导授权要求必须十分审慎地选用下属人员，这对改善和提高员工队伍的整体素质也非常有好处。

（4）削减中间层次，缩短了上下层间的距离，既可以提高信息传递的速度，也可以提高领导决策的效率，还可以促进上下级之间的沟通，一举多得。

（5）更重要的是层次减少、人员精干后，加大了员工的工作责任，增强了工作职位的挑战性，迫使员工自我加压，促使人才快速成长。

就我国目前的情况来看，多数企业组织基本上还属于金字塔型结构，这已经无法适应发展市场经济和迎接知识经济的要求，严重地束缚了员工的手脚，极大地挫伤了下属的积极性，阻碍了人才健康成长，不利于优秀人才的脱颖而出，弊端已日益突显。按照扁平化的原理变革传统的组织构架，已是大势所趋。

3. 网络型组织

目前，关于网络型组织的一个被较为普遍接受的定义是：网络型组织是由多个独立的个人、部门和企业为了共同的任务而组成的联合体，它的运行不靠传统的层级控制，而是在定义成员角色和各自任务的基础上通过密集的多边联系、互利和交互式的合作来完成共同追求的目标。

网络的基本构成要素是众多的节点和节点之间的相互关系。在网络型组织中，节点可以由个人、企业内的部门、企业或是它们的混合组成，每个节点之间都以平等身份保持着互动式联系。如果某一项使命需要若干个节点共同参与，那么它们之间的联系会有针对性地加强。密集的多边联系和充分的合作是网络型组织最主要的特点，而这正是它与传统企业组织形式的最大区别所在。

在知识经济时代，网络型组织形式应运而生，它具备以下三方面优势。

1）网络型组织促进了分工和专业化的发展

在知识经济时代，科学技术的发展和更新速度大大加快，同时复杂程度也大大提高，这在客观上要求企业将有限的资源专注于特定的领域，以获取专业化带来的利益。网络型组织是为了共同的目标而紧密联系在一起的员工群和企业群。在网络型组织内部，作为组织成员的个人和企业各有特定的分工，网络利用特有的价值整合职能，使得网络向最终用户所提供的产品和服务实现的价值大于各个企业独立创造的价值之和，而其中的超额价值部分则由网络组织成员所共享。这就使得网络成员能够专心在各自的专业领域不断改进技术水平和生产方式，提高经济效率。

2）网络型组织降低了交易成本

世界经济全球化的发展使得企业所面临的市场范围空前地扩大了，经济总量也呈现出稳定的增长态势。与此相伴随的是，交易活动的地理范围扩大了，内容变得更加丰富和复杂，交易的次数和频率也大幅度增加。这些因素使得契约谈判的难度更大，企业所面临的机会主义风险增大，关系专用性资产投资水平下降，总体交易成本提高。利用网络型组织形式，可以将经常性交易对象组织起来，建立长期的信任和合作关系，在此基础上对网络成员之间的相互交换关系进行管理，有助于降低契约谈判费用，简化冲突的协调过程，增加关系专用性资产投资，最终降低总体交易成本。

3）网络型组织有助于优化资源配置

在知识经济时代，信息、知识和智力等无形资产取代了资金、设备和土地等有形资产，成为经济增长的主要投入要素。如何充分、有效地利用有限的生产要素将直接决定经济效率的高低。在网络型组织中，一方面，传统的层组控制体系被打破，信息这一重要生产要素的流动速度更快，知识在企业内部的积累和在网络成员间的扩散速度也大大加快，企业内不同部门之间、网络内不同企业之间可以分享其他成员所创造和积累的智力财富；另一方面，由于网络型组织内各成员间的依赖程度较高，组织成员间的信任程度也较高，从而使合作行为更加便利，不同企业间的优势可以实现互补。这些都将有助于知识经济时代主要生产要素的配置。

4. 学习型组织

学习型组织可定义为：在这个组织里，每个人都参与识别和解决问题，使得组织不断地实践、变革和改善，因而增强了其成长、学习和达到目标的能力。重点是解决问题，这点与以效率为主的传统组织相反。在学习型组织里，全体员工关注于问题，如理解特殊客户的需求，这意味着采用独特的方式综合处理问题以满足某一客户的需求。

创建学习型组织意味着在领导、水平结构、向员工授权、交流/信息共享、应急战略、强势文化等方面做出特别的变革，它们之间的互动网络如图 7-13 所示。

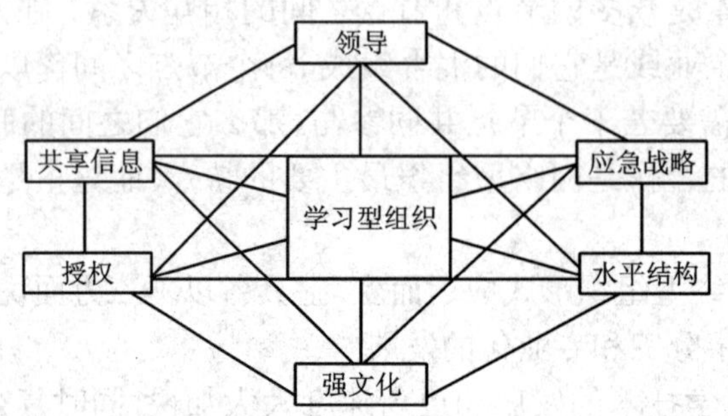

图 7-13 学习型组织中要素互动网络

5. 知识型组织

新的市场挑战以及由此产生的对可持续的竞争优势的要求，注定了过去流行的传统型生产组织的消亡。过去的生产型组织正在迅速地被完全不同的组织所替代。这种变化起源于大规模定制以及为提高变革能力而对信息、知识和思想的管理。在这个新的组织中，成功的关键不是偶然因素，而是产生新知识的能力和在生产过程中、在工作场所熟练地应用知识的能力。因此，在知识型组织中，人力资源——思想、技能和知识已经替代了自然资源，成为生产和财富的主要来源。

Ovum 研究机构提出了一种知识型组织结构（图 7-14）。

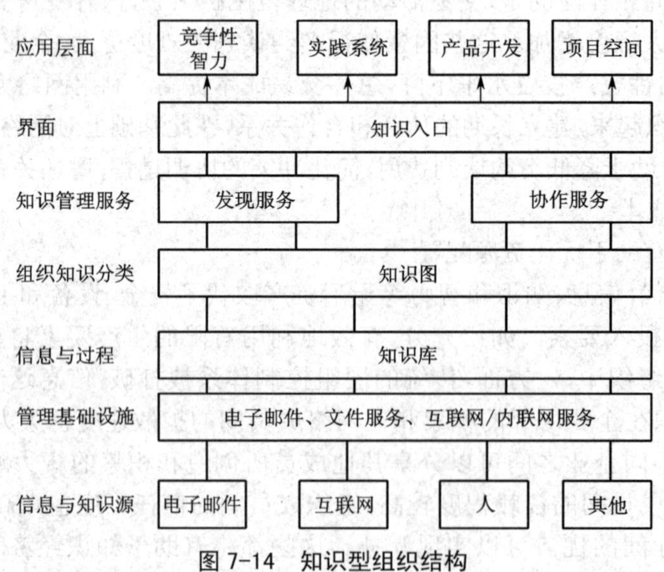

图 7-14 知识型组织结构

7.2.3　一般组织结构与新型组织结构的差异

新型组织结构与一般组织结构相比，具有更多的优势和灵活性，具体如下。

（1）新型组织结构更能够应付当今时代产品普遍过剩，进入买方市场，竞争日趋激烈的状况。而传统组织却暴露出协调不力、效率低下、官僚主义严重、缺乏创新精神和灵活性等问题。

（2）新型组织结构弥补了大企业现存的一般组织结构形式无法解决企业内部存在的矛盾的问题。

（3）新型组织结构管理形式更加多元化和信息化，层级之间的管理沟通明显缩短了时间，相比于一般组织结构来说更加具有优势。

（4）新型组织结构充分利用以电子计算机为核心的信息技术，使得互联网络渗透到企业订货与库存管理、生产调度、质量控制、市场销售与客户管理、财务预算与会计管理等方面，企业与外部的联系方式、企业内部的业务流程都相应发生了深刻的变化。这一点是一般组织结构所不能够相比的。

7.3　团队管理

7.3.1　团队管理的优势

团队成员有共同的工作目标。好的团队环境会产生协同效应（synergy），一方面表现为团队中的个体具有互补的技能和才能，能够产生比个体贡献之和更有价值的成果；另一方面表现为团队可以激励员工一直保持比较高的绩效水平。有效管理的团队可以使公司实现重要的战略目标，这会给公司带来竞争优势。团队管理的优势包括降低成本、提高生产率、改进质量、加快速度和鼓励创新等方面。

1. 降低成本和提高生产率

当公司把管理工作授权给团队时，团队成员就要承担应由组织派遣的监督人员完成的事情，从而节省了劳动力成本。另外，经过交叉培训的团队成员掌握了比较广泛的技能，这使企业需要的员工总数大大降低了，同时由于团队成员一人多能，可以替代暂时缺勤的员工，提高了工厂的生产效率。

2. 改进质量

在生产过程中，判断产品质量不仅仅是质量检查人员的责任，而是体现在每个团队成员的工作中，使全员参与质量形成的各个环节，有效减少残次品的形成和原材料的浪费，从而改进质量工作。

任何质量上的微小改进都可以提升客户满意度。在质量管理过程中，做到团队成员以顾客为中心是获得质量持续提升的核心。质量团队把有关新的工作方法和实践的信息提供给其他的组织成员，并传遍整个团队。

3. 加快速度

提高速度可以提高公司对客户需求的反应能力。提高速度可以减少完成客户订单所需的时间，可以缩短开发新产品的时间。团队管理注重业务流程的组织，可以减少部门之间那些组织工作流动的障碍，可以减少回应顾客需求所需的时间。如柯达公司就把具有跨职能技术的员工组成了平行工程团队，使产品开发过程的时间缩短了一半；摩托罗拉公司也利用具有多种技能的生产团队在下了订单两个小时后就生产出了一种定制的寻呼设备；西南航空公司利用客户服务团队完成离机、服务和登机等活动，使飞机可以在20分钟内完成从降落到起飞的过程，这个时间仅仅是竞争对手的三分之一。

4. 鼓励创新

利用团队可以增强企业创造新产品和服务的能力。由于团队成员具有不同的知识和工作背景，他们彼此之间可以充分共享各自的资源，通过不断的碰撞擦出火花，形成创造性的思维。因此，团队会更富有创造性、更能分享信息。如波音公司的工程师在设计波音777飞机时，公司管理层完全是依靠200多个团队来设计和制造飞机的主要组成部分的。这些团队中几乎包含了来自每个职能的代表，包括客户和供应商的代表。这些团队使公司一开始就能造出符合要求的飞机，不用事后再花成本去改变飞机的构造。

7.3.2 团队的类型

根据特定的任务或项目，会形成不同的团队。组织中常见的四种团队是自我管理团队、项目团队、平行团队和虚拟团队。每种团队持续的时间都不同（有的不到一个月，有的则持续几年甚至更长时间），期望员工用在团队活动上的时间也不同（专职或兼职）。

1. 自我管理团队

自我管理团队（self-managed team，SMT）有时也叫作过程团队，它负责生产完整的产品、零件或服务。这种团队是组织结构中正式的一部分，团队成员是全职工作，而且持续的时间比较长。自我管理团队中员工的工作是相似的，但技能水平可能不同。团队成员会综合各种技能生产出重要的组织成果。

自我管理团队的工作内容包括团队成员要制订工作计划、聘用新团队成员、选择适当的工作方法、管理预算、确定原材料的交付时间、保证工作结果的质量标准。每个团队成员完全实行自我管理，根本不存在监督人员，有时自我管理团队用监督人员或管理者来指导工作，或是承担教练的角色。为了使每位员工竭尽全力，自我管理团队或过程团队必须得到授权。

自我管理团队的成员应成为全能型员工，需要一系列技能，主要包括以下方面。

（1）技术技能。团队成员必须接受跨职能的培训，使他们可以胜任不同的任务或工作场所。

（2）管理技能。自我管理团队的成员有做出管理决策的权力。因此，他们需要接受预算、计划、时间管理、目标制定、判断同事的绩效技能的培训。

（3）人际关系技能。团队成员需要有效的人际关系技能才能形成团队，并维持团队的绩效。他们必须能够有说服力地表达自己的思想，在存在意见分歧时进行谈判，当人们对重大的目标分歧产生情绪时，还要进行冲突管理。所有类型的团队都要掌握两种重要的人际关系技能，那就是管理冲突的技能和谈判技能。

2. 项目团队

项目团队（project team）是为实现特定项目目标而被组织在一起进行工作的团队。项目团队的成员来自不同的职能（比如营销、生产和财务）或不同的技术领域（比如生物、化学或数学）。判断项目团队绩效的一个重要标准是，团队能否按时或提前完成任务，或者实现项目的重要阶段性目标。

项目团队建设对项目的成败具有重大意义。在进行项目团队建设时应遵循以下原则：①必须清晰理解项目目标；②创造一种适合本团队的氛围；③界定好项目组织、交界面和汇报关系；④以目标为导向。

项目团队由项目经理直接领导。项目经理是项目团队的灵魂，对项目的成败负全责。项目经理应组织、建设好自己的项目团队，确保项目团队有能力完成项目任务；同时做好项目的计划、实施、决策和控制等一系列管理工作，以保障在给定的预算内按期按质按量地完成项目。项目经理处理好各项目干系人间的关系，可以促使各相关方为项目的顺利实施提供保障。如：项目经理与项目发起人密切合作，可以确保项目所需资源的充分到位。

3. 平行团队

平行团队（parallel team）有时也叫作问题解决团队或特殊目的团队。这种团队的特点是只需要团队成员花一部分时间解决难题或问题。平行团队成员每周会在平行团队中花一定时间，以促进问题的解决，其余时间仍然在各自职能岗位工作。平行团队并不改变组织的结构。相反，组建团队的目的是解决具体的问题，当问题解决以后，团队很可能就要解散。团队存在的时间可能很短，也可能比较长。例如，美国航空公司几乎所有的员工都参与了平行团队。它有 3 500 个七人建议团队，负责针对如何提高客户满意度和为公司节约资金提出建议。在一次为期 3 个月的时间里，有 1 600 条由这些建议团队提出的建议被采纳，为公司节约的成本和增加的收入超过了 2 000 万美元。

4. 虚拟团队

虚拟团队（virtual team）是利用互联网、组件（使处于不同电脑工作站的人可以同时合作完成一个项目的软件）和视频会议等计算机与通信技术，将不同地域以及不同领域的人员组织在一起，来解决某一特定问题的团队。虚拟团队成员和问题解决团队不同的地方是，它不是用传统的面对面的方式互动，而是用电子的方式互动。

虚拟团队使组织可以把不能通过其他方式在一起工作的个体联系起来。可以请最优秀的技术人员来解决那些需要他们的特殊技术才能解决的问题。这是一种战略优势。虚拟团队还使公司可以跨越组织的界限，把客户、供应商和业务伙伴组织在一起，共同提高质量，加快新产品或服务推向市场的速度。

为了避免虚拟团队的成员在沟通中可能发生误解的情况发生，可以用以下方法来管理虚拟团队。

（1）应该规定明确的团队目标和团队角色，保证与组织中的其他单位没有冲突。

（2）必须仔细地设计有效的沟通和合作流程，避免团队成员之间的误解和冲突。

（3）要为那些将加入虚拟团队的人提供引导性的讨论会和其他形式的培训，从而使他们为迎接这种工作中的挑战做好准备。

7.3.3　团队的发展过程

组织内团队的发展过程会与某些动态因素有关，并随着时间的推移而变化，同时也会受到团队领导者的影响。在本节中，将从团队的发展阶段、团队凝聚力和团队规范等方面探讨团队的发展过程。

7.3.3.1 团队的发展阶段

新成立的团队不同于成熟的团队,团队成员彼此由不熟悉到逐渐熟知、由不信任到逐步信任,最终形成具有凝聚力的有机整体,他们各自规范其行为,并帮助团队正常运转。团队的发展不是随意的,有着明确的发展阶段,如图 7-15 所示。团队的发展一般分为五个阶段,即形成阶段、快速发展阶段、规范阶段、正常运行阶段和终止阶段,每个阶段都会给团队的领导者和成员带来独特的问题与挑战。

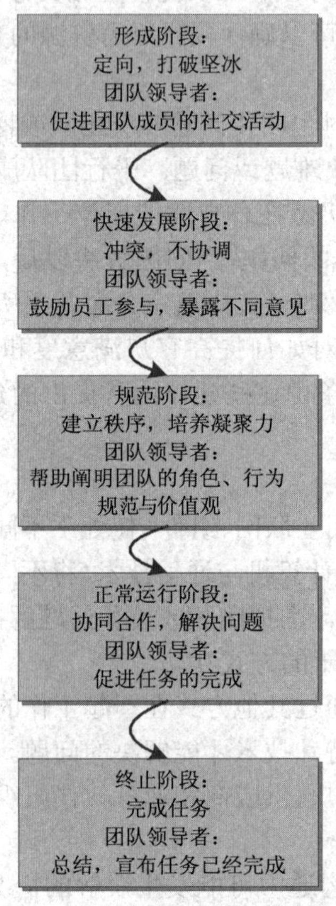

图 7-15 团队发展的五个阶段

1. 形成阶段

团队的形成阶段(forming)是促使个体成员向团队转变的过程,在这个过程中,成员之间相互熟悉,团队初步形成。在这一阶段,不确定性很大,成员们要打破坚冰,互相测试建立友谊的可能性,并分配任务。成员要认识到哪些行为是其他人可以接受的,知道团队的基本原则是什么以及团队希望他们做什么。人们关心下列问题:“团队要求我做什么?”“什么是可以接受的?”“我在这儿合适吗?” 在团队的形成阶段,团队领导应该为各成员提供相互认识的环境和条件,并鼓励他们参与非正式的社团讨论。

2. 快速发展阶段

快速发展阶段（storming）是团队发展的青春期。在这一阶段，团队成员的个性、角色意识以及由此而产生的冲突开始显露出来。此阶段的特点是冲突和不协调。成员们开始了解自己的角色和应该完成的任务，对团队的使命可能有不同的看法，基于共同兴趣爱好的小团队可能会形成。小团队对于团队的总目标以及实现该总目标的方法各有各的看法，使得整个团队缺乏凝聚力，没有形成统一的整体，它的特点就是缺乏统一行动。若不能成功地度过此阶段，将会导致团队工作停滞不前，难以取得很好的业绩。在此快速发展阶段，团队领导者应该鼓励每一位成员参与团队活动。各成员则应提出建议，互相讨论，共同度过这一不确定时期，并消除大家对于团队任务和目标的互相矛盾的观点。

3. 规范阶段

规范阶段（norming）是团队发展步入正轨的阶段。在这一阶段，团队矛盾得到解决，达到和谐与统一。团队成员之间逐渐认同和互相理解。不同意见得到化解，成员产生了团体归属感。这一阶段一般比较短暂，团队领导者应该强调团队内部的一致性，并帮助阐明团队的行为规范和价值观。

4. 正常运行阶段

正常运行阶段（performing）是团队发展的成熟期。在这一阶段，团队工作重点是解决问题和完成上级下达的任务，团队的工作绩效很高。团队成员效忠于团队的使命，他们相互协作，并以成熟的方式解决不同意见，以有利于完成任务的方式来正视问题和解决问题。他们都是为了实现团队目标而努力着。此时，领导者应集中精力关注工作业绩，同时要做好人员培养工作，帮助团队成员获得职业上的成长和发展。

5. 终止阶段

终止阶段（adjourning）只出现于委员会、任务小组和任务有限并且完成任务即行解散的团队之中。在这一阶段，团队工作重点是完成任务后的处置。团队成员因团队而自豪，团队具有很强的凝聚力。他们可能会因任务的完成而感到欢欣鼓舞，却因团队解散以后可能失去友谊和联系而感到压抑，甚至有些遗憾。此时，团队领导者应以某种方式，如一种典礼或者仪式的方式纪念团队的解散，由此告诉大家我们的任务已经完成了，团队的使命到此结束。

7.3.3.2　团队凝聚力

团队发展过程中重要的是培养团队的凝聚力。团队凝聚力（team cohesiveness）可以定义为团队成员在多大程度上被吸引加入团队之中并受到激励愿意继续留在该团队中。团队凝聚力越强，其成员就越忠于团队活动，热衷参加团队会议，并为团队的成功而骄傲。相反，在凝聚力弱的团队中，成员对团队的状况漠不关心。

1. 团队凝聚力的决定因素

1）团队的结构特点

团队的结构特点决定团队凝聚力主要表现在以下三个方面。

（1）团队的互动。团队的联系越紧密，团队成员待在一起的时间越长，就越有利于团队成员增进彼此之间的了解，对团队更加忠诚，进而团队就越有凝聚力。

（2）目标的一致性。团队成员能够就目标达成一致，这样的团队就会更有凝聚力。目的或者使命和方向的一致性，会使团队更加团结。

（3）团队对个人的吸引力。团队成员有共同的态度和价值观并乐于共处。

2）团队环境

团队环境决定团队凝聚力主要表现在以下两个方面。

（1）竞争的存在。适度的竞争会使团队的凝聚力随着团队竞争的过程而加强，竞争会提高团队的稳定性和凝聚力。

（2）团队成功以及外界对团队的良好评价。当团队取得成功并且受到组织内其他人员的认可时，团队成员感觉良好，他们对团队的忠诚度也随之而增加，从而提高团队自身的凝聚力。

2. 团队凝聚力的结果

团队凝聚力的结果表现为士气和生产力。一般来说，凝聚力强的团队士气也较高，因为团队成员之间沟通较多，团队氛围友好，成员们共同决策和行动。团队的高度凝聚力几乎毫无疑问地会给成员满意度和士气带来积极而良好的影响。

关于团队整体的生产力水平，凝聚力高的团队生产力水平可能更高，但劳动生产率的具体水平取决于管理层与工作团队之间的关系。有一项研究调查了 200 多个工作团队及其与凝聚力相关的工作绩效。结果发现，高度凝聚力的团队在其成员感觉到管理层的支持时劳动生产率也更高，但如果管理层对工作团队表现出敌意和消极态度，那么具有高度凝聚力的团队的生产率也可能会较低。

7.3.3.3 团队规范

团队规范（team norm）是指团队成员共同遵守的行为标准。团队成员将以规范为参考，借此判断什么是被期望的和可以被接受的。

当一个新团队的成员开始相互影响时，规范也就开始形成了。规范发展表现为以下四个方面。

（1）首次行为的示范效应，如团队中首先出现的行为会开创一个先例。

（2）团队历史上的关键事件。

（3）团队成员从外部带来的行为、态度和规范。

（4）来自团队领导者或成员的明确指示。

团队领导在影响规范、帮助团队提高有效性方面起着重要的作用。例如，当领导对合作解决问题寄予厚望时，团队就会发展强大的合作规范。对期望的团队行为做出明确指示，是管理者影响规范的一个强有力的途径。明确指示告诉大家哪些规范是重要的，因而很有影响力。

7.3.4 团队效能与管理技巧

1. 团队效能

效能是指做正确的事，反映的办事效率和工作能力，它是衡量工作结果的尺度。团队是当今组织的结构单位。团队如何实现它们的潜力或达到管理者对它们的期望，这体现了团队效能。团队效能即有效团队的积极产出，通过评估团队的生产力、个人满意度以及适应和学习的能力，管理者能够更好地认清提高团队工作效能的行为。

影响团队效能的首要因素是组织环境。它包括结构、战略、环境、文化以及薪酬体系。在该环境中，由管理者来确定团队。团队的重要特点包括团队类型、团队结构以及团队组成。管理者必须做出决定：什么时候在正式结构内部创建永久性团队，什么时候使用临时性任务团队。另外，团队的多样性因素，如与任务相联系的知识和技能都会对团队的形成和团队的效益产生极大的影响。此外，性别和种族的多样性也会影响团队的绩效。团队的规模和角色也是很重要的。

团队的这些特点影响到团队的形成过程，而该过程对团队来说正是内在化的需求。反过来，该过程又会影响团队的产出和满意度。优秀的团队领导必须了解并能控制团队的发展阶段、凝聚力、行为规范以及冲突等因素，这样才能建立起有效的团队。这些过程受到团队和组织特点的影响，同时也受到团队成员和领导者以积极的方式对这些过程施加指导的能力的左右。

团队效能建立在生产力、个人满意度和适应与学习的能力的基础上，如图 7-16 所示。生产力则与团队目标所定义的任务产出的质量和数量有关。个人满意度即团队满足其成员的个人需要，从而使成员得以继续留在团队里面，并保持对团队的忠诚度的能力大小。适应与学习的能力指的是团队在工作中引入更多知识和技能，以及提高组织应对环境中新的威胁和机遇的能力。

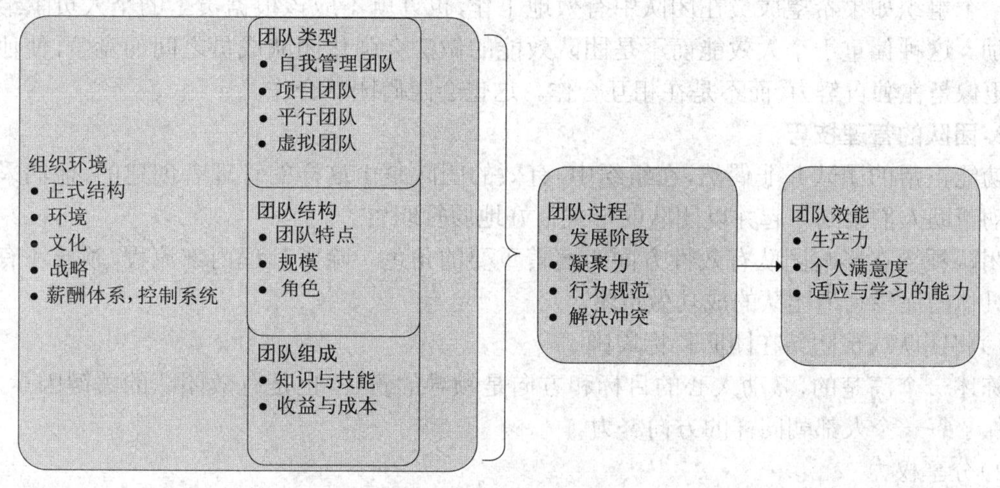

图 7-16　团队效能模型

2. 造成工作团队效能低下的原因

1）搭便车者

搭便车者不积极参与团队的工作，但是期望从团队的成功中获利，充分享受团队的回报。如果搭便车的行为得到容忍，搭便车者就会迅速削弱团队的士气和工作效率。

2）影响团队发挥职能的冲突

如果有些成员由于个人的原因而不喜欢其他人，或者热衷于政治手段或政治游戏，团队就无法正常发挥职能。这常常会导致团队内部出现争夺权力的小团队，党同伐异。这些小团队之间的斗争会使团队把精力放在小团队的政治目标上，而不是团队或组织的效能目标上。

3）群体思维

当团队不能容忍意见分歧时，群体思维这个弊病就会出现——团队非常重视达成一致意见，极力避免对团队工作有积极影响的职能性冲突。群体思维削弱了大部分团队存在的目的：那就是把具有不同技能和经验的人结合起来，创造比单独的个体能实现的更有价值的东西。

4）反对自我管理

有些团队成员可能不愿意进行自我管理。有些团队中的成员更喜欢有一个领导指导和激励他们，而不愿意参与实际的决策。如果一个团队想拥有一个强有力的领导，却被迫实行自我管理，它通常是不会成功的。

5）不可靠的监督人员

许多团队的管理者或监督人员都认为任何变化都是一种威胁，这会削弱团队的主动性。一些监督人员可能认为，自我管理的团队会降低他们的地位，因为团队本身会承担起一部分监督人员的责任。这些监督员也许会拒绝或破坏自我管理团队的成功。除非监督人员有理由支持团队，否则他们可能会强烈抵制这种方法。

6）起破坏作用的效能优异者

效能优异的团队成员也许会要求特殊待遇，对待其他团队成员可能很不尊敬。起破坏作用的效能优异者对团队凝聚力和总体产出的破坏作用可能大于他们的才能带来的好处。

7）缺乏激励团队合作的方法

一个组织如果希望成员在团队中有效地工作，也许就不应该根据员工的个人贡献给予他们奖励。这种偏重于个人效能而不是团队效能的做法会强化团队成员之间的竞争，使他们看上去更像是在独自努力，而不是在相互合作。这也会阻碍团队合作。

3. 团队的管理技巧

功能正常的团队并非偶然，在组织中，有效的团队是由这样的管理者创建的，他们采取具体行动帮助人们聚到一起并以团队的形式很好地履行职责。

团队领导在影响团队有效性方面扮演着重要的角色。除了管理内部流程，领导还有其他四种具体的途径来为团队的成功做贡献。

1）将团队成员团结在团队目标周围

陈述一个清楚的、激动人心的目标和方向是领导的责任，也是有效团队的关键因素之一，这确保了每一个人都朝同样的方向努力。

2）分享权力

好的团队领导者在行动上和语言上都接受团队工作观念。这意味着分享权力、信息和责任，意味着让参与工作的团队成员对如何工作具有发言权。它需要领导者相信团队成员能够做出良好的决策，即使那些决策和领导将要做出的决策不一致。

3）承认无知

通常，被授命领导团队的人往往会发现他们不如团队成员懂得多。而优秀的团队领导者并不惧怕承认他们的无知和寻求帮助，他们要让员工知道知识缺乏、问题、担忧和错误都是可以公开讨论的，而不用害怕显得无能。承认自己无知和愿意效仿他人比其他任何行为都能更快地使自己获得团队成员的尊重。

4）巧用谈判

当维护长期关系十分重要的时候（团队就属于这种情况），谈判尤其有效。通常，有两种谈判风格：双赢谈判风格和赢输谈判风格。双赢谈判风格，也叫作整合议价，要求各方把潜在的冲突转化为解决问题的过程，各方在这个过程中找到共同的目标或联合的目标，这种谈判方法是找到一种能同时满足双方需求的解决方案的有效途径。赢输谈判风格，有时也叫分配议价。赢输谈判风格关注的是谁从固定的利益中获得最大的部分。二手车买卖双方在谈判车的价格时，采取的就是赢输谈判风格。卖方希望获得最高的价格，而买方则希望以最低价格获得二手车。

谈判者在谈判中需要注意并努力避免的三个常见错误如下。

（1）不要认为谈判必须得出解决方案。当一方假设谈判必须得出解决方案时，另一方就会利用这一点以结束谈判作为威胁。这会导致前者为了达成解决方案做出不必要的让步。在开始谈判时，心中最好有个谈判底线，它代表了一方可以接受的最差的解决方案。如果对方在谈判中连你的底线都满足不了，最好立即起身，结束谈判。

（2）避免在谈判中执着于某个特定问题。在谈判中，有些问题比其他问题更容易得到解决。如果双方在一个问题上陷入僵局、难以达成解决方案，最好继续谈判，先解决其他相对容易解决的问题。很多时候，双方在解决比较容易解决的问题的过程中，会建立起良好的关系，这会为各方合作解决最后剩下的困难问题奠定基础。

（3）不要认为对方由于经验丰富而具有决定一切的力量。在谈判中，如果你认为自己没有力量，你就会表现得好像你真的没有力量一样。你将很难达成你的目标。事实上，谈判各方都有某种力量，否则谈判就不会发生。人们之所以进行谈判，是因为各方都觉得对方掌握着某些自己希望交换的东西。通过了解你们双方的利益所在，你在谈判中会更加自信，也会有更大的机会达成令你满意的解决方案。

知识点

组织结构由组织的复杂性、正规化和集权化程度来度量。

组织设计应遵循以下原则：权力层次性原则、责任不可下推原则、权责对等原则、统一指挥原则、职能分工原则、专业与权力结合原则、控制跨度原则、劳动专门化与合作原则、组织优化原则、柔性经济原则。

常见的组织结构有直线职能制、矩阵制组织结构、事业部制和超事业部制、企业集团。新型组织结构主要有团队型组织、扁平型组织、网络型组织、学习型组织和知识型组织。

团队管理具有降低成本、提高生产率、改进质量、加快速度和鼓励创新的优势。团队的类型包括自我管理团队、项目团队、平行团队和虚拟团队。

团队的发展历经形成阶段、快速发展阶段、规范阶段、正常运行阶段和终止阶段。团队的发展还与凝聚力的形成、行为规范等有关。

团队的管理技巧表现为将团队成员团结在团队目标周围、分享权力、承认无知和巧用谈判。

思考题

1. 职权与组织结构是如何联系起来的？

2. 管理组织设计程序是什么？

3.“一位管理者在组织工作职能上做些什么，取决于他或她所处的组织层次”，请对此进行解释。

4. 一个组织可以没有结构吗？

5. 对事业部制、直线职能制和矩阵制三种组织结构，你最愿意在哪一种组织结构中工作？又最不愿意在哪一种结构中工作？为什么？

6. 团队管理的优势表现在哪些方面？

7. 常见的团队类型有哪几种？

8. 如何让团队具有效能？

第 8 章　人力资源管理

| 学习要点 |

通过学习本章的内容，学生能够掌握：

1. 人力资源管理概述；
2. 如何进行员工培训；
3. 绩效管理的概念、阶段与方法；
4. 多样化员工；
5. 职业生涯规划。

课前引例

D 公司人力资源管理的困境

人才是当今企业最核心的竞争优势。越来越多的企业管理者都意识到绩效管理对企业发展的重要性。市场环境逐步转变，随着国企改革的深化，其经营管理工作中的矛盾日益凸显，传统的绩效管理模式已经无法适应国企的改革形势，因此，科学的绩效管理体系势在必行。

D 油田公司第五采油厂是一家特大型央企下属的基层单位，为突破当前的管理困境，更好地实现人力资源的资本价值，决定大胆创新管理模式，建立全员绩效管理体系。但在绩效管理体系制定和推行的过程中，D 公司遇到许多冲突与障碍：

（1）对绩效管理知之甚少，导致绩效管理革新变成了涸泽之鱼；

（2）由于历史原因，第五采油厂用工形式相当多样化，不同用工形式的待遇和归属感截然不同，这同样影响到员工的工作积极性与主观能动性，增加了员工离职的风险，加大了人才损失率；

（3）从管理角度看，原有的人力资源考评体系没有得到员工的充分认可，重要岗位的选人用人机制存在一些隐患。

| 思考题 | 依你看来，管理者该如何充分激活人力资源的巨大潜力？

8.1　人力资源管理概述

人力资源管理是现代企业管理的“火车头”，如何拥有、保护、管理及开发企业的人力资源，直接关系到一个企业的兴衰成败。成功的企业不仅拥有一流的人才，而且能有效、科学地管理与开发人才。

8.1.1 人力资源的含义与特点

8.1.1.1 人力资源的含义

在经济学上,资源是为了创造物质和精神财富而投入于生产和服务活动中的一切要素。它包括人、财、物、信息、技术、时间、知识等,其中人力资源是最宝贵、最活跃、最复杂、最难测(变化莫测)的资源,如心理、情感、价值观等,而其他资源是可测定的。人是具有能动性的劳动力,是价值产生的唯一源泉。企业的任何活动都是通过人的努力来完成的,通过人的活动实现企业的目标。人力资源具有以下三个层面的含义。

(1)人力资源是指一个国家或地区能够推动整个经济和社会发展的具有智力劳动能力和体力劳动能力的人的总和。它包括数量和质量两个指标。又可进一步分为已直接投入建设的处于劳动年龄的人和尚未投入建设处于劳动年龄的人。

(2)人力资源是指包含在人体内的一种生产能力。这种能力又可分为已发挥出来的现实的劳动生产力和尚未开发出来的潜在的劳动生产力。

(3)人力资源是指一切具有为社会创造物质文化财富与提供劳务和服务的人。

人才较难定义,一般认为有才能、有贡献、有价值、有创新性的人就是人才。而在人力资源管理中认为:没有无用之人,只有没有用好之人。每个人都有自己的长处和短处,善于用人之长,使每个人的行为都为组织的目标服务。

8.1.1.2 人力资源的特点

1. 人力资源使用的时间性

以劳动力的生产和再生产的周期来看,一个成熟的劳动者的培养教育需要相当长的时间,少则十五六年,多则二十几年。即使是一个成熟的劳动者,随着科学技术的进步、生产条件的变更,也还需要进行再培养、再教育,才能适应生产发展的需求。也就是说,劳动力的生产具有长期性。

从劳动力的具体形式上看,劳动者体力形成后,如果在一定时间限度内不被使用,它就会被自然消耗掉,体力不像物品,不能储存起来,以备再用。劳动者的智力与体力不同,它的形成和发展需要经过一个长期的积累过程。劳动者的智力形成后,如果长时期得不到发挥,也将白白浪费掉。也就是说,劳动者的体力、智力不能及时合理地被使用,就会随着时间的推移而流失。

2. 人力资源的消费性

人力资源作为一种“活”资源,无论是存在还是被开发利用都离不开消费。劳动者个人既是生产者,又是消费者。企业在研究开发和利用人力资源时,必须注意物质原则的贯彻,因为劳动者具有生存、享受与发展的物质需要。

3. 人力资源的自我开发性

人力资源区别于其他物质资源的一个最重要的特点,就在于它是一种具有主观能动性的资源。人力资源具有思想、情感和思维,能有目的地、有意识地主动利用其他资源去推动社会和经济的发展,而其他资源则处于被动使用的地位。从资源开发的角度看,人力既是被开发、管理的对象,又是自我开发、自我管理的主体。作为被开发的对象,人力资源开发的广度和深度,取决于社会的、经济的、宏观的、微观的外部条件,劳动者的劳动力是被开发的对象,而开发的主体是社会、企业或单位。

作为自我开发的主体,劳动者个人的主观能动性对于人力资源开发的效果具有很重要的影响。劳动者作为社会生产的主体具有社会意识,不仅能认识世界而且能改造世界。人力资源的主观能动性体现在以下方面。

(1)劳动者可通过接受教育或主动学习,不断提高自身素质(体质、智力、知识、技能及思想品德)而达到自我强化。

(2)人力资源具有职业选择的自主权力,即主动与物质资源相结合。在人力资源市场上存在双向选择。

(3)劳动积极性的发挥以及对物质消费的追求等方面。衡量人力资源使用效率如何,就看对人的能动性、积极性调动得如何,发挥得怎样。

4. 人力资源开发的连续性

物质资源一般经过一次加工、二次加工乃至某些深加工之后,就形成了最终产品,不存在继续开发的问题。而人力资源不同,开发使用之后可以继续使用开发,这就需要不断学习,不断充实自己、提高自己,尤其是在新技术革命使知识更新周期缩短、知识陈旧率加快的时代,更需如此。

5. 人力资源的再生性

人力资源是一种再生资源,它的再生性基于人口的再生产和劳动力的再生产,是一个动态的过程,包括形成、开发、分配和使用四个环节。从这个意义上讲,人力资源又是一个客体,有对象性,具有与其他物质资源运动共有的特性。人力资源的形成与开发是人们生育、消费、受教育、培训和实践等有目的的活动的结果。人力资源的分配和使用即人力资源的再生产,包括:①现有劳动者劳动能力的保持;②资本投入使人力资源得到替换、补充和扩大;③新劳动能力的获得与提高,主要通过教育、培训、劳动经验的积累和自学得以实现。

6. 人力资源的创新性

人力资源是唯一能起到创造作用的因素,这体现在以下方面。

(1)人在社会和经济的发展过程中往往能创造性地提出一些全新的方法和工具,加速社会的进步和经济的发展。

(2)人能适应环境的变化和要求,担负应变、进取、创新发展的任务,从而使组织更加充满活力。

(3)人具有学习和积累知识的能力。

7. 人力资源的约束性

人能想事,也能肇事,有创造性,也有破坏性,因而应当有约束。把人比作水,把企业比作舟,水能载舟,也能覆舟。

8. 人力资源的资本性

与其他资本一样,投资于人力资源也会带来收益,且其收益远高于其他资本。同时与其他资源相似,人力资源在使用过程中也会出现由于人的疲劳与衰老带来的有形磨损和由于个人的知识与技能跟不上科技发展所带来的无形磨损。但人力资源又有别于其他资产,在使用过程中可不断进行自我补偿、自我更新、自我发展,是一种可持续开发、不断增值的独特资源。

8.1.1.3 影响人力资源价值的因素

人力资源的成长一般要经历四个阶段（图 8-1）：开发期、培育期、成长期、成才期。随着人力资源的成长，人的价值也得到了不断的提高，这也体现了人力资源具有可塑性的特点。合理的教育、培训和锻炼能使人才发挥出极大的潜能。

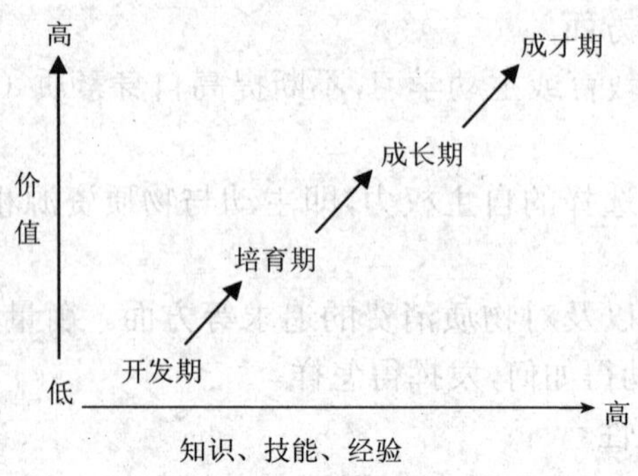

图 8-1 人力资源成长的四个阶段

影响人力资源价值的因素主要有：人际关系、成功概率、区域影响、法治水平、公平性、价值影子、时间价值、信息、再投入等。

8.1.2 人力资源管理的职能

8.1.2.1 人力资源管理的含义

人力资源管理是指为实现组织的战略目标，利用现代科学技术和管理理论，通过不断地获取人力资源，并把所获得的人力资源整合到组织中而融为一体，保持和激励他们对本组织的忠诚度与积极性，控制他们的工作绩效并作相应调整，尽力开发他们的潜能，以支持组织目标实现的活动。人力资源管理最终达到以下目的。

（1）人与事的匹配，人尽其用。

（2）人的需求与工作报酬匹配。

（3）人与人协调合作。

（4）工作与工作协调匹配，才能灵活高效，发挥整体优势。

8.1.2.2 人力资源经理

人力资源经理以顾问或参谋的身份与其他经理一起工作，处理人力资源问题，满足组织对人力资源的需求，帮助组织实现目标。人力资源经理与直线经理在人力资源管理上的分工如表 8-1 所示。

表 8-1 人力资源经理与直线经理在人力资源管理上的分工

职能	直线经理	人力资源经理
获取	提供职务分析、职务描述及职务要求的有关资料与数据，使部门的人力资源计划与组织的战略协调一致；对职务申请人进行面试，综合审阅人事部门提供的材料，对录用与委派作最后的决定	职务分析与描述的编写；人力资源规划的制定；检查人员招聘选拔，录用和委派中是否有不合法律之处，申请人背景调查；体检
整合	与下属职工面谈，指导和教育；改善内部信息沟通，化解矛盾；做细致的思想工作；提倡集体协作	记录和保管好人事档案；设计合理沟通渠道与制度
保持与激励	尊重下属职工，公平地对待他们，论功行赏，按劳授奖	制定合理的工资奖酬、福利、医疗保健及各种福利制度为职工各种需求提供服务
控制与调整	绩效考评，职工需要与满意感调查；对惩罚、解雇、提降、调迁做出决定	落实直线经理有关决定；为职工离退提供咨询；为需要调查的工具设计与实施及结果分析提供后勤性服务
开发	组织职工培训；指导职工设计个人发展计划；给下属职工提供工作反馈；进行工作再设计	制定职工技术培训及干部管理或专业培训计划；为职工发展提供咨询

8.1.2.3 人力资源管理的职能

1. 人力资源管理的基本职能

（1）不断探索人与事对立统一的规律、矛盾和运动的规律。由于人与事都处在不停的发展变化之中，这种研究、探索工作永远不会停止，而且始终是搞好人力资源管理工作的基础和前提。

（2）能动地推进人与事的发展。事的发展，指组织机构的调整和变革，职位分类的变化，岗位的设置和岗位职责的调整……它包括了劳动人事工作关于“事”方面的全部工作；人的发展，指对人的培养和激励。对人的培养是通过不断完善和发展教育事业及人员培训工作来实现的。对人的激励则包括工资奖金、劳保福利制度的改革，激励机制的完善，劳动关系的调整，企业文化的建设，以提高人员素质和调动人的积极性。

（3）实现人与事之间的优化配合。通过不断改善人员的招聘、任用、升降、调动和分工合作，以及考核、合理组合、合理流动等项工作，达到事得其人，人适其事，人尽其才，事竟其功的目的。

总而言之，人力资源管理的基本职能是：认识人与事对立统一的规律，能动地推动人与事的各自发展与优化配合。

2. 人力资源管理的具体职能

（1）聘用与获取：引入最合适的岗位人选。

（2）保持与激励：对引入的人才通过适宜的激励制度，保持他们的积极性、主动性和创造性，并积极开发他们的潜能。

（3）发展：通过培训使员工的知识、技能、素质不断提高。

（4）评价：评估员工的素质，考核员工的绩效。

（5）调整与控制：通过评估对员工进行奖惩、晋升、解聘、调动，保持内外部的流动性。

8.1.2.4 人力资源管理的内容

人力资源管理包括四个方面的内容，即选人（识别人）、育人、用人和留人（评价人）。但这四个方面不是相互孤立的，而是互相交叉、相互影响的。

1. 选人

选人要注意以下几点。

（1）选人者本身要具有较高的素质和相应的人力资源管理专业知识，否则人才的选拔与鉴别将无从谈起。因此选人者要避免：

武大郎开店——高的一概不要。这是在人力资源管理过程中经常遇到的现象，嫉贤妒能，往往会造成极大的人才浪费。

瞎子摸象——盲目地选人。选人者本身由于受到自身素质的限制，对人才标准缺乏必要的认识，盲目、被动，选非所需。

（2）被选者多多益善，有更大的挑选余地。但应注意，信息过多，往往不仅会造成时间的浪费，也经常会产生疏漏，或干扰正确决策。

（3）被选者的层次结构要适当，避免某一方面的人才过于集中，而其他方面却无人可选。要充分考虑队伍的知识结构、专业结构、年龄结构，根据企业自身特点，确定合理的人才策略，确保队伍结构的合理性，使人才配置达到最优。

2. 育人

企业的发展归根到底是靠人的推动，人的推动力来源于培训。员工的技能可分为三种类别：技术的、人际关系的和解决问题的。育人应着眼于改变其中一项或多项技能。育人工作相当复杂，一般可进行在职培训、脱产培训、仿真培训等。在育人过程中，应注意以下几点。

（1）区分不同的培训对象，坚持因材施教。

（2）突出实用性，联系实际工作，学以致用。

（3）避免育人不当，造成浪费。

3. 用人

（1）量才录用，要避免“大材小用”或“小材大用”。做到将合适的人于合适的时候，安置到合理的位置（right person，right time，right position）。调动大家工作的积极性，充分发挥出每一个人的最大潜能。

（2）工作丰富化。重新设计工作，避免工作的单调重复。在提倡精益生产（lean production）的同时，要鼓励精益思维，如传统的“一”字形生产线往往使员工只关心工艺，不关心整个产品，改成“U”形生产线后增加了员工间的交流，有利于发挥人才的潜能及创新能力。

（3）多劳多得，优质优价。要促使员工不仅对过程负责，更应对结果负责，鼓励员工积极劳动，根据劳动质量确定劳动报酬。

4. 留人

（1）合理的工资报酬是衡量一个人劳动价值的标准，也是展示一个人事业成功与否的标志之一。人是“经济人”，对自己的付出往往估计过高，而对自己所得报酬估计偏少。如何确定一个合理报酬的标准，是管理者所面对的一个十分复杂的问题。

（2）要有好的环境，要创造一个适合于人才成长和最大限度发挥作用的企业环境。环境的力量将对人力资源管理活动产生很大的影响，因而要千方百计创造出一种能留住人才的环境，具体行为包括工作上重视、生活上关心、待遇上优厚等。

企业如何发现人才？如何培育人才？如何使用人才？如何留住人才？确实值得深思。企业不仅要能够发现人才、善于培育人才，而且更要“用得好、留得住”。要对人才充分信任，放手使用，力争做到事业留人、利润留人、情感留人。

8.1.3　人力资源管理过程

一个组织素质的高低在很大程度上取决于其所聘用的雇员的素质。大多数组织的成功也都有赖于能够发现并使用具有高水平技能的员工，而这些员工往往能够成功地执行各项任务，并最终达到公司的战略目标要求。人员配备和人力资源管理的决策及方法对于确保组织聘用并留住合适的人员至关重要。图 8-2 给出了组织中有关人力资源管理过程中的关键组成部分。

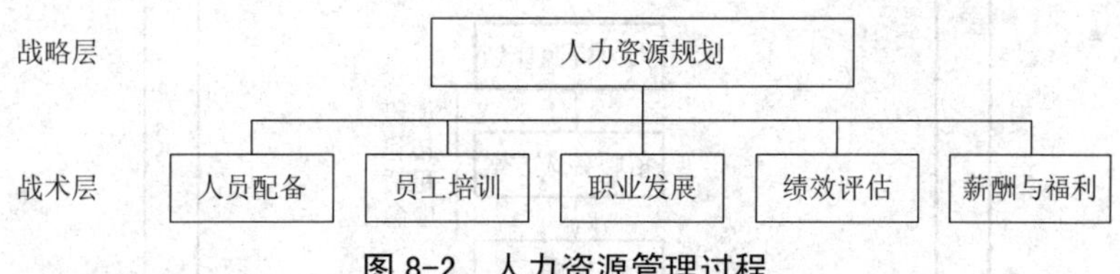

图 8-2　人力资源管理过程

人力资源管理分为两个层次，即战略层和战术层。人力资源规划是人力资源管理战略的核心，是根据企业战略规划来协调人力资源的需求与供给，从而达到企业人力资源的供需平衡。人员配备是“选人”的过程；员工培训是“育人”的过程；职业发展是“用人”的过程；绩效评估、薪酬与福利是“留人”的过程。这几个方面体现了人力资源管理战术的运用，是人力资源管理的核心内容。以下将对于人力资源管理过程的各个关键组成部分进行详细阐述。其中，关于薪酬与福利部分涉及员工的激励问题，将在第 11 章中进一步阐述。

现在企业要求员工越来越向全面化发展，这就要求企业人力资源管理实行多元化，同时，女性职业者亦成为社会关注的重点，越来越多的女性职业者进入企业的高管层，甚至成为国家的元首，因此，本章将探讨人力资源管理多样化问题，特别是女性职业者如何选择就业。

8.2　招聘与培训

8.2.1　招聘策略与招聘步骤

随着各种竞争压力接踵而至，采用何种招聘策略对许多企业来说至关重要。企业无论规模大小，在招聘工作之前都必须做出下列决定。

（1）企业需要招聘多少人员？——确定空缺数。

（2）企业将涉足哪些劳动力市场？——如在劳动力市场上找不到理想的方式开展工作，企业吸收和保持劳动力的能力就会下降，企业实现目标战略的能力就会下降。

（3）企业应雇用固定员工，还是应利用其他灵活的雇用方式？——灵活的方式。

（4）在企业内外部同时聘用员工时，应在多大程度上侧重从内部聘用？——内外部招聘的优缺点比较。

（5）什么样的知识、技能、能力和经历是真正必需的？——智力、个性、特殊能力等。

（6）在招聘中应注意哪些法律因素的影响？——公平、公正、公开，反对性别、年龄、种族等的歧视。

（7）招聘时对多样性和赞助性行动的关注如何体现？——确定有效招聘途径。

（8）企业应怎样传递关于职务空缺的信息？——公告、广告、通告等。

(9)企业招聘工作的力度如何?——因需而招,量力而行。

8.2.1.1 招聘过程

招聘过程如图 8-3 所示。

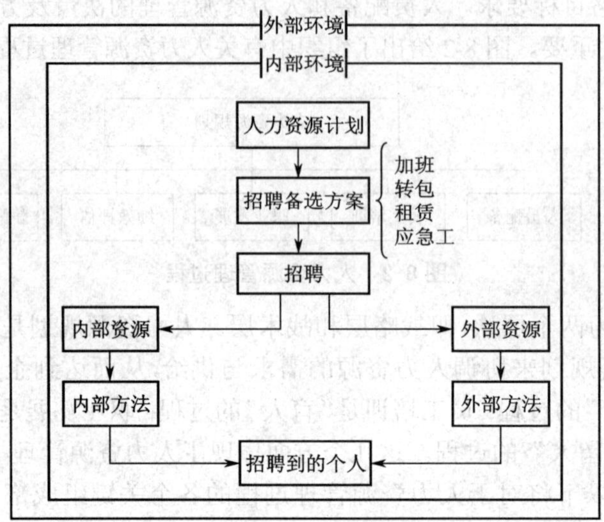

图 8-3 招聘过程

8.2.1.1.2 招聘程序

招聘程序如图 8-4 所示。

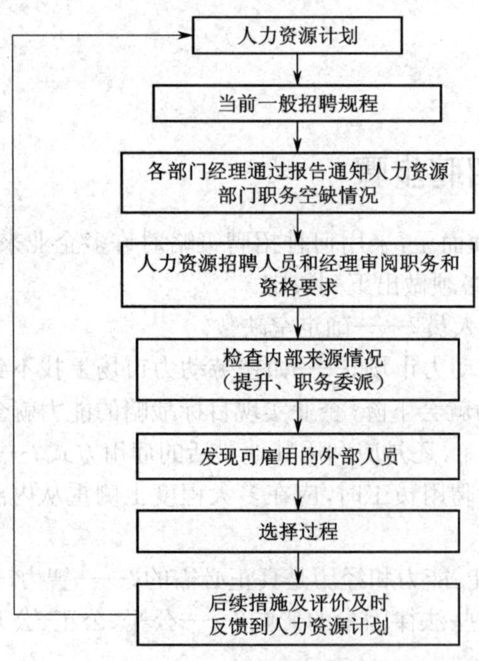

图 8-4 招聘程序

8.2.1.3　招聘责任的划分

招聘责任的划分见表 8-2。

表 8-2　招聘责任的划分

人力资源部工作内容和职责	使用部门工作内容和职责
负责招聘广告的联系刊登	负责招聘计划的制订和报批
负责应聘信件的登记	负责招聘岗位要求的撰写
负责笔试组织和公司情况介绍	负责新岗位职务说明的撰写
负责体格检查和背景调查	负责协助外地招聘的刊登
负责正式录用通知的寄发	负责笔试考卷的出题
负责录用报到手续的办理	负责应聘人员初筛
负责加盟公司的培训	负责面试和候选人员的确定

8.2.1.4　招聘渠道

招聘渠道及各渠道的优缺点见表 8-3。

表 8-3　招聘渠道及各渠道的优缺点

招聘渠道	优点	缺点
内部搜寻	花费少；有利于提高员工士气；候选人了解组织情况	供应有限；不可能增加受保护团体类中的员工比例
广告应征	辐射广；可以有目标地针对某一特定群体	有许多不合格的应聘者，广告费用高
员工推荐	可通过员工介绍组织情况；基于推荐者的认真推荐可能产生高素质的候选人	可能不会增加员工的类别和结构；可能产生裙带关系
公共就业机构	正常费用或免费	通常为非熟练或受过很少训练的候选人
私人就业机构	广泛接触；仔细甄别；通常给予短期的担保	花费大
学校分配	大量、集中的候选人（潜力型）	仅限于初入者级别的职位
临时性支援服务	仅满足临时的需要	成本高；常限于常规或只需范围狭小的确定技能的工作

8.2.2　员工甄选

管理者需要采取一些方法对申请者进行甄别，以确保最合适的候选人得到这一职位。甄选是一种预测行为，它的目的是设法预测聘用哪一位申请者会确保工作成功，即按照组织用以评价人员绩效的标准衡量申请者。

甄选流程如图 8-5 所示。

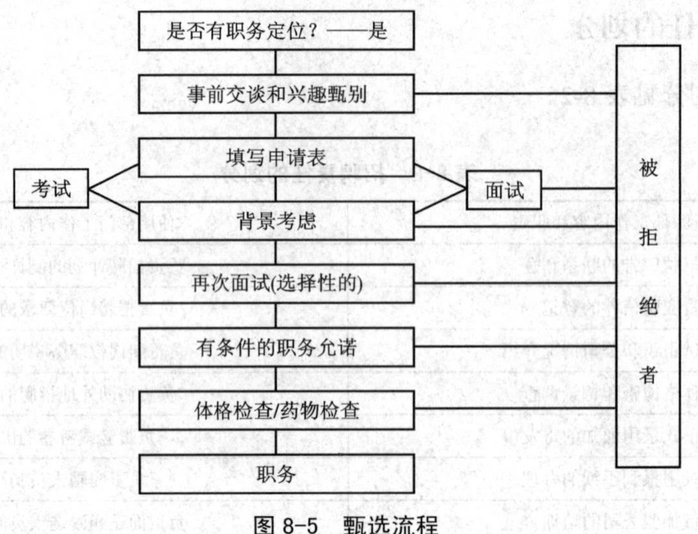

图 8-5　甄选流程

各种测试技术如图 8-6 所示。

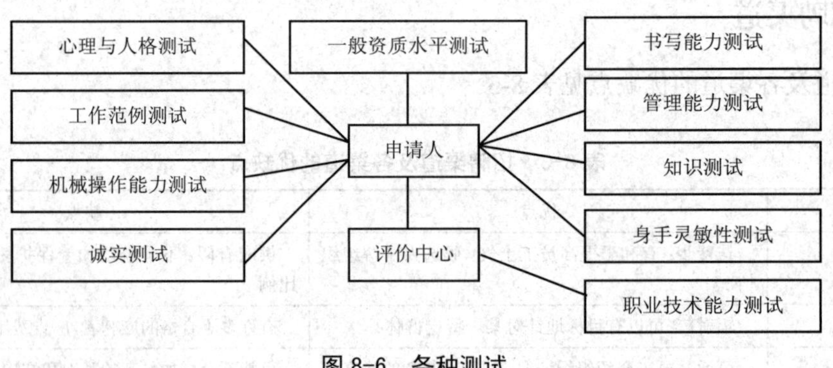

图 8-6　各种测试

8.2.3　员工培训

8.2.3.1　培训概述

培训是一个组织为实现组织目标所进行的增进其成员的职务知识、技能及改变其态度、社会行为的一系列有计划的活动。

培训是人力资源开发中的一项重要内容，通过培训可以达到以下目的。

(1)可以使员工明确自己的任务、目标，以适应工作岗位。

(2)可以使员工具有足够的知识，提高工作所需的技能，符合职务的要求，达到较高的绩效水平，以达到一流员工的标准，增强员工在业务上的成就感和专业上的满足感，使他们在事业上得到充分的发展，并为公司创造最大的价值。

(3)可以增强员工的工作动机，改变他们的态度。

(4)组织可以实现变革与发展，使组织更具有生命力和竞争力。

(5)可以传播企业文化、凝聚企业向心力、增强企业整体创造力。

8.2.3.2 培训的过程模式

戈德史坦（Goldstein）提出的培训过程的模式如图 8-7 所示。

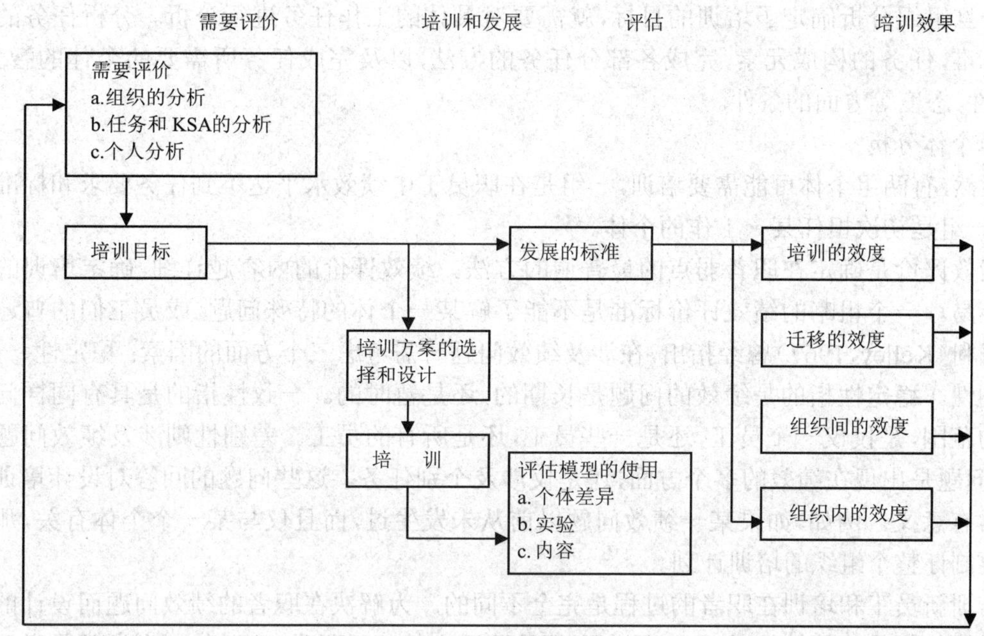

图 8-7 培训过程模式

这一过程开始于对需要的评价，经过评价，建立了培训目标和方案。这些目标扮演着双重角色，首先，它为培训方案提供了学习原理和训练设施；此外，目标还是评价培训是否成功的标准。培训的目的就是实现通过对需要的评价所建立的目标。为了使需要评价能够对培训正确地发挥作用，通常还需要了解一些有关受训者的特点。此外，在培训结束后，还需要了解培训的效果，即培训对行为产生的迁移效果。

1. 培训需求分析

因培训需支付很高费用，因此企业必须在恰当的时候就恰当的工作对恰当的人提供恰当的培训。培训的时机选择不对，会造成不必要的机会成本；选择的工作不当，培训内容不会直接作用到工作绩效上；选择不合适的人参加培训，因为他没有学习动机和积极性，所以培训效果将大打折扣。所以，为了能有效实施培训，在培训前，应先对培训需求做出评价。培训需求评价（training needs assessment）就是对组织的未来发展、任务的内容以及员工的个人情况进行分析，发现培训需求。培训需求评价通常是在组织、任务和个体三个层次上进行的。

1）组织分析

戈德史坦等（Goldstein，Buxton，1982）认为，组织分析包括对组织的目标、资源、环境的分析。目标包括学习的数量、质量、时间范围及设计。

为确定培训目标，组织分析要综合许多方面的信息，主要是人力资源方面的信息，包括员工技能、能力，人员变动情况，人员可能的安置情况等。有许多组织要保持其所有管理人员来自基层，因此，就应经常对后备人选的职务所需要的才能、经验、进一步培训的要求进行分析。其他方面的信息包括财政、计划、生产、销售等。分析生产、销售等方面的信息，确定组织的需要对员工提出了哪些新的要求；分析财政方面的信息，确定培训的成本。有时候，培训的成本可能高于选择新员工的成本，那样，培训对组织来说就不一定必要了。

2）任务分析

一旦组织分析确定了培训的目标，就需要对具体的工作任务进行分析。分析任务的有效操作标准，任务的构成元素，完成各部分任务的方法，以及完成任务所需要的个体的智力、技能、个性、态度等方面的条件。

3）个体分析

显然，有两组个体可能需要培训，一组是在职员工中绩效水平达不到任务要求和标准的个体，另一组是初次担任某一工作的个体。

绩效评价是确定在职者弱点的最普遍的方法。绩效评价的内容越详细，确定培训的需要就越容易。一个粗略的绩效评价标准是不能了解某一个体的特殊问题，或员工们的普遍问题的。凯利（Kelley，1967）曾经指出，在涉及绩效问题时需考虑三个方面的因素：稳定性、一致性和差别性。稳定性指的是绩效的问题是长期的，还是暂时的。一致性指的是具有同样问题的个体的范围，是仅仅一个员工，还是一些员工，还是所有的员工。差别性则涉及绩效问题的普遍性，问题是出现在绩效的多个方面，还是仅涉及个别任务。这些问题的回答对设计培训方案都非常有意义。例如，如果某一绩效问题以前从未发生过，而且仅与某一个个体有关，那么就不需要制订整个组织的培训计划。

培训新员工和培训在职者的过程是完全不同的。为解决在职者的绩效问题而设计的培训方案对培养新员工的技能、知识以及态度都是不适宜的。对新员工来说，培训通常是学习新的东西，而对在职员工的培训却经常包括去掉旧的行为习惯，即所谓去学习。对新员工来说，有些行为是很难通过培训学到的，只能通过长期的工作经验而获得。例如，售货员的“一抓准”（一把就能抓准顾客所要货物的重量），以及同时应付许多顾客而不使任何顾客感到受了冷落。但是，使用、操作机器设备则是新学员必须学会的。所以，确定新员工的培训方案中应包括哪些内容也是非常有意义的。

2. 制定培训方案

根据企业发展战略，通过组织分析、任务分析、个人分析找出培训需求，确定培训目标，从而制定出企业培训方案以及具体的培训计划。企业培训方案的制定，不仅应考虑给企业带来的成效，还应考虑到培训成本。企业具体培训计划的制订还应考虑到培训的实效性，即员工经培训对企业的贡献应比企业培训成本大，并应以协议加以明确，否则，容易造成“为他人作嫁衣裳”的现象（即员工经历培训之后却脱离了企业）。图 8-8 为企业培训方案的制定过程。

企业培训计划包括长期培训计划、短期培训计划和即时培训计划。

3. 培训准备与实施

培训准备与实施如图 8-9 所示。

4. 培训中的责任划分

总经理负责企业发展战略、企业业务目标、企业培训策略和目标。部门经理负责部门的发展计划、业务目标、培训计划和目标。培训经理负责企业的培训策略、培训计划和目标、培训实施及评估。员工在主管的协助下，结合岗位要求及个人职业生涯规划制订个人长期和短期培训计划。

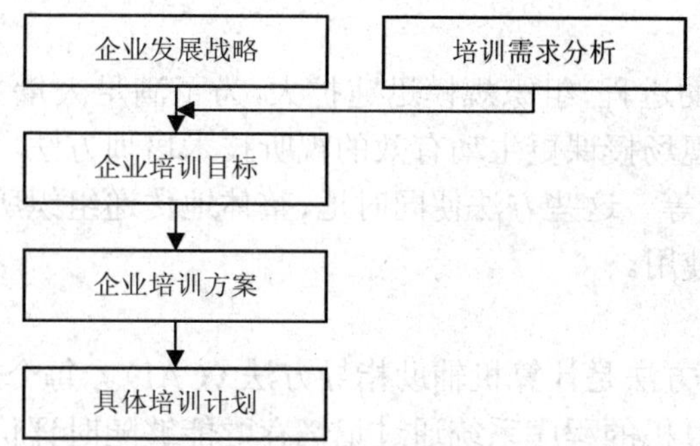

图 8-8 企业培训方案的制定过程

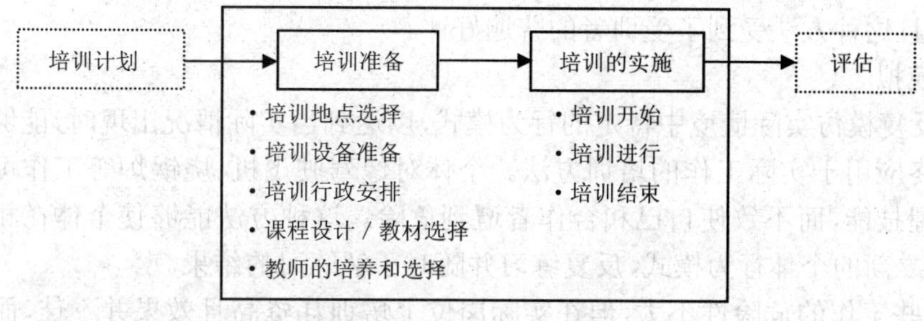

图 8-9 培训准备与实施

8.2.3.3 对一般员工的培训

1. 在岗培训

这是一种最古老、应用最广泛的训练方法，是将新员工分配给有经验的员工或上级去培训。这种方法要求新员工通过观看有经验员工工作或自己实际操作来学习，同时也要求技术熟练的员工要在常规任务之外花费一定的时间指导新员工。

在岗培训的优点是经济、简便、正迁移、反馈及时。经济是指受训者的学习就是实际生产，相当于部分支付了培训的费用。简便是指不用建立专门的训练中心和增加专职的训练者。正迁移是指由于训练与实际工作几乎一样，可以产生正的迁移效果。反馈及时是指受训者通过实际操作可以立即明白学习中的错误是否被纠正。

尽管在岗培训方法有这些优点，但也常常会导致严重的错误。主要原因是：①组织使用在岗培训代替了新员工培训中所应必须进行的一些系统训练；②采用在岗培训方式时，常常是简单地给训练指导者下一个训练命令，而不考虑训练指导者的意愿以及他是否真正具有相应的指导能力。

2. 脱产培训

常见的脱产培训包括授课、视听技术、计算机辅助指导、仪器模拟等。

1）授课

从学习原理角度来说，授课方法的效果似乎很差，它没有机会让受训者去练习、强化、再练习，从而达到学习的正迁移。另外，采用这种方法忽视了受训者在动机、能力、人格特点等方面的个体差异，所有人接受的是同样的训练。因而，这种方法往往受到批评和低估。

2）视听技术

随着工业化、现代化的进程，组织规模迅速扩大，为了满足大量员工的培训和再培训的需要，许多组织开始采用比现场授课更生动有效的视听技术培训方法。这些视听技术包括电影、闭路电视、录像带、录音带等。这些方法使同时地、整体地传递组织所需的各类信息成为可能，并还可以根据需要，反复使用。

3）计算机辅助指导

最新的一种培训指导方法是计算机辅助指导方法（CAI）。每个个体借助电子计算机的声相录入系统进行反应，计算机的程序系统通过记忆存贮能够随时评价受训者的成绩，并随时适应受训者的特殊需要，改变学习的难度。

戈德史坦（1974）研究的结果表明，CAI技术对于同样数量的学习，相比传统方法节省了大量时间，而且这种方法受到了受训者的普遍好评。

4）仪器模拟

模拟是反复模仿实际情境中特定的行为模式，以达到当实际情况出现时，能够做出正确反应并能够最终应用于实际工作的培训方法。个体对像驾驶飞机、烧锅炉等工作可以利用这种培训方法掌握技能，而不致使自己和合作者遭到危险。这种方法能够使个体在相对安全的心理状态下，建立新的个体行为模式，反复练习并随时了解练习的结果。

有时，有些工作的危险性不大，但在实际岗位上培训耗资高且效果并不佳，而采用仪器模拟培训就能达到理想的效果。受训者可以不必担心损伤昂贵的工作设备，可以不必担心影响正常的生产过程。也不必担心在与之合作的熟练工作者面前出错而窘迫。

仪器模拟方法在组织中被广泛地应用，从简单的物体模型到计算机控制的模拟环境，从单个个体的训练到培训一组专业技术人员，范围比较广泛。如车床、压床的模型，汽车驾驶的模型，训练飞行员和空中小姐的飞机模型，等等。

在模拟设备的设计中，为了达到学习的正迁移，模拟设备必须和实际工作情形最大程度地相似。模拟设备不仅要具有物理上的逼真（即代表实际工作岗位的物质结构），而且更重要的是还应具有心理上的逼真（即能代表实际工作中的一切基本行为过程）。因此，就需要对工作进行认真的分析、测验、再测验。所以，发展模拟技术也是需要很大一笔费用的。在组织中采用这种方法应该考虑费用和利润比。

8.2.3.4 对管理人员的培训

对管理人员的培训是组织培训的一个极为重要的内容。由于管理人员在组织中承担着重要责任，其行为对组织的影响往往举足轻重。因此，对他们的培训也就显得特别重要。按照当代组织心理学理论，组织发展对其生存是非常关键的，而对管理人员的培训就是组织发展技术的一项内容。所以，那种认为培训只是普通员工的事，管理人员不需要进行培训的看法是完全错误的。

实际上，传统的培训方法像授课、岗位轮换也适用于对管理人员的培训。这些方法可以用于相对广泛的、相关的专业知识的学习，如人际关系、问题解决、决策、沟通、领导行为、组织政策措施等。对管理人员的培训亦包括脱产培训和在职培训两个方面。常用的对管理人员的培训方法如下。

1. 案例研究法

案例研究法最初是由哈佛经济管理学院提出的。它是对一个假设的或实际组织中的问题进行详细描述,让受训者（管理人员）独立地研究这一案例并提出解决问题的方法。然后,受训者再集中起来讨论已提出的各种解决办法。讨论的问题围绕下列几方面进行：在这一案例上管理的基本原则是什么,怎样避免问题的产生,防止问题产生需要做哪些工作等。问题的难度和大小取决于受训者的技能和经验水平。

2. 座谈会法

这种方法通常是以一个小组为单位进行讨论,培训指导者作为中性角色在组织中进行指导和反馈。每个参加者都积极地参加讨论,并由其他参加者以及领导对他的行为和态度做出评价和反馈。讨论的问题可以由领导者提出,也可由受训者自己提出。

伊根（Ilgen，1987）指出,座谈方法的目的有三个：①培养管理人员决策和解决问题的能力;②学习新的复杂的材料;③改变态度。这种方法经常运用于组织在有效沟通、解决问题、决策方法、人际关系、销售以及安全教育等方面的培训上。

3. 敏感性训练

敏感性训练也称为实验室训练,它的特点是选定一个特征组（经常被称为训练组或 T 小组),因此,也常被称为 T 小组训练。敏感性训练法也称 T 小组法或实验室培训法。敏感性训练的主要目的就是改善组织中人员的人际相互作用行为,增强他们对自我的认识以及对他人问题的敏感性。

T 小组规模不大,一般 10 多个人。T 小组训练的时间可以为 2~3 天,以至数周,视需要而定。

在 T 小组中,一般每天的培训解决一方面的问题。首先由训练指导者讲解敏感性的作用,并提出在人际作用中要培训解决的问题。随后培训指导者就不再居于指导者的地位了,只在训练中必要时起引导的作用。T 小组讨论没有一定的计划和日程安排,开始讨论的议题似乎是不明确的,随后讨论进入受训者彼此之间的人际行为特点中。讨论是相当公开、直率的,有时小组成员非常激动甚至不友好。因此,这种情绪就成了讨论的中心。这种情绪的宣泄和体验,增加了每个成员对自己的认识和对别人的敏感性和理解。

敏感性训练目前被大量应用于组织变革和组织发展上,帮助领导者增加对他人的宽容、认可,加强自我耐受力和自我控制,端正对待他人的合作态度。

4. 管理竞赛法

竞赛时,首先向几组受训的管理人员提出一些假设的管理问题,如关于生产计划、销售政策、人事任免或生产发展等各种管理问题。在每一问题中,呈现给管理人员一些有关的信息,如资产库存、劳动力成本、存贮成本、需求组成,以及利率变化情况等。然后,管理人员组织起来,在组内选出一位负责人,对如何解决问题做出决策。决策的效果可以通过评议中心,或通过电子计算机比较计算,来决定哪一位“赢了”。竞赛可以任意安排时间。竞赛后还可以对各组进行深入的分析,同时还可以增加一些新的条件(如原材料延迟供给、新的竞争、劳动力短缺等等),将分析评议的结果反馈给受训者。

5. 角色扮演法

角色扮演法是由受训者在心理学家设计的某一情境中,通过扮演不同角色以达到培训目的。培训指导者要求角色扮演者想象着自己处于某种情形之中,并试图体验角色的感情和态度。一旦角色扮演开始,角色扮演者之间的相互作用也就自动开始了。角色扮演结束后,由培训指导者进行评定。有些受训者由于自我意识较强或过度反应,一开始很难进入角色,通过培训指导者一段时间内的适当引导,这一问题就能自动消失。

角色扮演方法有几种方式,这里介绍主要的两种,具体如下。

1)角色颠倒法

该种方法要求受训者扮演与自己地位完全不同的角色。如管理者与被管理者、服务人员与顾客互相颠倒角色,两个处于不同部门的互相竞争的管理者也可以相互调换角色,体会一下站在不同地位上不同的感觉经验以及解决问题的方法。此法是通过彼此了解对方的需要与态度来减少双方在立场上的对立。这种方法是基于社会心理学家杰斯等人(Jams, King, 1954)的理论。他们认为,当一个人被迫表述与自己立场相反的观点并为这种相反观点与别人辩论时,个体自己的态度就会朝着自己所扮演的角色的方向改变,并且即使个体对自己所扮演的角色不满,也会导致态度的改变。克莱曼(Kelman, 1953)认为,个体的这种态度的改变,主要是为了要符合自己的论述。

2)多角色扮演法

多角色扮演法,也称心理剧法。一大组(通常20~30人)受训者,分成每组5~6人的小组。训练指导者提出一个剧情,要求每个小组成员扮演不同的角色。角色扮演结束后,整个小组集中在一起,共同讨论比较他们的体验。该方法因为可以同时培训许多个体,所以比较经济;此外,不同的小组可以给以不同的剧情(受训者是不知道的),因此,在训练的讨论阶段,这种差异就能达到不同的效果。例如,在一个沟通训练中,各组的沟通网络是不同的,这就会导致在解决问题的方法上和小组成员的满意感上,出现组间明显的差异。

梅耳(Maier, 1953)等人的研究表明,角色扮演法在小规模组的领导技能、对别人的动机的敏感性、谈话技能、创新地解决人际关系的能力、改变态度等管理能力和社会技能的培训方面是十分有效的。这种方法提供了一个实践的机会,在理论与实践之间架起了一座桥梁,而这正是其他方法所无法比拟的。

这个方法也存在着一些问题。培训者得到的反馈,首先来自其他受训者而不是培训指导者,因此,受训者就有可能产生不正确的行为反应。因此,心理学家们建议这种方法应和其他培训方法,如绩效反馈、目标设计、案例研究、授课等方法结合起来使用。

6. 行为模型法

社会学习理论认为,大多数人的行为都是通过观察典型的行为模式学习来的。借助观察别人,个体就可以形成关于如何行为是正确的、效果是好的的观念。因为人可以通过他人的例子进行学习,不必每次都亲自去进行尝试了。

社会学习理论已从实验心理学和临床心理学的研究中得到了充分的证明。行为模式(模型)方法就是该理论在组织培训方面的应用。拉萨姆和萨瑞的一项应用研究,说明了行为模型方法的特点。他们运用行为模型来培养管理者与下属的人际沟通技能。

8.3　绩效评估

8.3.1　绩效管理的概念

8.3.1.1　绩效与绩效管理

绩效分为员工的工作绩效和组织的工作绩效。员工的工作绩效是指他们经过评价的工作行为、表现及其结果，是上级同事对员工工作状况的评价。企业通过对员工的工作绩效进行评价，可以获得反馈信息，制定相应的人事决策和措施，调整和改进其效能。对组织而言，绩效就是任务在数量、质量及效率等方面完成的情况。

绩效管理就是以最大的绩效为目标，通过对员工的工作表现、行为和工作业绩、效果进行评价和分析，改善员工的组织行为，充分发挥员工的潜能和积极性，更好地实现企业的各项目标。绩效管理是人力资源管理的中心，也是企业管理的中心。绩效管理的五个过程是：学习、沟通、管理、发展和控制。绩效管理具有激励导向作用，能够提高员工的满意度和未来的成就感。

8.3.1.2　绩效管理系统

绩效管理系统如图 8-10 所示。

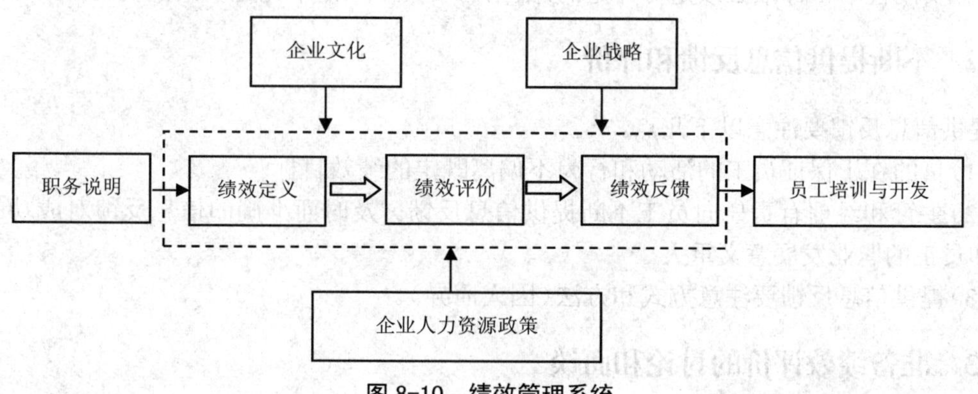

图 8-10　绩效管理系统

良好的绩效管理系统一般由三部分组成：绩效定义、绩效评价、绩效反馈。绩效评价是绩效管理过程的关键环节，是用来评定员工从事工作有效程度的活动。

8.3.2　绩效管理的四个阶段

绩效管理的四个阶段包括：①确定绩效目标；②不断提供信息反馈和评价；③准备绩效评价的讨论和面谈；④实施绩效评价。每个阶段管理者都起着重要的作用，并负有相应的责任。

8.3.2.1 确定绩效目标

1. 谁来确定

绩效目标一般由企业的管理者与员工和有关的专家一起来确定。管理者对企业的情况比较熟悉，最清楚企业的总体目标，并能够根据企业的总体目标设置企业和职工的绩效考核指标。企业的员工在企业的第一线工作，对自己所从事的具体工作最为熟悉，应该参与绩效目标的制定；但一般来讲，管理者和员工缺乏制定绩效目标相应的专业知识和有关技能，因此在制定绩效目标时，应邀请有关专家参与，这样制定的绩效目标既先进又符合企业的实际情况，使以后的绩效考核成为可能。

2. 如何确定

参照企业或部门的经营计划和工作目标，结合员工个人实际工作和能力等确定绩效目标。制定绩效目标的五个要素：①具体 / 明确（S）；②可测量 / 可检测（M）；③经过努力可达到（A）；④现实性 / 可操作性（R）；⑤时限性 / 在一定时间内应完成（T）。

3. 制定绩效评价标准的原则

一个有效的绩效评价标准包含以下几点。

（1）可信性——绩效评价必须是可持续的。可持续性最重要的一个要素是评价者互相的可信性。如不同的评价者看同样一个工人，应该对这个工人的工作质量有相似的判断。

（2）相关性——绩效评价必须尽可能与在职者真正的工作成绩相关联。

（3）敏感性——任何一个标准必须能反映各执行者的不同之处。

（4）实用性——标准必须是可评定的，数据的收集不应是不充足或太混乱的。

8.3.2.2 不断提供信息反馈和评价

提供信息反馈要注意以下几点。

（1）目的在于保证员工的活动和行为不偏离既定的绩效目标。

（2）主管和经理有责任向员工不断提供信息反馈。及时而准确的信息反馈对成功的绩效管理和员工的职业发展意义重大。

（3）提供信息反馈要注意方式和方法（因人而异）。

8.3.2.3 准备绩效评价的讨论和面谈

绩效评价的讨论和面谈应注意以下问题。

（1）提前 1~3 周确定讨论时间。

（2）参照绩效目标，鼓励员工自评。

（3）预定一个不受干扰的面谈地点。

（4）回顾员工的工作职责。

（5）回顾员工的工作表现记录、过去的评价结果、绩效目标。

（6）如有必要，可准备一次改进绩效的座谈会。

（7）筹备职业生涯发展座谈会。

当绩效未达到最低的期望或绩效明显下降时就要制订改进绩效计划。在计划中应明确改进目标，提出改进绩效的具体方案，确定达到改进目标的时间期限。

8.3.2.4　实施绩效评价

（1）确定评价目的并列出讨论提纲。

（2）对照绩效目标，分析绩效（表现）记录。

（3）讨论工作中存在问题的原因及成功的原因。

（4）对今后应采取的措施达成共识，讨论进一步提高的方法。

（5）对谈话进行总结，对员工取得成功的能力表现出信心。

8.3.3　绩效评价体系

8.3.3.1　绩效评价的原则

人力资源管理中最难建立、最难操作的就是有效的员工绩效评价。所谓绩效是指员工在工作中做出的成绩与贡献。绩效评价就是搜集、分析、评价和传递员工工作绩效信息的过程。实行员工绩效评价的目的就是通过对员工全面综合的评价，判断员工是否称职以及工作业绩，并以此作为企业进行有效的人力资源管理的基本依据，切实保证员工报酬、晋升、调动、职业技能开发、辞退等项工作的科学性。因此，科学的绩效评价是进行有效激励管理的前提和基础。要使员工绩效评价科学、合理、实用，必须坚持以下四项原则。

（1）坚持公开、公正、公平的原则。

（2）坚持定量与定性评价相结合的原则。

（3）坚持绩效评价与员工利益挂钩的原则。

（4）坚持动态管理的原则。

8.3.3.2　绩效评价的内容

根据目前国有企业对员工的总体要求，将绩效评价的内容确定为德、识、能、勤、绩五个方面。

（1）德，即思想品德，包括思想觉悟、职业道德、工作作风、纪律性、事业心和责任感等。

（2）识，即学识水平，通常包括学历、专业理论水平、知识面、工作经历和经验等。

（3）能，即工作能力，通常包括业务能力、处事能力、组织能力、创新能力等。

（4）勤，即勤奋与努力程度，主要指工作积极性、主动性、出勤率、投入感等。

（5）绩，即工作的实绩和效果，也就是工作的质量和数量，包括工作效率、工作成绩、工作质量以及工作所带来的积极（消极）影响等。

企业应该根据工作岗位划分的不同状况，将员工按岗位类别分成若干个评价单位，对每个单位制定各自具体的评价内容和标准。

8.3.3.3　绩效评价的实施

做绩效评价工作时应成立公司、科室、班组三级员工绩效评价小组，分别由各级领导、职能人员和员工代表参加。评价小组每月组织一次对本级、本单元的员工绩效评价，根据员工的月份工作任务、工作表现和工作成果，对照评价内容标准，给每个员工打分，得出月份绩效评价成绩。依据员工的绩效评价成绩，按照奖惩办法兑现一个季度的奖惩。对于成绩优秀者，给予一次性奖励。另外，每半年组织一次各单位员工应知、应会知识考试，全年依据两次考试结果，对成绩优异者给予晋职、晋级等表彰奖励，对成绩不合格者实行末位淘汰。

8.3.4 绩效评价的方法

8.3.4.1 评级法

评级标尺见表 8-4。

表 8-4 评级标尺

<table>
<tr><th>绩效标准</th><th colspan="12">标尺</th></tr>
<tr><td>准时完成工作</td><td colspan="3">从不 1</td><td colspan="3">有时 2</td><td colspan="3">经常 3</td><td colspan="3">总是 4</td></tr>
<tr><td>表现了完成工作所需要的技能和能力</td><td colspan="4">不经常 1</td><td colspan="4">经常 2</td><td colspan="4">总是 3</td></tr>
<tr><td>表现出了积极性和创造性</td><td colspan="3">从不 1</td><td colspan="3">有时 2</td><td colspan="3">经常 3</td><td colspan="3">总是 4</td></tr>
<tr><td>达到或超过了每季的销售目标</td><td colspan="4">尚待提高 1</td><td colspan="4">满意 2</td><td colspan="4">出色</td></tr>
</table>

这种评级法的优点是可在很短时间内轻松地完成。此法不需培训就可使用，简单、直观、标准化及通用性强。

这种方法的缺点是易流于形式，评价标准较模糊，易造成上下级对标准理解的不一致。该法中的标尺细化不够，在评分中不易掌握，或是因人而异，得出不同的结果。

8.3.4.2 排序法

此法是根据一些设定的评判尺度（如销售额、管理能力等）对员工进行相互比较，排出绩效的顺序。常用的是就每个被评价者的整体工作状况进行综合比较。

缺点：迫使员工相互竞争。一名员工可以通过两种方法达到排名比他的同事高的目的，一种是更好地工作，完成更多的任务；另一种是设法让他的同事（竞争者）工作更差，完成任务更少。

8.3.4.3 关键事件法

此法需对每一个被评价的员工设置一本“考绩日记”或“绩效记录”，由进行评价并知情的人（通常是被评价者的直属上级）随时记载。需要说明以下几点。

（1）所记载的事件既有好事（如某人提前多久完成了所分派给他的每项重要任务），也有不好的事（如某日因违反操作规程而造成一次重大的质量事故）。

（2）所记载的必须是较突出的、与工作绩效直接相关的事（即关键事件），而不是一般的、生活细节方面的事。

（3）所记载的应是具体的事件与行为，不是对某种品质的评判，如“此人是认真负责的”等。

（4）事件的记录本身不是评语，只是素材的积累。但有了这些具体事实作根据，经归纳、整理,便可得出可信的评价结论。

关键事件法的优点是反馈评价结果时,因有具体事实的支持而易于被接受,有助于今后业绩的提高。其缺点是费时间,且需要评价者有较强的分析归纳能力。

8.3.4.4　基于目标管理的绩效评价法

此法的评价对象主要集中于结果而非行为。衡量一个管理者是否称职,就看他对总目标的贡献程度,通常的做法是上级和下级每年或每半年坐下来会谈并设定具体目标,期末,上司和下属对目标完成情况进行评价。

这一方法的优点是:①容易将个人目标和工作单位的目标联系起来;②减少了在绩效评价时双方意见不一致的可能性;③可能消除经理和员工的对立情绪。

这一方法的缺点是:①花费时间多,因需要在前面的会谈时投入时间;②需要做更多的文字工作;③对完成目标的过程手段约束不利,易出现急功近利的行为。

8.3.4.5　360° 反馈评价技术

360° 反馈评价技术是一种基于经理、客户、合作者、供应商等信息资源的搜集信息、提供反馈并评价绩效的方法。

这一方法的优点是:①有更多的信息渠道,更有可能发现问题;②评价信度较高,易被评价对象接受。

这一方法的缺点是:①搜集和处理数据的成本高;②由于有大量的信息要汇总,此法有变成机械追逐文字材料的趋向,即由两人的直接沟通变成表格和印刷材料的沟通。

在实际工作中,以上方法可以结合起来使用。

8.4　管理多样化的员工

8.4.1　多样化的定义

多样化(diversity)也称多样性,是指人们所有不同的特征。多样化的定义并非一直如此广泛。几十年前,许多公司根据种族、性别、年龄、生活方式、残疾等来定义多样化。这些关注点激发了意识,改变了思维模式,为更多人创造了机会。今天,企业多样化的定义包含更多的内容,包括影响员工工作方式、如何与他人互动、如何从工作中获得满足以及如何定义其在工作场所的角色等一系列差异。

管理的多样化首先包括一些基本活动,如对不同背景、信念、能力和文化的人进行招聘、培训、晋升和激发工作潜力等。但这并不意味着只需要对其招进来的女性和少数族裔员工进行平等对待,激励其成功就能解决问题。管理多样化要求能够理解、深入评估员工差异,并因此建立起更加有效和赢利的组织。

图 8-11 说明了传统模式下与兼容模式下多样化之间的区别。传统模式多样化的范围包括可以被很快察觉到的如种族、性别、年龄和残疾情况等与生俱来的差别。但是,兼容模式的多样化包括人们的所有差别,包括人们在人生过程中可以习得或改变的各个方面。尽管不如传统模

式中的因素影响那么大,这些因素仍会影响一个人的自我意识、世界观以及别人对自己的看法。

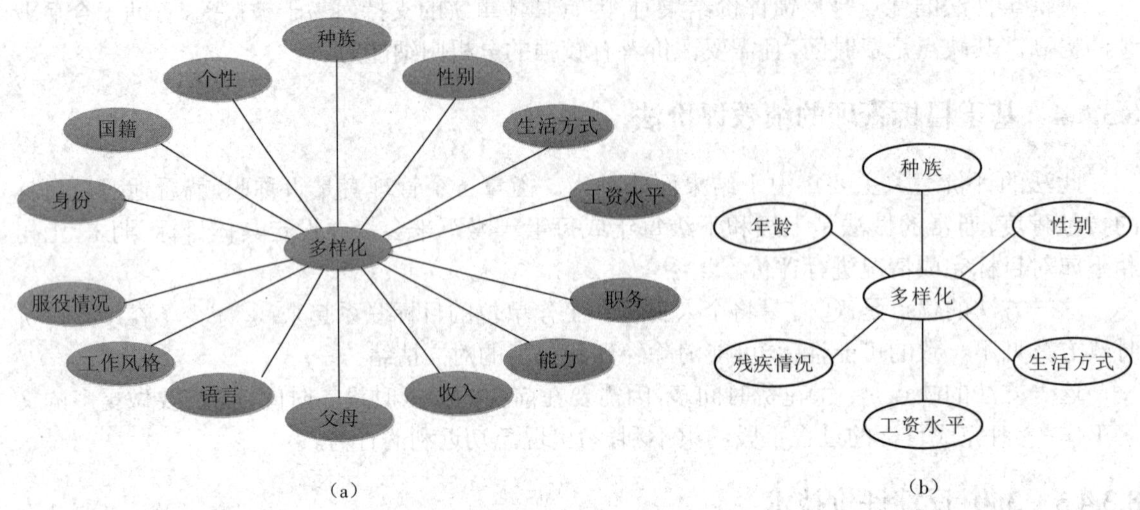

图 8-11 传统与兼容模式下的多样化

(a)传统模式;(b)兼容模式

8.4.2 女性求职者选择就业的影响因素

尽管女性劳动力大军数年来一直在壮大,但是许多女性仍然发现她们的职业发展目标目前不能或难以实现,男性群体仍然具有更高的薪水和更快的晋升等优势。但是,女性有时候在行为示范和态度等领导角色上确实是有天赋的,这被称为"女性优势"。

8.4.2.1 女性优势

有些人认为,妇女事实上可能是更好的管理者,其中一部分原因在于她们合作意识更强、等级观念更少、重视人际关系,这些正好与当今全球一体化、文化多样化的环境相吻合。人类在前进,人的态度和价值观也在改变,妇女似乎与生俱来的这些素质会逐步使组织里面的男女角色互换。

根据康奈尔大学人力资源开发作家、教授詹姆斯•加巴里诺(James Gabarino)的观点,妇女"更能够满足现代社会对人的要求——专心致志,遵守规则,能言善辩,善于协调办公室里的人际关系。"他的观点从妇女的工作行为表现、沟通效果、激励他人的能力和目标完成情况等方面来看是对的,下属一般对女性管理者的人际关系技能评价较高也是有利的佐证。最近的研究发现,公司里面男女比例基本持平与较好的组织绩效之间存在着相关关系。更进一步说,较高层次职位中有最大比例女性管理者的组织,与较高层次职位中有最小比例女性管理者的组织相比,前者的财务状况比后者的财务状况要好。

8.4.2.2 影响女性就业及职业生涯的因素

妇女就业自始至终一直受多重因素的影响。来自社会的、个人的、历史的、现实的种种因素不仅使得妇女在就业数量上深受影响,也使妇女的就业质量难以提高。

1. 社会偏见

男尊女卑不仅作为史实长期存在，而且作为一种观念根深蒂固地存在于大部分人的头脑中。这样的思想观念不允许女性超越男子，对女性的期待仅在于当好“贤妻良母”。这种观念经过长期的历史积淀，被一代代地演绎、传承下来，形成了较稳定的被社会认可的意识。即使在经济高速发展、社会日益进步的今天，这样的歧视仍存在并表现在招工、招生、毕业分配、住房分配、下岗及再就业等各个方面。虽然中华人民共和国成立以来国家和政府致力于改善妇女社会地位、生活条件，实施男女平等政策，为造就一种新型的男女关系提供了前所未有的、较任何国家都更优越的条件，使她们享有西方妇女经几代拼搏努力才能获得的成果。然而，中国妇女的解放不是以自发的性别觉醒并努力争取的，而是由男性先觉者提出并实现的，这使得很多女性在意识上、观念上仍然存有自卑感、依附心理和弱者意识。在社会高度发达的今天，经济发达不等于男女平等，社会偏见在很大程度上仍然制约和影响着女性就业。

2. 认知偏差

玻璃顶棚（glass ceiling）指的是将女性和少数群体同高级管理职位分隔开来的无形障碍。她们可以透过顶棚看见高级管理职位，但是大众的态度无形中阻碍了她们在组织中的晋升，从而影响其职业发展。

另外，女性和少数群体员工常常被排除在非正式的管理者社交网络之外，还往往得不到全面管理经验和直线管理经验，而这些正是向高层晋升所必需的。研究发现，组织中除了存在玻璃顶棚之外，还存在着玻璃墙壁，它是组织内部横向流动的重大而看不见的障碍。玻璃墙壁阻碍了女性和少数群体员工在诸如直线管理或者一般管理这类岗位上的历练，而在这些职位上的锻炼有助于他们的垂直晋升。

3. 角色冲突

现代社会的女性因妇女解放而走出家庭参与社会活动，扮演着社会和家庭的双重角色，承担家庭和社会双重责任。女性在获得一定的社会地位和经济独立的同时，也饱受了双重角色冲突之苦，尤其是已婚职业妇女在精力、时间、情感、体力等方面不堪重负，很多职业女性在面临事业和家庭矛盾时，往往难以抉择。“上海市妇女社会地位调查”结果显示，在家庭和事业难以兼顾时，56% 的女性不知如何选择，26.7% 的女性选择牺牲事业，13.8% 的女性选择牺牲家庭，62.5% 的女性希望能兼顾事业与家庭，这就意味着女性将为此而付出更大的代价及由此而可能产生更多的社会问题，如心理问题、家庭问题等。

4. 心理倾向不就业

许多女性从来就没有遭遇过玻璃顶棚，因为在看到玻璃顶棚之前，她们早就选择了回避。近年来，有许多关于决定不就业趋势的持续讨论。在最近一次对 2 500 名女性和 653 名男性的调查中，37% 的高素质女性声称他们在职业生涯的某个时间点会自愿离开劳动力大军，而有此想法的男性只有 24%。

大家就放弃职业的女性数量增多的原因展开了激烈辩论。不就业的支持者说，女性认为不值得用更少的家庭和个人时间、更大的压力和更差的身体状况来换取在企业中的成功。例如，花旗集团消费者业务负责人玛吉 • 马格纳（Marge Magner）在同一年中先后经历了母亲去世和个人生活变动的意外后，辞去了她的工作。马格纳在提到她的原因时说，“生活有很多方面，而不仅是工作。”

有人认为，女性不如男性一样渴望在企业中的权威和地位，沿着公司的职位阶梯向上爬变得更不具有吸引力了。

然而，批评家们指出，由于组织高层广泛缺乏女性管理者，不就业也成了妇女自责的另一种方式。例如，瓦妮莎·卡斯塔纳（Vanessa Castagna）在数十年后离开了杰西潘尼百货，不是因为她想获得更多的家庭或私人时间，而是因为她总是与最高职位擦身而过。尽管许多妇女自愿脱离了晋升快车道，但是，更多的人还是真心希望沿着企业的层级阶梯不断攀升，只是她们发现上升的通道受到了阻碍。在接受 Catalyst 公司调查的高级女性主管中，55% 声称有志进入高级领导层。另外，最近对《财富》1 000 强企业中自愿辞去高级职务的 103 名妇女的调查发现，企业文化是她们选择辞职的首要原因。对女性领导者最大的不利，主要来自态度上的偏见和严重以男性为中心的企业文化。数年前，当宝洁在其认为是“遗憾的损失”（即公司想留住表现杰出的员工）的女性管理者辞职后询问她们辞职的原因时，最普遍的答案是她们觉得自己不被公司重视。

5. 女性特点

女性举止多文雅、娇柔，擅长社交活动，形象思维强于男性，在音乐、喜剧、美术、舞蹈等艺术工作方面有一定的优势。女性的心理活动有许多地方不同于男性。在知觉方面，女性高于男性，她们阅读、领会快，但对细节的直觉不如男性准确。在记忆方面，女性胜过男性，但在缓慢逻辑性理解方面，如推论或归纳，女性不如男性。女性具有较大的耐性和良好的知觉与记忆，她们的教学成就优于男性。女性机智、灵敏，能较快地从困境中解脱出来。

女性运用语言词汇的能力强于男性，在语法、造句、阅读能力方面更为出色。一般来说，女性从事文字整理、编辑、翻译、播音员以及教育、接待接洽工作，更能发挥其特长。女性在形象思维能力以及思考问题的细致、周全上具有优势，因而适合于形象设计方面的工作，如服装设计，其作品往往让人感到和谐、典雅、优美，另外在文学创作、文艺表演方面也颇具优势。女性普遍具有温顺、和蔼、感情丰富且善于体谅别人的特点，在社交场合或工作中表现出较强的人际交往能力。因此，适合从事行政管理、公关、推销等工作。女性的忍耐力也比男性更强。受过高等教育的女大学生，个人修养好、工作耐心持久、态度认真、有较强的工作责任心、能广泛听取各方面的意见、善于与他人合作共事，这是女性的一大特点，因此女性适于从事机关和企事业单位的管理工作。

6. 价值实现

随着时代的发展，女性对自己职业生涯的发展也有了更高的要求和更独立的目标。现代女性越来越多地选择在职场中争取自己的一席之地，希望能够在职场中崭露头角，和男性一样表现出自己的能力和优势，实现自己的工作价值乃至人生价值，最大限度地获得满足感和荣誉感。这也能在很大程度上给予女性就业者以生活的自信和阳光。女性现在追求平等、自由，并且有些女性也能够在政坛中发挥至关重要的作用。美国第一夫人杰奎琳·肯尼迪，美国第 67 任国务卿希拉里·克林顿，英国历史上第一位女首相撒切尔夫人等都是政坛上崭露头角的杰出女性代表。

8.5　职业生涯规划

8.5.1　职业生涯规划概述

8.5.1.1　职业生涯

职业生涯是指从事职业的经历，包括工作经历和内心体验的经历。

职业生涯分为外职业生涯和内职业生涯。外职业生涯即工作单位、工作时间、工作地点、工作工资、工作内容、职务及其组合变化。内职业生涯即从事工作所具有的知识、技能、能力、经验、观念、心理素质和内心感受及其组合变化。

二者之间的关系如下。

（1）外职业生涯靠别人认可或给予，也容易被人否定和剥夺。

（2）内职业生涯靠自己的探索和努力才能获得，并且不随外职业生涯而改变。

（3）内职业生涯是外职业生涯的前提。

（4）在职业生涯初期，一定应注意用内职业生涯来带动外职业生涯发展。

2. 职业生涯规划的概念

职业生涯规划是将员工个人发展与企业发展相结合，对决定员工个人职业生涯的主客观因素进行测定、分析和总结，并通过设计、规划、执行、评估和反馈的过程，使每位员工的职业生涯目标与企业发展的战略目标相一致。职业生涯规划示意如图 8-12。

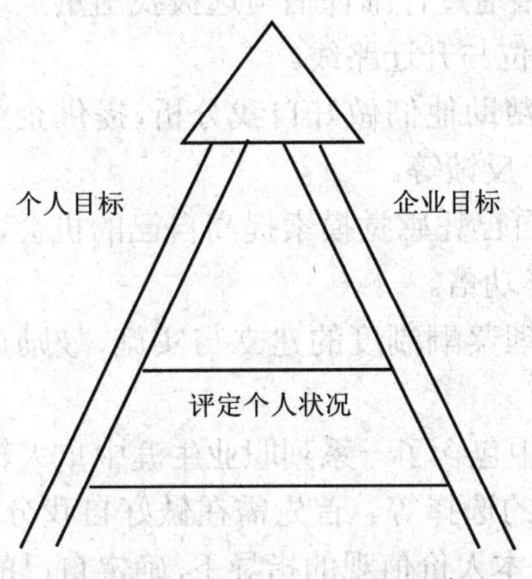

图 8-12　职业生涯规划示意

著名管理专家 William J. Rothwell 对职业生涯规划内涵的界定是，个人结合自身情况以及眼前的制约因素，为自己实现职业目标而确定行动方向、行动时间和行动方案。个人职业规划在了解自我的基础上确定适合自己的职业方向、目标并制订相应的计划，以避免就业的盲目性，降低从业失败的可能性，为个人走向职业成功提供最有效率的路径。

职业生涯规划对企业和员工都具有重要意义。对员工来说，搞好职业生涯规划，是不断提高自身素质、努力实现自身价值的重要手段；对企业来说，搞好员工的职业生涯规划，可以为企业储备充足的人力资源，增强企业的凝聚力和向心力，不断提高企业的市场竞争力。

现代企业必须将员工的职业生涯规划当作人力资源管理的一件重要的工作来抓，实现经常化和制度化。

8.5.2 职业生涯发展规划

8.5.2.1 职业生涯发展目标

职业生涯发展目标要契合自己的性格、特长和兴趣爱好，这也是职业生涯成功发展的核心。从事擅长的工作、喜欢的工作，可以从中得到成长、发展和满足感，并能快速脱颖而出。因此，员工都在不断地追求自己理想的职业，设计着自己的职业目标和计划。员工个人目标要与组织目标相统一，分为长期目标和短期目标，目标要尽量具体化，要有可行性。

从组织的性质和宗旨出发，确定组织的短期目标和长期目标。组织目标包括组织规模、员工规模、产品开发和经营方向等。

8.5.2.2 行动计划

职业规划要考虑到实际情况，并具有可执行性，不但要有短、长期的学习提高计划和培训计划，还要有工作锻炼计划，这就是一种积累的过程——资历的积累、经验的积累、知识的积累，所以在向总目标迈进的过程中，要制订详细的时间计划，并搞好进度测评，及时修正，一步一个脚印，层层晋升，最终方能成就梦想。

组织方面的行动计划内容如下。

（1）人力资源规划。它包括通过仔细评估与选拔找出重点培养对象（“苗子”或接班人或后备梯队），认真安排他们的岗位与升迁路线。

（2）指导与考评。它包括帮助他们做好自我分析，提供企业中可供选择的发展途径和信息，考核他们的绩效并及时给予反馈等。

（3）培训与开发。让员工自己凭感觉摸索提高自己的机会，见效小且慢；若组织有预见地拟订正式的培训计划，则会事半功倍。

（4）奖励措施。它包括合理奖酬制度的建立与实施，鼓励员工在发展道路上的任何可取的举措。

员工个人方面的行动计划中包含了一系列职业生涯中重大转折性的选择，如专业发展方向的选择、就业单位的选择、职务的选择等。首先需在做好自我分析（包括个人的优势、弱点、经验、绩效、喜恶等）的基础上，在本人价值观的指导下，确定自己的长期与近期的发展目标，进而拟出具体的发展道路规划。此规划应有一定的灵活性，以便根据自己实际的表现而加以调整。

8.5.2.3 职业生涯规划的四个环节

职业生涯规划由审视自我、确立目标、生涯策略、生涯评估四个环节组成。

1）审视自我

职业生涯规划必须是在充分且正确地认识自身的条件与相关环境的基础上制定的。对自我及环境了解得越透彻，越能做好职业生涯规划。

2）确立目标

目标需要切实可行，以便排除犹豫和干扰，全心致力于目标的实现，如果没有切实可行的目标作为驱动力，人们很容易对现状妥协。

3）生涯策略

生涯策略应具体且可行性较强，才会帮助人一步一步地走向成功，实现目标。

4）生涯评估

生涯评估的目的是不断地反省、修正生涯目标，还要反省策略方案是否恰当，以便在适应环境改变的同时作为下轮生涯规划的依据。

8.5.2.4　职业定位分类

1. 技术型

持有这类职业定位的人出于自身个性与爱好考虑，往往并不愿意从事管理工作，而是愿意在自己所处的专业技术领域发展。在我国过去不培养专业经理的时候，经常将技术拔尖的科技人员提拔到领导岗位，但他们本人往往并不喜欢这个工作，更希望能继续研究自己的专业。

2. 管理型

这类人有强烈的愿望去做管理人员，同时经验也告诉他们自己有能力达到高层领导职位，因此他们将职业目标定为有相当大职责的管理岗位。成为高层经理需要的能力包括以下三个方面。

（1）分析能力：在信息不充分或情况不确定时，判断、分析并解决问题的能力。

（2）人际能力：影响、监督、领导、应对与控制各级人员的能力。

（3）情绪控制力：有能力在面对危急事件时，不沮丧、不气馁，并且有能力承担重大的责任，而不被其压垮。

3. 创造型

这类人需要建立完全属于自己的东西，或是以自己名字命名的产品或工艺，或是自己的公司，或是能反映个人成就的私人财产。他们认为只有这些实实在在的事物才能体现自己的才干。

4. 自由独立型

有些人更喜欢独来独往，不愿像在大公司里那样彼此依赖，很多有这种职业定位的人同时也有相当高的技术型职业定位。但是他们不同于那些简单技术型定位的人，他们并不愿意在组织中发展，而是宁愿做一名咨询人员，或是独立从业，或是与他人合作开业。其他自由独立型的人往往会成为自由撰稿人，或是开一家小的零售店。

5. 安全型

有些人最关心的是职业的长期稳定性与安全性，他们为了安定的工作、可观的收入、优越的福利与养老制度等付出努力。目前我国绝大多数的人都选择这种职业定位，很多情况下，这是由社会发展水平决定的，而并不完全是本人的意愿。相信随着社会的进步，人们将不再被迫选择这类型。

8.5.2.5　职业生涯管理

从图 8-13 可以看出，员工职业生涯发展的目标是建立在员工个人发展和组织发展目标的基础之上的。通过个人自我目标和企业用人目标的实现，可促进员工不断成长，进而促使组织也不断发展，真正实现个人和组织的共同发展。

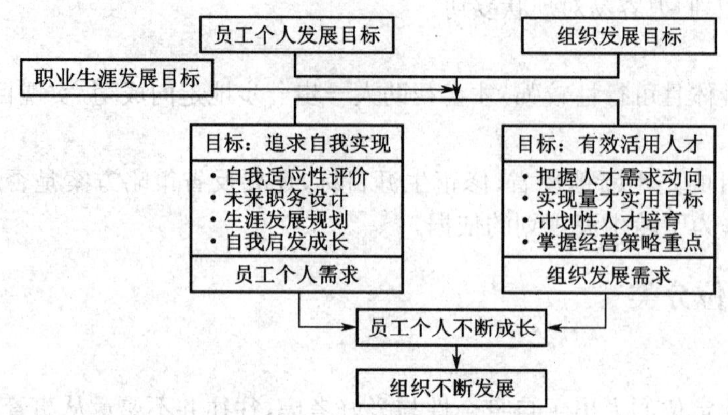

图 8-13　职业生涯管理发展

8.5.3　职业生涯阶段

8.5.3.1　职业生涯的发展阶段

职业生涯发展阶段可分为探索期、建立期、职业中期、职业后期和衰退期，如图 8-14 所示。

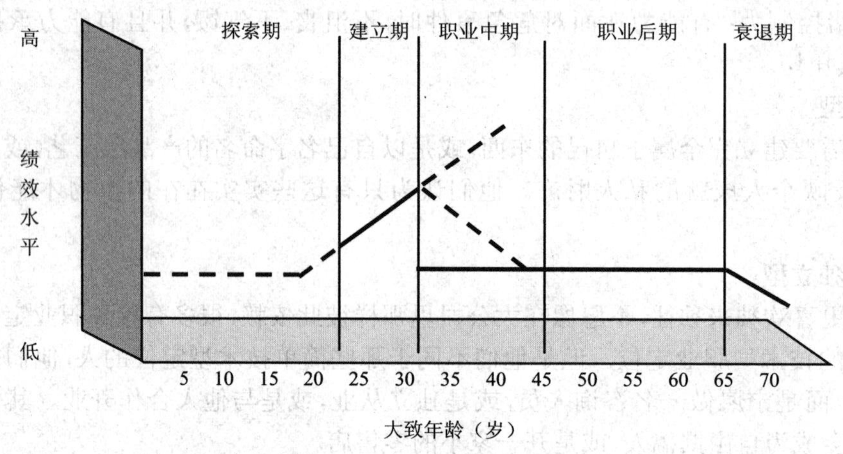

图 8-14　职业生涯发展阶段

1. 探索期

人们往往在开始工作挣工资前就对他们的职业做出了关键的决策。对于绝大多数人而言，职业探索期会在他们从学校步入工作岗位时结束。人们正是在这一阶段形成了对其职业生涯的一种预期，其中许多预期是不现实的。这种预期可能在头些年潜藏不露，后来突然暴露出来，使员工和雇主都遭受不应有的挫折和损失。

2. 建立期

建立期始于寻找工作和找到第一份工作，包括被同事接受、学会如何做工作，以及取得在现实中成功或失败的第一次真实体验等历程。这一阶段的特征是，逐渐改进工作表现，不断发生错误，也不断从错误中吸取教训。

3. 职业中期

许多人面临第一次严重的职业危机是在进入职业中期阶段以后。这一阶段的重要特征是，职业中期的人已不再是一个“学习者”，错误容易使人付出巨大的代价。成功地经受这一转换阶段挑战的人，可能获得更大的责任和奖赏。而其他的人可能要面临自身能力再评价和变换工作以及重新安排优先考虑的事项或者寻求另一种生活方式。

4. 职业后期

对于那些通过了职业中期阶段继续发展的人们来说，职业后期阶段通常是个令人愉快的时期。他们以自己多年日积月累并经过多次经历验证的判断力，以及与其他人共享其知识和经验的能力，向组织证明其存在的价值。对于那些在前一阶段绩效水平已经停滞或有所下降的人，在职业后期阶段将会认识到这样一个事实，即他们对于现实世界将不再拥有曾经想象的那样一种持久的影响或改变能力。人们会意识到需要减少工作的流动，从而可能安心于现有的工作。

5. 衰退期

对于那些在早期阶段持续获得成功的人来说，这一阶段可能极为艰难，容易使人感到失去了一种重要的认同感。而对于早年绩效表现一般，或已经看到自己的绩效水平在下降的人来说，这或许还是一个令人舒心的时期，他们将远远地把工作中的烦恼抛在身后。

职业生涯中的各个具体时期如图 8-15 所示。

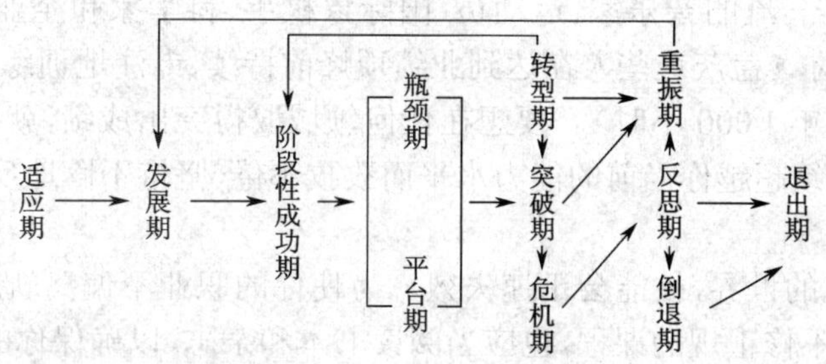

图 8-15 职业生涯的各个时期

应该指出：人们在瓶颈期的表现将关系到他们今后整个职业生涯的发展。在瓶颈期，人们往往发现自己的业绩陷入停滞状态，弄不清自己在组织中的发展方向，对未来产生无奈心理。在此情况下，如果他们突破了目前职业发展的瓶颈或经过重新设计职业方向，成功实施职业转型的话，他们的职业发展就会进入重振期，从而取得更大的成绩。否则，他们将陷入职业生涯危机期。工作中的失落使他们产生恐慌心理，进而对自己的职业生涯进行认真反思。其结果或者经过重新定位职业目标进入职业生涯重振期；或者决定继续目前状态，平庸地结束职业生涯。

8.5.3.2 职业生涯成功的要点

职业发展已成为管理学相关课程的重要主题。当今的职业发展已与过去不同，如何使职业生涯成功，可以关注以下几个方面。

1. 评估自己的优劣势

你的禀赋在哪方面？相对于其他人而言，你做哪些事可以为自己带来竞争优势？你特别擅长与数字打交道吗？你有很强的人际技能吗？你动手能力强吗？你写作能力强过大多数人吗？每个人都有优于别人的长处，也有其弱点，发挥你的优势。

2. 确定市场机会

未来工作机会在哪里？无论你有怎样的优势，某些职业在未来几十年里终会衰落。而日益老龄化的社会，持续对技术的重视，教育和培训投入的增加以及对个人安全的关注可能会创造无数个机会。在老年病咨询、网络管理、培训顾问等领域可能会出现极好的工作机会。

3. 负责管理自己的职业

过去，公司对员工的职业负责，现在这样的公司非常罕见。员工越来越应当对自己的职业负责。把你自己的职业当作你的企业，你是企业的CEO。为了生存，你必须密切关注市场因素，提防竞争者、随时利用出现的机会。你必须保护你的职业，使其不受损害，并使你自己从环境的变化中获益。

4. 培养你的人际技能

人际技能，尤其是沟通能力，几乎在每个雇主所要求的技能中占首位。无论是找工作还是职位晋升，良好的人际技能能够给你很大的竞争优势。

5. 熟能生巧

越来越多的证据表明，超级成功者与其他人并没有什么根本的区别，只是他们更加努力，更讲究方法。对世界一流的音乐家、运动员、国际象棋手、科学家和企业家的研究表明，像泰勒・伍兹、莫扎特、比尔・盖茨这些人在达到业绩顶峰前持续、专注地训练和学习了大约10 000小时（或者10年，每年1 000小时）。要想在任何领域取得突出成绩，就必须有意识地进行大量的训练——为使业绩超越你当前的能力水平而孜孜不倦、坚持不懈地反复练习。

6. 与时俱进

在当今不断变化的世界，技能会迅速失效。为使你的职业不偏离轨道，你需要终身学习，不断地“上学”，即使不修正规的课程，也应当阅读书本和杂志，以确保你的技能不落伍。

7. 关系网络

关系网络是指为实现自己的目标同他人建立持续有利的关系。有朋友身处高位可能对你有帮助。有熟人让你及时了解你所在的组织及行业的变化也很有助益。你可以通过参加会议，与大学同学和校友保持联系，参与社区活动等发展一系列广泛的关系。此外，在当今相互联系日益紧密的世界中，你还可以加入在线业务组织网络中。

8. 提高知名度

关系网络可以提高知名度。另外，发表文章、讲课或者发言（在你的专业领域）、参加大会或者专业会议也能提高知名度并且保证你的成绩得以宣传。让大家注意你可以增加你在市场上的流动能力和价值。

9. 找一个指导者

有指导者帮助的员工可能会上升更快，对组织内部运作情况更加了解，接近高层的机会更多，满意度更高，受到的关注也更多。事实证明，指导者尤其有助于促进妇女和少数民族职员的职业发展和成功。

10. 利用你的竞争优势

发展能增强你在市场中具有竞争优势的技能，尤其要重视那些对雇主重要的技能、稀缺的技能以及竞争较少的领域。尽量避免最不利的情况，即仅会做人人都可以用 30 分钟学会的工作。记住，你越难学会和发展的重要技能，别人也越难掌握。一般而言，一项工作所要求的训练越多，而具有这种训练的人越少，那么你的安全系数和影响力就越大。

11. 不要回避风险

不要害怕冒险，尤其当你还年轻，没有太多东西可失去时。重返校园，移居另一个城市或者国家，或者辞掉工作创办自己的企业，这些都有可能彻底改变你的人生轨迹和方向。巨大的成功往往需要另辟蹊径。对未知事物心怀恐惧可能会令你裹足不前。

12. 换工作很正常

过去的几代人常常认为“不要放弃一个好工作”，但这个建议已经不合时宜了。在当今快速变化的工作市场中，待在一个地方不动往往就意味着你落伍了。雇主不再要求长期的忠诚。要是你的技能不断更新、收入增加和工作有趣，你需要变换雇主的可能性越来越大。

13. 机会 + 准备 + 运气 = 成功

成功的人都是有抱负、有智慧并且勤奋努力的人，但同时他们也很幸运。许多极为成功的技术企业创始人——微软的比尔·盖茨和保罗·艾伦、苹果的史蒂夫·乔布斯和谷歌的埃里克·施密特都是在 1953 年 6 月至 1956 年 3 月短短 3 年间出生的，这并不是偶然的巧合。的确，他们聪明，他们对计算机和技术感兴趣，但他们也很幸运。在个人计算机刚刚开始的 1975 年，他们刚好十几岁或是 20 岁出头。若他们出生在 20 世纪 40 年代中期，那么，他们可能在大学毕业后进入 IBM 这样的公司，并把主要注意力投入主机计算机。如果他们出生在 20 世纪 60 年代早期，那么，他们将错过技术革命的开始阶段。

成功就是把机会、运气和准备三者结合起来。人们普遍认为我们一生最多有 2~3 次特殊的机会。如果你是幸运的，你会发现这些机会，并且做好了适当的准备，然后利用机会。

知识点

人力资源的特点包括：使用的时间性、消费性、自我开发性、连续性、再生性、创新性、约束性及资本性。

人力资源管理是指为实现组织的战略目标，利用现代科学技术和管理理论，通过不断地获取人力资源，并把所获得的人力资源整合到组织中而融为一体，保持和激励他们对本组织的忠诚与积极性，控制他们的工作绩效并作相应调整，尽力开发他们的潜能，以支持组织目标实现的活动。

人力资源管理旨在通过人力资源规划、招聘或解聘、甄选、定向培训、绩效评估、职业发展和劳资关系，努力为组织选配合适的人员并保持员工的高绩效水平。

针对人力资源供求不平衡的不同状态应采用不同的调整方法：若供不应求则可以采用外部招聘、内部招聘、聘用临时工、延长工作时间、内部晋升、技能培训、调宽工作范围等方式；若供过于求，则可以采用提前退休、减少人员补充、增加无薪假期、裁员等方式。对于结构失衡的情况，通常要综合采用上述两种调节方法。招聘时要有一大批潜在的候选人。常见的招聘渠道包括内部搜寻、广告应征、员工推荐、公共就业机构、私人就业机构、学校分配和临时性支援服务等。

绩效管理的四个阶段是：①确定绩效目标；②不断提供信息反馈和评价；③准备绩效评价的讨论和面谈；④实施绩效评价。

绩效评价的方法包括：评级法、排序法、关键事件法、基于目标管理的绩效评价法和360°反馈评价技术。

针对一般员工的培训方式包括在岗培训和脱产培训两种，其中脱产培训包括授课、视听技术、计算机辅助指导、仪器模拟等。对于管理人员的培训方式包括案例研究法、座谈会法、敏感性训练法、管理竞赛法、角色扮演法等。

人力资源管理多样化包括种族、性别、年龄、生活方式、残疾、影响员工工作方式、如何与他人互动、如何从工作中获得满足以及如何定义其在工作场所的角色等一系列差异，其中尤其重要的是女性职业者选择就业的影响因素。

职业生涯规划是将员工个人发展与企业发展相结合，对决定员工个人职业生涯的主客观因素进行测定、分析和总结，并通过设计、规划、执行、评估和反馈的过程，使每位员工的职业生涯目标与企业发展的战略目标相一致。

职业生涯发展阶段可分为探索期、建立期、职业中期、职业后期和衰退期。

思考题

1. 举一例说明人力资源管理的重要性。
2. 简述人力资源的特点。
3. 简述人力资源管理职能。
4. 说明绩效管理的四个阶段。
5. 比较各种绩效评价方法的优缺点。
6. 应用约哈里分析技术对自我进行分析。
7. 试划分职业生涯阶段。
8. 试说明对于一般员工和管理人员的培训方法最大的区别。

第 9 章　领导与领导理论

| 学习要点 |

通过学习本章的内容,学生能够掌握:

1. 领导的概念及其与管理者的区别;
2. 领导特质理论;
3. 领导行为理论;
4. 领导权变理论;
5. 领导理论的前沿。

课前引例

联想的领导力分析

杰出的领导者对组织有多重要?如果你去询问 3M 公司首席执行官乔治·巴克利(George Buckley),他会告诉你,领导者是极其重要的。但是他也会告诉你,杰出的领导者并不是凭空而来的。一家公司需要培养拥有技巧和能力的领导者来帮助公司生存和茁壮成长。就像一支取得良好战绩的成功棒球队会拥有一套行之有效的队员发展计划一样,3M 也有自己的培养系统(farm system)。不一样的是,它的培养系统是为培养公司领导者而设计的。

3M 公司的领导计划究竟有哪些内容?大约在 21 世纪初,公司的前任首席执行官(吉姆·麦克纳尼(Jim McNerney),现在是波音公司的首席执行官)以及他的最高管理团队花了 18 个月为该公司开发了一套新的领导模型。经历了无数次头脑风暴会议及多次激烈的争论后,该团队最终对六项“领导特质”达成一致意见,他们认为这些特质对公司在执行战略和承担责任等方面变得更加得心应手且具有至关重要的作用。这六大特质包括:①规划路径;②鼓励和激发他人;③展现出道德、正直和规范;④传播结果;⑤积极进取;⑥机智创新。如今在巴克利的指导下,该公司更加努力地争取培养出拥有这六种特质的优秀领导者。当被问及自己对领导者有什么看法时,巴克利说:“一个领导者更多的是在做与灵感有关的事,而管理者更多地关注过程。”他认为培养领导者的关键在于关注那些可以发展的东西——比如战略性思维。巴克利还认为领导者在组织中不应该晋升太快。他们需要时间来经历失败以及从失败到成功的过程。最后,当被问及他个人的领导风格时,巴克利回答说:“对我而言,获得成功的最好方法就是让更优秀的人来为我工作。有这样一种精神上的自信对领导者来说是极为重要的。你尊重这样的人,因为你尊敬他们所做的事情。建立了尊重,你就建立了信任。不管听起来如何,这确实是有效的。”它肯定是行之有效的方法,因为在《财富》杂志 2009 年的最受尊敬公司榜单上,3M 公司被评为医疗设备与其他精密设备行业的第一名。

|思考题|对于巴克利有关领导者和管理者的不同陈述,你持何种看法?你是否同意?为什么?

9.1 领导者与管理者

9.1.1 领导的概念

领导（leadership）是个常见的词，凡是处于组织，无论是营利性的还是非营利性的，都能感受到领导的存在。但是，关于如何定义领导，却是众说纷纭，正如史托迪（Stogdill, 1972）在领导研究回顾中指出的那样，有多少人试着给领导下定义，领导就有多少种定义。又如美国知名领导力学家沃伦•贝尼斯（Warren Bennis）曾经说过，领导力就像美，难以定义，但当你看到时，你就知道。下面列举一些学者对于领导的定义。

泰勒认为，领导是影响人们自愿努力以达到群体目标采取的行动。斯蒂芬•罗宾斯则把领导定义为一种影响一个群体实现目标的能力。特纳认为，领导是影响人们为自动完成群体目标而努力的一种行为。彼德•德鲁克认为，有效的领导应能完成管理的职能，即计划、组织、领导和控制。台维斯说，领导是一种说服他人热心追求一定目标的能力。马克斯•韦伯认为，有效的领导含有一种魅力，其具有的某种精神力量和个人特征，能够对许多人施加个人影响。

在上述学者们的观点中，可以看到对于领导的认识并没有局限于组织赋予领导的职位和权力，而是倾向于关注领导的影响力（influence）。这里，影响力的来源可能是正式的，即组织赋予的，也可能是非正式的，即个人的人格魅力。而这种对影响力的关注形成了对领导进行定义的主流。

领导的定义多种多样，在领导中非常重要的因素如下。

（1）领导是一个过程（process）。

（2）领导需要影响力（influence）。

（3）领导在团队中发生（groups）。

（4）领导需要有共同的目标（common goals）。

基于这些因素，本书对领导的定义是：个人通过影响团队成员来实现群体或组织的共同目标的过程。领导的含义包括以下几个方面。

（1）把领导定义为一个过程，并且是一个动态的过程。意味着领导并不是领导者自身具备的一种特质或性格，而是发生在领导者和追随者之间的一种交互活动。过程暗指领导者既影响追随者，也受追随者影响。它强调领导并不是一种直线、单向的行为，而是一种互动的行为。由此可见，领导是每一个人都能获得的，并不只局限于团队当中正式指定的领导者。

（2）领导需要影响力。这涉及的是领导者如何影响追随者，是领导者与被领导者相互关系的表征。影响力是领导的必要条件，没有影响力，领导就不存在。

（3）领导发生在团队当中。团队是领导发生的环境，即反映领导与领导所处环境的相互作用。领导会影响有着共同目标的团队成员。这个团队可以是小型任务团队、社区团队或者是具有完备组织结构的大型团队。领导就是某个人影响团队成员去完成共同的目标。

（4）领导需要关注共同目标。领导者把精力放在努力和自己一起完成目标的人们身上。“共同”意味着领导者和追随者有着共同的目标。关注共同目标给领导增添了一层道德色彩，因为它强调领导者和追随者一起完成既定目标。强调共同性就减少了领导者用强迫或不道德的方式对待追随者的可能性，同时增强了领导者和追随者共同完成任务的可能性。

领导者的作用表现在以下方面。

（1）指挥作用。领导者在组织活动中，需要头脑清醒、胸怀全局、高瞻远瞩、运筹帷幄，帮助组织成员认清所处的环境和形势，指明活动的目标和达到目标的路径。

（2）协调作用。组织在内外因素的干扰下，需要领导者来协调组织成员之间的关系和活动，朝着共同的目标前进。

（3）激励作用。领导者为组织成员主动创造发展空间和规划职业发展生涯。

（4）互惠效应。领导者在影响下属的同时，也必然受下属某些方面的影响。

9.1.2　领导与管理

领导在很多方面与管理是相似的。领导需要影响力，管理也需要影响力。领导需要人的参与，管理也需要人的参与。领导与有效完成任务有关，管理也是如此。

但是领导又与管理不同。有关领导的研究可以追溯到亚里士多德时期，但是对管理的研究则出现在 19 世纪末 20 世纪初工业社会到来之时。管理作为一种方式是为了减少组织中的混乱，让组织更为有效地运转。法约尔（Fayol，1916）最先确定管理的主要职能：计划、组织、指挥、协调和控制。在现今的管理领域，这些职能仍具有代表性。

科特（Kotter，1990）在比较管理职能和领导职能时指出两者的职能截然不同（见表 9-1）。管理最重要的职能是保持组织的秩序和一致性，但领导最重要的职能是推动变化和运行。管理寻求稳定有序，领导寻求适时积极的变化。

表 9-1　管理职能和领导职能

管理（维持秩序和稳定）	领导（推动变化和运行）
计划与预算	确立方向
建立议程	构想发展前景
制定时间表	规划蓝图
分配资源	制定战略
组织和配备人员	联合人员
确定组织结构	交流目标
工作分配	承担职责
建立规则和秩序	构建团队和联盟
控制和解决问题	动员和鼓舞
制定激励措施	鼓舞和激励
产生创造性的解决方法	授权下属
采取正确的行动	满足要求

如表 9-1 所阐述的那样，管理和领导的主要活动是不一样的。但对于组织的繁荣，两者是同等重要的。比如，如果一个组织管理能力很强，但没有领导，产出的结果可能会僵硬或官僚；反过来，如果一个组织有很强的领导但管理不善，那么，产出的结果可能没有意义。所以，为了

实现有效的领导，组织既需要过硬的管理能力，也需要有技巧的领导。

9.1.3 领导者与管理者的区别

本尼斯和纳努斯经常引用的话："管理者是那些把事情做正确的人，领导者是那些做正确事情的人"明确了两者的区别。

约翰·科特（John Kotter）被公认为领导与变革领域内的大师。他在《变革的力量》一书中提出：领导与管理显然有许多相似之处，都涉及对所需做的事情做出决定，建立一个能完成某项计划的关系网，并尽力保证任务能得以顺利实现。但两者之间存在着极为明显的差异：领导主要处理变化的问题，领导者通过开发未来前景而确定前进的方向，然后把这种前景与其他人进行交流、联合，激励、鼓舞其他人克服障碍实现目标，从而带动组织变动，以带来建设性或适应性的变革；而管理则主要处理复杂的问题，优秀的管理者通过制订正式的计划、设计规范的组织结构以及监督计划实施的结果而达到有序一致的状态，带来的是特定的组织秩序以使组织高效运转。同时在《领导者应该做什么》一书中指出：领导和管理是两个互不相同但又互为补充的行为体系；在日趋复杂和变幻无常的商业社会中，这两者缺一不可，都是取得成功的必备条件。科特通过一一列举领导和管理的不同职能，得出了精辟的结论：领导未必优于管理，也未必可以取代管理；要获得成功，真正的挑战在于将强有力的领导能力和管理能力结合起来，并使两者相互制衡。

另一位哈佛商学院教授亚伯拉罕·扎莱兹尼克（Abraham Zaleznik）提出：领导者与管理者是完全不同的两类人。他们在个人历史、动机及思考问题与做事的方式上存在着差异。他认为，管理者即使不是以一种消极的态度，也是以一种非个人化的态度面对目标；领导者则是以一种积极的态度面对目标。管理者倾向于把工作视为一个可以达到目标的过程，这种过程包括人与观念，二者相互作用就会产生策略和决策；领导者的工作则具有高度的冒险性，他们常常倾向于主动寻求冒险，当机遇和奖励很高时尤其如此。管理者喜欢与人打交道的工作，他们回避单独行动，因为这会引起他们的不安，他们根据自己在事件与决策过程中所扮演的角色与他人发生联系；而领导者则关心的是观点，以一种更为直接的方式与他人发生联系。

另有观点认为，领导者做出正确的决策与判断，而管理者则正确顺利地完成任务和工作。换句话说，领导者将从"我们现在应该准备做什么"开始，而管理者则从"我们应怎样将我们正在做的事情做得更好"开始。

总之，随着社会的进步、经济的发展，领导与管理工作越来越分离了。一方面管理的工作越来越具体，主要是为实现组织的目标而采取合适的手段和方法，对有关的人、事、物、时间、信息等进行计划、组织、指挥、协调和控制等一系列的活动；另一方面领导的工作则更需要超脱于具体的管理，以便从全局出发，用战略的眼光和头脑进行运筹谋划，致力于战略方针的决策和经营政策的制定。可见，管理者并不都是领导者，领导者也并不一定是管理者。"领导者"与"管理者"之间的主要区别，如表 9-2 所示。

表 9-2　领导者与管理者之间的主要区别

	领导者	管理者
产生方式	正式任命或从群众中自发产生	往往正式任命
工作对象	激励人	管理人与物
所处理的问题	变化的推动者、现状的挑战者	现状的维系者
主要行为	建立愿景、制订长期计划	短期计划、监督、员工雇用、评价、物资分配、制度实施等
影响下属的方式	正式权威或非正式权威	正式权威
思维特点	洞察力、直觉、移情、冒险、独处、创造	理性、规范、合作、安全、程序
工作目标	设立任务、目标和前景、领导变革、构建结构，更注重结果	稳定组织秩序、重视生产率和效率，更注重方法和过程

9.1.4　领导者的影响力

“影响力”是现代企业领导者的核心能力。如何提升领导者的影响力，是现有领导者所关注的问题，也是构建和谐社会要解决的问题。培养和提升领导者的非权力影响力，培养和提升现代领导者的影响力可以从以下五个方面入手。

1. 塑造高尚的品德

领导者的品德主要包括道德、品行、人格、作风等，它反映在领导者的一切言行之中。优良的品德不仅是担任领导者的素质要求，也是领导者影响力的重要组成部分。作为领导者要十分重视自己的道德和人格形象。

2. 学习新知识

要有渊博的知识就要树立不断学习的观念。知识经济时代，领导者面对迅捷的变化和现实挑战，应该不断充实自己，持续学习新知识，要勤于学习、善于学习，做到学习工作化，工作学习化。领导者在学习中不断剖析自己，认识自己，学会开放心灵，容纳别人的想法。

3. 培养真挚的感情

感情是人对客观事物（包括人）好恶倾向的内在反映。领导者在与下属的交往过程中，就会产生一种情感关系。研究表明，一个成功的领导者，促其成功的 80% 的因素来自情感方面。按照人的需求层次，每个人都希望得到别人的尊重、理解和关心。如果领导者在管理中“以人为本”，密切联系群众，发扬民主，待人诚恳热情，就容易受到下属的拥护，提升个人的影响力。

4. 提高管理的能力

才能是指一个人的各种能力的总和与在工作中的表现，是领导者的知识、智慧和经验的综合体现。才能的高低，关系到领导者能否胜任工作以及工作中获得成就的大小。才能是一种实践因素，要通过实践来体现，主要反映在工作成果上。有才能的领导者易使人产生敬佩感，能力越强，使人产生的敬佩感就越强。

5. 创造良好的成绩

工作成绩是衡量一个人素质高低的砝码。突出的工作成绩最具有说服力，最能让人对其产生依赖和敬佩。如果一个领导者只是洁身自好，没有业绩，群众充其量称其是好人，而不会说其是好领导。而要想做出一番令人羡慕的业绩，就要善于决断，勇于负责，善于创新，勇于开拓，善于研究市场、把握市场，使企业立于不败之地。

9.2 领导特质理论

领导特质理论（trait theory）也称为伟人理论，是研究领导者的心理特质与其影响力及领导效能关系的理论。这种理论阐述的重点是领导者与非领导者的个人品质差异。长期以来，人们一直在就“伟人”理论进行争议。历史是否是由恺撒大帝、拿破仑、丘吉尔这样的人创造的？这些人是否具有某种品质，足以对人类重大事件的进程产生重大影响？这些问题诱发了学者们对领导者心理特质的研究，它关注领导者的个人特性并试图确定伟大的领导者所共有的特性。比如，什么使丘吉尔、甘地、马丁·路德·金等与众不同？特质理论假定特性的存在，并且假定领导者是天生的，并不是后天形成的。从 1904 年到 1948 年，研究人员做了 100 多种有关领导特性的研究，企图从成功的领导者身上分离出一个或多个非领导者所不具备的特性。研究表明，一个成功的领导者，特殊的性格特点不一定是必需的。这种研究的努力以失败告终。即便如此，研究工作仍然继续。到 20 世纪 70 年代中期，出现了一种均衡的观点，虽然没有哪一种特性确保领导者的成功，但某些性格特点还是有潜在的作用。到 20 世纪 90 年代，认为某些个性特点（许多不是天生的而是能够在实践中形成的）可以通过训练和培养加以造就，能够将有效的领导者与其他人区别开来。考察与领导高度相关的特质的研究获得了成功。

领导者有六项不同于非领导者的特质，即进取心、领导愿望、正直与诚实、自信、智慧和与工作相关的知识。

（1）进取心。领导者拥有较高的成就渴望。他们进取心强、精力充沛，对自己所从事的活动坚持不懈，并有高度的主动精神。

（2）领导愿望。领导者有强烈的愿望去影响和领导别人，他们表现为乐于承担责任。

（3）诚实与正直。领导者通过真诚与言行高度一致而在他们与下属之间建立起相互信赖的关系。

（4）自信。领导者为了使下属相信他的目标和决策的正确性，必须表现出高度的自信。

（5）智慧。领导者需要具备足够的智慧来搜集、整理和解释大量信息，并能够确立目标、解决问题和做出正确的决策。

（6）与工作相关的知识。有效的领导者对于公司、行业和技术拥有较高的知识水平。广博的知识能够使他们做出富有远见的决策，并能理解这种决策的意义。

一项调查表明，与领导有效性相关的特质的比例是：高智慧占 75%，高度支配他人占 57%，外向型占 63%，有领袖魅力的领导者会拥有更好的下属和组织占 72%，会被认为更有效率占 89%，下属会更满意占 90%。

然而拥有这些特质并不能保证成为有效的领导者，因为其中忽略了情境因素。具备恰当的特性，只能使个体更有可能成为有效的领导者，但他还需要采取适合情境的正确的行动。从 20 世纪 40 年代开始至 60 年代，研究工作转向了对领导者偏好的行为风格的研究。

9.3 领导行为理论

领导特质理论不能成功地找到有效领导者的特征，因而管理学家们转而研究领导者的各种行为，希望找出成功领导者的行为特征，比如领导者倾向于更为民主还是更为专制？许多管理学家进行了领导方式的研究，并形成了若干有价值的理论。

9.3.1 领导行为的连续统一体理论

美国学者坦尼恩鲍姆（R.Tannenbaum）与施密特（W.H.Schmidt）在 1958 年 3—4 月号《哈佛商业评论》上发表了《怎样选择领导模式》一文，他们认为，领导方式多种多样，按领导者授予下属自主权的程度划分，从专制型到民主型之间，存在多种过渡形式。基于这种认识，他们提出了领导行为的连续统一体理论。领导行为的连续统一体模型如图 9-1 所示。

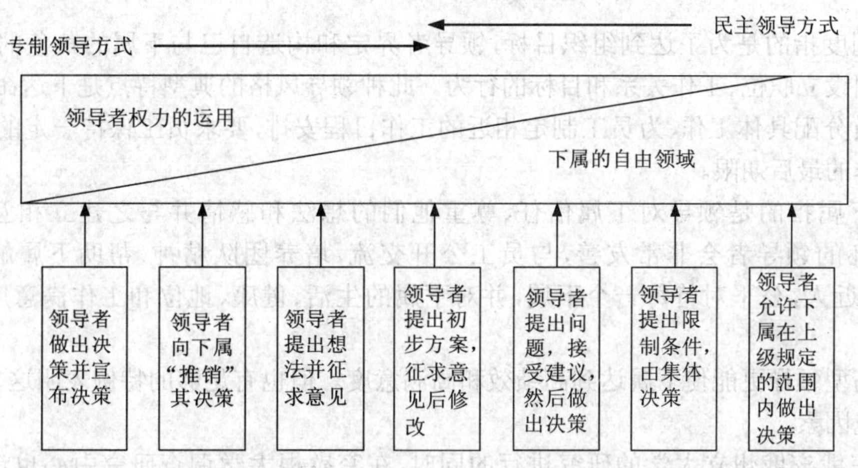

图 9-1　领导行为的连续统一体模型

领导行为连续统一体从左到右，领导者权力的运用逐渐减少，下属的自由度逐渐增大，从以工作为重逐渐变为以关系为重。从图 9-1 中看出，依据领导者授予下属的权力的程度不同，决策的方式不同，形成了一系列领导方式。因此，这种理论不是要在专制和民主两种领导方式中做出选择，而是提出一系列的领导方式。何种方式适合，取决于领导者与被领导者之间的关系作用，即从专制型的领导方式到民主型的领导方式，其中分为七种领导行为。

9.3.2 领导行为四分图理论

1945 年，美国俄亥俄州立大学商业研究所发起了对领导行为进行研究的热潮。他们对大型组织的领导行为进行了一系列深入的研究。一开始，研究人员列出了 1 000 多种描述领导行为的因素，通过逐步概括和归类，最后将领导行为的内容归纳为两类：第一类是关心下属的行为，第二类是建立制度的行为。按照这两个方面的内容，研究人员拟定了 150 个描述领导行为的项目，设计成“领导行为调查问卷”，由下属对上司的行为进行评价。

调查结果表明，两种领导行为在一个领导者身上可以是两个方面的任意组合。他们把两维坐标平面分为四个象限，每个象限代表一种组合，如图 9-2 所示。这是用二维空间表示领导行为的首次尝试，为以后研究开辟了一条新的途径。

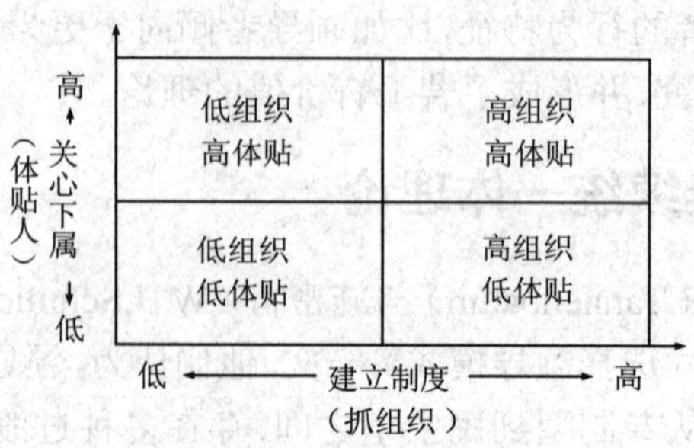

图 9-2　领导行为四分图

建立制度指的是为了达到组织目标，领导者界定和构造自己与下属的角色的倾向程度。它包括试图设立职位、工作关系和目标的行为。此种领导风格的典型特点是下达命令、领导者向小组成员分配具体工作、为员工制定相近的工作日程安排，要求员工保持一定的绩效标准，并强调工作的最后期限。

关心下属指的是领导对下属信任、尊重他们的想法和感情并与之建立相互信任的程度。高关怀的领导者会非常友善，与员工公开交流，培养团队精神，帮助下属解决个人问题，他平易近人，公平对待每一个下属，并对下属的生活、健康、地位和工作满意度等问题十分关心。

高 - 高型领导更能使下属达到高绩效和高满意度。但也有足够的特例表明这一理论还需要加入情境因素。

几乎在俄亥俄州立大学的研究进行的同时，在密歇根大学调查研究中心也进行着相似性质的研究，即确定领导者行为的特点以及它们与工作绩效的关系。他们也把领导行为划分为两个维度，称之为员工导向和生产导向。员工导向的领导者重视人际关系，考虑下属的需要，承认人与人之间的差异。相反，生产导向的领导者倾向于强调工作的技术或任务事项，关心群体任务的完成情况，把群体成员看作达到目标的工具。于是他们得出结论：员工导向与高生产率和高满意度成正相关，而生产导向则与低生产率和低工作满意度联系在一起。

9.3.3　管理方格理论

当上述两项研究成果发表后，人们普遍认为一个理想的领导者应既为员工导向又为生产导向，最有名的研究是美国得克萨斯州立大学的布莱克（Robert R. Blake）和莫顿（Jame S. Mouton）在领导行为四分图的基础上，于 1964 年提出了管理方格理论。他们用横坐标表示领导者对生产的关心程度，用纵坐标表示领导者对人的关心程度，纵横交叉将代表两类行为的坐标各划分为 9 等分，形成了 81 个方格，每个方格代表一种对“生产”和“人”关心的不同程度的组合形成的领导行为。管理方格如图 9-3 所示。

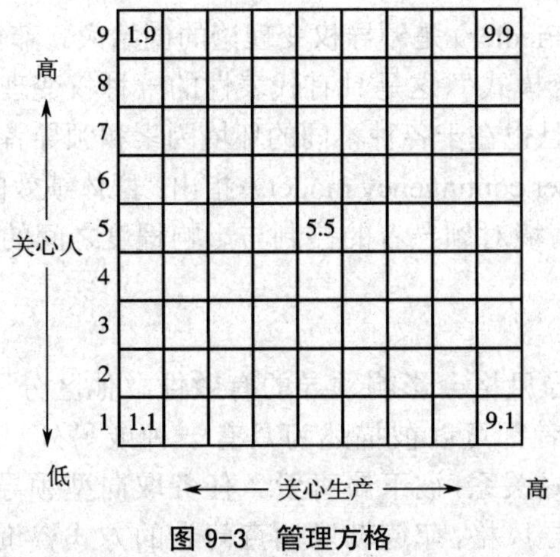

图 9-3　管理方格

布莱克和莫顿主要阐述了管理方格中列出的五个最具有代表性的类型。

(1)1.1 为贫乏型管理，即要留住组织的员工，恰当的做法是用最小的努力做必需的工作；

(2)9.1 为任务型管理，即以人为因素对生产的干预程度最小的方式安排生产，以追求生产效率。

(3)1.9 为乡村俱乐部型管理，即为了追求满意的人际关系而全面关注人的需要，这会营造舒适、友好的组织氛围和良好的工作进展。

(4)5.5 为中庸之道型管理，即平衡工作与在令人满意的程度上维持员工士气之间的关系，追求尚可的组织绩效。

(5)9.9 为团队型管理，即工作成就来源于忠诚的员工。在组织的“共同命运”中建立相互依赖的关系有助于员工之间的相互信任和彼此尊重。

布莱克和莫顿认为，9.9 的管理者工作效果最好，是领导者努力的方向，因为这会使组织中的人精诚团结，共同完成目标。但是，这种领导行为是很难做到的。为此，他们提出要对管理者进行培训，并提出了相应的培训计划，以推动他们向 9.9 型管理发展。《管理方格》一书出版后长期畅销，为管理者正确评价自己的领导行为、掌握合适的领导方式提供了有益的指南，但没有考虑环境对领导行为的影响。后来研究的焦点集中在领导和下属的关系上，并希望以此揭开组织环境如何影响领导行为之谜。

9.4　领导权变理论

随着管理对象和管理环境的变化，人们越来越认识到，找到一种普遍适用的“最好的”领导理论和方法是不现实的。领导行为效果的好坏，取决于领导者本人的素质和能力，此外，还取决于诸多客观因素，如被领导者的特点、领导的环境等，它们是诸多因素相互作用、相互影响的过程。这个观点可以用公式表示为：领导 $=f$(领导者、被领导者、环境)。因此，没有一种“最好的”领导行为。一切要以时间、地点、条件为转移，这便是领导权变理论的实质。最具有代表性的权变理论有以下几种。

9.4.1 菲德勒权变模型

弗莱德·菲德勒（Fred Fiedler）是领导权变理论的创始人。菲德勒自1951年，历经15年，研究并提出了"领导的权变模式"，这是具有代表性的一种权变理论。该理论认为，有效的领导者不仅在于他的个性，而且也在于各种不同的环境因素和领导者同群体之间的交互作用。

菲德勒权变模型（fiedler contingency model）指出：群体绩效的最大化取决于与下属相互作用的领导者风格和所处情境对领导者的控制与影响程度之间的合理匹配，即群体绩效 = 领导风格 + 情境（环境）。

1. 领导风格

菲德勒假设个人的领导风格会影响领导的有效性。他区分了两种领导风格：关系取向和任务取向。所有的领导者都可以被描述为具有一种或另外一种领导风格。关系取向型领导者往往注重和下属搞好关系，被下属喜爱。任务取向型领导者注重使下属高水平地工作。为了判断领导者的领导风格，菲德勒以调查问卷的方式咨询领导者对其"最难共事的同事"的评价。一个领导者如对其最难共事的同事仍能给予好的评价，能从积极的方面看待人，即被认为对人宽容、体贴，提倡人与人之间的友好关系，是关系取向型领导风格。如果对最难共事的同事给予较低的评价，则被认为是惯于命令和控制，是任务取向型的领导风格。

2. 环境特征

根据菲德勒的理论，领导者的领导风格是一种永久性的特征，不能改变。在不同的情况下，他们也不能采取不同的领导风格。基于这种认识，菲德勒提出了三种影响领导有效性的环境因素：领导者与成员的关系、任务结构和职位权力。若环境对领导是有利的，对领导者来说，影响下属有较高水平的业绩和对组织的效率与效益有所贡献是相对容易的。反之，影响下属就比较困难。

（1）领导者与成员的关系。它是指领导者被群体成员所接受的程度，即信任、喜爱、尊重、忠诚和愿意追随的程度以及领导者对下属的吸引力。当领导和下属的关系良好时，环境就对领导有利；反之亦然。

（2）任务结构。任务结构即成员对组织任务的理解程度（结构化或非结构化），工作任务是否明确。若所领导的群体要完成的任务是例行的、明确的、下属有章可循的，则工作质量比较容易控制，这种情境属于任务结构明确，是结构化的任务。相反，若所领导的群体要完成的任务是复杂的、没有先例的、工作规定不清晰、没有标准和程序，这种任务目标可能模糊，下属不知道应该做什么或应该如何去做，这种情境属于任务结构不明确，是非结构化的任务。

（3）职位权力。它是指赋予领导者在正式职位中所拥有的权力。权力的大小表现出领导者对下属在雇用、解雇、晋升和加薪等方面的影响程度。通常，在上级和整个组织中所得到的支持是否有力，直接影响到领导的有效性。领导对下属的雇用、工作分配、报酬、晋升等的直接决定权越大，其职位权力就越大，对下属的影响力就越大，这种环境对领导者是有利的。

3. 领导风格和环境特征的组合

菲德勒对三种环境因素做了评估：①领导者与成员关系的好或差；②任务结构的高或低；③职位权力的强或弱。他指出：领导者与下属的关系越好，任务结构化程度越高，职位权力越强,则领导者拥有的控制力和影响力就越高,反之,领导者的控制力和影响力就越低。

菲德勒将这三种环境因素的不同情境组合成八种领导工作情境或类型,每个领导者都可以从中找到自己的位置。菲德勒对 1 200 个团体进行了调查分析和大量研究,他认为:任务取向型领导者在非常有利(I、II、III)和非常不利(VII、VIII)的情境下是最成功的。而在中等有利(IV、V、VI)的情境下,关系取向型的领导则会干得最好。如表 9-3 所示。

表 9-3　菲德勒模型

环境特征	领导者与成员关系	好				差			
	任务结构	高		低		高		低	
	职位权力	强	弱	强	弱	强	弱	强	弱
		I	II	III	IV	V	VI	VII	VIII
	环境类型	非常有利的环境			中等有利的环境			非常不利的环境	
领导类型		任务取向性			关系取向型			任务取向型	

按照菲德勒权变模型,领导者的领导行为是由其个性所决定的,所以领导者的风格或领导方式基本是稳定不变的,因此要提高领导者的有效性,就要替换领导者以适应情境,或改变情境以适应领导者。如果一个单位的情境因素最好或最坏,就要选择以关心工作任务为中心的领导者;反之,应选择以关心人为中心的领导者。

9.4.2　情境领导理论

情境领导理论是由卡曼(A.K.Koman)于 1966 年提出的,后由保罗 • 赫塞(Paul Hersey)和肯尼思 • 布兰查德(Kenneth Blanchard)进一步发展。这是一个重视下属的权变理论,认为应根据下属的成熟度选择相应的领导风格。这个理论在分析领导行为时也应用了任务行为和关系行为两个维度,但增加了第三个分析因素,即下属的成熟度。依据下属的成熟度选择正确的领导风格会取得领导的成功。

赫塞和布兰查德将成熟度(maturity)定义为:个体对自己的直接行为负责任的能力(ability)和意愿(willingness)。意愿(willingness)是指信心、义务感和动机的结合。能力(ability)是指下属能够用于完成任务的知识、经验和有效技能的数量。成熟度包括两项要素,即工作成熟度与心理成熟度。前者包括一个人的知识和技能。工作成熟度高的个体拥有足够的知识、能力和经验完成他们的工作任务,而不需要他人的指导。后者指的是一个人做某事的意愿和动机。心理成熟度高的个体不需要太多的外部鼓励,他们靠内部动机激励即可。

每个人都要经历从不成熟到逐渐成熟的发展过程。工作群体中工作人员的平均成熟度也有一个发展过程,即由不成熟、初步成熟、比较成熟到成熟,分别用 M1、M2、M3、M4 表示。

(1)M1(不成熟):人们没有能力也不愿意为事情负责;下属是无能或缺乏自信的。

(2)M2（初步成熟）：人们没有能力却愿意完成必要的工作任务；下属有积极性但缺乏适当的技能。

(3)M3（比较成熟）：人们有能力却不愿意做领导者想让他们做的事；下属是有能力的，但不愿意做事。

(4)M4（成熟）：人们有能力并且愿意做要求他们做的事。

情境领导理论认为，单凭重视工作和人际关系，还不足以决定领导的有效性，关键要看下属成熟度如何，基于此，组合成四种领导风格：指示型（高任务—低关系）、推销型（高任务—高关系）、参与型（低任务—高关系）、授权型（低任务—低关系）、以此来建立不同员工的成熟度与不同的领导行为的关系模型，如图 9-4 所示。

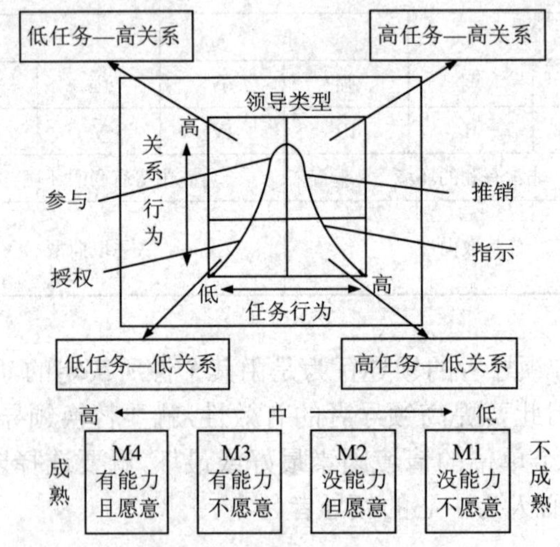

图 9-4　情境领导理论模型

(1)指示型（高任务—低关系）。这是一种高度指令性的领导风格，它包括了该如何完成工作的明确指示。这种领导风格对于不成熟员工的领导较为有效。

(2)推销型（高任务—高关系）。领导解释决策，给员工提问和阐述的机会，以便他们清楚地理解工作任务。这种领导风格对于初步成熟员工的领导较为有效。

(3)参与型（低任务—高关系）。领导者与员工一起分享想法，为员工提供参与机会，并帮助员工制定决策。这种领导风格对于比较成熟员工的领导较为有效。

(4)授权型（低任务—低关系），该领导风格几乎不对员工给予指示或提供支持，因为领导者将决策权和执行权都授予员工。这种领导风格对于成熟员工的领导较为有效。

情境领导理论为领导权变理论提供了一个直观的且易于理解的模型。这个理论再次告诉我们，没有一个万能的领导方式适合各种不同的情境，各种不同的领导风格必须根据各种不同的情况灵活运用。

9.4.3　路径 – 目标理论

路径 – 目标理论是由罗伯特•豪斯（Robert House）等人提出的。该理论认为领导者的效率以能激励下属实现组织目标并在其工作中使下属得到满足的能力来衡量。当组织根据成员的需要，设置某些报酬以激励组织成员时，组织成员就对获得这些报酬寄予期望，并做出努力。但这种期望的实现必须有赖于做出工作成绩，因此只有员工确切地知道如何达到组织目标时，才能起激励作用。

豪斯认为，领导者的工作就是为下属设置目标，帮助下属实现他们的目标，并提供必要的指导和支持以保证各自的目标和群体的或组织的目标相一致。有效的领导者通过明确实现工作目标的途径来帮助下属，并为下属扫清实现目标的障碍。

与菲德勒理论不同的是，此理论认为领导者的风格和行为是可以改变的，同一领导者可以根据不同情境表现出任何一种领导风格。豪斯提出了两种权变因素作为领导行为与结果关系的中间变量，即下属的个性特点和环境因素。这些权变因素决定了哪种领导方式是最适合的。豪斯提出了如下四种领导者能够激励下属的领导行为。

（1）指导型。领导者让下属知道对他们期望的是什么以及完成工作的时间安排，并对如何完成任务给予具体指导。

（2）支持型。领导十分友善，并表现出对下属需求的关怀。

（3）参与型。领导与下属共同磋商，并在决策之前充分考虑他们的建议。

（4）成就导向型。领导设定富有挑战性的目标，并期望下属发挥他们的最佳水平。

因素和领导行为的关系如图 9-5 所示。

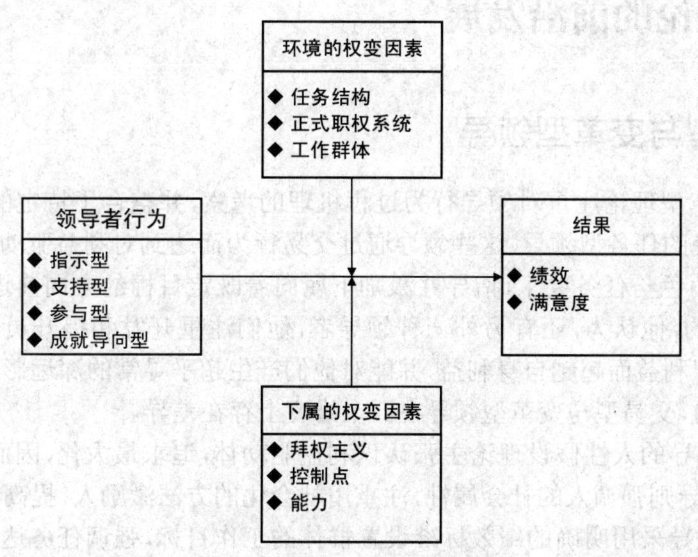

图 9-5　因素和领导行为的关系

下属的权变因素有以下三种。

（1）拜权主义。它倾向于个人对权威的敬重、钦佩和尊重的程度。指示型领导方式对拜权主义者最为合适。

（2）控制点。控制点也属于个性特征。“内因控制点”类型的个体，相信其结果都是通过自身的努力和行为产生的；“外因控制点”类型的个体，则往往把结果归因于运气、命运或制度。前者喜欢参与型领导方式，后者喜欢指导型领导方式。

（3）能力。如下属以为自己的能力不强，则他们更喜欢指导型的领导方式；反之，有的人自命清高，则对指导型的领导行为表示不满。

环境因素包括人物结构、职权制度和工作群体的情况。当人物结构明确时，采用指导型领导行为其效果就差些；如果正式职权都规定得很明确，则下属更欢迎非指导型的领导行为；当工作群体为个人提供了社会上的支持并且得到满足时，则支持型的领导行为就显得多余了。反之，个人则会从领导者那里寻求这类支持。

故此，由路径－目标理论引申出的一些假设范例如下。

（1）当任务不明或压力过大时，指导型领导导致了更高的员工满意度。

（2）当下属执行结构化任务时，支持型领导导致了员工高绩效和高满意度。

（3）对知觉能力强或经验丰富的下属，指导型领导可能被视为多余。

（4）组织中的正式权力关系越明确，领导者越应表现出支持型的领导行为。

（5）控制点为内部的下属，对指导型领导风格更为满意。

（6）当任务结构不清时，成就导向型领导将会提高下属的努力水平。

对这些假设的验证性研究结果是令人振奋的。也就是说，当领导者弥补了员工或工作环境方面的不足时，对员工的绩效和满意度会产生积极的影响。但是，当任务本身十分明确或员工有能力和经验处理它们而无须干预时，如果领导者还花费时间解释这些任务，则下属会把这种指导性行为视为多余甚至是无用。

9.5 领导理论的前沿发展

9.5.1 交易型与变革型领导

交易型与变革型理论注重对领导行为过程机理的考察，并整合了特定的环境条件。交易型领导主要指传统的任务型领导，这些领导通过交易行为而达到对利益驱动体的控制和监督。如通过澄清工作角色与任务要求，指导并激励下属向着既定目标的方向前进。变革型领导是由 Downton 提出的，他认为，还有另外一种领导者，他们注重开发和提升员工的承诺意识，如鼓励下属为了组织利益而超越自身利益，并能对他们产生超乎寻常的深远影响。

Downton 认为，交易型与变革型领导在四个维度上存在差异。

（1）交易型领导的人性假设理论主张认识利益驱动体，追求最大化，因而金钱激励是最好的方法；变革型领导则强调人的社会属性，注重用社会化的方法激励人，提高员工的组织认同。

（2）交易型领导采用明确的绩效标准设置群体的工作目标，强调任务达成的速度和效率；变革型领导认同个别化的管理风格，关注员工心理，针对个体差异进行关怀、指导和建议，属于人员导向型。

（3）从工作方式角度看，交易型领导监督、控制过程，纠正下属的行为，注重工作行为的细节；变革型领导则采用宏伟的愿景、新观点和新视角激发下属，他们善于肢体语言的表达和激情演讲，他们更具有领袖魅力，对下属能产生积极的感化。

（4）交易型领导追求稳定可持续，在固定环境中有序工作；变革型领导崇尚应对挑战和风险，大胆尝试新策略，并鼓励下属不拘一格的处事风格。

交易型领导与变革型领导并非截然对立的两种模式，变革型领导是在交易型领导基础上形成的。变革型领导可以导致下属更高的努力程度和绩效水平。此外，相当多的证据表明变革型领导与低离职率、高生产率和高的员工满意度的关系更强。另有研究表明两种模式适合不同管理层级，高层管理者由于处在企业战略决策的位置，因而应该使用变革型，而中低层管理者在执行决策过程中处于直线环境，因而多采用交易型。当企业面临多变环境时，变革型领导往往能够引领企业独辟蹊径，脱颖而出。而在稳定环境中，一个发展谨慎的企业，变革型领导就可能带来偏激的决策、重大资产并购的失败、草率的经营判断等等。由此看来，该理论带有权变的色彩，在应用中应视环境而定。

9.5.2　认知资源理论

例如，在无人的高速公路上，熟练的汽车司机可以一边开车，一边和车内的人说话。他之所以能够同时进行两种或两种以上的活动，是因为这些活动所要求的注意容量没有超出他所能提供的容量。若在行人拥挤的街道上开车，大量的视觉和听觉刺激占用了他的注意容量，他也就不能再与同伴聊天了。

信息时代，社会以迅雷不及掩耳之势发生巨变。工商企业竞争环境日趋激烈、风险极度膨胀，一系列新经济的阴霾“股市泡沫、转型困境、大规模裁员”挥之不去。经营管理者在社会、组织、人员的多重压力下，显现出焦虑与困惑、烦躁与不安的应激心理状态，不仅影响自己身心健康，同时导致领导效能的低下。

认知资源理论（cognitive capacity）主要研究了领导者通过什么而获得有效的群体绩效领导理论，是对费德勒的权变理论的扩展和重新界定。认知资源理论是将相关的个人认知能力列入权变领导的考虑项目之一，包括智力（intelligence）、经验（experience）和技能（skill）。智力包括知觉整合能力、反应速度、瞬时记忆和思维敏捷度。经验是在工作中不断习得的知识、日积月累的实践能力。技能即操作技能。

认知资源理论提出，认知资源与领导效能的关系很大程度上取决于群体过程和结果的情境变量。这些情境变量主要是指工作压力、群体支持和任务特征。

（1）在工作压力和群体支持共同作用情境下，当情境变量为正值（压力小，支持多）时，经验与绩效呈负相关，这是因为个体会感到厌烦和失去兴趣；当情境变量为负值时，智力与绩效呈负相关，经验则受影响较小，原因在于高压之下缺乏时间思考，个体会感到焦虑，从而影响其智力水平的发挥。

（2）在风险决策等高智力投入的任务特征情境下，压力迫使智力与绩效负相关；在日常行政管理事务特征情境下，压力对智力与绩效关系的影响不明显。

9.5.3　团队领导理论

越来越多组织的领导活动存在于工作团队情境中。由于更多的组织与工作使用自我管理的团队和跨职能的团队，带领团队工作的领导者其作用也显得越来越重要了。一些直线管理者发现当工作由个体方式改为团队方式以后，团队领导角色与传统领导角色十分不同，因此新的领导角色会在变迁过程中遇到一些麻烦。他们过去受到鼓励的监督与控制的技能变得陈旧过时而没有意义。新的挑战是团队领导力需要他们努力去学习，如耐心地分享信息，信任他人并放弃自己的职权，明白在什么时候对员工进行干预，什么时候让团队自己做事，帮助下属设置目标，同时自我安排职务等等。

一项关于团队领导的研究用更有意义的方式来描述团队领导者的工作，它重点关注两个方面：①对团队外部事物的管理；②对团队进程的推动。这两个方面可以进一步分解为四种具体的领导角色，见图 9-6。

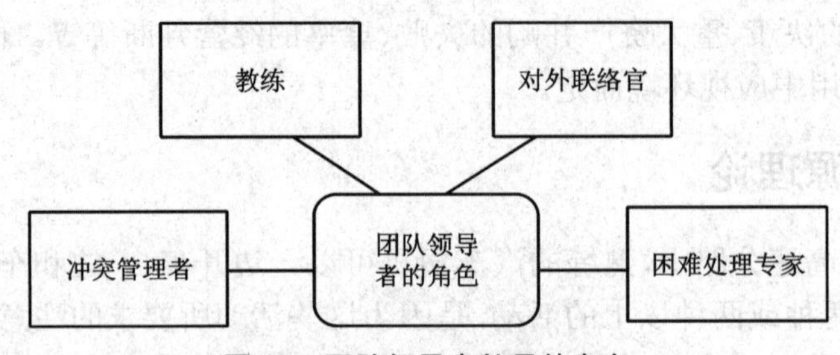

图 9-6 团队领导者的具体角色

1. 团队领导者是对外联络官

这些外在机构包括上级管理层、组织中的其他工作团队、客户及供应商。领导者对外代表着工作团队，他们保护必要的资源，澄清其他人对团队的期望，从外界搜集信息，并与团队成员分享这些信息。

2. 团队领导者是困难处理专家

当团队遇到困难并寻求帮助时，领导者会出现并帮助他们解决问题。团队领导者处理的难题很少针对技术或操作层面，因为团队成员一般都比领导者更了解如何完成具体任务。问题越尖锐则领导者作用可能越大，他们帮助员工针对困难进行交流，并获得解决困难所必需的资源。

3. 团队领导者是冲突管理者

当出现不一致意见时，他们帮助解决冲突。他们帮助人们明确问题所在，例如：冲突的来源是什么？谁卷入了冲突？冲突问题的本质是什么？可能的解决方案有哪些？每种方案的优势和劣势是什么？通过这些方式团队成员针对问题本身进行处理，从而把团队内部冲突的破坏性降到最低程度。

4. 团队领导者是教练

他们明确期望和角色，提供教育与支持，为成员的成功喝彩。他们尽一切努力帮助团队成员保持高水平的工作业绩。

9.5.4 领导胜任力模型

近年来，对领导特征的研究从过去狭窄而具体的个人特征（traits）向通用宽泛的综合胜任力（competence）发展。领导胜任力超越传统特征模型，注重管理者与具体职位匹配的特点，它关注的是管理者与组织的匹配程度，因此领导胜任力模型具有技术技能、人际技能、概念技能总和的综合性特征。

目前对胜任力的研究各有侧重，有的偏重行为有的偏重特征。Hay-McBer 咨询公司创始人大卫 • 麦克利兰（David • McClelland）在 20 世纪 70 年代与美国新闻总署合作过程中发现了优秀管理者所通有的态度和行为，并在此基础上开发了带有个性倾向的通用胜任力模型。他将胜任力划分为元胜任力（meta competence）、通用行业胜任力（general industry competence）、内部组织胜任力（intra organization competence）、标准技术胜任力（stand technical competence）、技术行业胜任力（technical trade competence）和特殊技术胜任力（idiosyncratic technical competence）六种。Hay 总结的胜任力模型有 9 个方面的内容：①应变力；②责任感；③影响力；④概念能力；⑤预见性；⑥多视角；⑦尊重性；⑧沟通性；⑨自知之明。Rifkin 和 Fineman 在 1999 年受美国 17 家主要研发组织公司的人力资源经理委托，开发了技术经理人员通用胜任特征模型，这个模型的特别之处在于它只是行为模型，而不包括个人属性和个人特质。Kolb 和 Baker 的研究强调领导胜任力需要和工作要求、环境要求有效匹配，并提出了四维度胜任力模型：行为性胜任力、概念性胜任力、情感性胜任力和象征性胜任力。

当管理者的胜任力的获得和维持与商业战略的革新结合在一起时最有效。发展高级管理者、部门管理者和员工之间的网络化胜任力已经成为必然。高层管理者通过战略管理辨别核心胜任力来指导组织。直线管理者通过胜任力管理激发和挑战员工，规范他们的才能。个体员工目的在于以卓越的方式完成某项职责所需的个人专业能力和胜任力。

9.5.5　领袖魅力的领导理论

领袖魅力的领导理论是归因理论的扩展，指的是当下属观察到某些行为时，会把它们归因于伟人式的或杰出的领导能力。大部分领袖魅力的领导理论研究主要是确定具有领袖魅力的领导者的个性特点，见表 9-4。

表 9-4　有领袖魅力的领导者的个性特点

1	自信	对他们自己的判断和能力有充分的信心
2	远见	有目标，认为未来定会比现状更美好。目标与现状相差越大，下属越有可能认为领导者有远见
3	清楚表述目标	他们能够明确地陈述目标，以使其他人都能明白，成为一种激励的力量
4	坚定信念	具有强烈奉献精神，愿意从事高冒险性的工作，承受高代价，为了实现目标能够自我牺牲
5	不循规蹈矩的行为	被认为是新颖、反传统的。当获得成功时，这些行为令下属们惊诧而崇敬
6	作为变革的代言人出现	他们被认为是激进变革的代言人而不是传统现状的卫道士
7	环境敏感性	他们能够对需要进行变革的环境约束和资源进行切实可行的评估

有领袖魅力的领导者与下属的高绩效和高满意度之间有着显著的相关性。为有领袖魅力的领导者工作的员工，会因为受到激励而付出更大的努力。而且，由于他们喜爱自己的领导，也会表现出更高的满意度。

人们是否可以学做有领袖魅力的领导者？或者说，具有领袖气质的领导者是否天生就具有这些气质呢？尽管仍有少数人强调领袖魅力不可能被学到，但大多数学者专家认为个体可以经过培训而展现领袖魅力。比如，研究者使商学院在校学生成功地“扮演”了有领袖魅力的角色。他们指导学生清晰地表述一个极高的目标；向下属传达高绩效的期望，对下属达到这些目标所具备的能力表现出很有信心，重视下属的需要；学生们练习表现出有能力、自信和动态的形象，并使用富有魅力的迷人语调。为了进一步捕捉领袖魅力的动作和生动特征，这些学生还被训练使用领袖魅力的非言语特点。他们或者坐在自己的办公桌上，或者在桌边漫步，身体向前倾向下属，保持直接的目光接触，以及呈现放松的姿态和生动的面部表情。研究发现，这些领导者的下属比无领袖魅力的领导者的下属表现出更高的工作绩效和对任务的适应性以及对领导和群体的适应性。

最后一点是，有领袖魅力的领导者对于员工达到高绩效水平来说，并不总是必需的。当下属的任务中包含观念性要素时，该领导者的领导是有效的。然而，当危机和剧烈变革的需要减退时，有领袖魅力的领导者事实上可能会成为组织的负担。因为有领袖魅力的领导者过分自信常常导致许多问题。他们不能聆听他人所言，受到有进取心的下属挑战时会十分不快，并对所有问题总坚持自己的观点。

知识点

领导的定义是个人通过影响团队成员来实现群体或组织的共同目标的过程。

培养和提升现代领导者的影响力可以从五方面入手：塑造高尚的品德、学习新知识、培养真挚的感情、提高管理的能力、创造良好的成绩。

领导者有六项不同于非领导者的特质，即进取心、领导愿望、正直与诚实、自信、智慧和与工作相关的知识。

管理方格理论提出要对管理者进行培训，并提出了相应的培训计划，以推动他们向团队型管理发展。《管理方格》为管理者正确评价自己的领导行为、掌握合适的领导方式提供了有益的指南。

菲德勒权变模型指出：群体绩效的最大化取决于与下属相互作用的领导者风格和所处情境对领导者的控制与影响程度之间的合理匹配，即群体绩效 = 领导风格 + 情境（环境）。实质是领导 =f（领导者、被领导者、环境）。因此，领导行为要以时间、地点、条件为转移地有效实施。

情境领导理论是一个重视下属的权变理论，认为应根据下属的成熟度选择相应的领导风格。这个理论在分析领导行为时也应用了任务行为和关系行为两个维度，但增加了第三个分析因素，即下属的成熟度。

路径 – 目标理论认为领导者的效率以能激励下属实现组织目标并在其工作中使下属得到满足的能力来衡量。当组织根据成员的需要，设置某些报酬以激励组织成员时，组织成员就对获得这些报酬寄予期望，并做出努力。但这种期望的实现必须有赖于做出工作成绩，因此只有员工确切地知道如何达到组织目标时，才能起激励作用。

思考题

1. 何为领导者的影响力？如何提高领导者的影响力？
2. 简述领导者和管理者的联系与区别。
3. 什么是权力性影响力？在其作用下，被影响者的心理、行为如何表现？
4. 可以从哪些方面培养和提升现代领导者的影响力？
5. 领导者有哪些不同于非领导者的特质？
6. 领导方式有哪几种基本的领导形态？
7. 什么是菲德勒权变模型？
8. 简述路径 – 目标理论的内容。
9. 交易型领导与变革型领导存在哪些差异？
10. 关于新时代领导力的研究问题，你有什么思考？

第10章 管理沟通

| 学习要点 |

通过学习本章的内容,学生能够掌握:

1. 沟通与管理沟通的含义及沟通过程;
2. 人际沟通方式与有效沟通的行为;
3. 组织沟通;
4. 冲突管理。

课前引例

研发部的梁经理

研发部梁经理才进公司不到一年,工作表现颇受主管赞赏,不管是专业能力还是管理绩效,都获得大家肯定。在他的缜密规划之下,研发部一些拖延已久的项目,都在积极推行当中。

部门主管李副总发现,梁经理到研发部以来,即使工作吃紧,其他同事也很少加班,只有他自己几乎每天加班,平常也很难见到梁经理和他的部属或是同级主管进行沟通。原来,梁经理和他的属下是以电子邮件方式交流的,很少当面报告或讨论,对其他同事也是如此,电子邮件被梁经理当作和同人们交流的最佳沟通工具。

但是,最近大家似乎开始对梁经理这样的沟通方式表示不满。李副总发觉,梁经理的部属对部门逐渐失去向心力,除了不配合加班,还只执行交办的工作,不太主动提出企划或问题。

了解这些情形后,李副总找梁经理聊了聊。梁经理认为,效率应该是最需要追求的目标,因而他希望用最节省时间的方式,达到工作要求。李副总以过来人的经验告诉梁经理,工作效率重要,但良好的沟通绝对会让工作进行顺畅许多。

|思考题|梁经理在工作中存在的主要问题是什么?

10.1 沟通与管理沟通

几乎在所有形式的组织行为中,沟通都是必不可少的。美国普度大学教授查里斯·瑞得一直被尊称为"组织沟通之父",他在1972年出版的《组织内部沟通》教科书里清晰地给出了有关组织沟通的核心内容:组织沟通是对处于复杂的系统环境中的组织,为什么以及如何发送和接收信息的研究。沟通是人们社会生活的基本要求之一。沟通在管理的各个方面得到了广泛的运用。随着管理学的发展,沟通的重要性越来越得到公认。沟通和管理绩效是密切相关的。在管理的领导职能中,如何使领导者和组织成员同心协力实现组织目标,并不是简单地贯彻领导方式和激励的基本内容,要真正发挥这种职能,还取决于成为组织成员的各方对组织目标及其实施方式的理解,并在多大程度上达成一致,这关系到管理的绩效。

10.1.1 沟通与管理沟通的含义

沟通是指人们在互动过程中通过某种途径和方式将一定的信息从发送者传递给接受者，并获取理解的过程。这个过程通常伴有激励和影响行为的意图。简单地说，沟通是指人与人之间交换信息和传达思想的过程。

管理沟通是指社会组织及其管理者为了实现组织目标，在履行管理职责、实现管理职能过程中有计划的、规范性的职务沟通活动和过程。换言之，管理沟通是管理者履行管理职责、实现管理职能的基本活动方式，它以组织目标为主导，以管理职责、管理职能为基础，以计划性、规范性、职务活动性为基本特征。

随着信息手段的现代化和经济活动的全球化，企业已经不太可能采取一般性的纵向整合方式扩大企业的边界，企业的赢利区间开始向企业之间的关系领域移动，即网络形式正在与企业纯粹的市场交易关系共存。这样一来，虽然可能增大企业与别的组织之间的协调成本，但同时因信息的传递和共享，又会降低企业的交易成本以及因市场组织复杂化而产生的信息搜寻成本。

沟通在管理中的重要意义是：首先，沟通是协调各个体，使企业成为一个整体的凝聚剂；其次，沟通是领导者激励下属、实现领导职能的基本途径；再次，沟通是企业与外部环境之间建立联系的桥梁。

10.1.2 沟通的过程

在沟通过程中，至少存在着一个信息发送者和一个信息接受者，即信息发出方和信息接受方。其中沟通的载体成为沟通渠道，编码和解码分别是沟通双方对信息进行的信号加工形式。信息在两者之间的传递是通过下述几个方面进行的。

(1)发送者需要向接受者传送信息或者需要接受者提供信息。这里所说的信息范围很广，包括想法、观点、资料等。

(2)发送者将这些信息译成接受者能够理解的一系列符号。为了有效地进行沟通，这些符号必须能够符合适当的载体。例如，如果载体是书面报告，符号的形式应是文字、图表或者照片。

(3)将上述符号传递给接受者。由于选择的符号种类不同，传递的方式也不同。传递的方式可以是书面的，也可以是口头的，甚至还可以通过形体动作表示。

(4)接受者接受这些符号。接受者根据这些符号传递的方式，选择相对应的接受方式。

(5)接受者将这些符号译为具有特定含义的信息。由于发送者翻译和传递能力的差异以及接受者接受和翻译水平的不同，信息的内容和含义经常被曲解。

(6)接受者理解信息的内容。

(7)发送者通过反馈来了解他想传递的信息是否被对方准确无误地接受了。

图 10-1 中的反馈构成了信息的双向沟通。

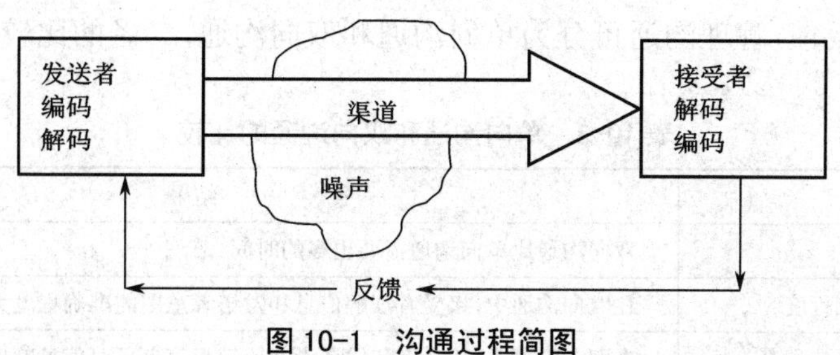

图 10-1　沟通过程简图

10.2　沟通的方式与有效沟通

当代著名哲学家理查德·麦基翁(Richard McKeon)认为:“未来的历史学家在对我们这代人的言行进行记载的时候,必然会发现我们这个时代沟通的盛况,并将它置于历史的显著地位。实际上沟通并不是当代新发现的问题,而是现下正在流行的一种思维方式和分析方法。”不管是在工作还是在娱乐,沟通都是我们开展活动的必要手段,是社会交际的基本技能,更是企业管理的有效方法。在现今如此激烈的市场竞争下,管理者如果能够重视人际沟通并有效地利用人际沟通,建设起企业人际沟通的文化,将会更好地促进企业和谐、增加企业的竞争实力。人际沟通,是我们开展一切活动的必要手段,是社会交际的基本技能,更是企业管理的有效方法。

人际沟通就是社会中人与人之间为了特定的目的,将信息经由各种渠道传播,并达成共同协议的联系的过程,即人与人之间传递信息、沟通思想和交流情感的过程。人际沟通应考虑七个方面的基本要素,即受众、信息源、信息、目标、环境、媒介和反馈。

10.2.1　沟通的方式和方法

按照功能划分,沟通可分为工具式沟通和感情式沟通。工具式沟通指发送者将信息、知识、想法、要求传达给接受者,目的是影响和改变接受者的行为。感情式沟通指双方表达感情,获得对方精神上的同情和谅解,最终改善相互之间的关系。

按照沟通媒介划分,管理沟通可分为口头沟通、书面沟通、非语言沟通和电子媒介沟通。各种沟通方式的比较见表 10-1。

表 10-1　各种沟通方式比较

沟通方式	举例	优点	缺点
口头	交谈、讲座、讨论会、电话	快速传递,快速反馈,信息量很大	传递中经过层次越多,信息失真越严重,核实越困难
书面	报告、备忘录、信件、文件、内部期刊、布告	持久,有形,可以核实	效率低,缺乏反馈
非语言	声、光信号、体态、语调	信息意义十分明确,内涵丰富,含义灵活	传递距离有限,界限模糊,只能意会,不能言传
电子媒介	传真、闭路电视、计算机网络、电子邮件	快速传递,信息容量大,一份信息可同时传递给多人,廉价	单向传递,电子邮件可以交流,但看不见表情

按照是否进行反馈，管理沟通可分为单向沟通和双向沟通，二者的比较见表 10-2。

表 10-2　单向沟通和双向沟通的比较

因素	结果
时间	双向沟通比单向沟通需要更多的时间
信息和理解的准确程度	在双向沟通中，接受者理解信息和发送者意图的准确程度大大提高
接受者和发送者的置信程度	在双向沟通中，接受者和发送者都比较相信自己对信息的理解
满意	接受者比较喜欢双向沟通，发送者比较喜欢单向沟通
噪声	与问题无关的信息较易进入沟通过程，因而双向沟通的噪声比单项沟通要大得多

按照组织系统，管理沟通可分为正式沟通和非正式沟通。

1. 正式沟通

正式沟通是指组织内部明确的规章制度（正规的组织程序）所规定的沟通方式。它和组织的结构体系息息相关，主要包括按组织系统正式颁布的命令、指示、规章、手册、通知、公告、简报等，以及组织召开的正式会议、组织内部上下级之间和同事之间因工作需要而进行的正式接触等。

按照信息流向，沟通可分为上行、下行、平行和斜向四种形式。上行沟通是指组织中信息从较低组织层次流向较高组织层次的沟通。如果没有上行沟通，管理者就不可能了解员工的需要，也不可能知道自己下达的指示或命令正确与否，因此上行沟通十分重要。下行沟通是传统组织中最重要的沟通流向，一般以命令方式传达上级组织或其上级所决定的政策、计划、规划等信息。平行沟通也称横向沟通，是指在组织中同一层次不同部门之间的沟通。这种沟通的目的是谋求相互之间的了解和工作上的协调配合，因此它往往带有协商性和双向性。斜向沟通是指组织中不同组织层次之间的情况通报、协商和支持，带有明显的协商性和主动性。

正式沟通渠道是组织中的沟通主渠道。大量的沟通工作有赖于正式沟通渠道。由于正式沟通渠道带有强制性，比较规范，井然有序，约束力强，沟通效果好，因此，在企业管理中一般的信息传递都要通过正式沟通渠道下达及反馈。正式沟通的缺点是：传递路线固定、呆板、沟通速度较慢，中间环节多，信息易耗损，对人的素质要求较高，信息易失真。

由于组织沟通形式的不同，可组合成组织信息传递的多种模式，这些模式称为组织沟通网络。它表明了在一个组织内，组织信息是怎样传递和交流的。在正式的沟通渠道中存在五种典型的沟通网络，即轮式、“Y”式、链式、圆周式和全通道式。这些沟通网络对群体活动效率有不同的影响，见表 10-3。

轮式又称为星式，X 显然是群体的领导。在这一网络中，成员间缺少沟通。这将导致成员的满意度降低，只有领导者一个人感到满意。如果群体的任务复杂，那么这一沟通网络所带来的工作质量将很低。但如果任务简单，而且成员都愿意接受领导者的权威，那么它的效果将是积极的。

“Y”式与轮式很相似，唯一的区别是还有更高一级的领导者 Z。

表 10-3　五种沟通网络比较

沟通网络	轮式	"Y"式	链式	圆周式	全通道式
图示	X	X Z	①②③④⑤		
领导明确性	高	高	中等	中等	低
成员满意度	低	低	中等	中等	高
任务复杂	低	低	中等	中等	高
任务简单	高	高	中等	中等	中等

链式沟通是指人们只与群体中的某些人沟通，而他们各自又有沟通的对象，谁是领导不明确。表现为信息逐级传递，只有上行和下行沟通，是典型的上下级权力关系。在这种网络中，成员的满意度比轮式强一些。从群体绩效来看，这种网络在完成简单和复杂任务时，绩效都属中等。其主要缺点是协同努力差，它不像一个集体，且领导权威弱。

圆周式允许每一个成员同时与邻近的两侧成员沟通，基层又可以相互沟通，它是 3 个层次间存在的上下沟通，并在下层允许横向沟通的一种信息沟通模式。

全通道式沟通网络中，所有的人都可以与其他人沟通。其结果是领导不明确，似乎每一成员都有决策权。全通道模式出现于工作团队中。每一个团队成员均可与其他成员进行交流，它体现了高水平的沟通特色。高层管理团队、跨职能团队、自我管理团队经常有全通道网络。在全通道式沟通网络中，群体成员满意度很高，完成复杂任务的绩效也很高。当任务简单时，绩效只是中等，主要是因为所费的时间较长。由于时间是最有价值的资源，所以在解决简单问题时，最好使用轮式沟通网络。

显然，每种沟通网络均有优缺点，管理者要权衡利弊，决定使用何种网络。解决问题的质量和过程都是权衡的标准。

2. 非正式沟通

信息的传播不仅通过正式沟通渠道进行，有些消息往往是通过非正式渠道传播的。凯斯 • 戴维斯（Keith Davis）曾对小道消息的传播进行了研究，发现有四种传播方式，如图 10-2 所示。

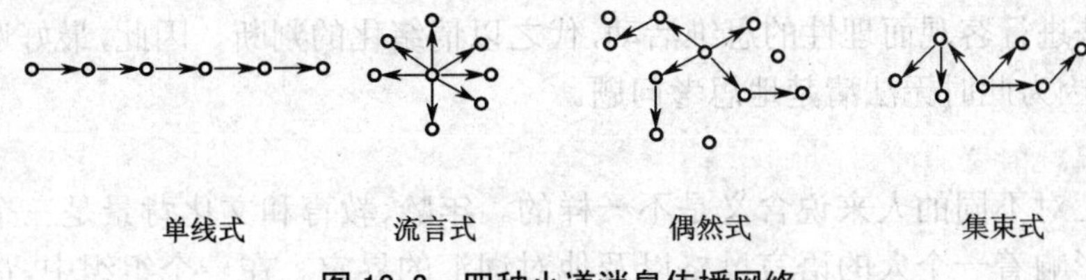

图 10-2　四种小道消息传播网络

单线式的传播方式是通过一连串的人把消息传播给最终的接受者；流言式是一个人主动把消息传播给其他人；偶然式是通过偶然的机会传播消息；集束式是把消息有选择地告诉自己的朋友或有关的人。

戴维斯的研究结果证明，小道消息传播的最普通形式是集束式。例如，在一个大公司里，总经理准备邀请36名地位较高的经理到郊外野餐。在发出请帖之前，小道消息已经传播出去。据调查，36名被邀请的经理在接到请帖之前几乎全部知道了这个消息，而在未被邀请的地位较低的经理中，只有两个人知道这个消息。这两个人之所以能够知道，还是因为传播消息者误认为这两个人也在被邀请之列。这一实例以及其他许多实例表明，小道消息的传播者往往只把消息告诉经过选择的对象，即集束式传播消息。

小道消息的传播者往往是固定的一些人。在任一个群体中，总有这么一些人喜欢传播小道消息。其他人不是从领导而是从这些人得知群体中将要发生的事情，有许多重要信息就是通过这一渠道传播的。

关于小道消息的传播存在着不同的观点。一些人认为传播小道消息是散布流言蜚语，应严加禁止，另一些人则认为通过非正式沟通渠道散布小道消息，也能在企业中起到积极作用。应该说，非正式沟通是客观存在的，关键是管理者能否利用它为群体或组织的目标服务。

10.2.2 沟通的障碍

人际沟通过程中存在着信息失真的可能。导致信息失真的因素如下。

1. 过滤

过滤指故意操纵信息，使信息显得对接受者更为有利。比如，管理者告诉上司的信息都是上司想听到的东西，这位管理者就是在过滤信息。过滤的程度与组织结构的层级和组织文化两个因素有关。在组织等级中，纵向层次越多，过滤的机会也越多。组织文化则通过奖励系统鼓励或抑制这类过滤行为。奖励越注重形式和外表，管理者越会有意识地按照对方的品位调整和改变信息。

2. 选择性知觉

在沟通过程中，接受者会根据自己的需要、动机、经验、背景及个人特点有选择地去看或听信息。翻译的时候，接受者还会把自己的兴趣和期望带进信息之中。如果一名面试主考认为女职员总是把家庭的位置放在事业之上，则会在女性求职者中看到这种情况，无论求职者是否真的如此。

3. 情绪

在接受信息时，接受者的感觉也会影响他对信息的解释。不同的情绪感受会使个体对同一信息的解释截然不同。极端的情绪体验（如狂喜或抑郁）可能阻碍有效的沟通。这种状态常常使人们无法进行客观而理性的思维活动，代之以情绪化的判断。因此，最好避免在很沮丧的时候作决策，因为此时无法清楚地思考问题。

4. 语言

同样的词汇对不同的人来说含义是不一样的。年龄、教育和文化背景是三个最明显的影响因素。它们影响着一个人的语言风格以及他对词汇的界定。在一个组织中，员工的背景和言谈举止各有不同。即使在同一组织不同部门的员工也有不同的行话（jargon）——某个群体的成员在内部沟通时使用的专门术语或技术语言。

5. 非言语提示

非言语沟通几乎总是与口头沟通相伴。如果二者协调一致，则会彼此强化。比如，上司说话时的情绪表明他很生气，也很愤怒，于是下属推断出他很恼火，这极可能是个正确的判断。当非言语线索与口头信息不一致时，不但会使接受者感到迷茫，而且信息的清晰度也会受到影响。如果上司告诉你他真心想知道你的困难，而当你告诉他情况时，他却在浏览自己的信件，这便是一个相互矛盾的信号。

10.2.3　有效沟通

1. 利用反馈

很多沟通的问题都直接源于误解和不准确。如果管理者能够在沟通中获得反馈，包括言语的和非言语的反馈，出现的这些问题的可能性就会降低。针对所传递的信息，管理者可以通过咨询一些问题以确定信息是否如预期的那样得到正确的理解和接受，或者管理者也可以接受用自己的话复述这个信息。如果管理者能够听到预期的结果，那么理解和准确性就能得到保证。反馈可以提供一些更加详细微妙的信息，因为接受者的总体评论能够使管理者了解到他们对所传递信息的反应。

2. 简化语言

由于语言可能成为沟通障碍，因此管理者应该措辞并组织信息，以使信息清楚明确，易于接受者理解。管理者不仅需要简化语言，还要考虑到信息指向的听众，以使所用的语言适合于接受者。有效的沟通不仅需要信息被接收，而且需要信息被理解。通过简化语言并注意使用与听众一致的言语方式可以提高理解效果。比如，使用一个群体内的行话会使沟通十分便利，但使用本群体之外的行话则会造成很多问题。

在传递重要信息时，为了使语言问题造成的不利影响减少到最低程度，可以先把信息告诉不熟悉这一内容的人。比如，在正式沟通之前让接受者阅读演讲词是一种十分有效的手段，有助于确认含糊的术语、不清楚的假设或不连续的逻辑思维。

3. 聆听的艺术

信息接受者接收信息主要通过两条途径：一是眼看；二是耳听。在双向沟通、当面沟通中，聆听（倾听）艺术不仅是影响信息接受效果的重要因素，也是影响发送效果的重要因素。因此掌握聆听艺术，一是要学会有效聆听方式，二是要克服不良的聆听习惯。

有效聆听方式包括三种：①漫不经心式；②争论式，即信息接受者一边听，一边反馈信息，同信息发送者进行争论；③全神贯注式。一般来说，全神贯注式的沟通效果好，而漫不经心式的沟通效果最差，争论式的沟通效果取决于参与沟通双方的身份、地位和沟通内容。一些积极聆听的要点如表 10-4 所示。

美国管理协会针对如何提高管理过程中的沟通效果，在企业管理的实践中总结出了管理者在沟通中应注意的 10 个问题：①沟通前先将概念澄清；②讨论沟通的真正目的；③考虑好沟通时的一切环境；④计划沟通内容时，应尽可能听取他人意见；⑤做好必要的记录；⑥可能时，尽量传递有效资料；⑦应有必要的反馈；⑧沟通时不仅要着眼于当前，更要着眼于未来；⑨言行一致；⑩应成为一个“好听众”。

表 10-4 聆听的要点

要	不要
表现出兴趣	争辩
全神贯注	打断
该沉默时候必须沉默	从事与谈话无关的活动
选择安静的地方	过快地或提前做出判断
留出适当的时间用于辩论	草率地给出结论
注意非语言暗示	让别人的情绪直接影响你
当你没有听清楚时,要以疑问的方式重复一遍	
当你发现遗漏时,直截了当地问	

10.3 组织沟通

组织沟通是人力资源管理中最为基础和核心的环节,它关系到组织目标的实现和组织文化的塑造。目前我国大多数企业在组织沟通领域的确存在许多问题。虽然有些问题所导致的不良现象已有所反映,但是企业的管理者们却不能正确认识问题的起源和本质。所以,重视组织沟通、采取有效措施改善组织沟通是实现组织目标的关键。

10.3.1 组织沟通的障碍

在沟通的过程中,由于存在着外界干扰以及其他种种原因,信息往往丢失或被曲解,使得信息的传递不能发挥正常的作用。因此组织的沟通存在有效沟通的问题。所谓有效沟通,简单地说就是传递和交流信息的可靠性和准确性高,表明组织对内外噪声的抵抗能力强,因而和组织的智能是连在一起的。沟通的有效性越明显,说明组织智能越高。影响有效沟通的障碍包括下列因素。

1. 个人因素

个人因素主要包括两大类:①有选择地接受;②沟通技巧差异。所谓有选择地接受,是指人们拒绝或片面地接受与他们的期望不一致的信息。研究表明,人们往往听或看他们感情上能够接纳的东西,或他们想听或想看的东西,甚至只愿意接受中听中看的,拒绝不中听不中看的。除了人们接受能力有所差异外,许多人运用沟通的技巧也很不相同。有的人擅长口头表达,有的人擅长文字描述。所有这些问题都妨碍有效沟通。

2. 人际因素

人际因素主要包括沟通双方的相互信任、信息来源的可靠度和发送者与接受者之间的相似程度。沟通是发送者与接受者之间“给”与“受”的过程。信息传递不是单方面,而是双方面的事情,因此,沟通双方的诚意和相互信任至关重要。上下级间的猜疑只会增加抵触情绪,减少坦率交谈的机会,如此,上下级之间也就不可能进行有效的沟通。

信息来源的可靠性由诚实、能力、热情、客观四个因素所决定。有时,信息来源可能并不同时具有这四个因素,但只要信息接受者认为具有即可。信息来源的可靠性实际上是由接受者主观决定的。就个人来说，员工对上级是否满意很大程度上取决于他对上级可靠性的评价；就团体而言，可靠性较大的工作单位或部门比较能公开、准确和经常地进行沟通，它们的工作成绩也相应地较为出色。

沟通的准确性与沟通双方的相似性有着直接的关系。沟通双方特征的相似性影响着沟通的难易程度和坦率性。沟通一方如果认为对方与自己很接近，那么他将比较容易接受对方的意见，并且达成共识；相反，如果沟通一方视对方为异己，那么信息的传递将很难进行下去。

3. 结构因素

结构因素包括地位差别、信息传递链、团体规模和空间约束四个方面。研究表明，地位的高低对沟通的方向和频率有很大的影响，地位差别越大，信息越趋向于从地位高处流向地位低处。事实清楚地表明，地位是沟通中的一个重要障碍。

信息通过的等级越多，到达目的地的时间越长，信息失真就越严重。信息连续地从一个等级到另一个等级的传递过程中所发生的变化，称为信息链传递现象。

当工作团体规模较大时，人与人之间的沟通也相应变得困难。

企业中的工作常常要求员工只能在某一特定地点进行操作。这种空间约束的影响在员工单独于某位置工作或在数台机器之间往返运动时尤为突出。空间约束不利于员工之间的交流，也限制了他们的沟通。一般来说，两个人之间的距离越短，他们交往的频率也越高。

4. 技术因素

技术因素主要包括语言、非语言暗示、媒介的有效性和信息过量。

大多数情况下，沟通的准确性依赖于沟通者赋予字和词含义的正确性。由于语言只是个符号系统，本身没有任何意思，仅仅是描述和表达个人观点的符号或标签。每个人表述的内容常常是由其独特的经历、个人需要、社会背景等决定的。因此，语言和文字极少对发送者和接受者双方都具有相同的含义，更不用说许许多多的不同的接受者。语言的不准确性不仅仅表现在对符号的不同理解上，还表现在能激发各种各样的感情上。这些感情可能会进一步歪曲信息的含义。同样的字词对不同的团体来说会导致不同的感情和不同的含义。

管理人员十分关心各种不同沟通工具的效率。一般来说，书面和口头沟通各有所长。书面沟通常常用于传递篇幅较长、内容详细的信息。其优点是：可以为读者提供适合自己的速度、用自己的方式阅读材料的机会，易于远距离传递，易于贮存并在决策时可提取信息，因为经过多人审阅所以比较准确。

口头沟通适合于需要翻译或精心准备才能使拥有不同观念和语言才能的人理解的信息。其优点是：可以快速传递信息，并且能立即得到反馈；可传递敏感的或秘密的信息；可传递不适合书面媒介的信息；适合于传递感情和非语言暗示的信息。

总之，选择何种沟通工具，在很大程度上取决于信息的种类和目的，并与外界环境和沟通双方有关。

10.3.2　改善组织沟通的途径

面对市场日益复杂多变的竞争环境，顺畅的沟通是组织保持活力的有效保障。提升组织沟通效率既需要外部的力量，比如商学院的教育水平、职业化的人力资源供给等，又需要企业从内部改善沟通的环境及机制。

1. 建立沟通标准

任何的沟通只有在有了标准的情况下才有意义，那么企业内部的沟通标准何在？作为营利性组织，衡量任何沟通活动的意义，都会最终追溯到业绩目标。领导的话可以被下属揣摩，但这种揣摩的导向应该是为了达成经营目标，而不是领导的好恶。从这个方面来说，企业组织必须首先要构建好自身的业绩管理体系，通过设置明确、科学的业绩目标，用以指导企业行为，包括沟通行为。

2. 强化内部培训

强化培训是为了在企业的内部构建一种统一的沟通风格和行为模式，减少因沟通形式不一而造成的摩擦。通过培训可以将一些概念性的东西固定下来，形成大家一说出口就能被理解的企业话语。从此，人们不必再挖空心思地去弄清楚一句话从老板口里说出和从某位副总口中说出有何区别。

GE 公司是企业培训的楷模。位于纽约州哈得逊河谷、占地 50 英亩的“克劳顿村”是 GE 高级管理人员培训中心，有人把它称为 GE 高级领导干部成长的摇篮，而《财富》杂志称之为“美国企业界的哈佛”。GE 的克劳顿管理学院有着明确的使命，那就是：创造、确定、传播公司的学识，以促进 GE 的发展，提高 GE 在全球的竞争能力。“克劳顿村”的课程分为三类：第一类是专业知识课程，如财务课程、人事管理课程、信息技术课程等等，其目的是使 GE 员工在某一技术领域更专业、更深入；第二类是针对员工某一事业发展阶段而设计的课程，如新经理发展课程、高级经理课程、高层管理人员发展课程等等；第三类是为推广全公司范围的举措而设置的课程，如六个西格玛培训、变革加速进程等，通过这些培训，一方面让 GE 的管理人员学习必要的管理技能、业务技能、沟通技能等，另一方面也统一了大家的意识和管理理念，为企业内部的有效沟通与执行奠定良好基础。

3. 转换领导意识

中国企业经过前期的快速发展已经变得越来越复杂，管理的难度也在不断增加，这对于企业的创始人来说既是挑战，也是不得不走过的历程，关键是企业的高层首先必须转变过去的思维模式、行为模式，不能让所有的员工都围着自己的想法转，如果不解决这个问题，企业迟早会出事。必须让企业各级管理者都能根据企业总体战略目标的要求担负起责任，员工各司其职，都清晰地知道自己该向谁负责、对什么负责。从目前国内企业来看，在这方面做得最好的无疑是万科，虽然王石依然是企业的精神领袖，但基于业绩的管理体系已经能够顺畅自如地运作，企业内部的沟通层次明确，效率自然很高。

总而言之，良好的沟通能够给企业带来的不仅仅是信息的顺畅流动，更能为组织的决策与执行力提供基本的保障。努力提升执行力的中国企业，应充分意识到这个工具的重要意义，尽快打通阻滞企业内部沟通的障碍，最终营造良好的沟通氛围，以至在最大程度上调动组织成员的积极性。而放任自流作风的领导虽也积极倡导组织内部的良好沟通，但缺乏科学的管理，从而使得组织整体工作效率低下，甚至不能有效地完成组织目标。

10.3.3 网络时代的沟通

计算机网络技术出现之前，企业信息传递是严格按照路径进行的。这种信息传递方式与传统的纵向组织结构相吻合，同时满足了统一领导和统一指挥的要求。但是信息传输路径较长，将会导致信息的延迟和失真。

随着网络技术的飞速发展，我们俨然进入了网络时代。在这样一个飞速发展的时代背景下，信息传递与沟通方式的变化是快速且明显的。从最早的书信往来到电话、手机的使用，再到互联网时代下 QQ、微信等应用程序的广泛利用，直到当前 Web 2.0 时代下交互网络平台的建立，博客、RSS、百科全书、网摘、社会网络、P2P、即时信息等技术的应用，网络技术的发展改变了企业内部信息沟通的方式。

网络技术的发展让公司的每个成员都有平等的机会获得他们所需要的信息。信息传递从以纵向传递为主变为纵向与横向相结合的网络型传递。信息传递方式的改变，一方面促进了企业中的管理权力和领导的变更，另一方面强调以市场为导向，进而形成灵活性和适应性强的新的组织结构。

企业的沟通方式在网络时代也有了新的特点，具体如下。

1. 更方便快捷

在网络时代，互联网技术的发展使组织沟通能够超越时间、空间的限制，为组织交流提供了迅捷、可靠的交流平台。新媒体的出现使得组织交流特别是跨国组织沟通不再局限于地域性的实时接触，而是演变升级为虚拟时空中进行的、数字化的跨文化交流。这为实现高效顺畅的跨文化沟通提供了可能。同时，跨国公司与企业的运营方式都在随着沟通技术的发展而不断发生变化。

2. 沟通更有效顺畅

由于沟通过程的复杂性，在组织交流过程中，特别是跨文化组织沟通过程中会发生言语或非言语障碍。比如言语沟通障碍可能源于知识或词汇不足、理解差异、语言差异、不当措辞等等；非言语沟通障碍可能由不当或矛盾的信号、理解差异、不良情绪、注意力分散等原因引起。网络技术通过强大的信息包容性和穿透性建构了传播的立体化空间，使人们对于不同文化的信息接触量迅猛增加，提高了交往的广度和深度，最终起到克服文化差异带来的沟通障碍、进行有效顺畅沟通的作用。

3. 更开放包容

新媒体、新技术的出现使媒介形态进入融合和完全替代时代。巨型的信息平台将成为主流。在这个数字化的虚拟世界里，社会因素的制约被降到了最低，最大限度地包容了网民的差异性。在这个世界里，人们表现出对多元异质文化最大限度的包容。特别是跨国企业与公司，其出于全球性竞争和把握全球性机会的要求，越来越多地重视用项目管理、工作团队等方式来鼓励员工通过商务协作、沟通解决复杂的问题。在沟通中，开放包容的新媒体技术使海量信息能够共享，使协调合作的沟通顺利进行，促成了企业之间合作共享、双赢多赢等积极的企业行为。

10.3.4 沟通效率的改善

10.3.4.1 沟通管理中的问题

有关研究表明，70% 企业策略分析的错误是由沟通不善造成的，这说明管理的关键在于沟通，沟通是管理的核心，没有良好的沟通就没有高效率的管理，更说明了组织管理沟通的现状。

在世界经济一体化市场全球化的今天，企业之间的竞争不仅决定于物质资源的开发利用，更决定于管理者的智慧和能力的发展以及企业的综合素质的提高。因此，企业管理者既要有管理基本功，又要有随着企业的管理实践不断创新与完善的实用的管理方法。

1. 管理者思想认识上存在着偏差

许多企业的管理者尤其是中高层管理者还没有从根本上认识到沟通对于企业管理的重要性，也没有体会到沟通能力是管理者应具备的最主要的能力，因而对沟通没有足够重视，这是大部分沟通问题产生的根源。

2. 企业缺乏一整套的沟通战略目标和规划

战略目标和规划是人们行动的方向和指南，它引领人们去努力去奋斗。企业的沟通也应如此，它需要管理者站在未来的角度，根据企业的总体战略目标等因素来制定具有前瞻性和竞争性的沟通战略目标和规划，然后组织进行有效实施。

3. 沟通渠道管理薄弱

管理者和员工能否获得全面的信息取决于很多因素，如信息的清晰度、沟通的背景、沟通的范围、沟通的方式等，但其中很重要的一个方面就是沟通的范围。

4. 管理者忽略与非正式组织的沟通

尽管非正式组织也有许多优点，但许多管理者对非正式组织常常感到头痛。在企业管理实践中管理者经常由于忽略与非正式组织的沟通而使负效应蔓延，给管理造成不良后果，因此，与非正式组织的管理沟通问题，不能不引起管理者的足够重视。

10.3.4.2 提高沟通效率的策略

1. 提高管理者思想认识

要从思想上充分认识沟通的重要性，即认识到一个成功的企业仅仅有外部沟通是不够的，因为企业内部沟通良好与否关系到公司气氛、员工士气，进而影响企业生产力和生产效率。员工希望自己不只是被使用的“一双手”，他们期望坦诚交流，希望真正成为组织的一员。决策中出现意见不统一是正常现象。决策中的矛盾可以通过多次沟通协调达到基本统一。在这方面，管理者应当积极向一些优秀的企业家学习：如丰田公司第一位非丰田家族总裁一奥田硕，在长期的职业生涯中，他总共有三分之一的时间是在丰田城度过的，他常常和公司里的一万多名工程师聊天，谈工作上的困惑和生活上的困难，赢得了公司内部许多员工的深深爱戴。管理者应当提高对沟通重要性的认识，从行为上积极主动地构建企业内部沟通网络，采用多样的沟通方式，给企业员工提供一个良好的沟通环境，这样才能从根本上提高企业内部沟通效率，进而提高企业的运作效率。

2. 改善沟通渠道

1）鼓励双向交流，积极推动上行沟通

在一般企业的正式沟通中，信息总是由较高组织层级流向较低层级，而往往忽略上级与下级之间的双向交流，这造成管理者无法了解员工的需要、决策缺乏足够的信息依据等。建立良好的上行沟通渠道，可以通过宣传开放、透明的企业文化理念对上行沟通予以支持，鼓励员工通过企业提供的正式沟通渠道积极向上级反映情况。也可以采取具体措施改善上行沟通，比如设立专门咨询部门、制定员工申诉制度、员工建议机制，进行内部管理满意度调查等。积极推行上行沟通，一方面能有效改变公司内部下属报喜不报忧的劣习，另一方面能促使员工热心为公司发展出谋划策，乐于对企业的技术革新、内部管理、文化建设等提出各种建设性意见。

2）提倡跨部门、跨层级沟通

企业应当提倡正当的跨层级沟通模式，允许员工在不便直接向直接上级汇报或向直接上级汇报仍无法解决问题的情况下，可以向直接上级的更高一层管理人员申报。同时，企业应鼓励营造一个开放的沟通环境，任何一个员工都可通过电子邮件或书面报告的方式向其部门经理或企业高管人员提出合理化建议。员工也可随时与企业人力资源部沟通，了解他们关心的任何问题并寻求帮助。

3）引导积极的非正式沟通

非正式沟通是企业正式沟通的补充。相比正式沟通，非正式沟通的信息具有真实、可靠，但反应速度慢的特点。非正式沟通形式灵活多样，快速高效，能够较为真实地反应组织成员的一些思想情感或心声，但其不确定性比较高，主观色彩也比较浓。如果企业管理层能够对内部非正式的沟通渠道加以合理利用和引导，就可以帮助企业管理者获得许多无法从正式沟通途径取得的信息，在达成理解的同时解决潜在的问题，从而最大限度提升企业内部的凝聚力。比如，一些组织利用内部小圈子里的核心人物的影响力引导非正式沟通的言论导向，还有一些企业在网站上设立相关论坛、BBS 公告等多种非正式的沟通途径，掌握这些信息资料对于组织管理者来说，有利于他们日后的沟通管理工作。

4）塑造开放沟通的企业文化

企业文化是企业中的传统、价值、规范、行为的综合体。一方面，企业文化对组织的沟通方式有重大的影响；另一方面，畅通无阻的交流沟通是形成优秀企业文化的必要条件。塑造平等的企业文化，有利于创造良好的沟通氛围。高质量的沟通应建立在平等的根基之上，要公正且开放。

首先，领导要有开放的思想，容易接受别人的意见，并重视沟通。领导是企业的第一把手，对沟通的方案和建议有决定性作用，同时，领导在与下属沟通时，消除自己的偏见，择优听取，公正评价，做到严于利己，才能要求别人。

其次，要建立公平合理的人事制度，鼓励员工主动沟通，最主要的是靠公平合理的用人制度、工资制度、奖惩制度、考评制度。一个企业如果在这些制度上有了不公平，职工必然心情不畅，心灰意冷，阳奉阴违，沟通根本就不能起作用。

再次，榜样的力量是无穷的。任何对于一些问题的改进都是抽象的，它要通过企业的各种行为体现出来。然而树立一个榜样，任何抽象的都具体化了，它传递的信息比任何方案的陈述都清楚得多，对其他员工的指导也更有说服力。存在一味奉上和等级观念的管理者和被管理者，在企业中找到一个没有这种不良思想的团队作为榜样，就能传递给员工一种信息——在企业中可以平等地去沟通。

知识点

沟通是指人们在互动过程中通过某种途径和方式将一定的信息从发送者传递给接受者，并获取理解的过程。

管理沟通是指社会组织及其管理者为了实现组织目标，在履行管理职责、实现管理职能过程中有计划的、规范性的职务沟通活动和过程。

人际沟通就是社会中人与人之间为了特定的目的，将信息经由各种渠道传播，并达成共同协议的联系的过程，即人与人之间传递信息、沟通思想和交流情感的过程。

按照功能划分，沟通可分为工具式沟通和感情式沟通。按照沟通媒介划分，管理沟通可分为口头沟通、书面沟通、非语言沟通和电子媒介沟通。按照是否进行反馈，管理沟通可分为单向沟通和双向沟通。按照组织系统，管理沟通可分为正式沟通和非正式沟通。

正式沟通是指组织内部明确的规章制度（正规的组织程序）所规定的沟通方式，但是信息的传播不仅通过正式沟通渠道进行，有些消息往往是通过非正式渠道进行传播的。

组织沟通是企业中最为常见的管理行为。

有效沟通，简单地说就是传递和交流信息的可靠性和准确性高，表明组织对内外噪声的抵抗能力强，因而和组织的智能是连在一起的。沟通的有效性越明显，说明组织智能越高。影响有效沟通的障碍包括：个人因素，人际因素，结构因素，技术因素。

思考题

1. 沟通的含义及目的，其在管理中具有什么重要意义？
2. 信息在发送者和接受者之间的传递通过哪几个方面进行？
3. 人际沟通应考虑的基本要素是什么？
4. 管理者在沟通时应注意哪些问题？
5. 在组织中，哪些沟通方法是人们最常使用的？
6. 影响有效沟通的障碍有哪些？
7. 如何改善组织沟通？
8. 当代组织沟通中存在什么问题？

第 11 章　激励与激励理论

学习要点

通过学习本章的内容,学生能够:
1. 理解激励的含义和过程;
2. 了解几种早期的激励理论;
3. 解释需要层次理论;
4. 解释工作特征模型的五个维度对工作的不同激励作用;
5. 理解强化理论各种方式的不同效果。

课前引例

马云独到的激励策略

企业的竞争,实质上是人才的竞争。如何激励员工,充分发挥员工潜能,以促进企业良性发展?用好激励手段是成功领导的一种重要方法。

马云认为,一个企业最大的财富之一是员工。阿里巴巴始终认为"员工、客户"是公司最不能忘的,因此提出了"把钱存到员工身上"的理念。马云说:"我们认为与其把钱存在银行,不如把钱投在员工身上,我们坚信员工不成长,企业是不会成长的。"因而,马云在工作中非常注重激励员工。

阿里巴巴和淘宝同为大型的电子商务平台,多年形成的业务面多多少少有一些重合,人员包袱较重,一些部门的员工积极性较差。在这种情况下,马云经常会给出非常大的物质激励和精神激励。马云曾在飞机上给员工写过邮件,曾亲自给出色员工颁发奖品。马云的激励制度对企业文化的建立以及员工忠诚度的培养都功不可没,这也是其员工甘心追随他的原因。只有深入激发员工的潜力,调动员工的劳动积极性,充分利用激励制度,才能更好地领导员工为企业奋斗。

思考题 如何看待马云对员工的一系列激励行为?

11.1　激励的本质

11.1.1　激励的含义

激励对于不同的人具有不同的含义。对一些人来说,激励是一种动力;对另一些人来说,激励则是一种心理上的支持或是榜样。激励是抽象的,因而当试图解释它的含义及应用时总会有些困难。通过观察激励所导致的行为,人们已经提出了许多关于激励的假说。在这些假说和研究成果的基础上，形成了一些对激励的定义。

弗鲁姆（Vroom）把激励定义为：对于个人及低层组织就其自愿行为所作的选择进行控制的过程。激励是诱导人们按照预定的方案进行行动的行为。

佐德克（Zedeck）和布拉德（Blood）认为，激励是朝某一特定目标行动的倾向。

爱金森（Atchinson）认为，激励是对方向、活动和行为持久性的直接影响。

盖勒曼（Gellerman）认为，激励引导人们朝着某些目标行动，并花费一些精力去实现这些目标。

沙托（Shartle）认为，激励是被人们所感知的从而导致人们朝着某个特定方向或者为完成某个目标而采取行动的驱动力和紧张状态。

上述多数定义似乎都强调了同样的内容，即一种驱动力或者诱发力。基于此，可对激励进行如下定义：激励是指通过影响人们的内在需求或动机，从而加强、引导和维持行为的活动或过程。激励的本质就是激发人的动机。

11.1.2 激励过程与本质

激励和动机紧密相连。根据心理学家所揭示的规律，人的行为是由动机支配的，而动机是由需要引起的。需要是指人对某种目标的欲望，是产生行为的原动力。当人有某种需要而未得到满足时，就会产生一种紧张、不安的心理，这种紧张和不安就成为一种内在的驱动力，促使个体产生行为的冲动，这就是心理学上的动机。人有了动机后就产生具体行为，使需要得以满足，由此，紧张与不安的心理状态得以解除。这时人又会产生新的需要，循环往复，不断向新的目标前进。故此构成了人的行为的基本心理过程，如图 11-1 所示。

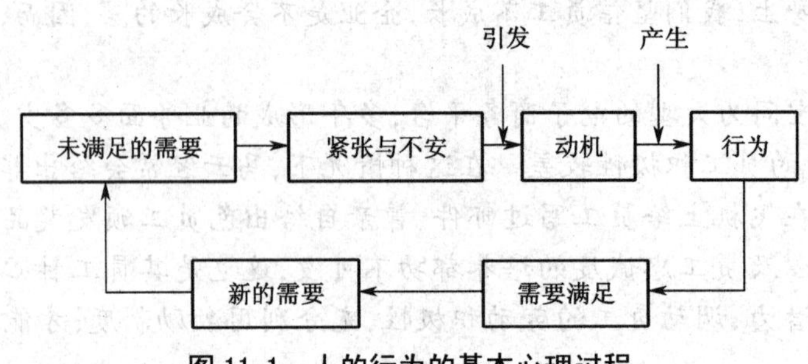

图 11-1　人的行为的基本心理过程

人的内在动机是促使人产生行为的基本原因，从这个意义上讲，激励是一个心理过程。人的行为不仅产生于内部的需要和动机，当外部的刺激同需要和动机共鸣时，也会对人的行为产生激励作用。外部刺激如食物的香味、服装的款式、组织的奖励、信仰的动力等。这些外部刺激称为“诱因”。这种“诱因”所诱发的动机是外在性动机，这样调动起来的积极性行为便是外在性激励。

在任何时候，且人同时存在多种需要时，一个人的行为动机总是由全部需要中最重要、最强烈的需要所支配、决定的。这种最重要、最强烈的需要就叫优势需要或主导需要。人的一切行为都是由当时的“优势需要”引发为最强的一种动机，即“优势动机”。要使员工产生组织所期望的行为，可以根据员工的需要设置某些目标，通过目标引导使员工产生“优势需要”且产生“优势动机”，进而用实现组织目标所需要的方式行动，这就是激励的本质。

11.1.3　激励的基础——人的潜能

不论你采用何种激励方式，都应当了解激励的基础——人的潜能。潜能是与显能相对的。显能即在实践中已经表现出的能力，而潜能则是尚未表现出的能力。人的显能开发固然重要，但潜能开发更应重于显能开发。研究表明，人类的潜能迄今为止至少还有 80% 以上处于沉睡状态。一个智力正常的人，一生按 60 年计算，大脑可以储存的信息相当于美国国会图书馆藏书量的 50 倍。有专家指出，如果人的潜能开发出 50%，就可以轻松学会 40 种语言，拿到 12 个博士学位。这足以证明潜能的巨大和开发潜能的重要性。

潜能是影响人类各项表现的综合要素。它包括已发挥的和未发挥的、内在的和外在的以及先天的与后天的要素，例如口才、个性、领导能力、体能、记忆力等。有些人能将自己的这些特点发挥得淋漓尽致，有些人看不出有何特色，有些人天生具有某些方面的特殊才能，有些人经过后天的学习才崭露头角。但不论这些现象是什么，潜能是可以经过后天的培养加以强化、转变和提升的。所以对于组织来说，激励中重要的一点是要针对员工的具体情况，采取合适的激励方式，激发员工的潜能，从而促进组织目标的实现。

11.2　早期激励理论

20 世纪 50 年代是激励理论发展的黄金时代，出现了三种有重要影响的理论，即需要层次理论、双因素理论和人性假设理论。

11.2.1　需要层次理论

这一理论是由美国心理学家亚伯拉罕 • 马斯洛（Abraham Maslow）提出来的（人类激励理论，1943 年），因而也称为马斯洛需要层次理论。

马斯洛认为每个人都有五个层次的需要（见图 11-2），即生理需要、安全需要、社交或情感需要、尊重需要、自我实现需要。

图 11-2　马斯洛需要层次理论

1. 生理需要

这是人类最基本的需要，包括衣、食、住、行等方面人类生存所必不可少的需要。

2. 安全需要

基本的生理需要得到满足后，取而代之的是安全需要，包括现在和未来两类安全需要。现在安全需要指要求自己现在的社会生活各方面均有保障，如就业安全、劳动安全、人身安全等。未来安全需要指未来生活要有保障，如退休金、医疗保险等。

3. 社交或情感需要

人是有感情的，希望与他人保持良好的关系，得到友情，接受他人或被他人所接受等。马斯洛认为人是“社会人”，每个人都希望归属于某一团体，在其中得到相互的照顾和关心、爱护、支持和帮助。这一层次需要的程度因每个人的性格、经历、受教育的程度不同而有所差异。

4. 尊重需要

当一个人的归属需要得到满足后，他通常不只是满足于做群体中的一员，而是产生尊重需要。希望受他人的尊重及成就得到承认，希望自己在同事中有较高的地位、声誉和威望等。尊重需要分为内部尊重和外部尊重。内部尊重因素包括自尊、自主和成就感；外部尊重因素包括地位、认可和关注或者说受人尊重。自尊是指在自己取得成功时有一种自豪感，是驱使人们奋发向上的推动力。受人尊重，是指当自己做出贡献时能得到他人的承认。

5. 自我实现需要

这是最高级的需要，是指实现个人理想和抱负，最大限度地发挥个人的潜力并取得成就，实现自我价值。自我实现的需要是通过获得胜任感和成就感来实现的。其中在胜任感方面，有这种需要的人力图控制事物或环境，而不是被动地等事物发生与发展。在成就感方面，对有这种需要的人来说，工作的乐趣在于成果和成功。他们需要知道自己工作的结果，成功后的喜悦远比其他任何薪酬都重要。

马斯洛还将这五种需要划分为高低两级。生理需要和安全需要称为较低级需要，而社交或情感需要、尊重需要与自我实现需要称为较高级的需要。当一种需要得到满足后，另一种更高层次的需要就会占据主导地位。高级需要是从内部使人得到满足，低级需要则主要是从外部使人得到满足。按照马斯洛的需要层次理论，在物质丰富的条件下，几乎所有人的低级需要都得到了满足。

马斯洛的理论得到管理者的普遍认可。这主要归功于该理论简单明了、易于理解、具有内在的逻辑性，表现为以下方面。

（1）满足不同层次的需要。通常而言，层次越低的需要越容易得到满足。每个人在某一特定的时期总有某一层次的需要起主导作用（亦可称之为主导需要），其他需要处于从属地位，因此，管理者必须清楚员工的需要层次，根据不同的需要层次采用不同的激励措施。

（2）满足不同人的需要。不同的人有不同的需要，管理者必须清楚激励的对象，针对不同激励对象的不同需要采取激励措施。

总之，企业管理者，只有在认识到员工的需要层次及其特征的基础上，才能根据不同员工的不同需要进行相应的有效激励。

11.2.2 双因素理论

这种激励理论也叫“保健－激励理论”，是美国心理学家弗雷德里克 • 赫兹伯格（Frederick Herzberg）于 1959 年提出的。这一理论的研究重点是组织中个人与工作的关系问题，他认为个人对工作的态度在很大程度上决定着人物的成败。为此，在 20 世纪 50 年代后期，他在匹兹堡地区的 11 个工商业机构中，对近 2 000 名白领工作者进行了问卷调查，如：什么时候对工作特别满意，什么时候对工作特别不满意等。通过对调查结果的综合分析，赫兹伯格发现，引起人们不满意的因素往往是一些工作的外在因素，大多同他们的工作条件和环境有关；能给人们带来满意的因素，通常都是工作内在的因素，是由工作本身所决定的。

由此，赫兹伯格提出，影响人们行为的因素主要有两类，即保健因素和激励因素。保健因素是指那些与人们的不满情绪有关的因素，如公司的政策、管理和监督、人际关系、工作条件、地位、安全和生活等。这类因素改善了，就能消除员工的不满情绪，使员工保持工作的积极性，维持员工现有的状态，但是不能激发他们进一步提高工作的积极性，犹如卫生保健一样，只能防病，不能治病。激励因素是指那些与人们的满意情绪有关的因素，与工作内容有关，包括工作上的成就感、因良好的工作成绩而得到奖励、对未来发展的期望、职务上的责任感等。处理好与激励因素有关的工作，能够使人们产生满意情绪，激发员工的进取心；如果处理不当，顶多只是没有满意情绪，而不会导致不满。这两类因素与员工对工作满意度之间的关系如图 11-3 所示。

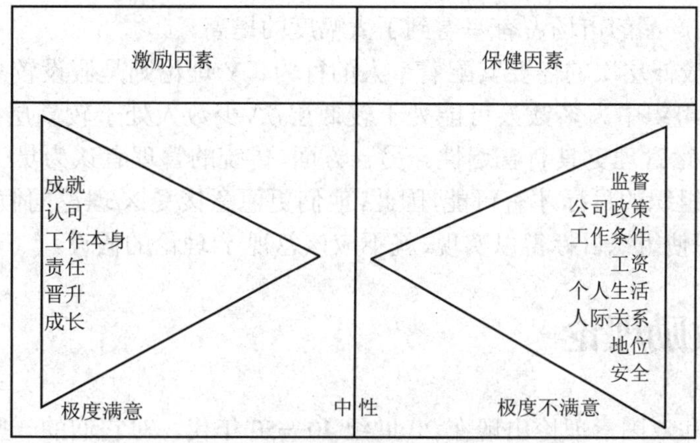

图 11-3　赫兹伯格的双因素理论

赫兹伯格的双因素理论的重要意义在于它把传统的满意—不满意（认为满意的对立面是不满意）的观点进行了拆解，认为传统的观点中存在双重的连续体：满意的对立面是没有满意，而不是不满意；同样，不满意的对立面是没有不满意，而不是满意。如图 11-4 所示。

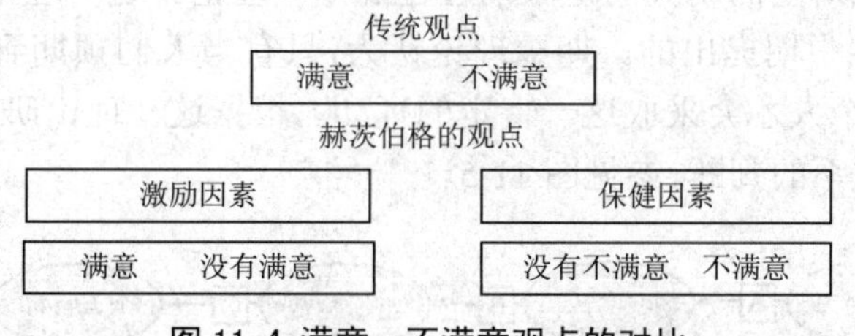

图 11-4　满意—不满意观点的对比

赫兹伯格的双因素理论对企业管理的基本启示是：要调动和维持员工的积极性，首先要注意保健因素，以防止不满情绪的产生。但更重要的是，要利用激励因素去激发员工的工作热情，努力工作，创造奋发向上的局面，因为只有激励因素才会增加员工的工作满意感。

11.2.3 人性假设理论

道格拉斯·麦格雷戈(Douglas McGregor)提出了有关人性的两种截然不同的观点：X 理论和 Y 理论。X 理论是一种消极的人性观点，认为员工没有雄心大志，不喜欢工作，只要有可能就会逃避责任，为了保证工作效率必须严格控制；Y 理论是一种积极的人性观点，认为员工喜欢工作，他们接受甚至主动寻求工作责任来自我激励和自我指导，把工作视为一种自然而然的活动。

麦格雷戈认为 Y 理论的假设比 X 理论更实际有效，他建议管理者应更多地应用 Y 理论而不是 X 理论来管理和激励员工。

遗憾的是，并无证据证实哪一种假设更为有效，也无证据表明采用 Y 理论的假设并相应改变个体行为的做法更有效地调动了员工的积极性。在现实生活中，确实也有采用 X 理论而卓有成效的管理者案例。例如，丰田公司美国市场运营部副总裁鲍勃·麦格克雷（Bob Mccurry）就是 X 理论的追随者。他激励员工拼命工作，并实施“鞭策”式体制。在激烈的市场竞争中，这种做法使丰田产品的市场占有率得到了大幅度的提高。

X 理论是假设较低层次的需要支配着个人的行为，Y 理论则是假设较高层次的需要支配着个人的行为。在组织中大多数人可能处于较低层次，少数人处于较高层次，所以使用 X 理论比使用 Y 理论进行管理更具有普遍性。另一方面，传统的管理者认为员工只有在自己的控制、监督之下，实现组织的目标才有可能，因此，他们更愿意接受 X 理论的假设。但是，当今乃至将来，管理者要想使组织目标得以实现，就不应该忽视 Y 理论的假设。

11.3 当代激励理论

需要层次理论和双因素理论出现在 20 世纪 40—50 年代。对它们的一些明显的不足之处进行改进和补充，就构成了当代激励理论。因此，众多当代激励理论的观点都在不同程度上以早期的激励理论为基础。

11.3.1 期望理论

对激励问题进行相对全面研究的是激励过程的期望理论。这一理论是由美国心理学家弗鲁姆在 20 世纪 60 年代中期提出的。期望理论认为，只有当人们预期到某一行为能给个人带来有吸引力的结果时，个人才会采取这一特定的行动。根据这一理论研究，员工对待工作的态度依赖于对下列三种联系的判断，参见图 11-5。

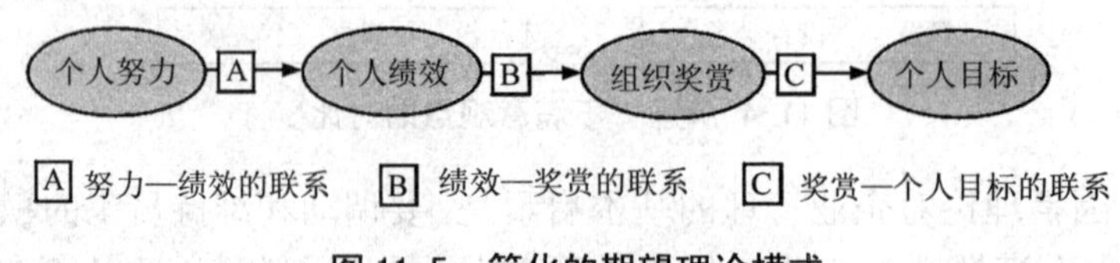

图 11-5 简化的期望理论模式

1. 努力与绩效的联系

人总是希望通过一定努力能够达到预期的目标，如果个人感到通过一定程度的努力而达到工作目标的可能性很大，就会产生很强的工作动力。如果目标太高，通过努力也不会有很好的绩效时，人们就会失去内在的动力，导致工作消极。也就是说，人们总是判断必须付出多大努力才能达到某一绩效水平，付出努力后是否真能达到某一绩效水平，概率有多大。

2. 绩效与奖赏的联系

人们总是希望达到预期目标后能够得到恰当的肯定和奖励，如工资提高、获得奖金等物质奖励，或者受到表扬、找到个人的自我成就感、个人威望提高等。人们也一直在对达到一定工作绩效后可获得的奖励结构进行判断。

3. 奖赏与个人目标的联系

人们会对完成工作所得到的潜在结果或奖赏对他的重要程度做出判断，如这一奖励能否满足个人目标，吸引力有多大等。

弗鲁姆在分析了期望理论的简化模式后，进一步建立了激励模型。在模型中引入三个参数：激励力 M、效价 V、期望值 E。弗鲁姆认为，人对目标的追求程度或行为的激励力，即人们的工作积极性或努力程度（激励力）取决于效价与期望值的乘积的判断：$M=V\times E$。其中激励力 M 是指一个人受到激励的程度；效价 V 是指一个人对某项工作及其结果能够给自己带来满足的判断，即对工作目标价值的评价；期望值 E 是指人们对自己能够顺利完成这项工作的可能性的估计，即实现目标的期望概率。

效价和期望值的不同组合，会产生不同的激励力量，如表 11-1 所示。

表 11-1　不同激励力量的组合情况

效价	期望值	激励力
高	高	高
中	中	中
低	低	低
高	低	低
低	高	低

这表明，要收到预期的激励效果，应以激励手段的效价（能给激励对象带来的满足）和激励对象获得这种满足的期望值为前提。只要效价和期望值中有一个较低，就难以激励对象在工作岗位上表现出足够的积极性。按照期望理论，管理者的责任是帮助员工满足需要，同时实现组织的目标。

11.3.2　公平理论

公平理论是美国心理学家亚当斯（J.S.Adams）在 1965 年首先提出来的，也称为社会比较理论。这种理论的基础在于，员工不是在真空中工作，他们总是在进行比较，比较的结果影响他们工作的努力程度。大量事实表明，员工经常将自己的付出和所得与他人进行比较，而由此产生的不公平感将影响到他们以后付出的努力。这种理论主要讨论薪酬的公平性对人们工作积极性的影响。

公平理论的基本观点是，员工首先思考自己收入与付出的比率，然后将自己的收入与付出比率与相关他人的进行比较，被比较的人可能是同学、同事、老板或行业平均薪酬水平，如图11-6所示。

其中，付出是指一个人对组织所作的贡献，它包括努力、时间、才能、额外的投入和良好的品格等。所得是指在工作中所得到的，包括工资、福利、满意度、安全感、工作分配、奖励或惩罚等。

觉察到的比率比较	雇员的评价
$\frac{所得A}{付出A} < \frac{所得B}{付出B}$	不公平（报酬过低）
$\frac{所得A}{付出A} = \frac{所得B}{付出B}$	公平
$\frac{所得A}{付出A} > \frac{所得B}{付出B}$	不公平（报酬过高）

A是一个员工，B是参照对象

图11-6 公平理论

人们通常希望他们的付出和所得是相称的。如果员工感到自己的所得和付出比率与他人相同，则认为是公平的，这时人们对他们的获得会感到满意；否则就产生不公平感，这种不公平感会引起人们的不满，人们就会产生一种去纠正它、使两者关系恢复平衡的企图。

公平理论对企业管理的启示是非常重要的。它告诉管理人员，工作任务以及公司的管理制度都有可能产生某种关于公平性的影响。而这种作用对仅仅维持组织稳定性的管理人员来说，是不容易觉察到的。员工提出增加工资的要求，说明组织对他至少还有一定的吸引力。但当员工的离职率普遍上升时，说明企业组织已经让员工产生了强烈的不公平感。这需要引起管理人员高度重视，因为它意味着除了组织的激励措施不当以外，企业现行的管理制度还存在严重缺陷。如美国航空公司一度大面积出现员工离职和旷工，公司对此百思不得其解。当公司高级管理层发现员工的抱怨并进行分析后了解到，原来公司在激励方面，为突出员工对航空公司的贡献率，曾贯彻了一种旨在降低工资率的显性双轨制度，主要表现为新老员工的工资差距加大。正是这种显性的双轨制工资制度让员工感到恼火，认为这是工资待遇不公平的制度形式。在同一工作岗位上的新老员工工资差距很大，新员工难以忍受他们的低工资，结果在公司内部，各个职能和团队的工作都面临着巨大的协调困难，员工之间抵触情绪明显，消极怠工现象严重。找到这一原因后，公司果断地取消了这种显性工资制度。最终，员工的抵触行为趋于缓和，离职率明显降低。

公平理论的不足之处在于，员工本身对公平的判断是极其主观的。这种行为给管理者施加了比较大的压力。因为人们总是倾向于过高地估计自我付出，过低地估计所得薪酬，而对他人的估计则刚好相反。因此管理者在应用该理论时，应当注意实际工作绩效与薪酬之间的合理性，并特别注意那些对组织的知识吸收和积累有特别贡献的员工的心理平衡。

11.3.3 强化理论

强化理论主张对激励进行针对性的刺激，只看员工的行为与结果之间的关系，而不突出激励的内容和过程。强化理论是美国心理学家斯金纳（B.F.Skinner）首先提出的。该理论认为人的行为是其所受刺激的函数。如果这种刺激对他有利，则这种行为就会重复出现；如果对他不利，则这种行为就会减弱直至消失。因此管理要采取各种强化方式，以使人们的行为符合组织的目标。根据性质和目的，强化可以分为正强化、负强化和自然消减。

1. 正强化

所谓正强化，就是奖励那些符合组织目标的行为，以使这些行为得到进一步加强，从而有利于组织目标的实现。正强化的刺激物不仅包括奖金等物质奖励，还包括表扬、提升、改善工作关系等精神奖励。为了使强化达到预期效果，还必须注意根据不同的背景和需要实施不同的强化方式。有的正强化是连续的、固定的，譬如对每一次符合组织目标的行为都给予强化，或每隔固定的时间给予一定数量的强化。尽管这种强化有及时刺激、立竿见影的效果，但久而久之，人们就会对这种正强化有越来越高的期望，或者认为这种正强化是理所应当的。管理者必须不断加强这种正强化，否则作用会减弱甚至不再起到刺激作用。另一种正强化是间断的，其时间和数量都不固定。管理者根据组织需要和个人行为在工作中的反映，不定期、不定量地实施强化，使每次强化都能起到较好的作用。实践证明，后一种正强化更有利于组织目标的实现。

2. 负强化

所谓负强化，就是惩罚那些不符合组织目标的行为，以使这些行为削弱甚至消失，从而保证组织目标的实现不受干扰。实际上，不进行正强化就是一种负强化。例如，过去对某种行为进行正强化，现在组织不再需要这种行为，但基于这种行为并不妨碍组织目标的实现，这时就可以取消正强化，使行为减少或者不再重复出现。同样，负强化也包括减少奖酬、罚款、批评、降级等。实施负强化的方式与正强化有所差异，应以连续负强化为主，即对每一次不符合组织目标的行为都应及时进行负强化，消除人们的侥幸心理，减少直至消除这种行为重复出现的可能性。

3. 自然消减

对于不希望发生的行为，除了直接惩罚外，还可以从“冷处理”或“无为而治”的角度使这种行为自然消减。例如，开会时管理者不希望下属提出无关或干扰性的问题，就可以当他们举手要发言时，无视他们的表现，这样举手行为必然会因为得不到强化而自行消失。从某种意义上说，撤销原来的正强化也是一种冷处理。

总之，弱化理论强调行为是结果的函数，可通过适当运用即时的奖惩手段，集中改变或修正员工的工作行为。强化理论的不足之处在于，它忽视了诸如目标、期望、需要等个体要素，而仅仅注重当人们采取行动时所带来的后果。但强化并不是员工工作积极性存在差异的唯一解释。

11.3.4　股权激励理论

股权激励是企业为了吸引、激励和留住核心人才而推行的一种长期激励机制。企业有条件地给予激励对象部分或者全部的股东权益，使其与企业结成利益共同体，从而实现企业的长期发展目标。该制度作为一种中长期的激励制度，有着绩效奖励等传统激励手法难以达到的效果。无论是对内激励企业员工，还是对外激励上下游，科学合理的股权激励制度，都能使企业获取一些收益并得以发展。具体来说，股权激励的优势如下。

（1）吸引、激励和留住人才。

（2）绑定老板和员工的利益，整合上下游，共担风险，共享收益，共同发展。

（3）解决股东和高管之间的委托代理关系所带来的潜在问题。

（4）让公司的发展目标成为员工的个人发展目标，推动企业全速发展。

（5）对一些创业期的公司来说，前期现金流压力较大，通过股权激励给予员工对未来收益的预期，从而减少现金流的支出。

需要注意的是，在进行股权激励时，创始人需要以出让股权为代价，如若比例安排不当，控制权便会受到威胁。实行股权激励要达到的理想状态是：①合理、公平地给出股权，人才得到有效激励；②创始人的控制权不会受到威胁。

股权激励旨在通过有条件地给予企业员工一定的股份权益，使企业与企业员工之间形成风险共担、利益共享的机制，从而使员工以主人翁的心态去工作，推动企业长期健康发展。实行股权激励的核心目的如下。

（1）建立企业的利益共同体。一般来说，企业的所有者与员工之间的利益是不完全一致的。所有者注重企业的长远发展和投资收益，而企业的管理人员和技术人员受雇于所有者，他们更关心的是在职期间的工作业绩和个人收益。二者价值取向的不同必然导致双方在企业运营管理中行为方式的不同，且往往会发生员工为个人利益而损害企业整体利益的行为。实施股权激励的结果是使企业的管理者和关键技术人员成为企业的股东，其个人利益与公司利益趋于一致，因此有效弱化了二者之间的矛盾，从而形成企业利益的共同体。

（2）业绩激励。实施股权激励后企业的管理人员和技术人员成为公司股东，具有分享企业利润的权力。经营者会因为自己工作的好坏而获得奖励或惩罚，这种预期的收益或损失具有一种导向作用，它会大大提高管理人员、技术人员的积极性、主动性和创造性。

（3）约束经管者短视行为。传统的激励方式，如年度奖金等，对经理人的考核主要集中在短期财务数据，而短期财务数据无法反映长期投资的收益，因而采用这些激励方式，无疑会影响重视长期投资经理人的收益，客观上刺激了经营决策者的短期行为，不利于企业长期稳定的发展。引入股权激励后对公司业绩的考核不但关注本年度的财务数据，而且会更关注公司将来的价值创造能力。

（4）留住人才，吸引人才。在非上市公司实施股权激励计划，有利于企业稳定和吸引优秀的管理人才和技术人才。实施股权激励机制，一方面可以让员工分享企业成长所带来的收益，增强员工的归属感和认同感，激发员工的积极性和创造性；另一方面，当员工离开企业或有不利于企业的行为时，将会失去这部分收益，这就提高了员工离开公司或“犯错误”的成本。因此，实施股权激励计划有利于企业留住人才、稳定人才。

另外，股权激励制度还是企业吸引优秀人才的有力武器。由于股权激励机制不仅针对公司现有员工，而且公司为将来吸引新员工预留了同样的激励条件，这种承诺给新员工带来了很强的利益预期，具有相当的吸引力，可以聚集大批优秀人才。

知识点

激励是指通过影响人们的内在需求或动机，从而加强、引导和维持行为的活动或过程。激励的本质就是激发人的动机。

要使员工产生组织所期望的行为，可以根据员工的需要设置某些目标，通过目标引导使员工产生“优势需要”且产生“优势动机”，进而用实现组织目标所需要的方式行动，这就是激励的本质。

马斯洛认为每个人都有五个层次的需要，即生理需要、安全需要、社交或情感需要、尊重需要、自我实现需要。

赫兹伯格的双因素理论对企业管理的基本启示是：要调动和维持员工的积极性，首先要注意保健因素，以防止不满情绪的产生。但更重要的是，要利用激励因素去激发员工的工作热情，努力工作，创造奋发向上的局面，因为只有激励因素才会增加员工的工作满意感。

期望理论认为，只有当人们预期到某一行为能给个人带来有吸引力的结果时，个人才会采取这一特定的行动。

公平理论的基础在于员工不是在真空中工作，他们总是在进行比较，比较的结果影响他们工作的努力程度。

强化理论主张对激励进行针对性的刺激，认为人的行为是其所受刺激的函数。因此管理要采取各种强化方式，以使人们的行为符合组织的目标。根据性质和目的，强化可以分为正强化、负强化和自然消减。

股权激励是企业为了吸引、激励和留住核心人才而推行的一种长期激励机制。企业有条件地给予激励对象部分或者全部的股东权益，使其与企业结成利益共同体，从而实现企业的长期发展目标。

思考题

1. 激励的一般方式有哪些？
2. 马斯洛需求层次理论的优点。
3. 什么是双因素理论？
4. 比较 X 理论与 Y 理论。
5. 解释激励模型。
6. 公平理论的基本观点是什么？
7. 金钱在需要层次理论、双因素理论、公平理论、期望理论中分别起什么作用？
8. 什么是正强化？
9. 根据强化理论的观点，谈谈为什么管理者绝不应该惩罚员工。
10. 当员工感到自己的投入产出比与他人比较不相等时，可能会出现什么后果？
11. 现代企业激励存在什么问题？

第 12 章 控制

学习要点

通过学习本章的内容,学生能够:

1. 描述控制的含义并解释控制的过程;
2. 了解基本的控制方法;
3. 了解预算控制的基本概念及其在企业中的重要作用;
4. 试述平衡计分卡的四个维度及其之间的平衡关系。

课前引例

HM 物业公司全面预算管理

HM 物业公司是一家专业化的物业服务管理企业。五年前,HM 物业公司的所有账目仍然处于手工核算状态,叶总找到 HM 物业公司的总经理白总,将建议引进财务电算化软件的报告递交上去,经过一番艰苦的规劝,再加上叶总自信的样子,白总的顾虑打消了不少。最终,白总拿起叶总递交的申请,重新认真看了一遍,终于点头表示同意。叶总的设想是美好的甚至是完美的,但在改革的具体推进过程中,还是遇到了很多阻力,因此,叶总不得不采取系统的措施,确保改革的电算化的推进:比如,带头实践,落实系统应用;加强分析,财务支持决策;严格把关,推进规范管理;科学考核,实现全面预算等。经过一年的努力,在年终总结会上,出色的财务预算管理,使得公司不仅在财务管理效率上有了很大的提升,而且在员工绩效控制、目标管理、战略控制等方面均有了较大的改善,并受到总公司的表扬与推广。

案例来源:中国管理案例共享中心。

思考题 HM 物业公司的全面预算管理的成功之处在哪?

12.1 控制概述

12.1.1 控制的定义

控制是监视各项活动以保证它们按计划进行并纠正各种重要偏差的过程。管理者在对已经完成的工作与计划所应达到的标准进行比较之前,并不知道部门的工作是否正常。一个有效的控制系统可以保证各项行动的完成是朝着达到组织目标的方向进行。控制系统越完善,管理者实现组织的目标就越容易。

尽管计划可以制订出来,组织结构可以调整得非常有效,员工的积极性也可以调动起来,但是这仍然不能保证所有的行动都按计划执行,不能保证管理者追求的目标一定能实现。因此，控制是重要的，控制的价值依赖于它与计划和授权的关系。

（1）控制与计划。高效的管理者应该始终督促他人，以保证应该采取的行动事实上已经在进行，保证他人应该达到的目标事实上已经达到。

（2）控制与授权。许多管理者认为授权是一件非常困难的事，主要是因为害怕下属犯错误而由他来承担责任，因此许多管理者都试图靠自己做事以避免授权给他人。但是，如果形成一种有效的控制系统，这种不愿授权的现象就可以大大减少。

这种控制系统应当提供被授予权力的下属工作绩效的信息和反馈。此控制系统的重要性体现在管理者应该授权，同时由于管理者对下属的决策负有最终的责任，因此，建立反馈机制是必要的。

12.1.2　控制的类型

管理中的控制手段可以在行动开始之前、进行之中或结束之后进行。第一种称为前馈控制（feedforward control），第二种称为同期控制（concurrent control），第三种称为反馈控制（feedback control），如图 12-1 所示。

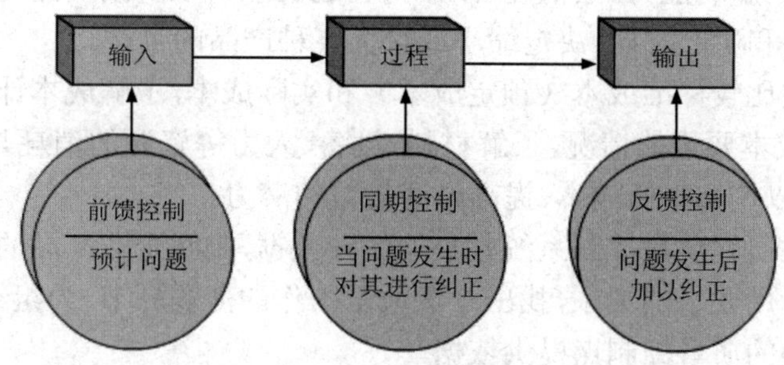

图 12-1　控制类型

1. 前馈控制

前馈控制是在企业生产经营活动开始之前进行控制，目的是防止产生问题而不是问题出现后再补救。因此，这种控制需要及时和准确的信息并进行仔细和反复预测，把预测结果和预期目标相比较，从而促进计划的修订。控制的内容包括检查资源的筹备情况和预测其利用效果两个方面。

为了保证经营过程的顺利，管理人员必须在经营开始以前就检查企业是否已经或能够筹措到在质和量上符合计划要求的各类经营资源。如果资源的数量和（或）质量无法得到保证，那么就必须修改企业的活动计划和目标，改变企业产品加工的方式或内容。事先预测的另一个内容是检查已经或将能筹措的经营资源经过加工转换后是否符合需要。如果预测的结果符合企业需要，那么企业活动就可以按原定的程序进行；如果不符合，则需要改变企业经营的运行过程及投入。

2. 同期控制

同期控制，亦称现场或过程控制，是指企业经营过程中，对活动中的人和事进行指导和监督。主管人员越早知道业务活动与计划的不一致，就可以越快地采取纠偏措施，避免发生重大问题。

对下属的工作进行同期监督的作用有两个。首先,可以指导下属以正确的方法进行工作。指导下属的工作,培养下属的能力,这是每一个管理者的重要职责。现场监督,可以使上级有机会当面解释工作的要领和技巧,纠正下属错误的作业方法与过程,从而可以提高他们的工作能力。其次,可以保证计划的执行和目的的实现。通过同期检查,可以使管理者随时发现下属在活动中与计划要求相偏离的现象,从而可以将问题消灭在萌芽状态,或者避免已经产生问题的不利影响的进一步扩散。

3. 反馈控制

反馈控制,亦称成果或事后控制,是指在一个时期的生产经营活动已经结束以后,对本期的资源利用状况及经营结果进行总结。由于这种控制是在经营过程结束以后进行的,因此,不论分析如何细致,结论如何正确,对于已经形成的经营结果来说都是无济于事的,它无法改变已经存在的事实。成果控制的主要作用,甚至可以说唯一的作用,是通过总结过去的经验和教训,为未来计划的制订和活动的安排提供借鉴。

反馈控制主要包括财务分析、成本分析、质量分析以及职工成绩评定等内容。

财务分析的目的是通过分析反映资金运动过程的各种财务资料,了解本期资金占用和利用的结果,弄清企业的赢利能力、偿债能力、维持营运的能力以及投资能力,以指导企业在下期活动中调整产品结构和生产方向,决定缩小或扩大某种产品的生产。

成本分析是通过比较标准成本（预定成本）和实际成本,了解成本计划的完成情况,通过分析成本结构和各成本要素的情况,了解材料、设备、人力等资源的消耗与利用对成本计划执行结果的影响程度,以挖掘降低成本、提高经济效益的潜力。

质量分析是通过研究质量控制系统收集的统计数据,判断企业产品的平均等级系数,了解产品质量水平与其费用要求的关系,找出企业质量工作的薄弱环节,为组织下期生产过程中的质量管理和确定关键的质量控制点提供依据。

职工成绩评定是通过检查企业员工在本期的工作表现,分析他们的行动是否符合预定要求,判断每个职工对企业提供的劳动数量和质量贡献。成绩评定为企业确定付给职工的报酬（物质或精神上的奖惩）提供了客观的依据。公平报酬的前提是公平评价。这种评价要求以对职工表现的客观认识和组织对每个人的工作要求(计划任务或“职务说明书”)为依据。

12.1.3 有效控制的原则

控制的目的是保证组织活动符合计划的要求,以有效地实现预定目标。但是,并不是所有的控制活动都能达到预期的目的。为此,有效的控制应具有下述特征。

12.1.3.1 适时控制

只有及时采取措施纠正组织经营活动中产生的偏差,才能避免偏差扩大或防止偏差对组织不利影响的扩散。及时纠偏,要求管理人员及时掌握能够反映偏差产生原因及其严重程度的信息。如果等到偏差已对企业造成了不可挽回的影响时反映偏差的信息才来,那么,即使这种信息是完全正确的,也不可能对纠正偏差带来任何指导作用。纠正偏差的最理想方法应该是在偏差未产生以前,就注意到偏差产生的可能性,从而采取必要的防范措施,防止产生偏差。

预测偏差虽然在实践中有许多困难,但在理论上是可行的,即可以通过建立组织经营状况的预警系统实现。为需要控制的对象建立一条警戒线，反映经营状况的数据一旦超过这个警戒线，预警系统就会发出警报，提醒人们采取措施防止偏差的产生或扩大。

质量控制图可以被认为是一个简单的预警系统（图 12-2）。图 12-2 中纵轴表示反映产品某个质量特征或某项工作质量完成程度的数值，横轴表示取值（即进行控制）的时间，中心线 CL 表示反映质量特征的标准状况，UCL 和 LCL 分别表示上、下警戒线。如果反映质量特征的数据始终分布在 CL 周围，则表示质量“在控制中”。而一旦越过 UCL 或 LCL，则表示出现了质量问题。在这以前，质量控制人员就应提高警惕，注意质量变化的趋势，及时制定或采取纠偏措施。

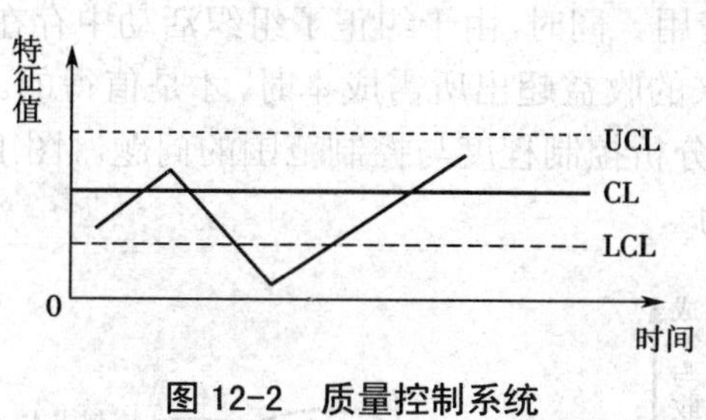

图 12-2 质量控制系统

12.1.3.2 适度控制

适度控制是指控制的范围、程度和频度恰到好处。适度控制要注意以下几个问题。

1. 防止控制过多或控制不足

控制常给被控制者带来某种不快，但是如果缺乏控制则可能导致组织活动的混乱。有效的控制应该既要满足对组织活动监督和检查的需要，又要防止与组织成员发生强烈的冲突。一方面，要认识到，过多的控制会对组织中的人造成伤害和对组织成员行为产生过多限制，会扼杀他们的积极性、主动性和创造性，会抑制他们的创新精神，从而影响个人能力的发展和工作热情的提高，最终会影响企业的效率；另一方面，也要认识到，过少的控制将不能使组织活动有序地进行，不能保证各部门活动进度和比例的协调，会造成资源的浪费。此外，过少的控制还可能使组织中的个人无视组织的要求，我行我素，不为组织做贡献，甚至利用在组织中的便利地位谋求个人利益，最终导致组织的涣散和崩溃。

控制程度适当与否，要受到许多因素的影响。判断控制程度或频度是否适当的标准，通常要随活动性质、管理层次以及下属受培训程度等因素而变化。一般来说，对科研工作的控制程度应低于对生产劳动工作的控制程度，企业中对科室人员工作的控制要少于对现场生产作业人员的控制，对受过严格训练、能力较强的管理人员的控制程度要低于对缺乏训练的新任管理者或单纯的执行者的控制程度。此外，企业环境的特点也会影响人们对控制程度的判断。在市场疲软时期，为了共渡难关，部分职工会同意接受比较严格的限制，而在经济繁荣时期，员工则希望工作中有较大的自由度。

2. 处理好全面控制与重点控制的关系

任何组织都不可能对每一个部门、每一个环节的每一个人、每一时刻的工作情况进行全面的控制。值得庆幸的是，并不是所有成员的每一项工作都具有相同的发生偏差的概率，所有可能发生的偏差也不都会对组织带来相同程度的影响。企业工资成本超出计划的 5% 对经营成果的影响要远远高于行政系统的邮资费用超过预算的20%。全面的控制不仅代价极高，而且也是不必要的。适度控制要求企业在建立控制系统时，利用ABC分析法和例外原则等工具找出影响企业经营成果的关键环节和关键因素，并据此在相关环节上设立预警系统或控制点，进行重点控制。选择关键控制点是一条比较重要的控制原则。有了这类标准，主管人员便可以管理一大批下属，从而扩大管理幅度，达到节约成本和改善信息沟通的效果，同时也使主管人员以有限的时间和精力做出更加有成效的业绩。

3. 控制费用与控制收益的权衡

任何控制都需要一定的费用。衡量工作成绩、分析偏差产生的原因以及为了纠正偏差而采取措施都需支付一定的费用。同时，由于纠正了组织活动中存在的偏差，任何控制都会带来一定的收益。只有控制带来的收益超出所需成本时，才是值得的。控制费用与收益的比较分析，实际上是从经济角度去分析控制程度与控制范围的问题。图12-3说明了控制成本与收益是如何随控制程度而变化的。

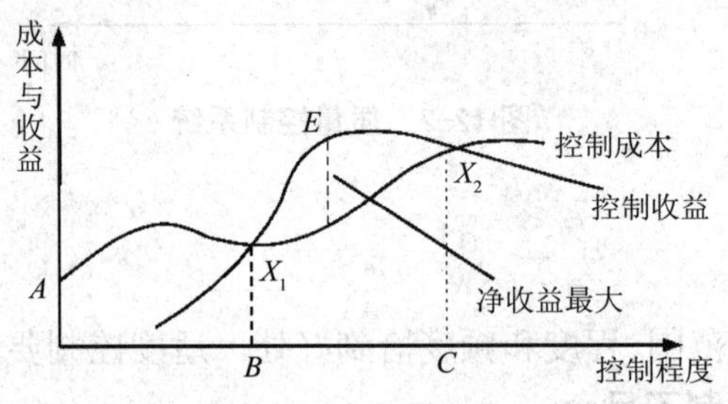

图12-3　控制成本与收益变化

从图12-3中可以看出，控制成本基本上随着控制程度的提高而增加，控制收益的变化则比较复杂。在初始阶段，较小范围和较低程度的控制不足以使企业管理者及时发现和纠正偏差，因此控制成本会高于可能产生的收益。随着控制范围的扩大和控制程度的提高，控制的效率会有所改善，能指导管理者采取措施纠正一些重要的偏差，从而使控制收益能逐渐补偿并超过控制费用。图中，控制成本和收益曲线在X_1至X_2点的变化便反映了这种情况。在E点，控制净收益达到最大。在X_2点，控制收益与控制费用曲线再度相交，自此点开始，控制所需的费用重新超过收益。之所以会出现这种情况，是因为组织活动的主要偏差在X_2点以前已经解决，这以后的控制只能解决一些次要的、影响不大的问题，因此带来的收益甚小。同时，由于过度的控制会抑制组织成员的工作积极性，从而影响劳动生产率和经济效益的提高。

从理论上讲，控制程度在与X_1和X_2相对应的B、C两点之间为适度控制。低于B点，为控制不足；高于C点，为控制过多。虽然在实践中企业很难确定各种控制的费用与收益之比，但这种分析告诉我们，过多的控制并不总能带来较高的收益。企业应根据活动的规模特点和复杂程度确定控制的范围和频度，建立有效的控制系统。

12.1.3.3　客观控制

控制工作应该针对企业的实际状况采取必要的纠偏措施，促进企业活动沿着原先的轨道继续前进。因此，有效的控制必须是客观的、符合企业实际的。客观的控制源于对企业经营活动状况及其变化的客观了解和评价。为此，控制过程中采用的检查、测量的技术和手段必须能正确地反映企业经营时空上的变化，准确地判断和评价企业各部门、各环节的工作与计划要求的相符或相背离程度。这种判断和评价的正确程度还取决于衡量工作成效的标准是否客观和恰当。为此，企业还必须定期检查过去规定的标准和计算规范，使之符合现实的要求。另外，由于管理工作带有许多主观成分，因此，对一名下属人员的工作是否符合计划要求，不应不切实际地主观评定。凭主观进行控制会影响对业绩的判断。没有客观的标准、态度和准确的检测手段，就不容易对企业实际工作有正确的认识，从而难以制定出正确的措施，进行合理的控制。

12.1.3.4　弹性控制

企业在生产经营过程中可能经常遇到某种突发的、无力抗拒的变化。这些变化使企业计划与现实条件严重背离。有效的控制系统应在这样的情况下仍能发挥作用，维持企业的运营。也就是说，有效的控制系统应该具有灵活性或弹性。

弹性控制通常与控制的标准有关。比如说，预算控制通常规定了企业各经营单位的主管人员在既定规模下能够用来购买原材料或生产设备的经营额度。如果将这个额度绝对化，那么一旦实际产量或销售量与预测数存在差异，预算控制就可能失去意义：经营规模扩大，会使经营单位感到经费不足；而销售量低于预测水平，则可能使经费过于宽绰，甚至造成浪费。有效的预算控制应能反映经营规模的变化，应该考虑到未来的企业经营可能呈现出的不同水平，从而为标志经营规模的不同参数值规定不同的经营额度，使预算在一定范围内是可以变化的。

弹性控制有时也与控制系统的设计有关。通常组织的目标并不是单一的，而是多重目标的组合。由于控制系统的存在，人们为了避免受到指责或是为了使业绩看起来不错，会故意采取一些行动，从而直接影响一个特定控制阶段内信息系统产生的数据。例如，如果控制系统仅仅以产量作为衡量依据，则员工就会忽略质量；如果衡量的是财务指标，那么员工就不会在生产指标上花费更多时间。因此采取多重标准可以防止工作中出现做表面文章的现象，同时也能够更加准确地衡量实际工作和反映组织目标。一般地，弹性控制要求企业制订弹性的计划和弹性的衡量标准。

除此之外，一个有效的控制系统还应该站在战略的高度，抓住影响整个企业或绩效的关键因素。有效的控制系统往往集中精力于例外发生的事情，即例外管理原则，第一次发生的事例，则需投入较大的精力，凡已出现过的事情，皆可按规定的控制程序处理。

12.2　控制要素与过程

12.2.1　控制的要素

12.2.1.1　人员控制

管理者是通过他人的工作实现组织目标的。为了实现组织目标，管理者需要而且也必须依靠员工。因此管理者使员工按照组织所期望的方式去工作是非常重要的，为了做到这一点，管理者可以采用的最简单的方法就是直接巡视和评估员工的表现。在日常工作中，管理者的工作是观察员工的工作并纠正出现的问题。比如，一位监工发现一位员工在操作机器不当时，就应该指明正确的操作方法，并告诉员工在以后的工作中按正确的方式操作。

管理者对员工的工作进行系统化的评估是一种非常正确的方法，这样，每一位员工的近期绩效都可以得到鉴定。如果绩效良好，员工就应该得到奖励，从而使之工作得更好；如果绩效达不到标准，管理者就应该想办法解决，根据偏差的程度进行不同的处理。

表 12-1 列举出了一些行为控制手段。在实践中，管理者几乎用到了所有列举的方法来增大使员工按期望的方式去做的可能性。

表 12-1　行为控制手段

1. 甄选	识别和雇用那些价值观、态度和个性符合组织期望的人
2. 目标	当员工接受了具体的目标之后，这些目标就会指导和限制他们的行为
3. 职务设计	职务设计的方式在很大程度上决定着人们可从事的任务、工作的节奏、人们之间的相互作用以及类似的活动
4. 定向	员工定向规定了何种行为是可接受的或不可接受的
5. 直接监督	监督人员亲临现场可以限制员工的行为和迅速发现偏离标准的行为
6. 培训	正式培训向员工传授期望的工作方式
7. 传授	老员工非正式或正式地传授活动，向新员工传递了“该知道和不该知道”的规则
8. 正规化	正式的规则、政策、职务说明书和其他规章制度规定了可接受的行为和禁止的行为
9. 绩效评估	员工会以使各项评价指标看上去不错的方式行事
10. 组织报酬	报酬是一种强化和鼓励期望行为和消除不期望行为的手段
11. 组织文化	通过故事、仪式和高层管理的表率作用等形式，组织文化传递了构成人们期望的行为的信息

12.2.1.2　财务控制

企业的首要目标是获取一定的利润。在追求这个目标时，管理者都要借助费用进行控制。比如，管理者可能仔细查阅每季度的收支报告，以发现多余的支出；也可能进行几个常用财务指标的计算，以保证有足够的资金支付出现的各种费用，保证债务负担不至于太重，并且所有的资产都得到有效利用。

预算是一种控制工具，财务预算为管理者提供了一个比较与衡量支出的定量标准，据此能够指出标准与实际花费之间的偏差。

表 12-2 中概括了组织中常用的财务比率指标，是组织中的各种财务报表（资产负债表和损益表）中的一对有意义的数据比较。

单纯考虑反映经营成果的某个数据，往往不能说明任何问题。企业本年度赢利 100 万元，某部门本期生产了 5 000 个单位产品，或本期人工支出费用为 85 万元，这些数据本身没有任何意义。只有根据它们之间的内在关系，相互对照分析才能说明某个问题。比率分析就是将企业资产负债表和收益表上的相关项目进行对比，形成一个比率，从中分析和评价企业的经营成果和财务状况。利用财务报表提供的数据可以列出许多比率。常用的有两种类型，即财务比率和经营比率。

表 12-2 常用财务比率指标

目的	比率	计算公式	含义
流动性检验	流动比率	$\frac{\text{流动资产}}{\text{流动负债}}$	检验组织偿付短期债务的能力
	速动比率	$\frac{\text{流动资产} - \text{存货}}{\text{流动负债}}$	对流动性的一种更精确的检验，尤其当存货周转缓慢和难以售出时
财务杠杆检验	资产负债比	$\frac{\text{全部资产}}{\text{全部负债}}$	比值越高，组织的杠杆作用越明显
	利息收益倍比	$\frac{\text{纳税付息前利润}}{\text{全部利息支出}}$	度量当组织不能偿付它的利息支出时，利益会下降到什么程度
运营检验	存货周转率	$\frac{\text{销售收入}}{\text{平均存货}}$	比值越高，存货资产的利用率越高
	总资产周转率	$\frac{\text{销售收入}}{\text{总资产}}$	用于获取一定销售收入水平的资产越少，管理者利用组织全部资产的效率越高
赢利性	销售利润率	$\frac{\text{税后利润}}{\text{销售收入}}$	说明各种产品产生的利润
	资产利润率	$\frac{\text{税后利润}}{\text{总资产}}$	度量资产创造利润的效率

1. 财务比率

财务比率可以帮助了解企业的偿债能力和赢利能力等财务状况。

1）流动比率

流动比率是企业的流动资产与流动负债之比，反映了企业偿还需要付现的流动债务的能力。一般来说，企业资产的流动性越大，偿债能力就越强；反之，偿债能力则越弱，这会影响企业的信誉和短期偿债能力。因此，企业资产应具有足够的流动性。资产若以现金形式表现，流动性最强。但要防止为追求过高的流动性而导致财务资源的闲置，使企业失去本应得到的收益。

2）速动比率

速动比率是流动资产和存货之差与流动负债之比。和流动比率一样，该比率也是衡量企业资产流动性的一个指标。当企业有大量存货且这些存货周转率低时，速动比率比流动比率更能精确地反映客观情况。

3）负债比率

负债比率是企业总资产与总负债之比，反映了企业所有者提供的资金与外部债权人提供的资金的比率关系。只要企业全部资金的利润率高于借入资金的利息，且外部资金不会根本上威胁企业所有权的行使，企业就可以充分地向债权人借入资金以获取额外利润。一般来说，在经济迅速发展时期，债务比率可以很高。20 世纪 60 年代到 70 年代初，日本许多企业的外借资金占全部营运资金的 80% 左右。但是，过高的负债比率对企业的经营不利。

4）赢利比率

赢利比率是企业利润与销售额或全部资金等相关因素的比例关系，反映了企业在一定时期从事某种经营活动的赢利程度及其变化情况。常用的比率有销售利润率和资产利润率。

销售利润率是税后利润与销售收入之间的比例关系。它反映企业从一定时期的产品销售中是否获得了足够的利润。将企业不同产品、不同经营单位在不同时期的销售利润率进行比较分析，能为经营控制提供更多的信息。

资产利润率是指企业在某个经营时期的税后利润与该期占用的全部资产之比。它是衡量企业资产利用效果的一个重要指标，反映企业是否从全部投资中实现了足够的净利润。同销售利润率一样，资产利润率也要同其他经营单位和其他年度的情况进行比较。一般要为企业的资产利润率规定一个最低的标准。同样一笔资金，投入到企业营运后的净利润收入至少不应低于其他投资形式（比如购买短期或长期债券）的收入。

2. 经营比率

经营比率是与资源利用有关的几种比例关系，反映了企业经营效率的高低和各种资源是否得到了充分利用。常用的经营比率有三种。

1）库存周转率

库存周转率是销售总额与库存平均价值的比例关系，反映了与销售收入相比库存数量是否合理，表明了投入库存的流动资金的使用情况。

2）固定资产周转率

固定资产周转率是销售总额与固定资产之比，反映了单位固定资产能够提供的销售收入，表明了企业资产的利用程度。

3）销售收入与销售费用的比率

这个比率表明单位销售费用能够实现的销售收入，在一定程度上反映了企业营销活动的效率。由于销售费用包括人员推销、广告宣传、销售管理费用等组成部分，因此还可进行更加具体的分析，比如测度单位广告费用能够实现的销售收入或单位推销费用能够增加的销售收入等等。

反映经营状况的这些比率通常也需要进行横向的（不同企业之间）或纵向的（不同时期之间）比较，才更有意义。

12.2.1.3 作业控制 / 生产控制

一个组织的成功，在很大程度上取决于生产产品或提供服务的效率和效果上。作业控制方法就是用来评价一个组织的转换过程的效率和效果的。

典型的作业控制包括：监督生产活动以保证按计划进行；评价购买能力，以尽可能低的价格获得所需质量和数量的原材料；监督组织的产品或服务的质量，以保证满足预定的标准；保证所有的设备得到良好的维护。

12.2.1.4 信息控制

管理者需要信息来完成他们的工作。不精确的、不完整的、过多的或延迟的信息会严重阻碍他们的行动。因此应该开发出管理信息系统，使它能在正确的时间以正确的数量为正确的人提供正确的数据。

管理信息的方法在最近几年发生了很大的变化。比如，在 15 年前，一个大组织的管理者依靠一个集中的数据处理部门提供信息。如果他需要将每周的总销售额分解成按地区汇总的销售额，就不得不向数据处理经理提出要求。一个幸运的经理可能会在一周开始的早些时候拿到计算机打印的上周的销售数字。而今天，管理者通常用他们办公桌上的计算机在几秒钟内就可得到这些数据。

12.2.1.5 组织绩效控制

管理者关心组织的绩效，但他们并不是唯一的衡量其组织的人。顾客和委托人在他们选择生意对象时也会对此做出判断。证券分析家、潜在的投资者、潜在的贷款者和供应商（尤其是以信用方式交易的供应商）也会做出判断。为了维持或改进一个组织的整体效果，管理者应该关心控制。但是衡量一个组织的效果并没有单一的衡量指标。生产率、效率、利润、员工士气、产量、适应性、稳定性以及员工的旷工率等毫无疑问都是衡量整体绩效的重要指标。但是，其中任何一个指标都不能衡量组织的整体绩效。一个组织的绩效要通过下列三种基本方式之一评价。

1. 组织目标法

组织目标法（organizational goals approach）就是以组织最终完成目标的程度而不是以实现目标的手段来衡量其效果，也就是说只考虑终点时冲线的结果。

衡量时，是采用宣称的目标还是实际的目标？是采用短期的目标还是长期的目标？由于组织具有多重目标，那么这些目标如何按重要性进行排序？这些都是管理者不得不面对的问题。如果管理者敢于面对组织目标的内在复杂性，就可以获得评价组织的合理信息。

2. 系统方法

一个组织可以被描述成这样一个实体，即获得输入、从事转换过程、产生输出的实体。从系统的角度看，可以通过下述这些方面的能力评价组织，即获得输入的能力、处理输入的能力、产生输出的能力和维持稳定与平衡的能力。输出产品或服务是目的，而获得输入和处理过程是手段。一个组织要想长期生存下去，一定要有健康的状态和良好的适应能力。组织效果评价的系统方法主要集中考虑那些对企业生存和发展有影响的因素，即目标和手段。

系统方法（systems approach）所考虑的相关标准包括市场份额、收入的稳定性、员工旷工率、资金周转率、用于研究和发展方面的费用增长情况、组织内部各部门的矛盾冲突情况、雇员的满意程度以及内部交流的通畅程度等。值得注意的是，系统方法强调那些影响组织长期生存和兴旺发展的因素的重要性，而这些因素对短期行为可能并不特别重要。比如，用于研究和发展方面的费用是一种对未来的投资，管理层可以削减这项费用并且立即就会增加利润或减少损失，但这种行为将会影响到组织以后的生存能力。

系统方法的主要优点是可以防止管理层用未来的成功换取眼前的利益。系统方法的另一个优点是当组织的目标非常模糊或难以度量时，系统方法仍然是可行的。比如，公共部门的管理者采用“获得预算的增长能力”作为衡量效果的标准。也就是说他们用一种输入标准来取代输出标准。

3. 战略伙伴法

战略伙伴法（strategic constituencies approach）是假定一个有效的组织能够满足顾客群体的各种要求，并获得他们的支持，从而使组织得以持续地生存下去。

比如，如果一个公司有很强的资金实力，就不必关心银行家所采用的效果标准。然而，假如公司有 2 亿美元的银行贷款将于下一个季度到期，管理者就会因为不可能按期归还而不得不请求银行对这笔债务进行重新安排。毫无疑问，在这种情况下，银行用来衡量公司的效果指标就值得重视。如果不这样做将会威胁到公司的生存。因此一个有效的组织必须能够成功地识别出关键伙伴——顾客、政府部门、金融机构、证券分析家、工会等,并满足他们的要求。

值得注意的是使用战略伙伴法的前提条件。这里的假定是,一个组织面对的是一个来自有关利益集团的经常性的和竞争性的要求。由于这些利益集团的重要性不同,因此组织的效果取决于它识别出关键性或战略性伙伴的能力以及满足他们对组织所提要求的能力。更进一步,这种方法假定管理者所追求的一组目标是对某些利益集团要求的一种反映,是从那些控制了组织生存所需资源的利益集团中选择出来的。

在实践中,将战略伙伴从广泛的环境中分离出来就是一件非常困难的事。由于环境总是在不断地变化,昨天对一个组织来说还是很关键的利益集团,今天可能就已经不是了。采用战略伙伴法,管理者可以大大减少忽略或严重伤害那些利益集团的可能性。这些利益集团对组织的运转有着重要的影响。如果管理层知道谁的支持对组织的健康发展是必需的,他们就可以更改目标重要程度的顺序,以反映他们与战略伙伴关系的变化。

12.2.2 控制过程

控制过程可以划分为四个步骤(图 12-4):①建立标准;②衡量实际绩效;③确定偏差范围;④采取管理行动。

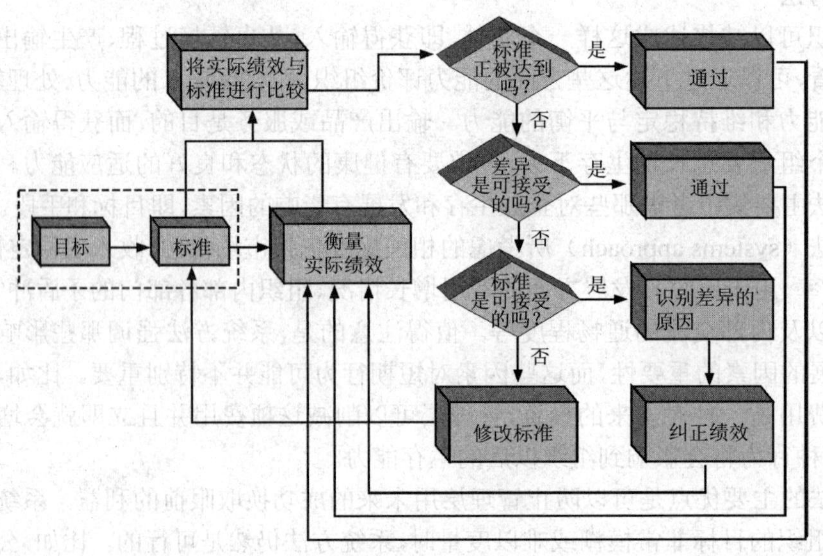

图12-4 控制过程

12.2.2.1 建立标准

标准构成了控制过程的基础,如果没有建立标准,绩效就无法衡量。建立高层管理者的业绩标准比较困难,而对于生产或经营方面的工作来说,建立标准则相对简单。

在制定绩效标准时必须采取预防措施,因为达到或保持已确定的标准并不总是可能的,某些不可预见的情况可能会要求对已有的标准进行修改。在控制过程中,对于制定的标准必须确定一个可接受的容许偏差范围。

12.2.2.2 衡量实际工作绩效

为了确定实际工作的绩效究竟如何，管理者首先需要收集信息，然后开始衡量。在衡量之前，应该考虑如何衡量和衡量什么。

1. 收集信息

收集信息有四种方法：个人观察、统计报告、口头汇报和书面报告，它们各有优点和缺点，将它们结合起来之后，可以大大增加信息的来源，并提高信息的可信程度。

个人观察提供了关于实际工作的最直接和最深入的第一手资料。通过观察得到的信息不同于阅读报告得到的信息，尤其是走动管理。管理人员通过对被观察者（如操作工人）的现场观察，可以获得面部表情、语调以及懈怠这些常被其他来源忽略的信息。

报告可按管理者的要求列出各种数据，尽管统计数据可以清楚有效地显示各种数据之间的关系，但它对实际工作提供的信息非常有限，统计报告只能提供几个关键的数据，而忽略了许多其他重要因素。

信息也可以通过口头汇报的形式获得，如各种会议、一对一的谈话或电话交谈等。尽管这种信息是经过过滤的，但它是快捷的、有反馈的、可通过语言和词汇本身传达的信息。这种口头信息很容易被录制下来，并在以后使用。

书面报告比口头汇报的形式更精确和全面，更易于分类存档和查找。

这四种形式各有优缺点，管理者可在控制活动中综合使用。

2. 衡量绩效

对于不同类型的管理者衡量的绩效是不同的，例如，对于一个制造业工厂的经理可以用每日的产量、单位产品所耗费的工时、单位成品所耗费的资源或顾客退货的百分比等进行衡量；而对于一个政府管理部门的负责人则可以用每天起草的文件份数、每小时发布的命令数或用电话处理一项事务的平均时间等来衡量；对于销售部门的经理可以用市场占有率、每笔合同的销售额或每位销售员拜访的顾客数等衡量。

有些工作和活动的结果是难以用数量标准衡量的。例如，管理者在衡量一个化学研究员或一个小学教师的工作时，显然要比衡量一个人寿保险推销员的工作困难得多。

但是，许多活动可以分解成能够用目标去衡量的工作。这时管理者需要首先确定某个人、某个部门或某个单位对整个组织所贡献的价值，然后将其转换成标准。

当一种衡量绩效的指标不能用定量方式表达时，管理者应该采用主观衡量方法。当然，主观方法具有很大的局限性，但这总比什么标准都没有要好，比没有控制机制要好。

12.2.2.3 确定偏差范围

通过比较可以确定实际工作绩效与标准之间的偏差。在某些活动中，偏差是难免的。因此，确定可以接受的偏差范围（图 12-5）是非常重要的。如果偏差显著地超出这个范围，就应该引起管理者的注意。在比较阶段，管理者应该特别注意偏差的大小和方向。

12.2.2.4 采取管理行动

控制的最后一个步骤就是采取管理行动。管理者应该在下列三种行动方案中选择：①什么也不做;②改进实际绩效;③修订标准。什么都不做很容易理解,所以着重讨论后两种行动。

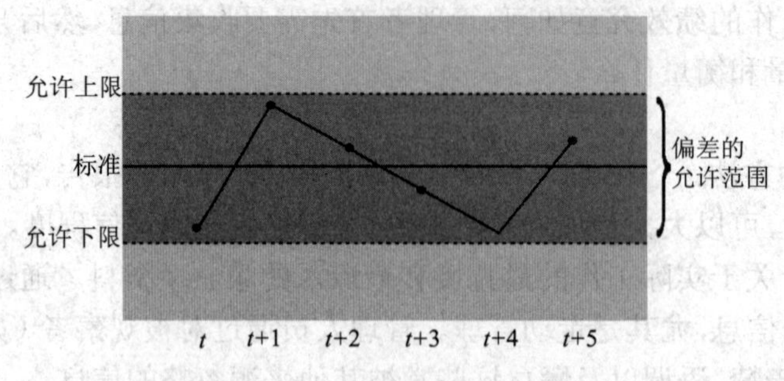

图 12-5　定义可接受的偏差范围

1. 改进实际绩效

如果偏差是由于绩效不足产生的,管理者就应该采取纠正行动。这种纠正行动的具体方式可以是管理策略、组织结构、补救措施或调整培训计划,也可以是重新分配员工的工作或做出人事上的调整。

管理者在采取纠正行动之前,首先要决定是应该采取立即纠正行动还是彻底纠正行动。所谓立即纠正行动是指立即将出现问题的工作矫正到正确的轨道上;而彻底纠正行动则首先要弄清工作中的偏差是如何产生的,为什么会产生,然后再从产生偏差的地方开始进行纠正行动。事实上,许多管理者常常以没有时间为借口而不采取彻底纠正行动,并因此而满足于不断救火式的立即纠正行动。事实证明,作为一个有效的管理者,对偏差进行认真的分析并花一些时间永久性地纠正实际工作绩效与标准之间的偏差是非常有益的。

2. 修订标准

工作中的偏差也有可能来自不现实的标准,也就是说标准定得太高或太低。

当把标准降低时,可能会引起许多麻烦。如果某个员工或某个部门的实际工作与目标之间的差距非常大,对偏差的抱怨自然就会转到标准上。比如,学生常常抱怨是扣分过严才导致低分。与此相似,销售人员有时将没有完成月度销售额归咎于不现实的定额标准。也许确实是因为定额太高才导致显著偏差,并促使员工反对这个标准。不论是普通雇员还是经理,当没有达到标准时,他们首先想到的是责备标准本身。如果认为标准是现实的,管理者就应该坚持,向雇员或经理解释,并保证将来的工作是会得到改进的,然后采取一些必要的行动使期望变为现实。

12.3　控制方法

12.3.1　预算控制

12.3.1.1　预算的概念

预算是有效地组织短期计划和控制的重要工具。企业未来的几乎所有活动都可以利用预算进行控制。所谓预算就是用财务数字的形式描述企业未来的活动计划。它预估企业未来的经营收入和现金流量，同时也为各部门或各项活动规定了在资金、劳动、材料、能源等方面的支出额度。预算控制就是根据预算规定的收入与支出标准检查和监督各个部门的生产经营活动，以保证各种活动或各个部门在完成既定目标、实现利润的过程中实现对资源的有效利用，从而使费用支出受到严格有效的约束。预算有以下几个特点。

1. 计划性

预算是一种特殊的计划，主要构成内容是数字，包括数量目标、对目标数字的说明、预算时间等。

2. 预测性

预算从字面上来理解就是预先测算，因而也属于预测的内容，是关于收入与支出的预测，具有相当的特殊性和专业性。因而，预算控制要运用预测方法。

3. 控制性

预算是对组织涉及收入及支出的活动拟定的数量化标准，用预算作为控制标准，比其他控制标准更明确、更具体、更具可控性。

12.3.1.2　预算的种类

1. 按预算控制的力度划分

按预算控制的力度划分，预算可分为刚性预算和弹性预算。

刚性预算是指在执行进程中没有变动余地的预算。一般来说，刚性预算不利于执行人积极性的发挥，环境适应性较弱。刚性预算只能在重点项目上采用。常见的刚性预算是控制上限或控制下限的预算，如严格要求的财政支出预算和财政收入预算等。

弹性预算是指预算指标有一定的调整余地，执行人可灵活地执行预算。这种预算的控制力稍弱，但有较强的环境适应性，能较好地满足控制的要求。在预算控制中弹性预算比较常见。

2. 按预算的内容划分

按预算的内容划分，预算可分为支出预算和收入预算。

支出预算是指为完成组织活动支付货币的预算。一个组织，可以没有收入预算，但不可能没有支出预算。做好支出预算是一项十分重要的工作。

收入预算是指对组织活动带来货币收入进行的预算。一般来说，只有企业性质的组织和政府才有收入预算。

收入预算与支出预算是密切相关的。一般原则是：以收定支，在收入预算的基础上确定支出预算。

3. 按预算的范围划分

按预算的范围划分，预算可分为总预算和部门预算。

总预算是指以组织整体为范围，由组织的最高管理机构批准的预算。

部门预算是指各部门根据总预算和本部门的实际情况安排的预算。

总预算与部门预算不是简单的总体与部分的关系，而是相互支持、相互补充的关系。有的部门预算是全包含在总预算之中的，有的并不全包含在总预算之中。另外，不同的组织对预算的分类也不一样，如企业常常把财务预算称为总预算。

12.3.1.3 预算控制的必要性

每一个部门都有收入与支出活动。一个非企业的组织，可能不会去创收，不为利润开展工作，但它开展工作却需要投入，需要支出。如果投入部分是政府或其他组织一次性投入的，那么这部分投入就是它的收入了。所以说，每一个组织都要开展预算工作，知道预算控制的必要性。

1. 预算控制是少花钱、多办事、办好事的前提之一

在经济活动中，要强调经济观念；在非经济活动中，同样也要强调效率和投入产出率。通常所说的少花钱、多办事、办好事，就是说的这个道理。预算是实现这个目标的重要手段，它可使管理者对支出精打细算、心中有数。

2. 预算控制是保证组织活动正常开展、实现目标的前提

任何一个组织要想生存、发展并顺利地实现目标，就必须保证一定的财力。这同样也需要有预算，做到"手中有粮，心中不慌"。这里的"粮"指的是组织活动所必需的财力。

3. 预算控制是做好整个控制工作的关键

一个组织的控制包括对人的控制、对物的控制、对资金的控制、对信息的控制。这四大控制是密切相关、紧密结合的。在市场经济中，一切要素都要通过一定的价值尺度来度量，计算投入产出效率。因而，对财力要素的控制，或者说预算，就有很强的代表性与结合性。做好了预算工作，完成了财力控制工作，就在很大程度上实现了控制目标。这一结论，不仅对企业，即使对非企业性的组织都同样适用。

12.3.1.4 企业预算的内容

1. 销售预算

销售预算指的是以市场预测为依据，根据市场要求对企业生产经营年度要实现的销售额及其所决定的各种产品和服务的销售量所作的预算。在市场经济条件下，销售预算是企业预算的基础和前提，因为企业必须以市场为导向，以销定产。

2. 生产预算

生产预算指在销售预算的基础上，根据企业的现实生产条件和利润目标，对生产过程中消耗的各种生产要素以及产品等进行的预算。它又可分为直接材料消耗预算、人工费用预算、制造费用预算。

3. 销售与管理费用预算

销售与管理费用预算指的是根据企业的销售额和利润目标，配合生产预算，对企业销售过程和企业管理活动中的费用支出所作的预算。按会计的国际惯例，企业销售费用和管理费用不能摊入产品成本，而要直接计入当期损益。因此，能否控制销售和管理费用支出，对实现预算目标有相当大的影响。

4. 投资预算

投资预算指的是企业根据市场需求和企业生产能力，在固定资产投资支出方面的预算。按会计的国际惯例，资本支出与生产支出应当分开，投资预算必须单独列出。

5. 成本预算和现金预算

成本预算主要是指以企业生产预算为基础，对各种产品的成本进行的预算。其目的是控制每一种产品的成本。现金预算指对企业在日常经营活动中所需要的现金做出的预算安排。因为现金支付比较难控制，而且一旦失控，就会影响预算目标，故要单独预算。

上述各种预算共同构成企业的预算体系。它们之间的关系可用图 12-6 说明。

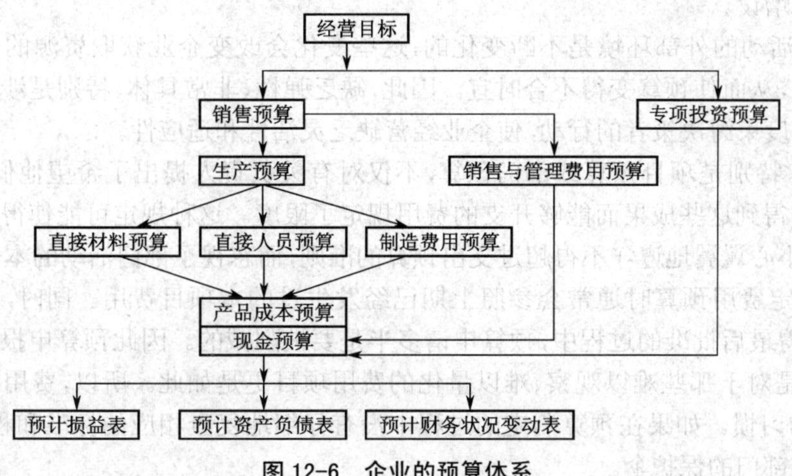

图 12-6　企业的预算体系

12.3.1.5　预算的作用及缺点

制定预算有以下四个基本作用。

1. 为战略计划做进一步安排

战略计划一般在年初制订，是以当时可供使用的信息为基础并由较少的管理者制定的，而且范围较广。预算是在预算年度开始前一些时候制定的，使用的是最新的信息，而且以各层次管理者的判断为基础，是战略计划的具体细化。

2. 协调

组织中每个责任中心的管理者都会参加预算制定。当汇总他们的意见时，可能有不一致的地方。最可能的情况是，总量上或者就某些产品系列而言产销量不吻合。在组织中，成品发运计划与生产该产品所需零部件到货计划不吻合。又如，直线式组织内需要支持性机构提供的服务水平比计划要提供的服务水平高。在预算的制定过程中，要将这些不一致的地方找出来并加以解决。

3. 指定责任

审批后的预算应明确每个管理者的责任。预算也授权责任中心管理者可自由支配一定数量的开支。

4. 业绩评估的基础

预算是预算人员对上级的承诺，因此它是评价业绩的尺度。这一承诺可能因为其基础的改变而改变。但无论如何，它是业绩评估的最好的起点。

由于这些积极作用的存在，预算手段在组织管理中得到了广泛运用。但在预算的制定和执行中，也暴露了一些缺点，主要表现在以下几个方面。

(1)它只能帮助企业控制那些可以计量的,特别是可以用货币单位计量的业务活动,而不能促使企业对那些不能计量的如企业文化、企业形象、企业活力的改善等方面的业务活动予以足够的重视。

(2)制定预算时通常参照上期的预算项目和标准,可能会忽视本期活动的实际需要,因此会导致这样的错误:上期有而本期不需要的项目仍然沿用,本期必需而上期没有的项目会因缺乏先例而没有增设。

(3)企业活动的外部环境是不断变化的,这些变化会改变企业获取资源的支出或销售产品实现的收入,从而使预算变得不合时宜。因此,缺乏弹性、非常具体、特别是涉及较长时期的预算可能会过度束缚决策者的行动,使企业经营缺乏灵活性和适应性。

(4)预算,特别是项目预算或部门预算,不仅对有关负责人提出了希望他们实现的目标,而且也为他们得到这些成果而能够开支的费用规定了限度。这种规定可能使得主管们在活动中精打细算,小心翼翼地遵守不得超过支出预算的准则,而忽视了部门活动的本来目的。

(5)在制定费用预算时通常会参照上期已经发生过的本项目费用。同时,主管人员也知道,在预算获得最后批准的过程中,预算申请多半是要被削减的。因此预算申报数要多于实际需要数,特别是对于那些难以观察、难以量化的费用项目更是如此。所以,费用预算总是具有按先例递增的习惯。如果在预算制定的过程中没有仔细地复查相应的标准和程序,预算可能成为低效管理部门的保护伞。

只有充分认识了上述局限性,才能使预算控制手段发挥最大的效用。

12.3.2 作业控制

12.3.2.1 对供应商的控制

供应商供货及时与否、质量好坏、价格高低都对企业最终产品产生重大影响。因此,对供应商的控制可以说是从企业运营的源头抓起,能够起到防微杜渐的作用。

目前比较流行的做法是在全球范围内选择供应商,原因是能够有保障地获得高质量、低价格的原材料,同时也可避免选择少数几个供应商可能构成的威胁。许多企业正在改变与供应商之间的竞争关系,试图建立一种长期、稳定、合作的双赢局面。传统的做法是在十余家甚至数十家供应商中选择,鼓励他们互相竞争,从中选取能够提供低价格高质量产品的供应商。现在企业在更广范围内挑选供应商,一旦选定两三家供应商后,就和他们建立长远、稳定的联系,并且帮助供应商提高原材料的质量、降低成本。这时企业和供应商就形成相互依赖、相互促进的新型关系,双方都降低了风险,提高了效益,真正做到双赢。

另外一种控制供货商的方法是持有供货商一部分或全部股份,或由本企业系统内部的某个子企业供货。这常常是跨国公司为了保证货源而采用的做法。日本很多大型企业采用这种方法控制供货商。

12.3.2.2 库存控制

库存控制主要是为了减少库存、提高经济效益。管理人员使用经济订购批量模型(Economic Order Quantity,简称 EOQ)计算最优订购批量,使所有费用达到最小。这个模型考虑三种成本：①订购成本，即每次订货所需的费用（包括通信、文件处理、差旅、行政管理等费用）；②保管成本，即储存原材料或零部件所需的费用（包括库存、利息、保险、折旧等费用）；③总成本，即订购成本和保管成本之和。

当企业在一定期间内总需求量或订购量一定时，每次订购的量越大，所需订购的次数越少；每次订购的量越小，所需订购的次数越多。前者订购成本较低，但保管成本较高；后者订购成本较高，但保管成本较低。通过经济订购批量模型可以计算出订购量多大时，总成本（订购成本和保管成本之和）为最小。图 12-7 为经济订购批量示意图。

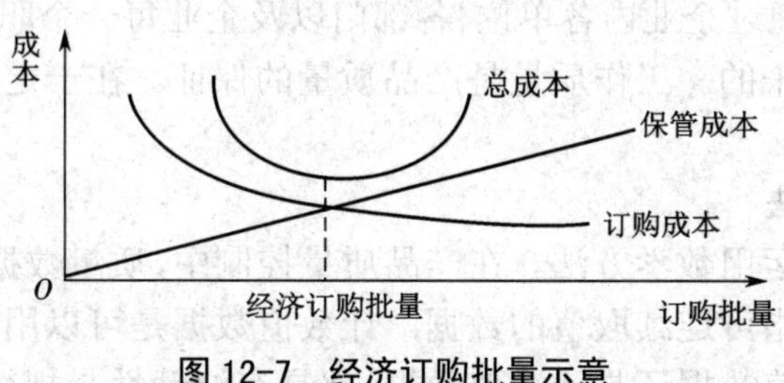

图 12-7 经济订购批量示意

假定企业在一定期间内总需求量为 D，每次订购所需的费用为 O，库存物品单价为 P，保管成本与全部库存物品价值之比为 C，则最优订购批量

$$\mathrm{EOQ}=\sqrt{\frac{2DO}{PC}}$$

一般来说，企业除了最优订购批量外，为了预防万一，会保留一个额外的储存量。这个储存量被称为安全库存。

日本企业发明了一种准时制库存系统（Just-in-time Inventory Systems，简称 JIT），目标是实现零库存。它的基本思路是企业不设原材料库，一旦需要就立即向供应商提出，由供应商保质保量按时送到。JIT 的具体做法是：企业收到供应商送来的装有原材料的集装箱，卸下其中的原材料准备用于生产装配，同时把箱中的“看板”（Kanban，日语中“卡片”或“标牌”的含义）交回供应商；供应商接到“看板”后立即进行生产，并将新生产出来的原材料再送来。如果双方衔接得好的话，上次的原材料刚好用完。

准时制库存系统可以减少库存，降低成本，提高效益。但是，该种方法对供应商提出了很高的要求。供应商必须在规定的时间，按照规定的质量和数量，将原材料或零部件生产出来，并且准确无误地运输到规定的地点。但是，许多研究指出，准时制库存系统事实上将库存的风险转嫁给了供应商，供应商所能做的是自己消化或再次转嫁给那些为自己供货的供应商。另外，准时制库存系统对企业选择和控制供应商提出了更高的要求。

12.3.2.3 质量控制

1. 质量控制的内容及意义

质量具有两个方面的含义：一是产品的质量，二是工作的质量。二者既有联系，又有区别。产品质量是工作质量的体现，工作质量是产品质量的保证。质量控制既包括对企业产品或服务质量的控制，又包括对工作质量（包括制度、标准等）的控制。

产品质量是指产品适合社会和人们一定用途和需要所具备的特性，包括产品的结构、性能、精度、纯度、物理化学性能以及产品的外观、形状、色彩、手感、气味等。总而言之，产品质量是指影响产品使用价值的一切方面。控制产品质量是企业生产出合格产品和减少无效劳动的重要保障。在市场经济中，产品质量控制应达到两个方面的目标：一是使生产出来的产品达到产品质量标准；二是使企业以最低的成本生产出符合产品质量标准的产品。这两个方面是相辅相成的。企业生产出的产品符合质量标准是产品能为市场所接受的必要条件，而只有在低于社会平均劳动时间条件下生产出的合格产品才有竞争力。

工作质量就是企业为了保证和提高产品质量，在经营管理和生产技术方面所要达到的水平。工作质量的好坏是通过企业内各单位、各部门以及企业每一个职工的工作态度、工作绩效以及产品质量等反映出来的。工作质量是产品质量的保证。在一定意义上，提高工作质量比提高产品质量更重要。

2. 产品质量控制方法

控制产品质量主要运用数学方法。在产品质量控制中，质量数据可分为计量值数据和计数值数据。计量值数据指可连续取值的数据。计数值数据是可以用个数计数的数据，是非连续性数据。无论是计量值数据还是计数值数据，都具有波动性与规律性。波动性指的是质量数据不是一个固定数值，而是有大有小，数据分布有离散性；规律性指的是数据经过整理后，可以发现它们的分布具有规律，不是杂乱无章的。

由质量数据反映的质量波动因素可分为两类。一类是偶然因素，这是造成质量正常波动的因素。这些因素在技术上难以消除，也不必消除，在质量控制中是允许存在的。另一类是系统因素，这是造成质量异常波动的因素。生产中如果存在这类因素，质量数据就会出现大的散差，产品质量不稳定。因此，必须及时发现，加以控制和消除。

3. 全面质量管理

迄今为止，质量管理和控制已经经历了三个阶段，即质量检验阶段、统计质量管理阶段和全面质量管理阶段。质量检验阶段大约发生在20世纪20—40年代，工作重点在产品生产出来之后的质量检查。统计质量管理阶段发生在20世纪40—50年代，管理人员主要采用统计方法对生产过程加强控制，提高产品的质量。从20世纪50年代开始的全面质量管理是以保证产品质量和工作质量为中心，企业全体员工参与的质量管理体系。它具有多指标、全过程、多环节和综合性的特征。

全面质量管理（TQM）的精髓包括以下四个方面。

（1）要明确用户的需求。为此，要采取用户调查、特殊用户群体调查访问或一些别的方法。

（2）把用户的想法纳入公司的决策过程之中，开展全员参与，向雇员授权，广泛采取团队形式作为授权载体。依靠全体成员开发新产品或提供新服务以便满足或超出用户的需求，使新产品便于使用，易于生产，使新服务项目快捷有效。

（3）设计生产过程，确保一次成功。判断有无差错发生，并努力防止其发生。当发生差错时，找出并消除原因以便以后不再发生或很少发生。努力把生产过程设计为“可以防止差错”发生。

（4）跟踪记录生产结果，并利用这些结果指导系统的改善。永不停止地改善工作并把这些概念扩展到供货商和经销环节。

成功的TQM工程是通过公司内部每个人的无私奉献和通力合作才建立起来的，高层管理必须起到保证作用并积极介入。否则，TQM 将仅仅是一种时尚，昙花一现。如果认为 TQM 就是质量管理方法的简单汇集，那就错了。实际上，TQM 反映了人们对质量的一种全新看法，它是一家公司的文化。为真正地从 TQM 中得到好处，必须改变一家公司的文化氛围。表 12-3 说明了一家贯彻 TQM 的公司文化和一家坚持传统质量管理的公司之间的文化差异。

表 12-3　贯彻 TQM 的公司和坚持传统质量管理的公司比较

项目	传统的质量管理	TQM
总使命	最大的投资回报	达到或超过用户满意度
目标	强调短期效益	在长期效益和短期效益之间求得平衡
管理	不常公开，有时与目标不一致	公开，鼓励职员参与，与目标一致
管理者的作用	发布命令，强制推行	指导，消除障碍，建立信任
用户	非至高无上，可能不清晰	至高无上，识别和理解的重要性
用户需求	责备处罚	识别并解决
问题	不系统，个人行为	系统，团队精神
问题的解决	时断时续	持续不断
改善	抵触	合作伙伴
供货商	狭窄，过于专业化，个人努力	广泛，更全面，更着重发挥团队作用
工作	产品取向	过程取向

12.3.2.4　成本控制

当一个企业的经营设计、产品设计、设备装置、作业设计等已确定并按规范投入各生产要素时，成本管理的中心是成本的控制，即要使经营活动的各环节、各方面达到或低于目标成本。具体方法如下。

1. 制定控制标准，确定目标成本

确定目标成本的方法有计划法、预算法和定额法等。

2. 根据原始记录和统计资料进行成本核算

成本统计所用的原始记录是反映核算期人力、物力、财力等支出的全部原始记录，是进行成本核算和控制的最基本依据。进行成本控制所要进行的成本核算有：可比产品总成本、可比产品单位成本、商品产品成本、主要产品单位成本、可比产品成本降低率等。通过成本核算，了解实际成本，并为分析改进提供数据资料。

3. 差异分析

将实际成本与目标成本相比较，就会发现差异。分析就是通过比较，找到实际成本与目标成本差异的发展趋势，找出控制和降低成本的措施。差异分析的主要内容有直接材料费用分析、直接人工费用分析、管理费用分析、销售费用分析。

4. 采取措施，降低成本

一旦发现实际成本高于目标成本，就应积极采取措施，控制成本的上升趋势。一般来说可采用的方法有价值工程、严格投入管理、防止跑冒滴漏、改进产品设计或生产工艺、精简机构等。

12.3.3 程序控制

12.3.3.1 程序控制的作用

程序规定了办事的时间顺序及相应的内容。程序的控制作用表现在它为全体成员提供了一个必须共同遵守的规范。利用这个规范，为控制提供标准，防止发生偏离轨道的情况，制止违反和不遵守程序的行为；可以为各方面工作的协调提供保证，防止疏忽和遗漏，以免出现"考虑不周"的差错；可使管理人员了解办事应经过的过程，做出合理安排，提高办事效率。如果缺乏明确而合理的程序，将会出现办事混乱、互相扯皮、不讲效率的现象。由此可见，程序对形成必要的控制、促进工作的条理化和高效率有重要作用，是改善控制工作的重要工具。

12.3.3.2 程序控制失灵的原因

人们希望利用程序实现控制，使控制工作做得更好、更有效。但事实上，缺乏程序、无视程序的情况仍大量存在。其原因主要有以下几个方面。

1. 程序之间的不协调

运用程序的方法来实现控制简便而有效，因此受到广泛欢迎和应用，但同时也产生了新的问题：各个部门都从各自的需要出发来制定程序，造成各种程序之间重复甚至矛盾的现象，使程序无法顺利执行；对一个程序的服从会造成对另一个程序的违反，使管理人员无所适从。或者，不同程序都规定了提供某方面情况的要求，但在具体表格要求上又有若干不同，从而造成一些重复工作。这不仅增加了工作负担，而且降低了工作效率。

2. 程序制定的高成本

要求为组织各方面工作制定出统一合理、互相协调的一套程序并非易事，需要做大量的调查研究和综合分析，要付出很大的代价。而这一点并非每个组织都能承担得起的。

3. 程序的滥用

程序是控制的有效工具，但未必每件事都要制定详尽的程序，甚至规定到细枝末节。滥用程序有时也会使简单问题复杂化，造成人们对程序的厌恶和反感。

4. 程序的陈旧和僵化

制定程序必须严格执行，以体现控制的作用，但另一方面则意味着可能导致部门活动僵化。人们适应程序为工作的顺利开展创造了条件，但久而久之由这种适应形成的习惯会成为部门或个人顽固抵制改革的根深蒂固的阻力，妨碍创新和不利于对变动做出反应。人们虽然不一定非常喜欢老程序，但因为习惯了，不想改，就会抵制适应新情况的新程序的贯彻。

5. 程序制定的盲目性

草率制定程序使程序不能贯彻执行，种种不遵守程序的情况也没有受到指正和批评。于是一方面程序问题很多，另一方面即使好的程序也会成为一纸空文，形同虚设。由于种种原因，甚至有的程序可能从一开始就不打算执行。

12.3.3.3　程序控制工作的改进

为了使程序在控制工作中充分发挥作用，可以通过以下要求改进。

1. 程序的简化

首先要控制程序的数量。并不是任何事都要制定程序。其次要控制程序的简繁。尽管有些程序规定得细些，但并非每个程序都需十分详尽。再次，程序应力求简洁明了。制定程序是为了促进工作的开展，不必要的程序不仅会妨碍工作开展，而且会使人们因为厌恶程序而无视程序，结果是“有法不依”使程序无法得到应有的遵守和起到应有的控制作用。

2. 程序的合理

程序是否合理是程序能否被人们接受而有助于工作的另一关键。首先，程序的内容应符合组织目标的要求。程序是为实现目标服务的，不是为程序而程序。无视组织目标的程序就是本末倒置的程序。其次，程序应是可行的，做不到或难以做到的程序，也难以有效地贯彻执行。

3. 程序的协调

不但要使个别程序合理，而且要使各程序协调一致，从而尽可能把程序之间的重复和矛盾减少到最低程度。各项程序分别制定后均应由“总部”核准，以便达到协调的目的。

4. 程序的经济

不仅程序的制定需要付出成本，而且程序的执行也要有大量的投入，比如填写一系列的表格和票据、等候审批以及可能因此错失良机带来的损失等。因此，有时规定在某种特殊情况下可以急事急办，这就是为了克服制定程序带来的不经济。

5. 程序的监督

再好的程序如果不实行也无法起到控制作用，因此要监督程序的执行。首先，要宣传程序，务必使有关人员都清楚制定程序是必要的；其次，应为程序的执行提供条件，包括对有关人员进行培训和指导；再次，应切实了解程序的执行情况，对不执行程序的行为提出严肃的批评，以防止此类错误现象蔓延。

12.3.4　战略控制（平衡计分卡）

平衡计分卡是由罗伯特·S. 卡普兰和大卫·P. 诺顿在 20 世纪 90 年代提出来的一种战略控制方法，它将企业战略目标逐层分解转化为各种具体的相互平衡的绩效考核指标体系，并对这些指标的实现状况进行分析和考核，然后根据分析和考核的结果对企业的整个经营过程进行持续改进，从战略高度改善了企业的管理模式。全球管理、经济、商业学术界最负盛名的《哈佛商业评论》将平衡计分卡誉为“过去 75 年来最具有影响力的管理工具”。

12.3.4.1　平衡计分卡平衡的理念

相对于传统的业绩评价体系，平衡计分卡既考虑财务指标也考虑非财务指标，并对所有相关目标都建立了实际绩效评估指标。平衡计分卡也重点强调了平衡的管理理念。

（1）财务与非财务的平衡。对企业业绩的测评，不能只专注于财务方面，还应关注非财务方面的因素，这是一个整体，是针对传统只注重财务指标的测评方法而提出的。

（2）内部与外部的平衡。企业不但要内部运营好，更关键的是要建立顾客导向意识，因为只有顾客满意了，才会购买企业的产品或服务，企业才能实现价值。

（3）现实与未来的平衡。企业不能只关注眼前利益，检查工作时，既要对当前成果提出要求，也要对未来的发展提出要求，既要有滞后指标，又要体现超前指标，这样才能保证持续发展。

12.3.4.2 平衡计分卡的四个维度

经典的平衡计分卡把企业的总体战略目标分成四个维度：顾客维度、内部业务流程维度、学习与成长维度以及财务维度。在每个维度下又设定了与公司总体战略相关的各项指标。

（1）顾客维度。在设计平衡计分卡的顾客维度评价指标时，企业组织必须回答两个重要问题，谁是我们的目标顾客，我们为之服务的价值定位是什么。

（2）内部业务流程维度。企业必须拥有为了持续地增加顾客和股东价值必须擅长的关键流程。

（3）学习与成长维度。在平衡计分卡中，学习和成长维度是实现其他三个目标的催化剂。

（4）财务维度。它说明了从其他三个维度采取的行动所产生的经济后果。

平衡计分卡的四个维度不是任意的，这四个维度结合在一起，形成一个因果关系链，而不是机械地排列在一起。平衡计分卡这四个维度之间的关系是：①高素质的员工队伍和有意识的团队建设，将有利于员工工作效率的提高；②员工工作效率的提高，会使企业的内部运营更加顺畅，从而增加企业的经济效益，这在产品开发、管理体系和经营活动中都会有明显的体现；③高效率的内部运营，使企业提供给顾客的产品和服务更为精细和有效，大大提高了客户满意度，扩大了市场声誉并可能赢得新的市场；④有了这些基础条件，企业的核心财务目标，包括赢利水平和现金流，都会得到本质的改善和提高。

图 12-8 表示了平衡计分卡的理论模型。

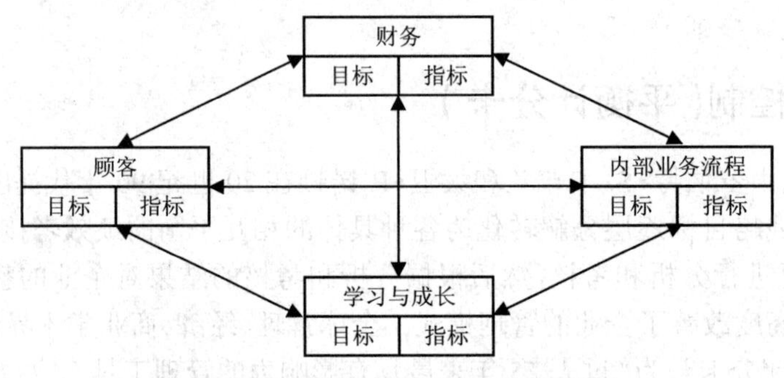

图 12-8　平衡计分卡四个维度模型

12.3.4.3 平衡计分卡实施的步骤

通过以上的论述我们可以看出，作为一个管理使用工具的平衡计分卡实际包含了一个完整的管理过程。因此，平衡计分卡的实施应该是从计划到控制，进而到偏差的纠正，再到再计划的循环过程。从成功企业的实施经验中，我们将总结平衡计分卡的实施程序如下。

1. 确定长远目标

长远目标是在一个阶段上，组织一直为之奋斗的目标。这个阶段就是制定的平衡计分卡有效作用的一段时期，它可能是一年或者更长的时间。在这一阶段内，它始终是组织或者个人的奋斗目标。随着时间的推移，成果在不断地积累。这里说的长远目标是针对平衡计分卡的有效期而言的，它不一定就是战略目标，比如有的企业相当长时间内的目标是质量进步，有时是市场扩大或品牌提升。如果针对这样的阶段制定平衡计分卡，落实到行动，则其长远目标分别是质量进步、市场扩大和品牌提升。

2. 分析发展情况

这需要分析组织的运营模式、自身优缺点、环境和资源状况，以及它们可能的变化。其中运营模式是组织达到长远目标的一系列方法，包括资源掌握、运作流程、时机把握、关键点及其成果等，它可能与行业或产业中其他企业的运营模式有相同之处，但它一定是结合了组织自身的优缺点、环境和资源状况及其变化等，具有组织和时代特色的运营模式。

3. 绘制战略地图

战略地图是说明如何达到长远目标的行动策略以及业绩之间因果关系的地图。绘制战略地图的过程就是分析运作模式、绩效板块（角度）、绩效推动因素、结果、行动和成果的周期、行动目标等方面的过程，它最主要的表象就是运作模式和绩效板块。战略地图也是在制定的平衡计分卡的有效期之内，表现为向长远目标进步的一系列行动发展及其过程。战略地图中体现按平衡计分卡模式思维的各个重点策略，称作战略主题。战略主题决定了各个板块的发展方向，下一步的策略是什么，影响到哪些方面，预计与成果之间的关系等。

4. 制作平衡计分卡

战略地图如果绘制得比较细，制作平衡计分卡就比较容易了，因此制作平衡计分卡常常与绘制战略地图同时进行。有了战略地图中的绩效板块及战略主题，即可以进一步细分行动或工作策略，据此制定绩效指标。在制定绩效指标前，先按“绩效循环系”的原理分析各个行动策略，分析这些绩效板块的目标是什么，是否有共同的属性，是否为连续性的行动，有无变化等。然后再考虑量化和测评方式等因素，制定绩效指标。

5. 分解绩效指标

平衡计分卡的指标是这张“卡”的总指标。这些指标常常是比较粗一级的指标，不能直接得到数据或者还不能直接指导具体行动，这就需要将指标分解细化。最简单的方式就是按指标的组成部分进行分解，即下级指标之和是上级指标。复杂一点的方式是按关键绩效板块指标 KPI 分解的方式，应用关键成果领域（KRA）法、关键成功因素（CSF）法、关键策略目标（KSO）法、关键业务板块（KBA）法、综合分析法找主要因素（PF）等等，使指标细化至能够满足使用的需要，

6. 依据指标制订计划

环境的变化和未来的不确定性迫使在集体行动前要制订行动计划。指标能确定行动方向和范围。依据指标可以制定目标。指标是制订计划的依据。这种计划有资源分配的成分，也有预算的成分，它决定了整个行动的开展。

7. 用指标掌控行动

行动的目的就是得到想要的结果，而不是完成行动、做完事情。在前面阐述的体系中，我们依据长远目标、发展情况制定平衡计分卡，进而制定指标，用指标制定目标和行动计划，因此

行动的结果不能超出指标所提出的要求，也不能缺失指标的要求，否则整体长远目标就不可能实现。指标本身就是衡量工具。经常用指标测评行动过程和结果，与设定的标准进行对比，就可以发现行动或结果与要求是否相符，若不相符，则要及时做出调整，这样才不至于出现大的偏差。

8. 绩效考核

绩效考核是针对平衡计分卡设定分解的指标做一次总的检查，以评估事情做得如何，达到要求与否，达到什么程度，给出一个以事实为依据的结论。指标控制行动注重检查过程，绩效考核检查的是阶段性结果，这个成果出来后，已经成为事实，行动者和结果需求者都将为此承担责任。绩效考核的内容、方式都必须在行动开始前确定下来并保持不变，考核的结果既体现了“衡量什么就得到什么”这个原则，也体现了行动过程的最终影响。

9. 修正平衡计分卡

绩效考核时的环境资源状况与设计平衡计分卡及其指标时的状况肯定不一样。绩效考核可能有三种结果：①与原设想一致；②未达到原设想的要求；③超过原设想的要求。这时就必须根据绩效考核的情况来理性地分析行动过程的得失，调整下一步平衡计分卡及其指标的滚动。可调整的依据有：环境的变化、资源的变化、目前积累的成果状态、行动能力的变化、过去设计的失误等。修正平衡计分卡是为了使平衡计分卡更能贴切地反映发展，更有效地实现目标。

12.3.5 经营审计

审计是对反映企业资金运转过程及结果的会计记录和财务报表进行审核、鉴定，以判断其真实性和可靠性，从而为控制和决策提供依据。根据审查主体和内容不同，可将审计划分为三种主要类型：①由外部审计机构的审计人员进行的外部审计；②由内部专职人员对企业财务控制系统进行全面评估的内部审计；③由外部或内部的审计人员对管理政策及其绩效进行评估的管理审计。

12.3.5.1 外部审计

外部审计是由外部机构（如会计师事务所）选派的审计人员对企业财务报表及其反映的财务状况进行独立评估。为了检查财务报表及其反映的资产与负债的账面情况与企业真实情况是否相符，外部审计人员需要抽查企业的基本财务记录，以验证其真实性和准确性，并分析这些记录是否符合公认的会计准则和记账程序。

外部审计实际上是对企业内部虚假、欺骗行为的一个重要而系统的检查，因此，起着鼓励诚实的作用。由于知道外部审计不可避免地要进行，企业就会努力避免去做那些在审计时可能会被发现的不光彩的事。

外部审计的优点是审计人员与管理当局不存在行政上的依附关系，不需看企业经理的眼色行事，只需对国家、社会和法律负责，因而可以保证审计的独立性和公正性。但是，由于外来的审计人员不了解内部的组织结构、生产流程和经营特点，在对具体业务的审计过程中可能遇到困难。此外，处于被审计地位的内部组织成员可能产生抵触情绪，不愿积极配合，这也可能增加审计工作的难度。

12.3.5.2 内部审计

内部审计提供了检查现有控制程序和方法能否有效地保证达成既定目标和执行既定政策的手段。例如，制造质量好、性能好的产品是企业孜孜以求的目标。这不仅要求利用先进的生产工艺和高素质工人，而且对构成产品的基础——原材料提出了很高的质量要求。这样，内部审计人员在检查物资采购时，就不仅限于分析采购部门的账目是否齐全、准确，而且还需测定材料质量是否达到要求。

根据对现有控制系统有效性的检查，内部审计人员可以提供有关改进公司政策、工作程序和方法的建议，以促使公司政策符合实际，工作程序更加合理，作业方法被正确掌握，从而更有效地实现组织目标。

内部审计有助于推行分权化管理。从表面上看，内部审计作为一种从财务角度评价各部门工作是否符合既定规则和程序的方法，加强了对下属的控制，似乎更倾向于集权化管理。但实际上，企业的控制系统越完善，控制手段越合理，越有利于分权化管理。因为主管们知道，许多重要的权力授予下属后，自己可以很方便地利用有效的控制系统和手段来检查下属对权力的运用状况，从而可能及时发现下属工作中的问题，并采取相应措施。内部审计不仅评估了企业财务记录是否健全、正确，而且为检查和改进现有控制系统的效能提供了一种重要的手段，因此有利于促进分权化管理的发展。

虽然内部审计为经营控制提供了大量的有用信息，但在使用中也存在不少局限性，主要表现在以下方面。

（1）内部审计可能需要很多的费用，特别是进行深入、详细的审计时。

（2）内部审计不仅要搜集事实，而且需要解释事实，并指出事实与计划的偏差所在。要能很好地完成这些工作，而又不引起被审计部门的不满，需要对审计人员进行充分的技能训练。

（3）即使审计人员具有必要的技能，仍然会有许多员工认为审计是一种“密探”或“检查”工作，从而在心理上产生抵触情绪。如果审计过程中不能进行有效的信息和思想沟通，那么可能会对组织活动带来负激励效应。

12.3.5.3 管理审计

外部审计主要核对企业财务记录的可靠性和真实性；内部审计在审计基础上对企业政策、工作程序与计划的遵循程度进行测定，并提出改进企业控制系统的建议；管理审计的对象和范围更广，是对企业所有管理工作及其绩效进行全面系统的评价和鉴定。管理审计虽然也可组织内部的有关部门进行，但为了保证某些敏感领域得到客观的评价，企业通常聘请外部专家进行审计。

管理审计是利用公开信息从反映企业管理绩效及其影响因素的若干方面将企业与同行业其他企业或其他行业的著名企业进行比较，以判断企业经营与管理的健康程度。

反映企业管理绩效及其影响的因素主要有以下几个。

（1）经济功能，即检查企业产品或服务对公众的价值，分析企业对社会和国民经济的贡献。

（2）企业组织结构，即分析企业组织结构是否能有效地达到企业经营目标。

（3）收入合理性，即根据赢利的数量和质量（指赢利在一定时期内的持续性和稳定性）来判断企业赢利状况。

(4)研究与开发,即评价企业研究与开发部门的工作是否为企业的未来发展做了必要的新技术和新产品的准备,管理当局对这项工作的态度如何。

(5)财务政策,即评价企业的财务结构是否健全合理,企业是否有效地运用财务政策和控制来达到短期和长期目标。

(6)生产效率,即保证在适当的时候提供符合质量要求和数量要求的产品,这对于维持企业的竞争能力是相当重要的。因此,要对企业生产制造系统在数量和质量的保证程度以及资源利用的有效性等方面进行评估。

(7)销售能力,即影响企业产品在市场上顺利销售的能力。这方面的评估包括企业商业信誉、代销网点、服务系统以及销售人员的工作技能和工作态度等。

(8)对管理当局的评估,即对企业的主要管理人员的知识、能力、勤奋、正直、诚实等素质进行分析和评价。

管理审计在实践中遭到许多批评。其中比较重要的意见认为,这种审计过多地评价组织过去努力的结果,而不致力于预测和指导未来的工作,以至于有些企业在获得了极好的管理审计评价后不久就遇到了严重的财政困难。

与此同时,更多学者认为,管理审计不是审计一两个容易测量的领域,而是对整个组织的管理绩效进行评价,因此可以为指导企业改进管理系统的结构和工作程序提供参考。

知识点

控制是监视各项活动以保证它们按计划进行并纠正各种重要偏差的过程。管理者在对已经完成的工作与计划所应达到的标准进行比较之前,并不知道部门的工作是否正常。一个有效的控制系统可以保证各项行动的完成是朝着达到组织目标的方向进行。

控制过程可以划分为四个步骤:①建立标准;②衡量实际绩效;③确定偏差范围;④采取管理行动。

控制的方法包括:预算控制、作业控制、程序控制、战略控制(平衡计分卡)以及经营审计。其中,作业控制包括对供应商的控制、库存控制、质量控制和成本控制。

预算是有效地组织短期计划和控制的重要工具。企业未来的几乎所有活动都可以利用预算进行控制。

预算控制是保证组织活动正常开展、实现目标的前提。预算控制是做好整个控制工作的关键。

平衡计分卡是由罗伯特•S. 卡普兰和大卫•P. 诺顿在 20 世纪 90 年代提出来的一种战略控制方法,它将企业战略目标逐层分解转化为各种具体的相互平衡的绩效考核指标体系,并对这些指标的实现状况进行分析和考核,然后根据分析和考核的结果对企业的整个经营过程进行持续改进,从战略高度改善了企业的管理模式。

思考题

1. 在管理中控制的作用是什么?

2. 为什么在控制过程中“衡量什么”比“如何衡量”更关键?
3. 反馈控制的优点和缺点各是什么?
4. 有效控制的原则包括哪些?
5. 控制的要素有哪些?
6. 简述预算的作用及缺点?
7. 决定全面质量管理成败的因素是什么?
8. 试述程序控制的作用、失灵的原因及改进方法。
9. 简述审计的概念及其主要类型。
10. 平衡计分卡作为一种战略控制工具,其核心思想和关键维度是什么?

第 13 章　风险与危机管理

学习要点

通过学习本章的内容,学生能够:

1. 熟悉风险管理的含义及类型;
2. 解释危机的定义及发展过程;
3. 熟悉风险分析的方法;
4. 对比各种风险应对的方法,选择适当的对应方案;
5. 试分析危机管理的芬克模型和 4R 模型。

课前引例

济河焚舟:*ST 舜船破局债务危机

*ST 舜船的前身是江苏省机械进出口公司的船舶部,在广阔的市场前景和强大的政策支持下, *ST 舜船进入快速发展期,于 2011 年成功在深圳交易所上市,一时风光无两。然而,全球金融危机大爆发, *ST 舜船受到巨大的冲击。为了补充流动资金,在 2012 年发行了 7.8 亿的 12 舜天债; 与此同时, *ST 舜船与南通明德重工有限公司成了合作伙伴。但明德重工因业绩连续亏损,并于 2015 年宣告破产,进一步打击了 *ST 舜船。*ST 舜船自 2014 年开始连续亏损以来,对外借款回收逾期和债务损失大幅增加,企业的资金链迅速恶化,从 2015 年下半年开始, *ST 舜船的造船业务基本停滞,多笔融资出现融资款逾期问题,船舶业务已经不具备持续经营能力,公司岌岌可危。此时,董事长张顺福认为只有进行改革才能最大限度地保住母公司国信集团的利益。通过认债为主、釜底抽薪、双管齐下、债务重组与资产重组同时进行等举措,最终通过信托公司曲线上市解决了公司的债务危机,实现了公司的飞跃发展。

案例来源:中国管理案例共享中心

思考题 如何看待 *ST 舜船预防与处置危机的过程?

13.1　风险管理概述

在高度市场化和国际化的社会中,组织的生存和发展很大程度上依赖于它所面临的环境。环境中事物的不确定性和事件的突发性,给组织的生存和发展带来很多风险与危机。如何识别和管理风险、如何预防和处置危机,是管理者必须面对的职责。

13.1.1　风险与风险管理

所谓风险就是指在给定的情况下和特定的时间内，实际发生的结果与预期目标之间的差异程度。这种差异一般是由于事物的不确定性造成的，譬如，能否在规定的时间内生产出计划数量的某种产品等等。一般来讲，风险具有客观性、偶然性、不确定性和可度量性等特性。

风险管理是一种决定如何对待和规划风险的管理活动，主要包括风险管理计划、风险识别、风险分析和评价、风险处理和风险监控等。风险管理就是一种在降低风险的收益与成本中进行权衡取舍的过程，也是一种主动与预先性的管理模式。合理的风险管理要做到的不仅仅是要减少风险发生的可能性，更要减少风险发生以后的影响和给企业带来的损失。

13.1.2　风险的类别

所谓风险管理就是对潜在的风险进行识别、度量、应对、监控和处理的系统的管理过程。如何妥善地处理这些潜在的风险是风险管理人员最主要的工作，一般来讲，风险管理的主体是经理和主管等，但是广泛地说风险管理是贯穿于整个企业发展进程中的管理，因此需要全体利益体共同进行管理。通过这个过程，要达到的效果就是将积极因素所产生的风险影响最大化，把消极因素产生的风险影响最小化。

对于不同的企业，风险管理的具体方法和流程也是不尽相同的，而不同的外部环境的变化和企业发展进程的变化，对于风险管理的影响方面也是千差万别的。因此，风险管理首先就要针对企业本身的特性进行规划，继而再进行风险分析和处理的后续工作。

风险分类和产生的原因一般根据管理的性质不同而不同，具体描述见表 13-1。

表 13-1　风险分类

风险	风险因素
管理风险	管理体制不健全 管理人员质量意识差 管理人员管理协调能力不足 管理领导分工不明
技术风险	设计存在偏差，与实际不符 核心技术开发能力差 技术部门不按计划行事 工序计划方案不合格
经济风险	市场经济变化导致一方或双方违约 转包和分包风险 资金落实不到位，影响项目建设 原材料、劳动力等价格变动 合同双方经济状况发生巨大变动
时间风险	进度控制不合理 工序安排不合理 工时计算错误 随意压缩工期

续表

风险	风险因素
环境风险	自然环境剧烈变化 政治环境变化 不可抗力 季节性变化

13.2 风险识别与管理

风险管理一般是一个全生命周期的管理，在一项经营活动开始之前就要进行详细的风险管理规划，并且在进行过程中，不断识别风险、评价量化风险、应对风险和控制风险，在整个生命周期内不断循环这样的风险管理过程，对整个经营活动全部风险进行有效的管理和记录。

13.2.1 风险规划

该阶段是风险管理的总体方针的计划阶段，也是整个风险管理的基础环节。该阶段主要是针对经营管理特征和性质设计出一套实际可行的风险应对计划，在后期以这个文件为指导进行风险的识别和应对控制，并且进行记录为以后的风险管理作为指导。

13.2.1.1 风险规划概念

风险规划是制定风险识别、风险分析、风险应对和风险控制策略的基础，能确定风险管理的职责，为风险管理提供完整的行动纲领，也能确定如何在管理中进行风险管理活动，以及确定风险管理计划的制定过程。风险规划是风险管理的重要内容，也是整个过程的重要基础。良好的风险规划，不仅有利于后期风险策略的实施和整个运营管理活动的开展，也有利于不同相关者之间的沟通和员工风险意识的培训，是重要的指示性和纲领性文件。

13.2.1.2 风险规划的依据

一般制定风险规划的依据包括章程许可、风险管理政策、规定的任务和责任、利害关系人的风险容忍度、风险管理计划模板和运营管理的工作分解结构等。

13.2.1.3 风险规划的制定方法和内容

风险规划的制定通常是采用风险规划会议的方式，各个干系人通过参与会议直接参与到规划的制定之中，各抒己见、互相协商沟通，进而制定出最终的风险管理规划。

风险管理规划的制定工具一般是风险管理模板，将模板直接应用到实践之中，会议的主要内容是规划出某项经营活动风险管理的基本流程、风险管理的基本原则、风险管理的具体政策、风险管理中各方的责任和义务、风险管理中争端的解决方式等内容，并且要将风险管理与该经营活动时间管理、进度管理和资源管理等有机地结合在一体，实现整体管理，利于该经营活动的健康发展。

13.2.1.4 风险规划的成果

风险规划的成果是一份风险管理规划，一般风险管理规划主要包括风险管理方法、各个时期的风险管理、风险管理相关者责任和义务、风险管理的预算、风险管理规划的说明、风险报告格式和内容、风险跟踪评价等内容，具体内容如表 13-2 所示。

表 13-2 风险规划成果

规划内容名称	具体内容
风险管理方法	确定开展风险管理的方法、工具和数据来源
风险管理时间规划	确定在生命周期内进行风险识别、度量和采取应对措施的周期 在不同的时间段内区分不同的风险，合理平衡风险和成本之间的关系
风险管理相关者责任和义务	确定风险管理各项活动的领导者、支持者和风险管理小组的责任和义务 对风险管理人员的培训规划
风险管理预算	规划安排好风险管理所需要的资金，一般包括：数据收集、人力资源、购置风险分析软件和工具、风险应对等各个方面所需要的资金和资源
风险管理规划说明	确定风险度量所需的定性和定量风险分析类型、风险度量和应对的方法
风险报告格式	确定风险识别报告、风险度量报告、风险应对规划报告和风险监控报告的内容和格式
风险跟踪评价的基准文件	包括风险管理活动的文档化管理规定、风险管理工作和过程的审计规定和风险的跟踪识别和度量的规定

13.2.2 风险识别

该阶段主要是通过对工作进行检查和分析进而找出存在的潜在风险，并且对风险可能带来的影响进行合理化的估计，最后将这些风险的特征进行及时的记录以便以后进行核对和利用。该阶段对于整个风险管理效果起决定性作用，直接决定了后期人们对于风险的掌握状况和管理控制状态。

13.2.2.1 风险识别的概念

风险识别就是经理或是其他相关领域技术专家，通过对项目本身、使用者和客户的全面调查，识别可能对运营管理产生影响的风险因素，以及这些因素的特征和可能会带来的影响。

风险识别主要就是要识别存在什么样的潜在风险，形成这些风险的原因是什么，这些风险因素最后会造成什么样的影响等。这决定后期风险处理人员制定什么样的策略来降低这种风险或者如何通过这个机遇来提高相关的效率和收益。

风险的识别是一个动态持续的过程，随着企业内外部环境的变化，企业的风险因素也会随之改变。另外，随着运营管理的进行，对于风险因素的认识程度也在不断加深，因此风险管理团队要用动态的眼光随时跟进运营管理的风险识别，及时发现新的风险因素，进而完善风险管理效果。

13.2.2.2 风险识别的方法

风险识别的方法有很多种，从主观信息角度出发，一般包括假想分析法、头脑风暴法、德尔菲法和 SWOT 分析法等，从客观信息角度出发，包括系统分解法、核对表法和流程图法等。

1. 假想分析法

这是一种对于存在的不确定因素和条件进行假设，从而识别存在风险的一种方法。由于对风险识别一般是全过程的风险识别，即不仅仅是运营管理开始前的风险识别，还有运营过程的后期风险分析识别。因为风险的识别一般是运营管理开始之前就开始进行的，因此很多的不确定因素就要采取假设的方式，继而在这些假设条件下，分析运营管理过程可能存在的风险。但是实际与计划会有很多方面的变动，所以这种方法实际上就是在找出由于这些假设条件给管理带来的风险。这种方法是最根本的风险识别方法，是其他方法得以存在的重要基础。

2. 头脑风暴法

这是一种在风险识别领域比较常见的方法，这是一种没有标准规范，只是依靠专家的经验、发散性思维和创造性思维来进行的对潜在风险识别的一种方式。这种风险识别方法一般要通过会议的方式进行，并且要求与会人员都能自由发挥自己的想象力，提出各式各样的论点和意见，畅所欲言，进而达成一致意见，分析和找出所存在的各种风险。同时，相关的管理者也要充分发挥自身的管理才能对与会人员进行针对性的提问和引导，并及时根据讨论状态和管理实施状态总结风险识别的结果，帮助与会人员及时发现运营管理中存在的风险问题和这些问题产生的原因。一般在采用这种方式的时候，与会人员的积极程度和会议的论议氛围对于风险识别的效果有比较大的影响，会议要鼓励与会人员对别人的意见提出改进和建议，并且要保持一种公平的态度对待，不能恶意地提出批评和指责。

3. 德尔菲法

这是一种能够减少主观情绪的风险识别方法，这种方法的程序主要如下：首先选拔组织内部、外部的风险专家，并且这些专家并不见面，相互并不知晓了解。第二步，风险管理的负责人通过对组织整体状况进行分析，要求专家就组织风险问题进行匿名的分析。第三步，收集汇总风险专家所做出的分析报告，并对其加以整理，将整理后的结果反馈给这些专家再做分析。第四，重复以上步骤，不断综合风险分析意见，直到风险专家基本达成一致意见。

这种方法的好处是能够在分析结束后达成一个一致的意见，能够为后期的风险应对制定一个明确的目标，也能有效减少个人因素对风险识别的影响。

4.SWOT 分析

这是一种通过系统地分析组织自身状况进而识别组织存在何种风险的方式。将 SWOT 方法应用于组织风险识别领域，就是要先对组织的内部环境和外部环境进行宏观的分析，进而对组织整体进行系统的评价，最终从内部、外部两个角度得出组织存在的风险。一般来讲，组织的优势和劣势分析主要是对组织的技术成熟程度、内部的人员状况、管理能力与经验和资金来源方面的分析，组织的机会和威胁分析主要是对组织身处的外部环境的分析，主要包括外部政治环境、法律环境、市场状况和与外部相关方关系处理方面的分析。

5. 系统分解法

这种方法是基于 WBS（wrk breakdown structure）系统，通过对复杂的组织进行合理的层次划分，继而在每个子层次或子系统上识别潜在的风险，再加以综合得出组织整体存在的风险。这种方法的优点是能够将组织每个层面的风险进行细分，但是工作量较大，不适合大型复杂的组织。

6. 核对表法

这种方法一般是利用以往历史的经验和其他信息来源，制做出一份组织的风险识别清单，从而使未来的管理可以按照这份风险识别清单进行风险识别。这种方式最主要的优点就是简单方便，不用进行烦琐的信息再收集，直接根据已有的模板进行针对性风险识别。但是这种方式的缺点恰恰是这种历史经验得到的风险不能完全和现有环境一致，可能在某些方面不能完全覆盖。因此在运用这种方式识别风险时，要注意可能存在的但在清单中却没有指出的风险，这样才能保证整个风险的识别过程既简便又全面。

7. 流程图法

这种方法通过对整个管理的进行过程画出流程图，进而对流程图中各个环节进行风险识别的一种方式。这是一种结构化的风险识别方式，一般要画出组织的系统流程图（反映组织系统中各个要素之间的关系）、过程流程图（反映管理具体的实施过程以及各过程之间的因果关系）和作业流程图（反映各环节之间的顺序关系和项目输入、输出、过程变量之间的关系）。

13.2.3　风险分析

该阶段主要针对上一阶段所识别出来的风险进行进一步的分析和度量。一般风险分析包括定性分析和定量分析两种。定性分析主要是指对风险产生的原因和最可能产生的后果进行理论评述和粗略估计。定量分析是指利用统计数理分析工具对风险的大小和影响范围进行量化的分析，进而针对量化结果采取措施。一般在风险分析中可以采用两种方法之一，也可以将两者结合使用，从不同方面评价风险。

13.2.3.1　风险分析的概念

风险分析是对组织风险进行的综合分析，并依据风险对组织目标的影响程度进行风险分级排序的过程。通过系统分析和综合权衡风险的各种因素，综合评估组织风险的整体水平。

风险分析是在风险规划和识别的基础上对风险因素进行逐一量化的过程。而量化过程主要包括分析风险发生的可能性以及风险会给组织本身带来的影响和后果。通过量化找到组织的关键风险因素，确定整体的风险水平，为制定风险应对措施提供依据，以保障组织的正常进行。

13.2.3.2　风险分析的方法

风险分析的方法一般包括定性分析和定量分析两种。一般对组织风险进行分析时首先是风险的定性分析，然后在定性分析结果的基础上选择一些重要的风险项目进行定量分析。但是针对不同的组织，也可以根据自身特点选择其中一种进行分析。这两种分析方法具体比较见表 13-3。

表 13-3　风险分析方法比较

	风险定性分析	风险定量分析
定义	结合风险概率和影响进行风险排序，以便下一步深入分析和采取应对策略的风险评估过程	把风险对总体目标的影响进行量化分析的风险识别过程

续表

	风险定性分析	风险定量分析
作用	在确定的风险基础上进一步分析风险； 为制订风险应对计划提供基础； 结合风险概率和影响对风险进行排序； 为确定风险的级别提供基础	确定某项目风险发生的概率； 量化组织的风险暴露，决定组织可能需要的成本和时间的应急储备； 确定最需要关注的风险项目； 识别组织潜在的成本、进度和技术
资料来源	风险管理计划以及相关文件； 相似类型的经验； 已经识别的组织风险因素； 从组织目前状态所得到的资料； 数据的精确度； 假设前提	风险管理计划以及相关文件； 相似类型的经验； 已经识别的组织风险因素； 风险重要顺序清单； 专家判断； 模拟分析； 其他资料
分析方法	风险等级评分法； 因果分析法； 专家分析法	决策树法； 蒙特卡罗法； 损失期望值法； 敏感性分析法
分析结果	组织总体风险等级； 风险管理优先顺序； 进一步分析和管理的风险清单	量化的风险管理优先顺序； 风险发生的概率； 完成成本和时间目标的概率分析

1. 风险等级评分法

一般在进行风险度量的时候都要分析风险发生的概率和影响后果的严重程度。这种风险等级评分法将这两者有机地结合起来，并通过对这两者的分析，将风险划分为高风险、低风险和中等风险，并根据风险的不同类别选取不同的应对措施。风险评价基准是风险评价与决策的依据，是组织对风险影响评价与风险等级判断的标准。

一般管理者可以采用画出风险影响分析图的方式将风险的概率和影响后果标注出来，并将各种可能性有顺序地进行标识，将风险类别用平滑的曲线表示出来，用较直观的方式对组织的风险进行分析，举例如图 13-1 所示。

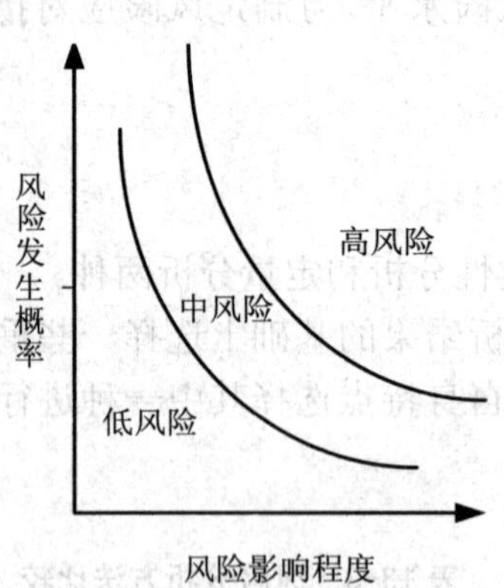

图 13-1　风险影响分析

一般来讲，高风险就是指对于组织的正常进度和质量等有比较严重影响的风险。对于这种风险，一般管理者都要进一步对其进行量化分析和风险管理，采取各种措施减缓其影响节奏。中等风险就是对于组织的正常进度和质量等有影响的风险。这种风险要引起管理者的关注，并且采取特定措施降低风险。低风险就是对组织各个方面影响较小并且出现可能性也不高的风险。这种风险在某种程度上可以忽略，但是要谨防其向中、高风险发展。所谓的中、高、低风险其实都是相对的风险。由于管理者的风险容忍度和偏好不同，对于风险等级的划分也是不同的。对于风险厌恶者可能选择将更多的风险划分为高风险，而对于风险偏好者来说，则恰恰相反。因此，要依据组织和管理者的不同，进行风险等级的划分。

在确定风险等级之后，要进行不同等级的风险分析，如表 13-4 所示。

表 13-4 不同等级的风险分析

	成本	进度	影响范围	质量
较低	增加很少	延长很少	范围很小	影响很小
低	增加幅度小于 5%	延长幅度小于 5%	范围次要部分受影响	某些特定工作受影响
中	增加幅度为 5%~10%	延长幅度为 5%~10%	范围主要部分受影响	业主需批准质量的降低
高	增加幅度为 10%~20%	延长幅度为 10%~20%	范围影响业主接受	质量影响业主接受
较高	增加幅度大于 20%	延长幅度大于 20%	产品无实际用途	产品质量不合格，不能使用

2. 专家分析法

这种方法是一种典型的利用历史资料和经验进行风险非量化分析的方法。这种方法主要依靠专家自身的经验对组织的成本、进度、质量和技术等几个方面的风险进行分析。虽然这种方法在某种程度上是一种主观判断方法，但是却是比较可靠的，因为专家一般都拥有比较可靠的经验数据。因此，对于一些大型复杂的项目，为了节约资源和时间，有时可以采取这种方式进行风险分析。

3. 因果分析图法

这种方法就是通过对于风险的结果和风险产生的原因进行逐层的分析，绘出风险因果分析图进行风险分析的方法。具体举例如图 13-2 所示。

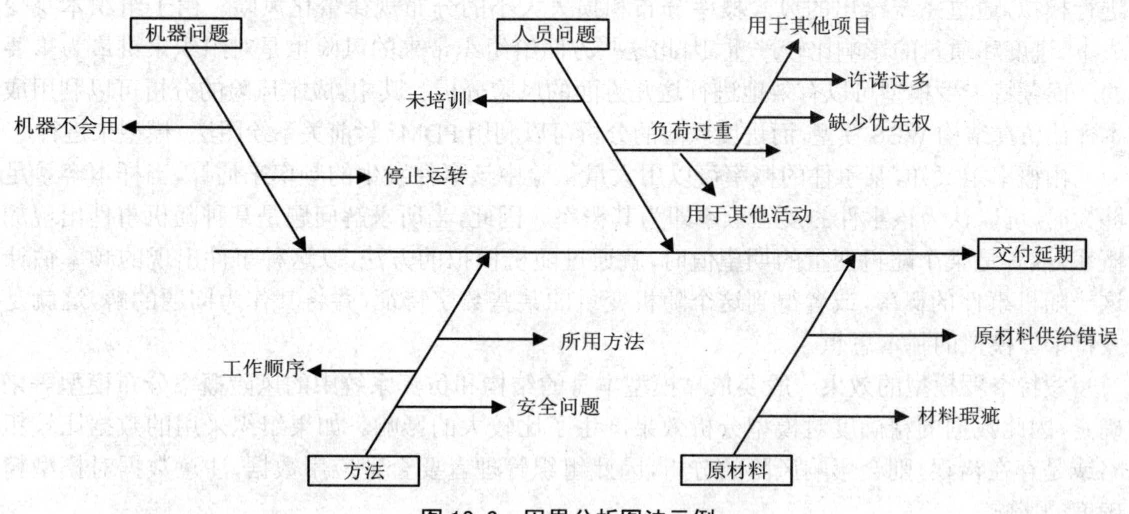

图 13-2 因果分析图法示例

4. 损失期望值法

这种方法首先要分析和估计出组织风险发生的概率和风险给组织带来的合理损失，将两者相乘得出组织的期望损失额，并据此推断度量组织风险的大小。一般在这种方法下，风险分析者要确定风险概率和风险损失。风险概率的确定一般可以依据两种方法来确定：①依据风险的概率分布曲线来确定；②利用经验和主观判断所得到的主观判断概率。风险损失的确定需要通过对风险可能发生造成的损失进行估算。

风险损失值一般是风险发生概率与损失估计相乘的结果，即

$$E=\sum_{n=1}^{i}(P_i\times S_i) \tag{13-1}$$

其中，E 是风险损失期望值，i 是第 i 种可能风险因素，P 是风险发生的概率，S 是项目风险损失的大小。

5. 敏感性分析法

这是一种分析风险对组织影响程度的方法，是在假定其他风险影响因素都处在正常水平的情况下，分析某个风险影响因素的变化对组织的目标和收益的影响程度。这种方法能够帮助风险管理者确定哪种风险因素对组织的收益和目标产生比较大的影响，从而有利于风险的管理和组织资源的合理利用。

6. 决策树法

决策树法是一种常用的风险分析的决策方法。这种方法利用树形图来描述各种可能性因素对组织造成的影响程度。这是一种将复杂问题简单化的方法。这种方法的计算是以期望值为基础的，一般对于组织的某个环节，会有不同的几种方案供组织管理者选用，而任何一种方案都会有不同的风险。在这种条件下，决策者就需要利用决策树标识出各种可能出现的情况，并且计算出每种情况下的可能损失或收益，从中选择损失值最小的实施。

7. 蒙特卡罗法

这是应用在风险管理领域的一种模拟仿真方法。这种方法依靠计算机建立模型去分析和量化组织的风险。它通过模拟仿真系统对影响组织的各个潜在风险因素以及相应产生的影响进行模拟，通过系统给出的风险概率分布和损失大小的分布规律量化风险。由于组织本身受成本、进度和质量的影响比较严重，因此这些方面给组织带来的风险也是对组织来讲最为重要的。而蒙特卡罗模型可以有效地进行这几方面的风险分析。其中，成本风险的分析可以利用成本评估仿真结构 WBS 模型，而进度风险的分析可以利用 PDM（紧前关系绘图法）模型来进行。

由概率定义知，某事件的概率可以用大量试验中该事件发生的频率来估算，当样本容量足够大时，可以认为该事件的发生频率即为其概率。因此，当所求解问题是某种随机事件出现的概率，或者是某个随机变量的期望值时，就通过随机模拟的方法，以这种事件出现的频率估计这一随机事件的概率，或者得到这个随机变量的某些数字特征，并将其作为问题的解，这就是蒙特卡罗模拟的基本思想。

蒙特卡罗模型的效果一般要依靠模型本身的结构和仿真系统中的风险概率分布模型等来确定，因此数据的精确度对模型分析效果产生了比较大的影响。如果组织采用的数据比较粗略或是存在错误，则会影响风险的分析，因此组织管理者要合理应用数据，注意数据对模型精确度的影响。

13.2.4　风险应对

该阶段主要任务是根据风险识别和风险分析评价得出的结论制定具体的风险管理措施，以及对于内部资源的调配和运用。该过程主要是要解决风险应对工作由谁来完成、怎么完成、什么时间完成、在哪里完成等方面的问题。对于风险管理应对措施，主要有风险规避、风险转移和风险自留等几种方式。一般风险管理者要首先选择适合组织的风险应对方式，并且尽量准确估计这样的措施能够给组织带来的风险损失和收益之间的关系，尽量保持在最佳点对风险进行控制和解决。

13.2.4.1　风险应对的概念

风险应对就是对风险提出处置意见和办法的过程。通过对风险的识别和分析，针对风险因素制定规避或是降低风险损失的措施。一般要从降低风险发生概率、改变风险性质和减少风险带来的影响三个方面着手制定风险应对策略。对于不同的组织和管理者，有不同的风险管理应对措施，管理者可以依据实际情况综合运用。

13.2.4.2　风险应对的方法

1. 规避风险

所谓规避风险就是某个环节的风险概率很高或者对组织的影响非常严重，而组织管理者选择放弃这个环节或者改变组织的目标或者技术方案、进度方案和设计方案等方式来从根本上降低风险的一种风险应对措施。规避风险是一种将高风险降低到一个可接受风险程度的风险应对方式，一般在以下三种情况下使用：①组织客观上对这个环节的要求不高，必要性和风险性不成比例；②高风险存在的环节存在另外的替代环节；③风险对于组织来讲难以承受。

规避风险是一种有效地降低组织风险的方式，一般可以采用多种手段措施实施，具体如下。

（1）组织可以多收集关于风险部分的信息资料，制定相关措施和政策来采取有效的控制以规避风险。

（2）组织可以通过对风险规划进行合理调整，制订一系列的应急计划来规避风险。

（3）通过放弃整个环节来规避风险，但是这是一种风险应对措施中的较为极端的做法，一般只有在风险十分严峻而难以掌控或环节的实施会有不可想象的后果时才得以利用，因为这样做不仅仅会使组织丧失经营活动的良好发展机会，还会使得组织损失大量的资源和时间，影响组织未来的发展。

组织选取规避风险这种方式应对风险要结合组织特点和风险性质进行，因为这种方式在某种程度上还存在局限性。在实际管理中，很多风险是组织必须面对不能规避的，并且这种风险的规避也可能引起其他风险的产生，有可能产生得不偿失的效果，因此只有在组织受这种风险影响难以继续进行的情况下才能考虑用这种方式应对风险的发生。

2. 转移风险

所谓风险转移就是组织通过合同或者协议等形式对风险的再分配。在风险发生的时候，将风险的一部分转移给第三方，从而降低风险的方式。转移风险不是一种根本上消除风险的方式,而是将风险与风险承担者之间的关系进行再划分的方式,一般用在风险发生概率小,但风险后果严重的项目上。在转移风险的领域一般要确定的就是是否要转移风险、将风险转移给谁和转移多少风险这三个问题。

一般来讲,风险转移主要有以下两种方式。

(1)保险和担保。保险是风险转移中最常用的方式,就是风险管理者向保险公司缴纳一定金额的保费后,当组织发生风险时,由保险公司负责赔偿,即将风险转嫁给了保险公司。而担保是指项目管理者找银行或者其他金融机构为项目进行担保,但是业主要缴纳部分的担保金,在担保后,一旦项目由于承包商的行为产生了风险,业主就将风险转嫁给了银行或者其他金融机构从而避免了自身损失。

(2)合同条款。双方可以在签订的合同中明确规定好双方的风险承担义务,一般业主方会选择签订固定价格合同将风险转移给承包方,而承包方为了得到风险补偿一般会要求比较高的承包价格,这样业主也在成本上承担了部分风险。

3. 风险自留

所谓风险自留就是管理者承认风险的存在并且主动承担这些风险。风险自留是与风险转移相对的风险应对方式。它是组织内部将风险留下,并采取内部控制措施来化解风险的方式。这种方式一般不改变风险的性质、发生概率和风险的潜在损失,一般应用在那些发生概率比较低而且对组织的影响比较轻微的风险上。因为这种风险不会造成巨大的损失,所以管理者选择将这种风险自留给组织本身,但是自留并不代表完全忽视,组织一般还会预留部分资源和时间给这部分风险以预防突发事件的产生。

一般风险自留分为有计划的风险自留和无计划的风险自留。有计划的风险自留是指组织已经识别和分析相应的风险,但组织选择运用组织内部的资源对风险加以控制,这是一种重要的风险管理措施。无计划的风险自留是指组织没有识别出风险的存在或者在保险过程中风险难以投保等现象造成组织内部要承担风险的情况,这不是一种风险管理措施,有时可能会对组织造成部分影响。

13.2.4.3 风险应对方法选用的影响因素

前面已经介绍了风险管理领域最主要的三种风险应对方法,但是由于组织与管理者的特性不同,针对哪种风险选取哪种风险应对策略是要研究的重点问题。

一般在确定风险应对措施时要考虑以下几个因素。

1. 风险的特征

这是确定组织应对措施最基本的因素,譬如对于组织的技术风险和成本风险就要选择不同的风险应对措施,再有的,风险大小的不同,也会影响风险应对措施的选择。

2. 管理者的风险偏好

这是风险应对措施选择的一个重要的主观影响因素,一般,由于管理者的风险容忍度不同,其所选择的风险应对措施也会不尽相同。譬如针对同一风险,风险爱好者一般会选择风险自留,而风险厌恶者会选择风险规避。

3. 自身抵抗风险的能力

这也是确定风险应对措施的主要依据之一。组织本身能抵抗的风险能力是组织能承受风险的最高限制,超过这个限制,就会影响组织的正常运行。而自身抵抗风险的能力一般可以由组织人员承受风险能力以及组织资源风险抵抗能力等构成。

4. 潜在报酬

对于管理者来说，经营组织和管理风险都是为了增加组织的利润，而选择了正确的风险应对措施会大大增加组织的潜在报酬，因此潜在报酬是风险应对措施选择的重要依据。

13.2.5　风险控制

该阶段主要包括两方面的内容：①对于风险应对措施实施效果的控制和改进；②对风险进行进一步的识别和衡量，发现新的风险，及时将风险纳入风险管理循环系统之中。该过程是一个动态持续的过程，也是对风险管理效果起决定性作用的一步。

13.2.5.1　风险控制的概念

风险控制是一个系统的风险追踪过程，是指在组织整个过程中根据风险管理计划和组织实际发生的风险和组织的发展变化所开展的各种监督和控制活动。这个过程是贯穿在组织的全生命周期之中的持续进行的过程，它一般可以用来跟踪已经识别出来的风险、尽早识别和度量组织的剩余风险、不断发现新风险、修订风险管理计划、评估风险应对措施的应对效果和吸取已经完成部分的风险管理经验。

风险控制过程是一个动态发展的过程，它的存在能够帮助组织管理者主动及时地获取关于风险方面的信息，及时做出风险管理的部署和计划，防患于未然。

13.2.5.2　风险控制的技术

进行风险控制，一般要应用专门的技术，主要包括种类如表 13-5 所示。

表 13-5　风险控制技术

技术名称	内容	用途
EV（挣值）	采用标准成本 / 进度对实际执行的成本 / 进度进行比较评估	检查风险应对效果
行为标准	对运营过程进行周期性的评估	控制关键过程评估中显现的矫正行为
进度绩效控制	采用进度表中数据与实际状况进行比对	评估风险应对行为是否良好
TPM（技术绩效测度）	利用工程分析和检测，评估关键性参数	产品设计评估技术

13.2　危机与危机管理

13.2.1　危机概述

13.2.1.1　危机的定义及发展过程

在西方，“危机” 的概念最初来源于希腊，并被普遍用于医学领域。作为一个医学术语，它是指人濒临死亡、游离于生死之间的状态。后来,这个词的含义不断扩展。“crisis”这个词在希腊文中为“crimea”,其意义为“决定”。因此,危机是决定性的一刻、关键性的一刻,是一件事情的转机与恶化的“分水岭”,是生死存亡的关头,是一段极不稳定的时间和极不稳定的状况,是一种迫切需要立即做出决定的变革的状态。

《现代汉语词典》中对“危机”的解释是:潜在的危险,严重困难的关头。危机指的是险境、灾难和时机、转机。危机是一种客观存在的社会现象,在社会的各个领域均可发生,通常有一定的社会影响。目前我国学界大多借用外国学者罗森塔尔的定义:危机是指对一个社会系统的基本价值和行为准则架构产生严重威胁,并在时间压力和不确定性极高的情况下必须对其做出关键性决策的事件。另外,国内关于危机的不少的称呼,比如“突发性事件”“突发性危机”“紧急事件”等。

在高度市场化的社会中,组织的生存和发展很大程度上依赖于它所面临的环境,以及企业与这种环境之间良好的公共关系。企业自身基本条件、外部支持等,这些因素共同构成的组织生态系统是一个开放的、动态的竞争环境,一个充满随机性、多元性和非均衡的“场”。任何部分出现不和谐冲突都有可能使组织面临危机,严重威胁组织的生存。

危机事件的发展过程可分为三个阶段:危机前阶段、危机阶段与危机后处理阶段。这体现了危机发展的一个循环周期。对危机管理过程的各个阶段应当采取什么策略和措施,有哪些需要注意的问题,如何尽可能地将危机事件的发生控制在某一个特定的阶段,使它不向性质更为严重的下一阶段演变,防止危机扩大,减少损失,这是危机管理需要解决的问题。

在危机管理的各个阶段中,危机发生前管理最为重要。具体来说,要做到危机事件的预防、预警和预控,以防止危机的发生,或者减轻危机发生的后果。在某种程度上,危机状态的预防以及危机升级的预防比单纯的某一特定危机事件的解决显得更加重要,因为,如果能够在危机未发生之前就及时把产生危机的根源消除,则均衡的社会秩序就能够得以有效的保障,组织可以节约大量的人力、物力和财力。

13.2.1.2 危机的特点

危机的发生具有必然性和普遍性、突发性和渐进性、破坏性和建设性、紧迫性和关注性等特点。

1. 必然性和普遍性

危机的必然性是指危机是不可避免的,只要有公共关系就会有危机。任何一个社会组织在其发展过程中都会遇到性质不同、表现形式各异的危机。危机之于组织就像感冒发烧之于人体一样普遍,是组织在其运行过程中由于内部或者外部原因所引发的不可控的状态,这种状态迫使组织向更好的方向发展和改进,接受来自社会各种群体要素的监督和“审视”。

2. 突发性和渐进性

危机事件是一种突发性事件,但往往是渐进形成的。它的发生常常是在意想不到、没有准备的情况下突然爆发的,在某种程度上具有不可预测性。这些事件容易给组织带来混乱和惊慌,使人措手不及。尤其是由于外部原因造成的危机,更是组织始料未及或难以抗拒的。如果对事件没有任何准备,就有可能造成更大的损失。多数情况下,危机都有自身的潜伏期、发展期、爆发期和影响期等阶段。危机爆发之前,会多次以不同的信号预警提示组织管理者需要改善产品或者服务，以防止危机进一步地向不好的方向发展、造成更大的损失。

3. 破坏性和建设性

危机事件是一种公共事件。任何组织在危机中采取的措施或行动失当，都将使组织的形象和信誉受到打击，甚至危及生存。一方面，危机事件在本质上或事实上对社会组织产生的破坏性是巨大的，因此，组织必须及时采取措施防范和制止危机事件的发生。另一方面，危机事件的发生，暴露了组织中存在的问题，给组织提供了一个自审的机会。组织可以采取措施，解决存在的问题，完善相关制度，树立良好形象，建立富有竞争力的声誉。因此，危机处理得当，对组织来说具有一定的建设性意义。

4. 紧迫性和关注性

危机一旦发生，就有飞速扩张的趋势，就会像一颗突然爆炸的“炸弹”，在社会中迅速扩散开来，对社会和组织造成不可忽视的冲击。因此，应对和处理危机事件的行为具有很强的时间限制。危机爆发所造成的巨大影响，令人瞩目。组织危机公关常常会成为社会和舆论所关注的焦点、讨论的话题，成为新闻界争相报道的内容，成为竞争对手发现破绽的线索，成为公众批评的对象。有研究表明，在危机事件中，危机影响越大，公众记忆就越深刻，持续关注度也就越高。因此，组织在危机处理时，要格外及时与真诚，争取化解危机于危机前期。

13.2.2　危机的预防

组织危机的来源多种多样，因此危机的预防也需要从各个方面展开。一般说来，危机的来源一般分为内因和外因，前者是组织自身的原因，如生产、运营、人事、管理、财务等方面出现了问题；后者是组织外部环境出现了不利因素。归纳起来，导致危机产生的内因外因主要包括以下几种。

1. 不可抗力因素

企业外部的自然环境和社会环境发生了不可抗拒的变化，使企业陷入危机之中。如地震、洪水、台风等自然灾害，战争、政变等社会因素，这些因素都是企业难以抵制的，只能依靠自身能力和条件减少在突发事件中的损失。

2. 社会公共卫生危机事件

社会公共卫生危机事件是指造成或可能造成社会公众身心健康损害的重大传染病、群体性不明显原因疾病、重大食物和职业中毒以及因自然灾害、事故灾难或社会安全事件等引起的严重影响公众身心健康的公共卫生事件。

3. 恶性竞争引发的危机

在激烈的市场竞争中，有些企业为了达到自身的经济目的，采取不正当竞争手段，通过造谣、假冒、坑蒙拐骗等来损害竞争对手的利益，从中牟利。这是一种扰乱社会经济秩序的不法行为。恶性竞争在企业发展过程中是一种不可忽视的外部环境，也是引发严重危机事件的一个重要因素。

4. 代言人不当言行引发品牌危机

当企业在聘用代言人的时候，代言人的行为就和企业的形象紧密地联系在一起。代言人的不当行为甚至是犯罪行为，常常导致企业的品牌形象承受连带风险，造成品牌形象危机。著名文艺评论家、北京电影学院教授崔卫平认为，在一个片子中，演员的作用不是决定性的，电影能够发行，首先就通过了审查部门的审查，如果影片有问题，首先是影片的审查部门有责任，而不能把虚构的角色和现实生活中的演员联系起来。但不管怎样，对于企业而言，其刚刚选用的代言人如果一夜之间被电视台全面禁播，经济损失和声誉影响将不言而喻。

5. 组织内部的重大事故

企业发生重大事故，如生产事故、运输事故、消防事故等，具有相当轰动的新闻效应，不仅涉及企业本身的利益，往往还牵涉周边社会公众和公共环境的安全。

6. 产品质量和服务出现问题

在引发企业危机事件的各种问题中，产品质量和服务问题最为常见。企业产品的质量遭到消费者的投诉，如果处理不当，很容易使个别消费者的不满情绪通过媒体传播扩散到更多社会公众那里，产生大面积的负面影响，从而造成企业危机。这一原因是导致大多数企业声誉受损甚至破产的关键因素。如三鹿奶粉事件、双汇火腿肠瘦肉精事件等。

7. 生产经营管理问题

企业由于内部生产经营管理发生问题，使得公众对企业未来发展前景产生怀疑。特别是客户、经销商、银行等合作伙伴的疑惑，会使企业赖以正常经营的资金链陷入断裂危机，从而引发雪崩式的破坏后果。

8. 组织内部的人事管理出现问题

企业人事问题原本是企业内部的问题。随着股份化，企业成为公众利益体，企业员工维权意识逐渐增强，媒体对企业内部管理问题的关注也增强了，近年来出现了越来越多的由于人事问题而引发的公关危机，比如富士康“十连跳”。

9. 企业组织的宣传中出现文化冲突问题

产品宣传引发与本地文化的冲突，也属于危机的导火线之一。这种文化冲突对当地公众的民族自尊心造成一定的伤害，使得市场对所宣传的产品及其生产厂商产生一定的抵触情绪，而且这种心态具有煽动性，也会引起相关部门的关注。如果厂商置之不理，事态逐渐扩大，甚至会产生严重的后果。尤其是在民族大义面前，一般认为，个人利益必须服从民族利益。

10. 企业不当言论导致公众不满

企业中某些代表人物对外发表个人观点，一旦这些观点和社会公众的认知产生偏差而引起公众不满，这种负面情绪就会直接辐射到企业，给企业的形象带来危机。

组织在危机预防方面，尤其要密切关注导致组织危机的关键因素，将自我审查制度化和规范化，及时发现组织管理、运营过程中存在的问题，将危机遏制在萌芽阶段。

13.2.3 危机的处置

危机事件发生后，企业的公关人员要在第一时间迅速反应，联合有关部门调查分析，全面了解事件的起因、经过和公众的反应，遵循坦诚沟通、公众利益至上的原则，制定危机公关方案并迅速行动，以减少危机事件给企业带来的负面影响，恢复、重建企业形象。

13.2.3.1 成立危机公关团队

危机发生后，企业要在第一时间成立专门处理危机事件的团队，这个团队成员组合要视危机的程度而定，如果是中度或重大危机，就需要企业的管理高层直接参与到团队中来。危机管理团队包括企业的公关人员、企业管理层、企业相关部门负责人和第三方顾问团队等。

危机管理团队组建之后，要在危机调查的基础上制定危机公关策略。处理公关危机要遵循“速度”“态度”和“力度”法则。

1.“速度”法则

企业要在危机发生后迅速反应。危机处理的难度往往与企业处理危机的速度成反比。企业处理危机速度越快，越能够将危机遏制于初期阶段，企业损失就越小。

2.“态度”法则

公众与媒体不仅关注事实真相，在某种意义上更关注当事人对事件的态度和反应。在危机处理过程中，企业要坚持以人为本的原则，始终将公众利益放在第一位，才能在公众面前表现出良好的社会形象，赢得公众的谅解与支持。事实上，绝大多数危机的恶化都与当事人采取了不当的态度有关，比如，冷漠、傲慢、敷衍、拖延等。

3.“力度”法则

每当公众关注某一事件时，公众的尺度往往较平时更为苛刻。因此，解决危机只有采取比平时更为严厉、更为迅速、更强有力的措施，才可能在公众面前赢得信任，昭示诚意。力度法则是态度法则的必要补充，也是问题最终获得解决的关键。“力度”法则不包括做出不切实际、无法实现的承诺。

13.2.3.2 信息收集与危机评估

从内容上看，信息收集与危机评估主要包括以下几个方面。

（1）要确认危机的性质和来源，即“危机是什么”。企业在面临危机事件的时候，首先要判明危机的来源，才能制定相应的处理对策。大多数的危机来源，可以通过危机事件的表象来初步判断。

（2）界定危机事件所涉及的公众，即“危机影响到了哪些人”。企业发生危机以后，必然面临与公众关系的失衡与冲突。在危机公关中，按照危机对公众的影响程度，可将公众分为关键公众和一般公众两个层次。危机中的关键公众是指在企业危机事件中涉及的那些关系到事态发展、决定危机公关成败的公众对象，是危机公关的重心。

（3）确认危机的影响，即“危机有多严重”。企业在进行危机公关之前，需要先确认危机的影响。危机影响包括广度和深度上的影响。广度上的影响是指危机涉及的区域，如产品质量出现问题，影响到多少区域市场、多少经销商，是否影响到相关的协会组织等。危机在深度上的影响主要是指危机在某一方面或领域所产生影响的程度，如产品质量问题造成多少退货，多少市场份额被蚕食，多少消费者表示不再购买企业的产品等。确认危机的影响并非一定得出量化的结论，有些影响不能用具体指标来量化，或没有时间进行充分的危机调查，这就需要决策者利用丰富的危机处理经验和市场经验，综合各方面的信息，对危机的影响有个大致的判断，并能据此判断出危机的级别以及企业将要启动的警备状态。

一般而言，危机分为轻度危机、中度危机和重大危机。企业根据危机的影响将其定级，并做出相应级别的危机公关行动。分级别、分层次地进行危机公关能够有效利用企业资源，实现公共资源利用的优化。如发生轻度危机时，企业不必全体进入战斗状态，只需公关人员做合适的处理即可。但是发生重大危机时，假如企业判断不正确，没有引起足够的重视，导致事态恶化，则会给企业造成巨大的影响。因此，决策者充分的信息和丰富的经验，是企业进行危机评估的重要依据。

13.2.3.3 设立新闻发言人制度

危机发生后，企业不仅要成为消息的第一发布人，而且要保持唯一的消息发布渠道。当企业有两个或多个声音对公众正式发布消息时，很容易产生混乱的局面，尤其是当两个声音不一样、说法前后不一的时候，更容易引起公众对企业的误解和猜疑，给公众留下一个推脱责任、撒谎、恶劣的公众形象，给危机的解决及日后企业形象的重新建立增加了难度。因此，危机发生后，建立一套发言人制度，由特定的发言人说特定的话，对于危机的顺利解决有非常重要的作用，其实际效果被越来越多的企业所印证。

新闻发言人制度是当今世界大多数国家推行的一种基本的信息发布机制。在新闻发布会上，新闻发言人全权代表本企业，通过新闻媒体向公众传递企业的声音。新闻发言人必须立足企业的观点表达预先设计好的信息。新闻发言人除应有面临复杂形势统筹兼顾、驾驭现场的本领之外，更应有运筹帷幄、随机应变的能力。

13.2.3.4 善于运用媒体公关

危机中处理媒体关系是公关人员的首要任务。在危机事件发生后，新闻媒体会站在公众的立场对整个事件进行关注和报道。新闻媒体的介入使得消息传播得更快，可以扩大消息对企业的影响。在危机事件中，新闻媒体是一个敏感的群体，企业处理不好和新闻媒体的关系，将有可能加大危机公关的难度。

新闻媒体在社会中起到了舆论监督和舆论引导的作用，会对企业所表现出来的态度和形象产生放大效应。如果企业在危机处理的过程中以社会公众利益为重，勇于承担责任，经过媒体的传播，会树立一个正面的企业公民形象，获得公众的谅解和尊重。

企业在和新闻媒体打交道的时候要本着迅速、公开、谨慎的原则，掌握信息传播的主动权。企业在危机公关中处理媒体关系需要注意以下几点。

（1）尽快准备好需要发布的信息，以应对媒体的质询。当危机发生后，企业公关人员要尽快对外发布有关背景的情况，以显示企业已有所准备；准备言辞准确的新闻稿，告诉公众发生了什么危机，企业正采取什么补救措施；配合媒体记者的工作，对记者的采访及时回复，方便记者在截稿日期前发稿。

（2）只有确切了解事故的真实原因后才能对外发布信息，不要发布不准确的信息，不要用猜测或不真实的信息来填补消息的空白，这会伤害自己的企业，还可能会导致法律问题。

（3）在必要的时候召开新闻发布会，尽可能地减轻公众电话询问的压力，做好举行发布会所需要的各项准备工作。

（4）如果新闻报道与事实不符，应及时予以指正并要求更正。要建立广泛的信息来源，与企业所在地乃至全国主流媒体、行业权威媒体及记者保持良好的关系，及时通过他们对外发布最新消息。保持冷静，无论记者的态度如何，都应尽力与之协调与合作。

（5）在传播中，避免使用行话，要用清晰的语言告诉公众有关危机的准确信息。

13.2.4　危机管理的阶段理论

在危机管理过程与阶段的理论研究中，针对危机事件发展和管理过程的各个环节出现了许许多多的阶段划分理论。最终被普遍认可并流行的观点是史蒂文·芬克和罗伯特·希斯所提出来的危机事件发展和管理过程的四阶段划分理论。他们的理论不但清楚地划分出危机发展和管理阶段，而且对整个危机管理理论的发展起到了主导性的作用。

13.2.4.1　芬克模型

在众多危机管理阶段的划分方法中，管理学家史蒂文·芬克于 1986 年通过划分危机生命周期的方式，提出了企业危机生命周期理论，即芬克模型。这一模型后来逐渐适用于公共危机的周期和管理的阶段划分，成为最为权威、影响最为广泛的危机管理理论模型之一。他在《危机管理：必然的计划》一书中写道，每个人都应当像看待和应对死亡与纳税等必然性那样来看待和应对危机的必然性，这并非出于虚弱或恐惧，而是出于你知道怎样去应对这种危机的力量，"打好命运给你的那副牌"。

芬克模型将危机管理划分为四个阶段。第一个阶段是危机征兆期（preparatory crisis stage）。这个阶段是危机处理最容易的时期，但是却最不容易为人所知。第二个阶段是危机突发期（acute crisis stage）。这是四个阶段中时间最短却感觉最长的阶段，而且它会对人们的心理造成最严重的冲击。此阶段的特征是事件的急速发展和严峻态势的出现。第三个阶段是危机延续期（chronic crisis stage）。这是四个阶段中时间较长的一个阶段，但是如果危机管理得当，将会大大缩短这一时间。此阶段主要是纠正危机突发期所造成的损害。第四个阶段是危机痊愈期（crisis resolution stage）。此时，政府或组织从危机影响中完全解脱出来，但是仍要保持高度的警惕，因为危机仍会"死灰复燃"，去而复来。

13.2.4.2　罗伯特·希斯的 4R 模型

危机管理的 4R 模型由罗伯特·希斯在其《危机管理》一书中率先提出。危机管理 4R 模型理论认为，危机管理由降低（reduction）、准备（readiness）、反应（response）、恢复（recovery）四个阶段组成。对于企业管理者来说，需要主动将危机管理工作按 4R 模型划分为 4 类，以减少危机情景（突发事件及其潜在因素）的攻击力和影响力，使企业作好处理危机情况的准备，尽力应对已发生的危机以及从中恢复。

（1）降低危机或突发事件的威胁是危机管理的核心内容。从环境、结构、系统和人员等多个方面实施风险评估，充分认识并设法降低风险，科学安排资源，可以大大缩减危机的发生及冲击力。降低风险贯穿整个危机管理过程。

（2）准备主要体现为有效地监测、预警。监测和预警系统在危机管理中是一个整体。它们监视一个特定的环境，从而对每个细节的不良变化都会有所反应，并发出预警信号。在准备阶段中，运用降低管理阶段的风险评估法可以确定监测和预警系统是否仍然有效，对不完善的地方及时进行完善，对无效的环节及时进行修正。

（3）反应指在危机或突发事件已经产生时，管理者做出什么样的行为以策略性地处置危机。危机反应管理所涵盖的范围极为广泛。以消防、紧急医疗、治安为代表的应急处置力量的工作展开，以及管理部门信息沟通、媒体宣传、相关决策的制定、灾难或危机程度的评价、与利益相关者进行沟通等，都属于危机反应管理的范畴。加强管理可以帮助管理者识别危机的根源，找到有利于应对危机的方法。

（4）恢复有以下两层意思：①在危机发生并得到控制后，着手进行的后续工作，包括物质和精神方面的恢复与提升；②在危机管理结束后的反思，为今后的危机管理总结教训，提供经验，避免重复犯错误。危机或突发事件一旦被控制，那么尽快摆脱危机的阴影，恢复常态，挽回突发事件所造成的损失就成为危机管理的首要任务。在恢复阶段，一方面，要面对危机或突发事件的挑战，分析危机或突发事件产生的影响和后果，有针对性地定制恢复工作的实施方案，恢复以往的正常状态；另一方面，也要抓住危机带来的机遇，总结经验教训，使管理水平得到有效的提高。强调管理可以对恢复计划在执行时可能产生的风险进行评估，从而避免新的风险，使恢复工作产生更高的效率。

13.2.4.3 PPRR 模型与 MPRP 模型

在史蒂文·芬克和罗伯特·希斯理论观点的基础上，出现了许许多多危机管理阶段划分的理论观点。PPRR 理论是危机管理应用比较广泛的理论之一，即危机管理过程包括预防（prevention）、应对准备（preparation）、反应（response）、和恢复（recovery）四个阶段。这一模型也被认为是危机管理的通用模式。

美国联邦安全管理委员会后来对危机管理的四个阶段进行了修订，形成了危机缓和（mitigation）、应对准备（preparation）、危机回应（response）和危机恢复（recovery）的 MPRR 四个阶段。

1. 危机缓和

危机缓和意味着在某一危机事件发生之前采取多种措施以防止危机的爆发，或者消减危机爆发时对自然、社会以及公民个人的有害影响。简而言之，危机缓和意味着在危机发生之前遏止或者遏制危机。在任何一个相对独立的危机管理链中，危机缓和都处于危机管理时间序列的首位，是整个危机管理过程的开端，是应对准备、危机回应与危机恢复的基础。危机缓和是一种前瞻性的新型危机管理行动。它包含着危机预防的环节，意味着危机管理主体在危机形成或爆发之前就已经采取相应的行动与措施，而并非在危机产生之后才实施应对举措。它是建立在某种合理预期基础之上的前瞻性的主动行为，而不是被动的、反应性的行动。在某种程度上，危机状态的预防以及危机升级的预防比单纯的某一特定危机事件的解决显得更加重要。因为，如果能够在危机未形成之前就及时把危机的根源消除，则均衡的社会秩序能够得到有效的保障，组织也可以节约大量的人力、物力和财力。

2. 应对准备

应对准备是指公共危机管理者为了应对可能发生的危机事件所做的各种准备工作，以便当危机出现的时候有效地应对危机。在这个阶段，危机已经进入前兆阶段，但如果组织管理者能够处理及时的话，整个危机局势仍可转危为安。

3. 危机回应

危机回应是指对于已经发生的危机事件，危机管理者根据事先制定的应急预案，采取应急行动，控制或者消灭正在发生的危机事件，减轻灾害危害，保护公众的生命和财产安全。危机回应阶段是危机管理的核心。对于无法防止的危机事件，危机管理者必须采取应急行动，才能保护公众的生命和财产安全。但是，危机回应阶段又是整个危机管理过程中最困难、最复杂的阶段。危机管理者必须进行多方面的处理，才可能尽量将危机所带来的损失降到最低。

4. 危机恢复

危机回应阶段的结束，并不意味着危机管理的结束，而是进入了一个新的阶段——危机恢复阶段。所谓危机的恢复，是指通过各种措施，恢复和重建正常的社会秩序。此阶段是危机管理不可分割的组成部分，在整个危机管理过程中有着重要的作用。因为，虽然经过前三个阶段的共同努力，危机势态完全得到控制，危机事件最终被解决，但是，危机事件导致组织或社会出现一种高度不稳定的紧张、失衡的状态，这种状态可能会持续一段较长的时间。如果处理不当，危机恢复期可能成为新的危机发生期。因此，危机管理者在危机事件与危机状况结束之后必须立足于现实的危机问题，明确大规模危机事件发生之后危机管理工作的目标取向和政策导向。

13.2.4.4　其他相关理论

在前面四阶段理论的基础上，又有学者提出了五阶段论和六阶段论。

1. 五阶段论

伊安·米特罗夫提出了危机管理五阶段的理论模型。按照米特罗夫的观点，危机管理由以下五个阶段构成。

（1）信号侦测阶段，即通过相关情况监测不断识别可能导致的异常情况并发出预警信号。

（2）探测预防阶段，即出动相关人员搜寻已经认知发布的可能的危机因素并尽力减少其可能带来的危害和损失。

（3）危机控制阶段，即危机或突发事件发生后，出动人员有步骤地运作以控制危机或突发事件的范围和程度，努力使其产生的负面影响不再扩大。

（4）恢复阶段，即动员各方面力量尽快使遭受破坏的各个方面恢复正常。

（5）学习阶段，即危机或突发事件过后，进行系统、全面的回顾和反思，总结经验和教训，为今后再次处置此类危机或突发事件做好准备。很显然，在伊安·米特罗夫五阶段模型中，前四阶段与芬克模型和希斯的 4R 模型实质上是相同的，基本上遵循了四阶段理论中的缓解或降低危机发生的可能性、应对准备、反应处置、恢复常态等环节构成的一般性的过程。

2. 六阶段论

诺曼·奥古斯丁提出了危机管理六阶段的理论模型。按照奥古斯丁的观点，危机管理由以下六个阶段构成。

（1）危机避免，即首先列举危机发生的各种可能性，加强保密措施。

（2）应对准备，即制订细致的应急计划或预案并进行多种演练，为实战建立基础。

（3）危机确认，即通过各种有效手段确定是否真正发生了危机，预测或演练所面对的各种可能性是否真正转变为现实，以排除假象，有效应对真正发生的危机。

（4）危机控制，即危机或突发事件发生后，出动人员有步骤地运作以控制危机或突发事件的范围或程度，努力使其产生的负面影响不再扩大。

（5）危机解决，即面对已经发生的危机或突发事件，出动人员，按照应急预案和行动计划有步骤地进行危机处置,以尽快恢复常态。

(6)危机中获利,即危机过后,总结经验教训,将危机或突发事件所形成的挑战转变为提高能力的发展机遇。

通过以上比较分析,我们可以得出,尽管不同观点表述不同,但是危机管理阶段的界定主要以危机发生发展的过程为框架,按照事前、事中、事后这一事态发展的正常逻辑顺序各个阶段划分来进行界定。危机管理阶段界定的实质就是把危机管理行为渗透到危机事件的生命周期中。

知识点

所谓风险就是指在给定的情况下和特定的时间内,实际发生的结果与预期目标之间的差异程度,这种差异一般是由于事物的不确定性造成的。风险管理是一种决定如何对待和规划风险的管理活动,主要包括风险管理计划、风险识别、风险分析和评价、风险处理和风险监控等。

风险分析是对组织风险进行的综合分析,并依据风险对组织目标的影响程度进行风险分级排序的过程。通过系统分析和综合权衡风险的各种因素,综合评估组织风险的整体水平。

风险分析的方法分为风险定性分析和风险定量分析。风险等级评分法、专家分析法和因果分析图法属于风险定性分析;而损失期望值法、敏感性分析法、决策树法和蒙特卡罗法属于定量分析法。

风险应对就是对风险提出处置意见和办法的过程。通过对风险的识别和分析,针对风险因素制定规避或是降低风险损失的措施。一般要从降低风险发生概率、改变风险性质和减少风险带来的影响三个方面着手制定风险应对策略。

风险应对方法一般包括规避风险、转移风险和风险自留三种。

危机对一个社会系统的基本价值和行为准则架构产生严重威胁。危机事件的发展过程可分为三个阶段:危机前阶段、危机阶段与危机后处理阶段。这体现了危机发展的一个循环周期。

管理学家史蒂文•芬克于 1986 年通过划分危机生命周期的方式,提出了企业危机生命周期理论,即芬克模型。芬克模型将危机管理划分为四个阶段,分别是:危机征兆期、危机突发期、危机延续期和危机痊愈期。

危机管理的 4R 模型由罗伯特•希斯在其《危机管理》一书中率先提出。危机管理 4R 模型理论认为,危机管理由降低、准备、反应、恢复四个阶段组成。对于企业管理者来说,需要主动将危机管理工作按 4R 模型划分为 4 类,以减少危机情景(突发事件及其潜在因素)的攻击力和影响力,使企业作好处理危机情况的准备,尽力应对已发生的危机以及从中恢复。

思考题

1. 简要分析项目风险的分类及内容。
2. 危机有哪些特点?
3. 项目风险规划有哪些成果?

4. 简述 SWOT 分析法在项目风险识别中的运用。
5. 对比项目风险分析的定性分析法与定量分析法。
6. 项目风险应对的方法有哪些?
7. 危机的来源有哪些?
8. 简述危机处置的程序。
9. 危机公关应遵循哪些法则?
10. 简述危机管理的芬克模型。
11. 简述危机管理的 4R 模型。

第14章 变革与创新管理

| 学习要点 |

通过学习本章的内容,学生能够:

1. 了解组织变革的内涵及类别;
2. 阐述生命周期理论;
3. 熟知变革的动因和过程;
4. 试述创新生命周期理论;
5. 互联网情境下的管理挑战。

课前引例

LED能否照亮思坎普的变革之路

2006年,伍锋、彭力和黄瑞伍锋合伙创办了思坎普公司,主要经营LED灯具及相关器件的外贸生意。到2007年下半年,虽然业绩一直保持增长的态势,但由于货源不稳定,产品质量参差不齐,客户多次表示不满意。少数几个生产能力强、质量有保障的供货商则因思坎普的订单量较小而压低价格甚至不按期交货。面对这种被动的局面,创业团队决定由单一外贸转为外贸加生产的模式。公司随之转型为生产企业,实现第一次变革。随着各国禁用白炽灯政策的逐步实施,大量企业涌入LED行业,竞争越来越激烈。同时,公司的客户大部分是工程客户(承包商)、批发商与零售商。根据客户葛新华需求进行定制化生产时需要花费大量成本,各种产品的需求量和赢利能力差异非常大,使得公司产品混乱,无法实现有效管理以及专业化研发与生产。伍总认为是时候对公司进行一次改革了。考虑产品与质量是长远发展的保障,公司决定转变以产品多样化为核心的粗放式战略,实施以专业化为主导的战略。整体思路是削减产品类型,实现专业化生产与研发,建立事业部制,实现公司的第二次变革。

案例来源:中国管理案例共享中心。

| 思考题 | 思坎普变革的动因是什么?如何变革?

14.1 变革与创新的内涵

14.1.1 变革内涵

变革是组织面临的现实。应对变革是绝大多数管理者工作中不可或缺的部分。我们将这些变革称为组织变革,并归纳为三类:结构变革、技术变革和人员变革。

结构变革包括改变权力关系、协调机制、集权化程度、工作设计或其他结构因素。例如,组织治理结构的调整、工作流程再造、集权与授权程度的重塑、管理幅度的拓宽、专业化程度的提升、工作团队的建设等,所有这些都可能涉及结构变革的一些类型。

技术变革包括对工作过程或方法以及所使用设备的调整。例如:计算机的引入大大提高了制造业的精确度和生产效率;在工作领域中引入机器人技术,能够将员工从重复性的琐事中解放,从而激发员工的创造力;AI 技术的引进能够提高相关领域的判断,从而提高工作效率。

人员变革指的是改变员工的态度、期望、认知或行为。人才是组织实现战略目标的核心竞争力之一。为满足员工个性化的需求,人员变革是组织变革中越来越重要的部分。灵活工作时间有利于提高员工的工作满意度,进而促使员工更好地履行职责。个性化契约制度能够将员工的个人目标与组织的战略发展目标相结合,从而在满足员工需求的同时促进组织战略的实施。通过组织文化建设来提高员工的归属感,从而降低员工的离职率,形成组织的人才发展战略。

14.1.2　创新内涵

14.1.2.1　创新的概念

约瑟夫·熊彼特(Joseph A.Schumpeter)在 1912 年出版的《经济发展理论》中提出,创新(innovation)并不是一个技术概念,也不是单纯的技术上的新发明,而是一个经济概念,是经济生活中出现的新事物。创新是把生产要素的新组合引入生产体系中,即“建立一种新的生产函数”,其目的是获取潜在的利润。熊彼特的创新概念相当宽泛。在熊彼特的理论体系中,“创新”是一个被纳入经济学理论体系中的严格的经济学概念,奠定了熊彼特的经济学说。

在这里,我们有必要理解创新与发明、研发和模仿扩散的区别与联系。

1. 创新与发明的关系

甘德安在《知识经济创新论》一书中认为,“发明(invention)是知识的重新组合,创新是发明的第一次商品化”。由此可见,发明强调的是“全新”的概念,指某种事物在这个世界上第一次出现;而创新是指某种事物第一次被商品化。发明与创新的区别在于该事物是否绝对新颖,以及是否被引入商业化过程。发明和创新既可能相互独立,也可能共同出现在某一事物上;创新还可能是对发明事物的改进。

2. 创新和研发(research and development)的关系

研发是系统地进行创造性工作,利用新的知识和技术进行新的发明创造。研发一般包括三种活动:基础研究、应用研究和实验开发。研发是创新的前期投入阶段,为创新建立了物质和科学基础。研发活动并不一定带来创新,创新也并非完全以研发活动为基础。但总体来说,研发活动是有助于企业创新的,研发活动越多,企业创新的可能性就越大。因此,研究者一般将企业的研发费用作为衡量企业创新投入的标准,分析企业对创新的重视程度。

3. 创新和模仿(imitation)、扩散(diffusion)的关系

模仿是指企业通过逆向工程(reverse engineering)等方法仿制创新者的产品。模仿是传播创新的一种重要形式。模仿可以减少创新的成本和风险,挤占竞争对手的市场。模仿有时不只是简单地仿制,也可能包含渐进性创新,是对原有创新的进一步深化。扩散是指其他企业通过合法手段采用创新的产品、技术的过程。扩散可以最大限度地使创新的成果惠及市场。模仿、扩散是实现创新的经济效益和社会效益的有效途径。

14.1.2.2 创新的 4 个维度

本质上，我们讨论的是“变化”，而变化可以有很多种形式，根据组织经营活动的频率和重要性，我们重点关注四个方面：

产品创新（product innovation）——组织提供的东西（产品和服务）的变化；

流程创新（process innovation）——产品和服务的生产和交付方式的变化；

定位创新（position innovation）——产品和服务进入市场的环境的变化；

范式创新（paradigm innovation）——影响组织业务的潜在思维模式的变化；

表 14-1 给出了 4PS 模型的解释和相关的创新实例。

表 14-1 4PS 模型的创新实例

创新类型	渐进性的——“做得更好”	突破性的——“做的不同”
产品创新——我们为世界提供什么	Windows Vista 替代了 XP——实质上是优化已有的软件创意 VW EOS 替代了 Golf——本质上是优化已有的汽车设计 提高白炽灯泡的性能	全新的软件，例如世界上第一款语音识别软件 丰田普锐斯，带来了一种全新的概念——油电混合动力引擎 LED 照明，利用完全不同的更高效的发光原理
流程创新——我们如何生产和交付产品和服务	改进固定电话服务 拓展证券交易服务的范围 改善拍卖行的业务操作流程 通过升级设备来提高工厂的运行效率 通过扩展支行来扩大银行服务的范围	Skype 和其他的 VoIP 系统 在线交易平台——淘宝、京东 丰田生产系统和其他“租赁”方式 在肯尼亚和菲律宾，手机银行——使用电话获得银行服务成为客户的一种选择
定位创新——产品和服务进入目标市场，以及我们讲述的故事	哈根达斯改变了冰激凌的目标市场，将客户群从孩子转变为成人 廉价航空公司 凤凰城大学和其他一些大学，通过在线设立大型教育平台从而延伸到各个不同的市场 戴尔和其他公司为个体客户提供个性化定制电脑 银行服务定位于关键细分市场——学生、退休人群等等	面向未被满足的市场，例如，Tata Nano 利用廉价航空公司模式定位巨大但相对贫穷的印度市场，目标成本为 10 万卢比（约合 3 000 美元） “金字塔底层”使用类似的原则——Aravind 眼部护理产品，Cemex 建筑产品 让每个孩子都拥有一台笔记本的项目——价值 100 美元的通用电脑 小额信贷——面向穷人开放的格莱珉银行（Grameen Bank）（乡村银行）
范式创新——我们如何思考	博士伦——从眼镜到眼部护理的商业模式转变，有效地摆脱了眼镜、太阳镜和隐形眼镜等旧的业务，转向更新的高技术领域，如激光手术设备、专业光学仪器和人工视力的研究 IBM 从机器制造商转变为服务公司——出售它的电脑制造部门，转而建立自己的咨询和服务部门 从维多利亚时代起就是船舶制造商的 VT，转型为一家服务和设备管理公司	格莱珉银行和其他的小额信贷模式——重新思考信用和贫穷之间的关系 iTunes 平台——全面的个性化娱乐系统 劳斯莱斯，从制造高质量的飞机引擎变为一家“按飞行小时包修”的服务公司 太阳马戏团（Cirque du Soleil），马戏表演创新

14.2　变革管理

14.2.1　不同阶段的变革

组织像任何有机体一样有其生命周期，开始于形成阶段，然后是成长、成熟，最后是衰退阶段。每阶段的组织结构、领导方式、管理体制和职工心态都有其特点。每一阶段最后都面临某种危机和管理问题，都要采用一定的管理策略解决这些危机以达到成长的目的。

1. 形成阶段

此阶段组织的生存与成长完成取决于创业者的素质与创造力。一般这些创业者属技术业务型，不重视管理。随着组织发展，管理问题日趋复杂，使创业者感到无法以个人的非正式沟通来解决问题，因此到了创业期的后期，组织内部管理问题层出不穷，从而产生"领导危机"。

2. 成长阶段

此阶段企业在市场上取得成功，人员迅速增多，组织不断扩大，职工情绪饱满，对组织有较强的归属感。为了整顿正陷入混乱状态的组织，必须重新确立发展目标，以铁腕作风与集权和管理方式来指挥各级管理者。长此以往，由于中下层管理者必须事事都请示、听命于上级，因此容易感到不满，要求获得较大的自主决定权。但是，高层主管已经习惯于集权管理，一时难以改变，从而产生"自主性危机"。

3. 成熟阶段

这时企业已有相当规模，增加了许多生产经营单位，甚至形成了跨地区经营和多元化发展模式。如果组织要继续成长，就要采取授权的管理方式，采用分权式组织结构，容许各级管理者有较大的决策权力。但是由于采取过分分权与自由管理，企业业务发展分散，各阶层、各部门各自为政，使整个组织容易产生"失控危机"。另一方面，为了防止"失控危机"的产生，组织又有采取集权管理的必要，为此就必须拟定许多规章制度、工作程序和手续。随着业务的发展和日益复杂，这些规定、制度成了妨碍效率的官样文章，文牍主义盛行，产生了"官僚主义危机"或"硬化危机"。

4. 衰退阶段

此阶段组织的发展前景既可以通过组织变革与创新重新获得再发展，可以更趋向成熟、稳定，也可能由于不适应环境的变化而走向衰退。为了避免过分依赖正式规章制度和刻板的手续所形成的文牍主义，必须培养管理者和各部门之间的合作精神，通过团队合作与自我控制以达到协调配合的目的。另外，要进一步增加组织的弹性，采取新的变革措施，如精简机构，划出核算单位，开拓新的经营项目，更换高级管理人员等。

一个组织并不一定都按上述的阶段顺序发展，但它却说明了组织在不同的时期面临不同的问题，需要采用不同的管理方式。任何组织要生存和发展都需要变革。

14.2.2　变革的动因

促使组织变革的动因可以分为外部和内部两个方面。

外部的动因指市场、资源、技术和环境的变化，这部分因素是管理者控制不了的。市场变化如顾客的收入、价值观念、偏好发生变化，竞争者推出了新产品或产品增添了功能，加强广告宣传，降低价格，改进服务从而使公司的产品不再具有吸引力。资源的变化包括人力资源、能源、资金、原材料供应的质量、数量以及价格的变化。技术的变化如新工艺、新材料、新技术、新设备的出现，这些不仅会影响到产品，而且会使新的职业和部门出现，会带来管理上、责权分工和人与人关系的变化。一般社会环境变化包括政治形势、经济形势、制度、投资、贸易、税收、产业政策与企业政策的变化。环境的变化特别是市场任务环境的变化是促使组织变革产生的最重要动因。

内部的动因主要是人的变化、组织运行和成长中的矛盾所引起的。任何一个组织都存在着使这个组织成长的因素，同时也存在着使这个组织衰败的因素。会使组织衰败的因素包括：①管理者与组织缺乏弹性，对外界环境的变化反应迟钝，决策缓慢，决策质量不高或做不出决策；②企业内部不协调，组织目标与个人目标、各部门目标之间存在分歧，人与人之间沟通不畅，摩擦冲突太多，指挥不灵；③职工的价值观念、工作态度产生变化，工作效率不高，怠工，士气低落，不满与抱怨增加；④新的领导者上任或原有领导者采用了新的思想观念，组织高层制定了新的战略和目标；⑤职工队伍增加了新的成分，思想发生变化。此外，在组织成长的每个阶段所具有的特殊矛盾，这些都促使管理者采取变革的措施，以保证组织的生存与发展。

14.2.3 变革的实施

任何一个涉及人的变革过程都包括解冻、改变和固结 3 个过程。

解冻就是要促使人们改变他们原有的态度和观念，并消除那些支持这些态度或行为的因素，灌输给他们一些新观念。任何一个组织内部存在着力图保持现状、抵制变革的势力。因为人们在一个熟悉的环境中感到舒适，受到的压力较小。而变革则意味着有些人将会失去这种舒适感和可预知感，因此他们要抵制。这就需要有一个解冻的过程作为实施改革的前奏，使人们认识到现实总是有缺点，是可以改进的，原有的某些观念随着环境的变化是应该更新的，不能满足于现状。这样可以使人们对改革有所准备，将妨碍改革的因素减至最少，鼓励人们接受新的观念，乐意接受变革。

人们在经历了解冻过程、对变革做好了准备之后，具体的变革活动就可以开始实施了。变革必须包含一个由现行的行为方式和组织结构向新的行为方式和组织结构转变的过程。正是在这个过程中，变革行动实地进行了。人们往往倾向于变动的过程就是改革的全部，但如果我们把变革视为一个三阶段的过程就应当认识到根本性的变革只有在“前有一个解冻过程，后有一个固结过程”的条件下才能完成。

变动发生后，人和组织都有一种退回到原有习惯和行为模式之中的趋势。为了避免这种情况，必须保证新的行为模式和组织结构不断得到加强和巩固，为此就要对继续保持新态度与新行为方式的职工予以支持和奖励。这种巩固和加强新的行为模式的过程称为固结。没有这一过程，变革只是一种对组织和成员仅有短暂影响的活动。

变革的步骤，一般来说分成 6 个步骤，具体如下。

14.2.3.1 发现问题

一个组织不成长可以生存，但不变革则难以生存。管理者不能只看到成绩、看到机遇、面向过去，而应更多地看到问题，看到挑战，面向未来，要有紧迫感、危机感和预见性，以变图兴，把握和创造未来。但从哪里获得需要变革的信息呢？除了从外部环境变动的一般信息中发现对自己的有利或不利因素外，最重要的是从组织内部日常活动的反馈信息中发现异常情况，如利润、销售、市场占有率、质量、成本、员工士气等数据，它们可以显示出内外部环境引发变动的力量和组织自身的优劣，如果有利润率和市场占有率下降的情况，则表明企业竞争能力减弱，需要及早诊治与变革。切不可麻木，将不正常情况视为正常。

14.2.3.2　诊断问题

发现问题的征兆是比较容易的，但透过征兆诊断出问题的根源却是困难的。如诊断问题发生错误就不可能正确地提出变革的措施，达到解决问题的目的。因此，诊断问题必须回答什么是有别于征兆的真正问题，改变什么可以解决这些问题，改变的结果是什么，如何衡量这些目标。诊断问题是使整个变革过程正确进行的关键环节，此阶段必须将变革的目标具体化。目标可以以财务和生产数据表示，如利润、市场占有率、销售量、生产率、废品率，也可用对组织成员有意义的个人发展目标来表示，但目标必须明确、易懂、有挑战性。

14.2.3.3　选择变革的方法

变革的方式可分为以人为中心、以技术为中心和以组织结构为中心。选择哪种变革方法应根据诊断出的问题的性质有针对性地选择，但变革方法的分类丝毫不意味着这 3 种类型变革间有着明显的区别。现实中的改革往往采用综合的方法，针对问题选择重点，相辅相成，配套进行。

14.2.3.4　分析变革的限制条件

一项变革能否取得成功，除了正确地诊断问题与选择变革的方法外，还要分析变革受到哪些条件的制约。一般来说，变革受到以下三个因素的影响。

1. 领导的支持

任何一项变革的计划或改革者得不到上级和管理部门的支持和认可，其成功的可能性是很小的。变革是破旧立新，破除现有的妨碍生产和发展的规章制度，这不仅是下面的制度，也包括上级的制度，因此被领导者在采取一项变革之前应尽可能得到上级的支持赞助或保持中立，允许试验，而领导者对下级的改革也应采取乐于支持的态度。如果要使一项改革具有普遍意义加以推广到其他单位，高层领导态度的转变更具有决定意义。

2. 改革要综合配套进行

任何一项改革不能孤立单一地进行，必须在政策、组织、结构、控制方法、工作制度、人们的行为习惯上作相应的改变。任何改革也不可能只有优点而无缺点，只有成果而不需成本，都是解决了某些问题而又产生新的问题，对可能出现的问题必须做出妥善的处理。

3. 变革要求人们在思想和价值观念方面做出相应的改变

如果变革和现有的组织文化相对立，那么改革的制定者必须对预期的阻挠采取预防措施，另一方面也要考虑社会和人们的承受能力，考虑周围条件的影响。不顾现实条件而进行的变革会把事情搞糟。就不能追求理想的变革方案，有时只能满足于审慎的有节制的改革。有些改革的目标也不是一次就能完成的，要分步实施。

14.2.3.5 正确地选择推行变革的方式和策略

推行变革的策略如下。

(1)根据下级参与变革决策的程度可分为命令式、参与式和分权式。命令式是指由领导做出变革的决策,自上而下地发布命令,说明所要进行变革的内容和下级在贯彻这些变革中的职责。参与式是指让下级在不同的程度上参与讨论、分析与选择改革的方案,吸取众人的智慧。分权式是指将决策权力交与下级,由下级对自己存在的问题进行讨论,自行提出解决问题的方案,并对方案最终负责。

(2)按变革解决问题的深度可分为计划性的变革和改良式的变革。计划性的变革是指对问题进行系统、广泛的研究,统筹全局,做出规划,然后有计划有步骤地实施,将变革和政策、工作制度、管理方式的改进,人员的培训同时进行,让职工有充分的思想准备。

(3)改良式的变革是指对问题进行症结性治疗,小改小革,进行修补,这是组织中经常采用的一种变革方式,优点是符合实际需要,局部进行变革阻力较小,比较稳妥,缺点是缺乏整体和长远规划,头痛医头、脚痛医脚,带有随机和权宜的性质。

按变革进行的步调可分为突破式变革和渐进式变革。

突破式变革是领导以最大的决心和魄力对于重大性的变革要求一步到位,定期完成。此种方式虽然问题有可能在短期内获得解决,但由于时间仓促,考虑不周,或由于人的态度问题,士气低落,而形成较大的变革阻力。

渐进式是利用足够的时间分步骤地逐步推进变革,在不知不觉中达到变革的目标。此种方式自然阻力较小,易于接受,但也很容易使变革变得旷日持久,成效不大。

以上讲的是几种分类的情况,它向我们指出推行变革的策略中有速度、广度、深度和参与程度的问题。至于选择哪种改革的策略要依问题的性质、参与者以及各种不同的组织因素而定。但一般来说,对于属重大问题的变革,下级的态度对变革的推行和成功至关重要,我们应当把支持和合作扩大到最大限度,把抵制缩小到最小限度,因此,非属紧急情况和确有把握,不要采用突变式和命令式。由于干部的水平和素质有限,一般在基层也很少采用分权式,通常情况下多采用计划式和参与式的变革。但这个结论也不是绝对的。至于改革的进度应力求抓住有利时机,既不要操之过急,又不要过分缓慢和拖延。

14.2.3.6 实施变革计划

任何一项组织变革的决策都是为了实施。没有行动的决策等于没有决策。实施变革计划时要恰当地选择发起变革的时间和范围。除情况紧急,问题直接涉及组织存亡应立即予以实施,否则,变革一般不宜选在业务繁忙的旺季。至于实施的范围,既可以在整个组织范围内贯彻,使其在很短的时间内成为既成事实,也可以在组织逐级、逐部门、分阶段进行。往往成功的改革都采用分阶段、限制改革的范围以积累经验、逐步推开的做法。

组织变革是一种改革现状的努力。任何改变现状的做法都会或多或少地遇到变革对象的阻力与反抗。产生阻力的原因首先来源于传统的价值观念和习惯势力。相当一些也来自人们对变革不确定后果的担心。任何变革,都既有优点又有缺点,即使再好的改革方案也未必能自然带来良好的结果。具有不同的学历、经历、专业知识的人对问题的认识不同。从某种意义上来说变革也是一种利益和权力格局的再调整,变革中利益和权力受到威胁的人势必抗拒和阻挠改革。变革也将导致工作技术与方法的改变，使某些人丧失原来的技术与经验的优势，产生失去工作或难以适应新的技术和工作的忧虑，从而抗拒变革。对变革真正目的的误解和偏见也促使某些人怀疑和抗拒变革。

变革总是要付出代价，没有人为变革做出牺牲，没有思想观念的革命，变革几乎是不可能实现的。不能将阻力看成完全是消极的。它促使人们对变革方案考虑得更加周全，因此改革的推动者不应当压制抗拒的发生，而应当设法疏导，力求将变革的阻力降至最少，赢得更多人对改革的支持。其方法是：

进行说服宣传，使更多的人正确了解变革的动因和目的及其可能产生的绩效和好处。使人们对变革的意图有正确的了解。

组织相关的人员参与变革方案的设计。当变革的问题重要、复杂、涉及面广，光靠变革推动者没有把握和能力制定出变革方案时，一定要吸取相关的部门和人员参与变革计划的设计，以便集思广益，使变革切实可行、有效。

对变革的有利因素和不利因素进行认真的分析，权衡利弊，对变革可能出现的新问题，事先作妥善的处理，争取绝大多数人对改革的同情和支持。一般情况下只有得到多数人同情和支持的变革才能取得成功。

充分磋商与协调，当变革的方案可能影响到某些部门和群体的利益时，应事先找有关方面进行磋商与协调，尽可能使变革的方案兼顾各方面的利益。不要追求理想改革的方案，现实的变革方案应该是多数人可以接受的方案。

正确地选择变革的方式与策略，避免操之过急，妥善处理变革与稳定的关系，不作不停顿的改革，巩固一项改革成果后再展开另一项改革。

实施变革时要及时收集可以衡量变革效果的指标信息。衡量变革的效果有些可用既定的信息指标系统，有些则需另行设计特定的指标信息。根据收集到的信息要评估和确定整个改革期间改革效果的发展趋势。因为衡量一项变革的效果不能仅从某一个时点来考虑，有的变革，开始效果甚为明显，但迅速恢复常态。有的开始无效果，甚至会出现负效果，但稍后则逐步上升，要对实际成果与计划成果进行比较，及时对偏差采取纠正行动。

14.3 创新管理

14.3.1 创新模式

我们也需要意识到创新的机会随着时间的推移而改变。在新的行业，比如当今的生物技术行业、互联网软件行业和纳米材料行业中，围绕着新产品和服务的概念进行创新大有可为。但是更为成熟的行业趋向于关注流程创新和定位创新，寻找更便宜、更快捷的产品和服务的销售方法，或者找到并占有新的细分市场。在针对这个主题的开创性著作中，阿伯内西和厄特巴克（Abernathy and Utterback）开发了一个模型来描述创新模式的三个不同的发展阶段（图 14-1）。

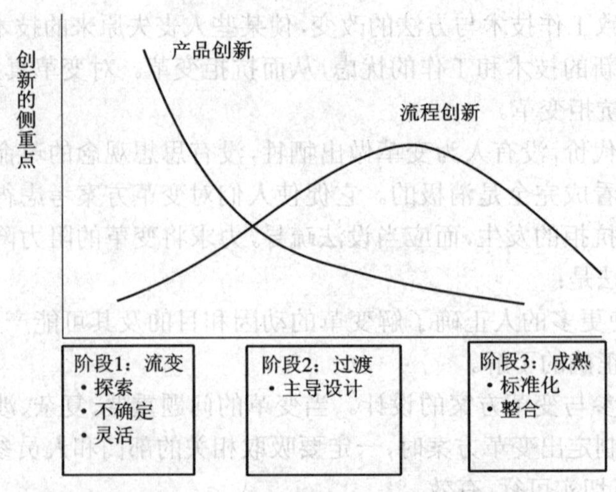

图 14-1　阿伯内西和厄特巴克的创新生命周期模型

最初，在非连续性条件下，即全新的技术或市场出现时，存在一个他们所称的“流变阶段”。这个阶段有很大的不确定性，主要有以下两个维度。

（1）目标维度——新的配置会是怎样的？哪些人需要这种新配置？

（2）技术维度——我们如何利用新的技术性知识来创造和实现资源配置？

没有人知道技术手段和市场需要的“正确”配置是怎样的，因此许多市场参与者（包括大量新创企业）都在进行大量的实验（伴随着许多失败）和快速的学习。

逐渐地，这些实验成果开始融汇形成“主导设计”——开始确定游戏的规则。这反映在形成新的配置时会聚焦于最受欢迎的方案的趋势（重要的是，这未必是最复杂或最简洁的那一个）。这时“浪潮”开始滚滚向前，创新选项越来越多地集中于一组核心的可能性——多西（Dosi）称之为“技术轨迹”。开发在这之外的空间也变得越来越困难，因为创业的兴趣及其带来的资源越来越多地聚焦在主导设计的可能性上。

这对产品创新和流程创新都适用：在这两种情况下，关键特征变得稳定，实验也转向排除缺陷和完善主导设计。例如，19 世纪的化工行业从早期通过焚烧植物来生产苏打粉（制造香皂、玻璃和其他产品必不可少的成分），转变为通过一系列（勒布朗法）的复杂化学反应来生产，这也是工业革命的驱动力之一。这一流程主导了将近一个世纪，但是最终被新一代使用电解技术的连续流程所替代。后者是由索尔韦（Solvay）兄弟在比利时研发出来的。勒布朗流程或索尔韦流程的普及不是一夜之间发生的，要优化和完善每一项流程，充分理解获得稳定的高品质产出所需的化学和工程原理，需用数十年时间。

在产品创新中也可以看到同样的模式。例如，照相机最初的设计可追溯到 19 世纪早期，有各种精巧的设计方案——在任何科技博物馆中都会对此予以展示。主导设计逐渐浮现，产生了我们熟悉的架构——快门、镜头组、聚焦原理及胶卷底片等。但是这一设计之后被进一步修改，例如，运用不同的镜头、电动驱动、闪光技术。在乔治 • 伊斯曼（George Eastman）的努力下，创造了简单的“傻瓜”照相机的模型（布朗尼方盒相机），从而打开了摄影的大众市场。在最近的数字成像设备的发展中也可以看到相似的流变阶段。

在阿伯内西和厄特巴克的模型中，出现主导设计并且侧重点转向模仿和开发的阶段被称为“过渡阶段”。主要活动从根本概念的发展转向关注产品差异化，以及更稳定、更廉价、更高质量和更多样的功能等。

随着创新概念的进一步成熟，渐进性创新变得更重要，重点便转向价格等因素。这意味着围绕这些产品而成长起来的行业日益将注意力转向合理化、规模经济和流程创新，以此来降低成本，提高生产率。产品创新更多的是通过定制化来满足特定客户的需求，从而实现差异化。在阿伯内西和厄特巴克的模型中，这一阶段被称为“成熟阶段”。

最后会出现新的变革。创新的空间变得越来越小，而在实验室中或者科研人员的构想中，外部的新的可能性正在出现。最终会出现新的技术，并有可能对现有的规则产生挑战——游戏因此被颠覆。例如，在照相机的例子中，数码摄影技术的出现不仅影响了照相机，而且改变了生成、保存和分享照片的整个服务体系。在化工行业的例子中，生物技术的出现使我们可能不再需要大型化工厂，取而代之的是一些小规模运作的企业，这些小企业可以利用基因技术加工活体组织来生产我们所需的产品。

最初是为制造产品而开发的模型，也适用于服务业。比如，早期的网上银行具有典型的流变阶段特征，有着许多选择和模式。后来逐渐转向过渡阶段，比如在服务内容、安全性、隐私保护、网站互动等方面形成主导设计的共识。如今这一领域已发展成熟，竞争大多转向诸如利率等细微的方面。同样的模式发生在网络电话、在线拍卖（例如 eBay）和娱乐订购服务（例如 Expedia）等方面。

我们也应当记住，这里涉及一个很长的周期。成熟的企业经历了它们的流变阶段和过渡阶段，但是不一定永远停留在成熟阶段。相反，随着周期的自我循环，这些企业越来越容易受到新的变革浪潮的影响。例如，照明行业正进入一个新的基于固态 LED 技术的流变阶段，而这已经是在爱迪生等人发明白炽灯泡 100 多年之后。他们早期的实验最终促成一项主导的产品设计，此后重点就转向围绕成本、质量和其他参数的流程创新——这条轨迹刻画出产业的当前特征，并导致若干大公司的合并。然而在全新的、更强大的、基于固态电子学的技术的驱动下，这一切可能还会改变。

这样的模式出现在很多研究中，对创新管理产生非常重要的启示。特别是，这有助于我们理解为什么已有的组织总是很难应对非连续性创新。组织围绕特定的轨迹发展各种能力，而那些在某条既有轨迹的后期阶段（成熟阶段）非常强大的组织，却常常很难进入一条新的轨迹（20 世纪 50 年代早期成功开发晶体管的那些公司就是非常好的例子——其中许多是新企业，在车库里满腔热情地创业，给电子行业的主要企业比如 Raytheon 带来了极大的挑战）。一部分原因在于沉没成本以及对既有技术和市场的投入，另一部分原因则来自心理与制度上的障碍。企业可能会对此做出回应，但相当缓慢，而且它们可能错误地将新项目开发的责任赋予那些现有业务会受到威胁的组织或个人。

重要的是，流变阶段（或称“酝酿阶段”）的特征是新旧技术的共存和两者的快速提高。（在这个阶段常常可以观察到之前提及的“帆船效应”，即成熟的技术加快自己的改进速度，以此作为对新的竞争技术的回应。）

尽管一些研究认为当非连续性创新触发一个新的流变阶段时，现有企业会表现不佳，但我们需要对这个看法持谨慎态度。并非所有的企业都是如此——许多企业可以基于新的轨迹调动 / 利用其积累的知识、网络、技术和财务资产，借助新的机会来提高自己的能力。同样，尽管新进入者——通常是小型创业企业——在早期阶段发挥了重要的作用，但我们关注的只是那些成功者。我们需要牢记，新进入者肩负着沉重的竞争压力，这意味着只有那些最有实力或最幸运的公司才能幸存下来。

带着问题理解创新的管理方式是有益的。上文描述的在"稳定状态"下的有效实践，在成熟阶段非常有帮助，但是会对流变阶段新技术的引入和成功产生不利影响。如果创新发生在公司日常的研究领域之外，公司如何获得创新信号？它们又如何知晓现在虽不存在但将来会决定产品形态的市场需求？如果它们和现有的客户交流，会发现这些客户可能只想要更多现有的东西，那么它们应该和什么样的新用户交流？它们如何才能发掘这些新客户？

挑战似乎在于管理创新的方式——不仅要在"稳定状态"下实现创新，而且要能应对因混乱和非连续性而产生的高度不确定和快速的发展演变。这里需要的组织行为模式应该包括敏捷、灵活、快速地学习及对事情的可能性没有偏见等。这些特点往往和新生的小公司高度相关。现有的大公司也可以通过某种方式展示以上行为，但这往往会与它们常规的工作和思考方式相冲突。

令人担忧的是，扰乱某一行业的非连续性创新的来源——新技术、新市场、新商业模式——往往出现在本行业之外。因此，即使那些现有的大公司花费了大量的时间和资源进行研究，试图紧紧跟随本领域的发展，也可能会因其他领域的发展而措手不及。保险和金融服务大规模地转向在线服务和电话服务，很大程度上是由这些行业之外的 IT 专家们引起的。在比较极端的例子中，经常可以发现被称为"非此处发明"（not-invented-here，NIH）的效应，即公司虽然发现了一项新技术，但并不决定采用，因为觉得它不符合企业对行业的认知以及企业自身的技术开发的速度要求和方向。最著名的例子莫过于柯达公司拒绝了宝丽来的流程，西部联盟电报公司拒绝了贝尔发明的电话。在一份记载于 1876 年的著名备忘录中，董事会曾这样评论："这个'电话机'有太多的缺点，根本不值得将它当成一种通信工具。该设备本身不能为我们提供任何价值。"

14.3.2 建立创新型组织

建立创新型组织，主要关注创新型组织环境的创造和保持，这种组织的结构和潜在文化（价值观和信仰）支持创新。通过研究我们发现，僵化的官僚主义、冗余的组织结构、沟通的障碍等都会阻碍形成好的想法；另一方面，灵活的组织氛围、学习型的组织文化、有效的沟通机制、合理的授权等有利于激励员工创新，形成创新型组织。

创新型组织并不只是一种结构，它是各组成要素的集成。各组成要素一起创造和完善使得创新能够蓬勃发展的环境。对于创新型组织的研究很多，虽然一些研究由于思路狭隘或者过分强调单一的秘诀（如"团队合作"或"松散的结构"）而遭受批评，但还是可以从这些研究中得到一组似乎与成功相关的组成要素。这些组成要素已在表 14-2 中列出。

表 14-2 创新型组织的组成要素

组成要素	关键特征
共同愿景、领导力和创新的意愿	明确阐述的共同使命 延伸战略目标——"高管层的承诺"
合适的组织结构	组织设计使得创造力、学习和互动成为可能；并不总是采取松散的"臭鼬工厂"模式；关键问题是对于特定的突发事件，在"有机的和机械的"模式之间找到恰当的平衡
关键个体	倡导者、拥护者、把关人员和其他角色赋予创新活力或促进创新

续表

组成要素	关键特征
有效的团队合作	恰当地使用团队来解决问题，需要在团队选择和建设上给予投入
全员参与创新	参与整个组织的持续性改进活动
创造性的氛围	使用积极的方法来获得创造性的想法，得到相关激励系统的支持
外部关注重点	内部和外部的顾客导向 广泛的网络

要改变观念和重新调整组织力量，就需要对新的愿景做出清晰的表达。描述清晰的愿景能够为员工指明未来的方向，指导员工如何进一步融入新的环境。“高管层的承诺”是成功创新的关键秘诀之一，其挑战就是如何找到将概念转化为现实的机制，这种机制证实并强化了管理层的参与、做出承诺、付出热情和积极支持的意义。特别的，对于重大项目的承诺应该是长期的，而不是为了寻求短期的回报。

合适的组织结构是实现创新的组织保证，这涉及创造一种组织结构和流程，使得技术变革能够蓬勃发展。根据权变理论，没有一种特定的组织结构能够适合所有的管理情景和运营环境。组织结构受到组织的任务性质的影响：任务越非程序化和不确定，关系结构就应该越灵活。汤姆·伯恩斯和乔治·斯托克提出了“有机的”和“机械的”组织的特点，并认为，前者一般适合快速变革的环境，而后者更加适合稳定的环境。

另一个重要因素就是关键人物。创新的不确定性和复杂性意味着很多有前途的发明在公之于众之前就失败了。解决这个问题的关键在于是否有一个关键个体（或一群人）来追究失败的原因，并通过组织系统提供一些资源支持并给予热情鼓励。另一方面，关键人物能够起到多个作用，对项目的结果产生影响。关键人物首先是关键技术知识的来源——通常是发明者或者团队领导者。其次是组织发起者。组织发起者帮助项目获得组织的支持，解决其他非技术类问题，在组织内获得资源或说服内部持怀疑或敌对态度的评论家。最后是技术把关人员。创新成功与良好的信息流动和沟通密切相关，而这种网络都是由发挥技术把关作用的关键个体在组织的非正式结构内形成的。

全员参与是提高创新质量和效率的保障。创新通常被看成是研发、营销、设计或 IT 专家的职责。他们都拥有潜在的创造性技能和解决问题的能力。如果整个组织能够找到一种机制将这些能力集中于一个恰当的基点，由此产生的创新潜力将会是巨大的。

相对于个体而言，小组能够更加流畅地生成想法和更加灵活地找到解决方案，因此实践中在完成创新任务时更倾向于进行高水平团队合作，同时强调在项目团队、跨职能团队和组织间的问题解决小组以及一些关注渐进性和适应性创新的工作组内进行高水平的团队合作。影响高效的团队合作的关键因素包括：①得到明确定义的任务和目标；②有效的团队领导；③团队角色和个人行为风格的良好平衡；④小组内部有效的冲突解决机制；⑤与外部组织的持续联络。

建立一种创造性的氛围和文化涉及组织结构的系统发展、沟通政策和程序、奖励和认可机制以及战略部署。很多研究对影响创新氛围的关键因素进行了总结，包括：信任与开放、挑战和参与、支持和创意空间、冲突和争论、风险承担、自由等。

外部关注重点强调的是创新团队与外部利益相关的联系与沟通。外部利益相关者包括创新团队所在组织的其他员工、外部顾客、供应链上下游企业等。外部利益相关者能够提供相关的需求导向和技术支持，为创新团队提供创新的灵感、帮助和促进创新项目按计划进行。

14.3.3 网络时代的创新管理

在网络环境下，管理创新又有了新的途径。网络时代的创新管理就是为了提升平台价值、聚集客户，针对其目标市场进行准确的定位，以平台为载体，有效整合企业内外部各种资源，建立起产业链各方共同参与、共同进行价值创新的生态系统，形成一个完整的、高效的、具有独特核心竞争力的运行系统，并通过不断满足客户需求、提升客户价值和建立多元化的收入模式使企业达到持续赢利的目的。

网络时代的创新管理借助其低边际成本、高关注度、网络效应以及高盈利与高风险并存等特征，正日益成为众多企业进行管理创新的选择。

14.3.3.1 网络时代创新管理的特征

1. 低边际成本

与传统产品不同，数字产品具有特殊的成本结构。生产第一份产品需要大量研发投入和制造费用，但是以后传播和复制这份产品的成本几乎为零。例如，微软开发 Windows 操作系统时，研发 Windows95 的第一张光盘花费了 2.5 亿美元，而后来销售的复制品成本只要几美分。生产数字产品主要的成本是一开始的固定成本，若产品研发失败或推向市场失败，那么这部分固定成本将变为沉没成本，导致亏损；若企业将产品成功推向市场，因为产品的固定成本较大，只有通过大量销售产品、获得规模效应，才能摊薄产品的总研发和制造成本，使产品的利润大幅上涨。高固定成本和低边际成本是互联网数字产品的主要特征。

从消费者角度来看，销售者在购买互联网数字产品时，只需支付搜寻成本、学习成本。而搜索引擎的完善和学习资料的普及使得这两项成本不断降低。另外，产品的运输成本、储存成本也几乎不存在，消费者可以低于线下实体产品的价格享受互联网产品。正是这些特征使得很多互联网数字产品通过"免费"的商业模式销售，从而获取较高的市场份额和客户群体，从后续产品的销售中先期投入，实现利益的最大化。

2. 高关注度

戈德哈伯（Michael H.Goldhaber）在 1997 年最早提出了"注意力经济"。他在《注意力购买者》（《Attention Shoppers》）一文中指出，"注意力经济"是指企业更有效地配置现有的资源，以最低成本去吸引消费者的注意力，培养潜在的消费群体，以获得最大的无形资产，即消费者的注意力。21 世纪的社会信息资源泛滥，同质化产品过剩，增加了消费者搜寻信息或产品需要耗费的时间和精力，使消费者难以轻松了解和信任所需商品。因此，在当今的时代，稀缺的不是商品和信息，而是消费者的注意力。网络时代的显著特征之一就是吸引消费者的注意力。

在网络时代下，吸引消费者注意力的较为有效的方法就是拥有庞大的用户群体，这可以说是公司最大的"无形资产"。例如，腾讯公司通过推出免费聊天软件 QQ 获得了超过 8 亿的用户，其中月活跃用户超过 5 亿，日活跃用户超过 1 亿；腾讯公司的另一个免费即时通信产品微信，其海内外合计的月活跃用户为 4.5 亿。在互联网企业尚未白热化争夺用户资源时，腾讯公司就已经通过免费模式成为大赢家。在掌握了大规模的客户群体后，互联网企业必须将客户注意力转化为经济价值才能够赢利。在免费服务的基础上，腾讯陆续推出了一系列付费产品和服务，实现了注意力的价值转化。因此，互联网商业模式成功的前提之一就是庞大的客户群体和客户的高关注度。

3. 网络效应

网络时代创新管理具有网络效应，即一个网络的价值大小取决于该网络用户的数量多少，用户数量越多的网络，其价值就越大。这表明，产品越是受到人们的欢迎，人们对产品的评价就越高，需求量也就越大。网络效应包括两种，即直接网络效应和间接网络效应。直接网络效应是指网络用户达到一定的数量后，就会产生规模效应，吸引更多用户加入网络，产品的效用也随着使用人数的增加而提升。例如，当大家都使用微信进行即时沟通时，如果某人使用了非常小众的通信工具，将被隔绝在大众交流圈外。用户基础越多，互联网产品就会越普及、越[illegible]欢迎。间接网络效应是指同一网络或同一品牌下的众多产品中，一种产品用户数量的增加[illegible]带动相关产品，使得产品之间形成正向反馈。当互联网企业为某种产品推出配套数字产品时[illegible]消费者会因为已经形成的消费习惯，被同一系列的其他产品所吸引。其他产品往往会填补免费产品的成本，为互联网公司带来商业价值。在这种情况下，同一网络中，产品的品种越多，质量越好，价格越低，则产品本身给顾客带来的效用价值就越高。很多互联网企业在推出产品时，就采取各种措施制造网络效应。免费策略是其中最有效的一种。例如，360、金山毒霸免费推出的杀毒软件。而且，因为数字产品的边际成本几乎为零，网络中新增一个用户几乎是没有成本的，所以从理论上说，网络可以容纳无限多的用户，这进一步加强了网络的扩散效应。

4. 高盈利与高风险并存

网络时代具有新型经济的特点，其数字产品在被创造出来后，供给可以是无上限的。一则新闻可以在网络媒体上被无限转载，一首歌曲可以被无数用户下载无数次，一部电影可以被观众无数次观看。数字产品具有极低的边际成本，因此一旦数字产品被消费者青睐，其利润空间将是巨大的。互联网企业不再需要额外投入大量研发和制造成本。但是，这造成了另一方面的问题，即当数字产品的供给无限大，且产品趋于同质化的时候，互联网经济就变成了由买方主导的完全竞争市场。在竞争的驱使下，产品价格逐渐下降到零。这时，互联网企业为了赢利，必须为顾客提供个性化或专业化的产品，以区别于那些充斥市场的同质化的产品。这些定制化产品的边际成本较高。例如，专门为用户提供个性化服务的 VIP 邮箱，要求用户为了去掉 60 秒广告而必须购买会员资格等。这体现了互联网企业的两个特征：高盈利性和高风险性。高盈利性是指由互联网产品极低的边际成本所带来的极高的盈利空间；高风险性是指在初始投入研发和制造数字产品时的高昂费用以及大量同质化产品所带来的激烈竞争。

14.3.3.2 网络时代创新管理的类型

网络时代创新管理即利用互联网赢利的商业逻辑，其背后包含了用户思维、流量思维、社会化思维、大数据思维、平台思维和跨界思维等互联网思维模式。根据当前互联网企业的主要特点，常见的网络时代创新管理有以下几种：商户模式、代理模式、信息中转模式、广告模式、会员模式、社区模式和订阅模式。

1. 商户模式

商户模式即互联网企业（例如亚马逊、当当）在网上销售产品和服务，基于单价或销售的形式完成交易。商户模式主要包括：①商户可以将以往的邮购订单以网络图文的形式展现，并为用户提供下单和送货服务；②通过网络完成数据类产品和服务的直接销售；③生产厂商可以通过互联网直接接触最终消费者，省去中间繁杂的渠道和环节；在线下没有实体的虚拟商户也可以销售自己的产品和服务。

2. 代理模式

代理模式即互联网企业充当买方和卖方的联结者，促成买卖双方之间的交易。交易的双方可以是企业—企业（B2B）、企业—消费者（B2C）、消费者—消费者（C2C）。代理企业会从成功的交易中收取一定的费用作为佣金。代理模式主要包括：为交易提供全面服务的市场交作[illegible]式，通常出现在B2B交易；为预期购买者按其提供的价位搜索销售者的需求搜索模式；为受[illegible]理拍卖活动的拍卖模式；为买卖双方提供第三方安全支付的模式，如支付宝；为卖方提合[illegible]以销售平台的虚拟市场模式，如淘宝商城；还有以商户模式为主、兼有代理模式的互联网企业，如京东商城。

3. 信息中转模式

信息中转模式即互联网企业挖掘有价值的消费者个人信息和消费习惯等数据，然后再应用于目标市场，如一些行业协会网站。互联网企业发挥了信息媒介的作用。信息中转模式主要包括：①让广告商能够进行大规模市场运作的模式；②在线监测观众数据进行调查研究的模式；③对观看完整广告或弹出式广告的浏览者付费的模式。

4. 广告模式

广告模式即互联网企业在提供免费的产品或服务时，通过引入广告商投放广告，收取广告费用来赢利，例如百度搜索引擎、360安全卫士。只有当大众用户基础非常广泛时，广告模式才可能正常运作。广告模式主要包括以下三种。

（1）搜索引擎模式为用户提供信息检索服务。搜索引擎模式可以通常搜索网站会产生大量的访问流量，因而可以为用户定制个性化的服务和广告。

（2）用户注册模式。有效应用该模式要求注册用户必须允许网站追踪用户的访问习惯。

（3）绑定广告模式。将软件和广告捆绑在一起，弹出广告链接或窗口，投放精准广告，或者设置用户访问前必须先观看广告。

5. 会员模式

会员模式即互联网企业为特定的消费者提供定制化的服务。互联网企业为用户提供了短信、微信、电话、邮件等全方位触点的个性化营销方案，通过大数据为用户实现定制化信息推送，为用户提供深度交互的差异化选购体验，最大限度地满足不同用户的不同需求。通常，与一般用户相比，成为会员的用户能够享受专属产品的优惠，获得通用优惠券，或者享受现金回馈。

6. 社区模式

社区模式即互联网企业为用户提供的社会化交流平台。用户往往在社区里投入大量的时间和情感。互联网企业的收入则来自付费服务、广告或无偿捐助。互联网非常适合社区商务模式的发展。社区模式主要包括：①基于共同的兴趣、经历、职业、爱好等互相联系的模式，如Facebook、人人网、腾讯社区；②为用户提供交流和互动平台的模式，如天涯论坛、猫扑论坛；③开源软件模式，如通过全球的程序员社区，开放并共享源代码共同协作开发软件；④由志愿者编辑、提供全球性的内容，供用户公开访问，如维基百科；⑤常常应用于非营利性质的公共广播、电视。

7. 订阅模式

订阅模式即互联网企业为用户提供高附加值的内容以获利的模式。订阅模式主要包括：①围绕某些主题为会员提供文字、音频或视频内容，如知乎；②网络服务商为会员提供每月定制的内容和服务；③个人与个人之间相互订阅，获取对方发布的信息；④信托服务管理平台会员严格遵守规定，为信托信息支付订阅费用。

知识点

变革是组织面临的现实。应对变革是绝大多数管理者工作中不可或缺的部分。我们将这些变革称为组织变革，并归纳为三类：结构变革、技术变革和人员变革。

促使组织变革的动因可以分为外部和内部两个方面。外部的动因指市场、资源、技术和[illegible]境的变化，这部分因素是管理者控制不了的。内部的动因主要是人的变化、组织运行和成长中的矛盾所引起的。

任何一个涉及人的变革过程都包括解冻、改变和固结 3 个过程。

解冻就是要促使人们改变他们原有的态度和观念，并消除那些支持这些态度或行为的因素，灌输给他们一些新观念。人们在经历了解冻过程、对变革做好了准备之后，具体的变革活动就可以开始实施了。变动发生后，人和组织都有一种退回到原有习惯和行为模式之中的趋势。为了避免这种情况，必须保证新的行为模式和组织结构不断得到加强和巩固。

阿伯内西和厄特巴克（Abernathy and Utterback）开发了一个模型来描述创新模式的三个不同的发展阶段。最初，在非连续性条件下，即全新的技术或市场出现时，存在一个他们所称的“流变阶段”。这个阶段有很大的不确定性，主要有两个维度：目标维度和技术维度。逐渐地，这些实验成果开始融汇形成“主导设计”——开始确定游戏的规则。出现主导设计并且侧重点转向模仿和开发的阶段被称为“过渡阶段”。主要活动从根本概念的发展转向关注产品差异化，以及更稳定、更廉价、更高质量和更多样的功能等。随着创新概念的进一步成熟，渐进性创新变得更重要，重点便转向价格等因素。

网络时代的创新管理就是为了提升平台价值、聚集客户，针对其目标市场进行准确的定位，以平台为载体，有效整合企业内外部各种资源，建立起产业链各方共同参与、共同进行价值创新的生态系统，形成一个完整的、高效的、具有独特核心竞争力的运行系统，并通过不断满足客户需求、提升客户价值和建立多元化的收入模式使企业达到持续赢利的目的。

网络时代的创新管理具有低边际成本、高关注度、网络效应以及高盈利与高风险并存等特征，正日益成为众多企业进行管理创新的选择。

思考题

1. 组织变革包括哪些内容？
2. 创新与发明的联系与区别是什么？
3. 阐述创新的 4PS 模型
4. 生命周期理论包括哪几个阶段？

5. 什么原因促使组织变革?
6. 变革实施的步骤是什么?
7. 创新型组织的组成要素包括哪些?
8. 网络时代创新管理有什么特点?
9. 比较分析不同类别的网络时代创新管理。

参 考 文 献

[1] WILLIAMS C. Management[M].South-Western College Publishing，2000.

[2] GARETH R J，JENNIFER M G，CHARLES W L H. Contemporary management[M].2nd ed. Irwin McGraw-Hill Higher Education，2000.

[3] 罗宾斯 . 管理学 [M].4 版 . 北京：中国人民大学出版社，1998.

[4] 达夫特 . 组织理论与设计精要 [M]. 李维安，译 . 北京：机械工业出版社，1999.

[5] 罗宾斯 . 组织行为学 [M].10 版 . 孙建敏，李原，译 . 北京：中国人民大学出版社，2005.

[6] 德斯勒 . 人力资源管理 [M].12 版 . 刘昕，译 . 北京：中国人民大学出版社，2012.

[7] 赵涛，齐二石 . 管理学 [M].3 版 . 天津：天津大学出版社，2010.

[8] 韦里克，孔茨 . 管理学：全球化视角 [M]. 北京：经济科学出版社，2005.

[9] 徐德岭，滕杰，邢洁 . 人力资源管理与开发 [M]. 北京：中国铁道出版社，经济科学出版社，2007.

[10] 达夫特，马西克 . 管理学原理（原书第 7 版）[M]. 高增安，马永红，李维余，译 . 北京：机械工业出版社，2012.

[11] 诺伊 . 人力资源管理：赢得竞争优势 [M]. 北京：中国人民大学出版社，2005.

[12] 罗宾斯，库尔特 . 管理学 [M].7 版 . 孙建敏，译 . 北京：中国人民大学出版社，2003.

[13] 达夫特 . 管理学 [M]. 5 版 . 韩经论，译 . 北京：机械工业出版社，2003.

[14] 琼斯，乔治 . 当代管理学 [M].3 版 . 郑风田，赵淑芳，译 . 北京：人民邮电出版社，2005.

[15] 希特，布莱克，波特 . 管理学 [M]. 贾良定，范秀云，译 . 北京：高等教育出版社，2009.

[16] 周三多，陈传明，鲁明泓 . 管理学——原理与方法 [M]. 4 版 . 上海：复旦大学出版社，2003.

[17] 斯通纳，弗里曼，小吉尔伯特 . 管理学教程 [M]. 刘学，译 . 北京：华夏出版社，2001.

[18] 张德 . 现代管理学 [M]. 北京：清华大学出版社，2007.

[19] 孔茨，韦里克 . 管理学精要 [M]. 6 版 . 韦福祥，译 . 北京：机械工业出版社，2005.

[20] 凯特奥拉，吉利，格雷厄姆 . 国际市场营销学 [M].14 版 . 赵银德，周祖城，乔桂强，等，译 . 北京：机械工业出版社，2009.

[21] 崔新健 . 国际市场营销 [M]. 北京：高等教育出版社，2008.

[22] 陈晓萍 . 跨文化管理 [M]. 北京：清华大学出版社，2006.

[23] 姚孝军 . 国际商务中的跨文化管理研究 [D]. 武汉：华中农业大学，2007.

[24] 高津华 . 欧美在华企业的跨文化管理研究 [D]. 上海：复旦大学，2007.

[25] 王德清 . 中外管理思想史 [M]. 重庆：重庆大学出版社，2005.

[26] 杨承辉 . 中国古代经营管理思想研究 [M]. 天津：南开大学出版社，1996.

[27] 克雷纳 . 影响世界的西方管理思想 [M]. 董洪兰，译 . 北京：中央编译出版社 . 2007.

[28] 克雷纳 . 管理百年 [M]. 邱琼，译 . 海口：海南出版社，2003.

[29] 郭咸纲 . 西方管理思想史 [M]. 2 版 . 北京：经济管理出版社，2002.

[30] 中国企业管理研究会，中国社会科学院管理科学研究中心，中国社会科学院企业管理重点学科 . 管理学发展及其方法论研究 [M]. 北京：中国财政经济出版社，2005.

[31] 贝特曼，斯奈尔 . 管理学：构建竞争优势 [M].4 版 . 王雪莉，译 . 北京：北京大学出版社，2004.

[32] 希尔，琼斯 . 战略管理 [M].7 版 孙忠，译 . 北京：中国市场出版社，2008.

[33] 波特 . 竞争战略 [M]. 陈小悦，译 . 北京：华夏出版社，1997.

[34] 多伊尔 . 营销管理与战略 [M]. 3 版 . 杨艾琳，朱翊敏，王怀远，译 . 北京：人民邮电出版社，2006.

[35] 戴维 . 战略管理：概念部分 [M].13 版 . 赵丹，译 . 北京：清华大学出版社，2013.

[36] 汤普森，甘布尔，斯特里克兰三世，等．战略管理：获取竞争优势 [M]. 蓝海林，李卫宁，黄嫚丽，等译．北京：机械工业出版社，2006.

[37] 明茨伯格，阿尔斯特兰，兰佩尔．战略历程：纵览战略管理学派 [M]. 刘瑞红，徐佳宾，郭武文，译．北京：机械工业出版社，2002.

[38] 格兰特．公司战略管理 [M]. 胡挺，张海峰，译．北京：光明日报出版社，2004.

[39] 格兰特．现代战略分析——概念、技术、应用 [M]. 4 版．罗建萍，译．北京：中国人民大学出版社，2005.

[40] 罗宾斯，德森佐，库尔特．管理学原理与实践 [M]. 7 版．毛蕴诗，译．北京：机械工业出版社，2010.

[41] 戈麦斯 - 梅西亚，鲍尔金，卡迪．管理学：原理、案例与实践 [M]. 3 版．詹正茂，译．北京：人民邮电出版社，2009.

[42]《现代管理词典》编委会．现代管理词典 [M].3 版，武汉，武汉大学出版社，2012.

[43] 卓立筑．危机管理：新形势下公共危机预防与处理对策 [M].2 版．北京，中共中央党校出版社，2013.

[44] 蒂德，贝赞特．创新管理：技术变革、市场变革和组织变革的整合 [M].4 版．陈劲，译．北京：中国人民大学出版社，2012.

[45] 米红，冯广刚．公共危机管理：理论、方法及案例分析 [M]．北京：北京大学出版社，2017.

[46] 胡世良．移动互联网商业模式创新与变革 [M]. 北京：人民邮电出版社，2013.

[47] 罗子明，张慧子．新媒体时代的危机公关：品牌风险管理及案例分析 [M]. 北京：清华大学出版社，2013.

[48] 吴从环．不断走向成熟的东方管理学 [J]. 上海管理科学，2009（6）.

[49] 齐善鸿．道本管理：精神管理学说与操作模式 [M]. 北京：中国经济出版社，2007.

[50] 黄丹，席酉民．和谐管理理论基础：和谐的诠释 [J]. 管理工程学报，2001（3）.

本书课前引例来源如下：

第 1 章　　杨淑萍．管理学案例与实训 [M]. 成都：西南财经大学出版社，2013.

第 2 章　　https://wenku.baidu.com/view/b4e5171e866fb84ae45c8d9f.html

第 3－8 章　　中国管理案例共享中心，http://www.cmcc-dut.cn/

第 9 章　　毛竹．关于我国企业领导力的案例分析——以联想集团为例 [J]. 财政监督，2015（5）.

第 10 章　　https://wenku.baidu.com/view/d7ce73ab10661ed9ac51f37b.html

第 11 章　　https://www.docin.com/p-1389192642.html

第 12－14 章　　中国管理案例共享中心，http://www.cmcc-dut.cn/